슈퍼바이저를 위한

슈퍼비전의 이론과 실제

양명숙 · 황임란 · 김춘희 · 김미영 · 김윤희 · 김현지
김현진 · 이현우 · 전지경 · 천세영 · 최연화 공 저

Supervision Theory and Practice

학지사

머리말

이 책의 출판은 2018년부터 태동하였던 것 같다. 2018년 8월 San Francisco에서 열린 APA에 참석하면서, 『Clinical Supervision Essentials』가 출판된 것을 발견하고는 서고에 있는 책들은 우선 보이는 대로 다 사들였다. 시리즈 중에는 이미 다 팔려서 살 수 없었던 책들도 있었지만 한국으로 배달되도록 주문을 해 두었고, 마침내 총 11권의 시리즈 도서 전체를 확보할 수 있었다. 귀국 후 바로 한남대학교 일반대학원 상담학과 학생들에게 이 원서 교재들과 더불어 슈퍼비전에 관한 수업을 감행하였다. 학생들은 먼저 이 원서들을 번역하였고, 이들을 요약 정리하면서 미국 APA에서 비교적 최신으로 슈퍼비전에 관해 발간된 전문적인 내용을 먼저 접할 수 있었다. 이러한 과정들이 바로 이 책의 저술을 위한 준비 작업이 되었다. 처음에는 APA에서 야심 차게 출판한 슈퍼비전에 대한 시리즈를 한국에서도 바로 번역하여 출간하겠다는 포부를 가지고 있었다. 그러나 학지사에 이를 타진하는 과정에서 우리의 꿈은 거의 불가능한 일이라는 답변을 받았다. 하지만 이 시리즈 중에서 가장 번역하고 싶은 한 권 정도는 번역권을 확보해 볼 수 있다고 하였다. 이에 성사된 것이 바로 『통합적 심리상담에 대한 수퍼비전 핵심 가이드』(양명숙, 천세영 공역, 2022, 원전은 2017)이다.

그러나 우리들의 손에는 있지만 아직 한국에 소개되지 못한 슈퍼비전에 관한 나머지 책들에 대한 미련은 지우기가 어려웠다. 더군다나 아직 한국에는 다양한 슈퍼비전 이론과 실제가 미국만큼 소개되어 있지 않아 APA에서 기획되어 출판된 슈퍼비전 시리즈를 모아 한 권의 책으로 요약 정리하여 소개해 보는 것도 의미 있는 작업이 될 것으로 보았다. 이렇게 책을 기획하고 다년간 원고들을 보면서 슈퍼비전 이론들을 정리해 보고자 하였으나, 혼자 힘으로 다양한 이론을 요약 정리하여 소개하는 것이 쉬운 일은 아니었다. 이에 세상에 독불장군은 없다는 속담에 힘을 입어, 그동안 함께해 온 동료들과 이제는 성장하여 심리상담 전문가이자 교수 등으로 활동하고 있는 제자들에게도 집필할 것을 요청하여 이 책을 준비하게 되었다.

한국에도 이미 어떤 접근의 슈퍼비전 이론은 번역되어 출판되어 있기도 하고, 무엇보다 APA에서 기획되고 출판된 슈퍼비전 시리즈를 중심으로 소개하려다 보니, 특히 내용에 대한 저작권을 비롯하여 표절에 관한 문제점을 풀어 가는 것이 저자들의 가장 큰 고민거리가 되었다. 이에 저작권 전공의 법대 교수님의 자문과 더불어 최대한 한국 저자들의 안목으로 내용을 정리하고 요약하여 새로운 창작물로 만들어 가는 것으로 출판에 대한 가닥을 잡았으나, 이 또한 매우 어려운 작업이기도 하였다. 30년이 넘게 심리상담 분야에서 심리상담사이자 슈퍼바이저로 역할을 담당해 온 입장에서도 2018년부터 이 APA 슈퍼비전 시리즈를 원서로 읽고 이해하는 것에는 큰 노력과 시간이 소요되었고, 지금도 제대로 이해하지 못하는 슈퍼비전 접근도 있다. 그러나 우리나라에서도 점차 슈퍼비전은 전문화되고 체계화되어야 한다는 신념에 따라서, 이러한 학습 과정을 한국 심리상담학도들에게 좀 더 수월하게 전달할 수 있도록 이 책을 준비하는 것 또한 저자들이 한국 심리상담학계에 선배로서 일말의 기여가 되지 않을까 하는 마음으로 이 책을 준비하였다.

한국에도 슈퍼비전에 대한 저서와 이론서들이 출간되어 있다. 그러나 APA에서 기획하고 출간한 슈퍼비전 시리즈에서 언급하는 많은 슈퍼비전 접근이 소개되어 있지는 않다. 따라서 이 책에서는 APA에서 기획된 10가지의 슈퍼비전 접근을 학생들의 관점에서 요약 정리하고 평가해 보았다. 실제로 준비한 슈퍼비전의 접근은 11가지였으나, 최근에 전명희 등(2022)이 『속성경험적 역동심리치료 AEDP』를 번역하여 소개하였으므로 이 책에서는 제외하였다. 그러나 APA 시리즈를 중심으로 요약 정리하여 새로운 창작물로 만들어 나가는 과정은 결코 쉬운 작업이 아니었다. 이에 원고를 볼 때마다 수정의 손길이 자동으로 올라가는 것은 끝이 없는 것 같았다. 아마도 출판 후에도 끊임없이 오류를 찾아내고 수정해야겠다는 심정을 독자들도 알아차릴 것 같다. 이에 독자들도 책을 읽어 보다가 잘못 이해된 부분이나 오류를 찾는다면, 언제든지 바로 저자들에게 알려 주기 바란다. 이러한 의견을 모아서 언제든지 개정 작업을 할 마음의 준비를 이미 하고 있다.

이 책의 집필자들을 살펴보면, 먼저 제1장 정신역동 접근의 심리상담을 위한 슈퍼비전은 전지경 박사가 정리하였고, 제2장 인지행동 접근의 심리상담을 위한 슈퍼비전은 김미영 박사가 정리하였다. 제3장 정서중심 접근의 심리상담을 위한 슈퍼비전은 김춘희 박사가 정리하였고, 제4장 실존·인간중심 접근의 심리상담을 위한 슈퍼비전은 이현우 박사가 정리를 담당하였다. 제5장 주요사건 접근의 심리상담을 위한 슈퍼비전은 김현진 박사가 정리하였고, 제6장 역량기반 접근의 심리상담을 위한 슈퍼비전은 김윤희 박사가 정리하였다. 제7장 페미니스트 접근의 심리상담을 위한 슈퍼비전은 최연화 박사가 정리하였고, 제8장 체계적 접근의 심리상담을 위한 슈퍼비전은 김현지 박사가 정리하였으며, 제9장 통합발달 접근의 심리상담을 위한 슈퍼비전은 천세영 박사가 정리하였다. 끝으로, 제10장 통합적 접근의 심리상담을 위한 슈퍼비전은 양명숙 박사가 정리하였다. 이렇게 정리된 각 장은 황임란 박사의 감수를 통하여 내용을 수정 및 보완하였고, 이를 전체적으로 양명숙 박사가 편집 및 재조정하였다.

이러한 작업 과정은 생각보다 시간과 노력이 엄청 많이 소요되기도 하였는데, 편집간사로서 천군만마의 역할을 해 준 변지윤 선생님에게 진심으로 감사의 마음을 전한다. 변지윤 선생님은 한남대학교 일반대학원 상담학과에서 2024년 2월에 유일하게 석사학위 논문을 쓰고 졸업한 우수한 재원으로, 그동안 논문을 통해 연마된 편집 기술을 아낌없이 교수님들의 원고 정리에 쏟아부어 주었다. 이 외에도 틈틈이 작업하고 있는 연구소에 나타나 문맥을 읽어 주고 오자 및 탈자 등을 찾아 준 김명희, 박수현, 류연경 선생님에게도 지면을 통하여 감사의 인사를 이 표한다. 그리고 누구보다 함께 슈퍼비전 수업에 참여하고, 번역을 비롯하여 요약 작업을 했던 한남대학교 일반대학원 상담학과 대학원생들에게 감사를 드린다. 이들의 적극적인 참여가 없었다면 이 책의 출판은 꿈도 꾸지 못했을 것이다.

끝으로, 이 책의 출판을 허락해 주신 학지사의 김진환 사장님과 관계자 여러분께도 감사를 드린다.

저자 대표 양명숙

차례

○ 머리말 _ 3

제1장 • 정신역동 접근의 심리상담을 위한 슈퍼비전 _ 15

1. 정신역동 접근의 슈퍼비전 개요 / 17
   1) 역사적 배경 _ 18
   2) 주요 학자 _ 22
2. 정신역동 접근의 슈퍼비전 핵심 원리와 기술 / 24
   1) 슈퍼비전 핵심 원리 _ 24
   2) 슈퍼비전 핵심 기술 _ 28
3. 정신역동 접근의 슈퍼비전 방법 / 31
   1) 정신역동 접근의 관계형 슈퍼비전 기초 작업 방식 _ 31
   2) 첫 번째 만남 평가하기 및 구조화하기 _ 33
   3) 슈퍼바이지의 요청에 협력하기 _ 34
   4) 슈퍼비전의 임상자료 활용하기 _ 36
   5) 문서화 _ 38
   6) 사례회의 _ 38
4. 정신역동 접근의 슈퍼비전에서 다루는 주된 이슈 / 40
   1) 슈퍼바이지의 '어려움' 작업하기 _ 40
   2) 슈퍼바이저와 슈퍼바이지 간의 '차이'에 대하여 작업하기 _ 41
   3) 법적 · 윤리적 문제 해결 _ 43
5. 정신역동 접근의 슈퍼비전에 대한 평가 / 45
   1) 슈퍼비전에 대한 평가 _ 45
   2) 연구 및 향후 방향 _ 46

제2장 • 인지행동 접근의 심리상담을 위한 슈퍼비전 _ 47

1. 인지행동 접근의 슈퍼비전 개요 / 49
1) 역사적 배경 _ 50
2) 주요 학자 _ 50
2. 인지행동 접근의 슈퍼비전 핵심 원리와 기술 / 52
1) 슈퍼비전 핵심 원리 _ 52
2) 슈퍼비전 핵심 개념 _ 57
3. 인지행동 접근의 슈퍼비전 방법 / 63
1) 슈퍼비전 기술 _ 63
2) 슈퍼비전 단계 _ 66
3) 인지행동 심리상담 평가 매뉴얼(CTR-S) 활용 _ 67
4. 인지행동 접근의 슈퍼비전에서 다루는 주된 이슈 / 72
1) 슈퍼바이지의 불안, 저항 다루기 _ 72
2) 슈퍼바이저의 문제에 대한 기여 _ 74
3) 슈퍼바이지의 손상이나 기술 부족 _ 75
4) 권력과 평가 _ 75
5) 다문화와 다양성 문제에 대한 인식 _ 76
6) 법적·윤리적 문제 _ 76
5. 인지행동 접근의 슈퍼비전에 대한 평가 / 77
1) 슈퍼비전에 대한 평가 _ 77
2) 연구 및 향후 방향 _ 78

제3장 • 정서중심 접근의 심리상담을 위한 슈퍼비전 _ 79

1. 정서중심 접근의 슈퍼비전 개요 / 81
1) 역사적 배경 _ 82
2) 주요 학자 _ 84
2. 정서중심 접근의 슈퍼비전 핵심 원리와 기술 / 84
1) 슈퍼비전의 목표 _ 84

2) 슈퍼비전의 원리 _ 85
3) 정서중심 심리상담의 핵심 원리 _ 86
3. 정서중심 접근의 슈퍼비전 방법 / 87
1) 슈퍼비전 모델 _ 87
2) 슈퍼바이저의 역할과 개입 방법 _ 89
3) 슈퍼비전 과정 _ 91
4. 정서중심 접근의 슈퍼비전에서 다루는 주된 이슈 / 99
1) 일반적인 슈퍼비전 이슈 _ 99
2) 기법과 관련한 슈퍼비전 이슈 _ 101
5. 정서중심 접근의 슈퍼비전에 대한 평가 / 107
1) 슈퍼비전에 대한 평가 _ 107
2) 연구 및 향후 방향 _ 107

제 4 장 • 실존 · 인간중심 접근의 심리상담을 위한 슈퍼비전 _ 109

1. 실존 · 인간중심 접근의 슈퍼비전 개요 / 111
1) 역사적 배경 _ 112
2) 주요 학자 _ 113
2. 실존 · 인간중심 접근의 슈퍼비전 핵심 원리와 기술 / 115
1) 심리상담의 목적 _ 115
2) 슈퍼비전 핵심 원리 _ 117
3. 실존 · 인간중심 접근의 슈퍼비전 방법 / 122
1) 슈퍼바이저의 역할 _ 122
2) 수련 과정 _ 123
3) 슈퍼비전 과정 _ 126
4) 슈퍼비전 사례: 슈퍼바이지 Bea와 내담자 Christina _ 130
4. 실존 · 인간중심 접근의 슈퍼비전에서 다루는 주된 이슈 / 133
1) 어려운 슈퍼바이지 _ 133
2) 다문화와 다양성의 문제 _ 134
3) 심리상담사의 소진 _ 134

5. 실존 · 인간중심 접근의 슈퍼비전에 대한 평가 / 135
1) 슈퍼비전에 대한 평가 _ 135
2) 연구 및 향후 방향 _ 136

제5장 • 주요사건 접근의 심리상담을 위한 슈퍼비전 _ 139

1. 주요사건 접근의 슈퍼비전 개요 / 141
1) 역사적 배경 _ 142
2) 주요 학자 _ 143
2. 주요사건 접근의 슈퍼비전 핵심 원리와 기술 / 144
1) 슈퍼비전 핵심 원리 _ 144
2) 슈퍼비전 핵심 기술 _ 150
3. 주요사건 접근의 슈퍼비전 방법 / 161
1) 표식 확인하기 _ 161
2) 작업환경: 사건을 통한 작업 _ 162
3) 해결하기: 주요사건의 종결 _ 164
4. 주요사건 접근의 슈퍼비전에서 다루는 주된 이슈 / 165
1) 슈퍼비전의 이슈 _ 165
2) 심리상담 연습 및 훈련 _ 166
5. 주요사건 접근의 슈퍼비전에 대한 평가 / 167
1) 슈퍼비전에 대한 평가 _ 167
2) 연구 및 향후 방향 _ 168

제6장 • 역량기반 접근의 심리상담을 위한 슈퍼비전 _ 169

1. 역량기반 접근의 슈퍼비전 개요 / 171
1) 역사적 배경 _ 172
2) 주요 학자 _ 173
2. 역량기반 접근의 슈퍼비전 핵심 원리와 기술 / 174
1) 슈퍼비전 특징 _ 175

2) 슈퍼비전 핵심 개념 _ 176
3. 역량기반 접근의 슈퍼비전 방법 / 178
1) 메타역량, 자기평가, 반성적 실천 _ 179
2) 슈퍼비전 관계 _ 181
3) 슈퍼비전 계약 _ 182
4) 다문화와 다양성 _ 183
5) 개인적 요인과 민감성 및 반응 다루기 _ 184
6) 법적 · 윤리적 역량과 전문성 _ 188
7) 슈퍼비전 사례 _ 189
4. 역량기반 접근의 슈퍼비전에서 다루는 주된 이슈 / 192
1) 전문역량 기준을 충족하지 못하는 슈퍼바이지 관리 _ 192
2) 다중관계 _ 193
3) 원격심리학(온라인 심리상담)의 윤리적 문제와 감독 _ 193
5. 역량기반 접근의 슈퍼비전에 대한 평가 / 195
1) 슈퍼비전에 대한 평가 _ 195
2) 연구 및 향후 방향 _ 196

제7장 • 페미니스트 접근의 심리상담을 위한 슈퍼비전 _ 197

1. 페미니스트 접근의 슈퍼비전 개요 / 197
1) 역사적 배경 _ 200
2) 주요 학자 _ 201
2. 페미니스트 접근의 슈퍼비전 핵심 원리와 기술 / 203
1) 슈퍼비전의 특징 _ 203
2) 슈퍼비전의 원리 _ 204
3) 심리상담 이론과 핵심 개념 _ 205
3. 페미니스트 접근의 슈퍼비전 방법 / 210
1) 슈퍼비전 인식론과 방법론 _ 210
2) 슈퍼비전 구조와 과정 _ 214

4. 페미니스트 접근의 슈퍼비전에서 다루는 주된 이슈 / 218
1) 어려운 슈퍼바이지 대처하는 법 _ 218
2) 페미니스트 슈퍼비전에서의 권력과 평가 _ 219
3) 다문화와 다양성 문제 _ 220
4) 법적 · 윤리적 문제: 페미니스트 심리상담 윤리 실천 _ 220
5. 페미니스트 접근의 슈퍼비전에 대한 평가 / 222
1) 슈퍼비전에 대한 평가 _ 222
2) 연구 및 향후 방향 _ 223

제8장 • 체계적 접근의 심리상담을 위한 슈퍼비전 _ 225

1. 체계적 접근의 슈퍼비전 개요 / 227
1) 역사적 배경 _ 228
2) 주요 학자 _ 229
2. 체계적 접근의 슈퍼비전 핵심 원리와 기술 / 230
1) 슈퍼비전의 관계 _ 231
2) 슈퍼비전의 맥락적 차원 _ 234
3) 슈퍼비전의 과정 차원 _ 238
3. 체계적 접근의 슈퍼비전 방법 / 240
1) 슈퍼비전 방법 _ 240
2) 슈퍼바이저를 위한 슈퍼비전 교육 _ 248
4. 체계적 접근의 슈퍼비전에서 다루는 주된 이슈 / 250
1) 심리상담과 슈퍼비전 _ 250
2) 슈퍼바이지의 슈퍼비전 목표 및 유형 _ 251
3) 슈퍼비전을 위한 계약 _ 251
4) 슈퍼바이지의 개인적 특성 _ 251
5. 체계적 접근의 슈퍼비전에 대한 평가 / 252
1) 슈퍼비전에 대한 평가 _ 252
2) 연구 및 향후 방향 _ 253

제9장 • 통합발달 접근의 심리상담을 위한 슈퍼비전 _ 255

1. 통합발달 접근의 슈퍼비전 개요 / 257
   1) 역사적 배경 _ 258
   2) 주요 학자 _ 259
2. 통합발달 접근의 슈퍼비전 핵심 원리와 기술 / 259
   1) 슈퍼바이지의 성찰 능력 _ 261
   2) 주요 슈퍼비전 구조 _ 261
   3) 슈퍼비전을 위한 기대 설정 _ 263
   4) 슈퍼비전 관계 _ 263
   5) 심리상담사 발달수준 사정 및 평가 _ 264
   6) 슈퍼바이지 발달의 일반적 지표 _ 265
   7) 슈퍼바이지 사정을 위한 추가자료 _ 266
   8) 슈퍼비전 환경과 맥락 _ 267
3. 통합발달 접근의 슈퍼비전 방법 / 267
   1) 슈퍼비전 개입의 유형 _ 267
   2) 발달수준별 개입 _ 268
   3) 슈퍼비전 구조와 과정 _ 271
4. 통합발달 접근의 슈퍼비전에서 다루는 주된 이슈 / 273
   1) 슈퍼비전에서 발생하는 어려운 이슈들 _ 273
   2) 다문화 이슈 _ 275
   3) 다양한 심리상담사와의 슈퍼비전 관계 _ 276
   4) 법적 · 윤리적 문제 _ 277
5. 통합발달 접근의 슈퍼비전에 대한 평가 / 278
   1) 슈퍼비전에 대한 평가 _ 278
   2) 연구 및 향후 방향 _ 279

제10장 • 통합적 접근의 심리상담을 위한 슈퍼비전 _ 281

1. 통합적 접근의 슈퍼비전 개요 / 283
1) 역사적 배경 _ 284
2) 주요 학자 _ 285
2. 통합적 접근의 슈퍼비전 핵심 원리와 기술 / 286
1) 슈퍼비전의 목표 _ 287
2) 슈퍼비전의 과업과 가능 _ 289
3) 슈퍼비전의 기대 설정 _ 293
4) 슈퍼비전의 관계 역할 _ 294
5) 슈퍼비전의 평가 _ 295
3. 통합적 접근의 슈퍼비전 방법 / 297
1) 이론적 근거 창출하기 _ 297
2) 슈퍼비전 방법 선택하기 _ 298
3) 모델링과 지도 _ 300
4) 문서화 _ 300
5) 슈퍼비전 조정하기 _ 300
6) 슈퍼비전 형식 혼합하기 _ 303
7) 갈등 다루기 _ 303
8) 슈퍼바이저 훈련 _ 304
9) 슈퍼비전 사례 _ 307
4. 통합적 접근의 슈퍼비전에서 다루는 주된 이슈 / 309
1) 어려운 슈퍼바이지 대하기 _ 309
2) 수련하는 데 어려움이 있는 슈퍼바이지 _ 309
3) 힘과 평가 _ 309
4) 문화적 다양성 _ 310
5) 법적 · 윤리적 문제 _ 310
5. 통합적 접근의 슈퍼비전에 대한 평가 / 310
1) 슈퍼비전에 대한 평가 _ 310
2) 연구 및 향후 방향 _ 311

◌ 참고문헌 _ 313
◌ 찾아보기 _ 333

제 1 장

정신역동 접근의 심리상담을 위한 슈퍼비전

1. 정신역동 접근의 슈퍼비전 개요
2. 정신역동 접근의 슈퍼비전 핵심 원리와 기술
3. 정신역동 접근의 슈퍼비전 방법
4. 정신역동 접근의 슈퍼비전에서 다루는 주된 이슈
5. 정신역동 접근의 슈퍼비전에 대한 평가

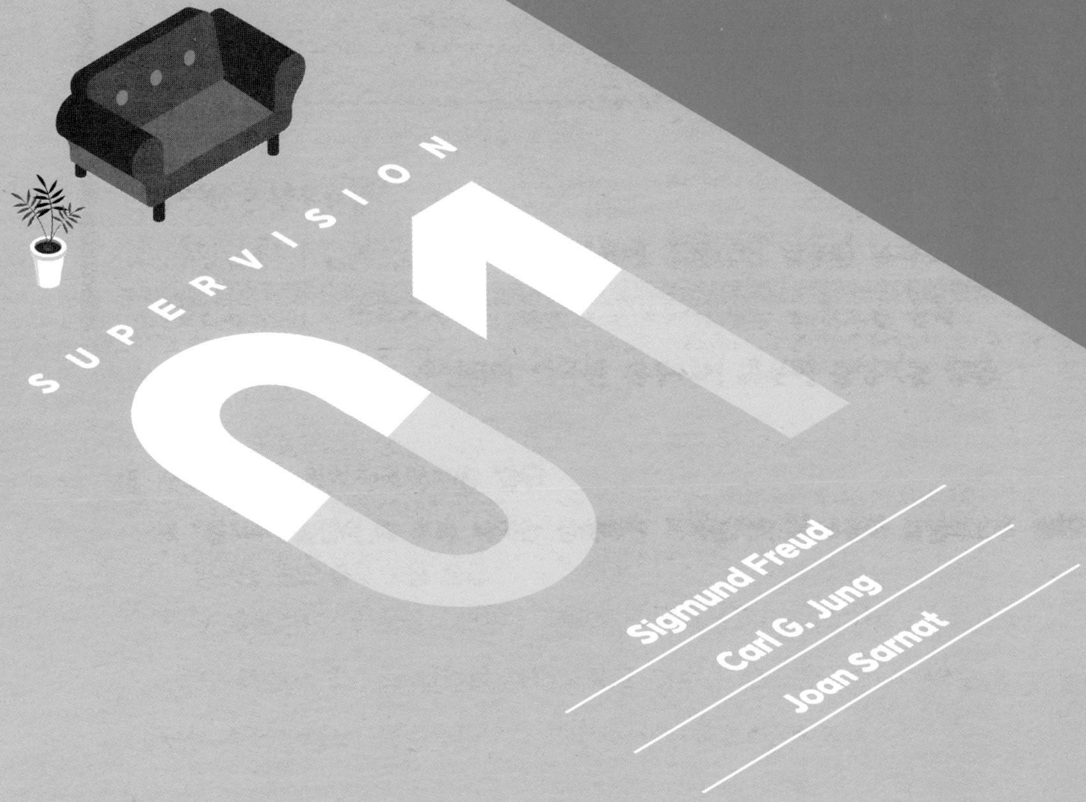

이 장은 APA에서 출간한 책 『Supervision essentials for psychodynamic psychotherapies』(Sarnat, 2016)를 중심으로 정신역동 접근의 슈퍼비전 내용들을 요약하고 재구성하였다. 이에 정신역동 접근의 슈퍼비전 개요를 살펴보고, 슈퍼비전의 핵심 원리인 권위, 관계, 무의식적인 관점에 대하여 살펴본다. 정신역동 접근의 슈퍼비전 기술로 무의식적인 지혜를 활용한 전이, 그림자를 알아본다. 또한 정신역동 관계형 접근 슈퍼비전의 기초 작업 방식을 통해 첫 회기와 구조화, 슈퍼바이지의 요청에 협력하는 방식, 임상 자료를 활용하는 것, 사례회의 방법 등을 살펴본다. 또한 정신역동 접근의 슈퍼비전에서 다루는 주된 이슈들을 다루고, 마지막으로 정신역동 접근 슈퍼비전에 대한 평가를 제시하였다.

1. 정신역동 접근의 슈퍼비전 개요

심리상담 슈퍼비전 접근은 심리상담 이론과 실제에 근거를 두고 그 이론의 기본 인간관과 상담 전략 및 방법을 심리상담 슈퍼비전 영역에 적용하여 발전되어 왔다. 정신역동 접근의 슈퍼비전 또한 Freud의 고전적 정신역동 상담이론에 근거하여 발달하였으며, 이어 다양한 정신역동 학파들이 나타나면서 슈퍼비전의 접근 또한 다양한 방식으로 발달하였다. 이러한 정신역동 접근은 Freud가 무의식에 관한 연구를 시작한 후 약 120년 동안 발전해 온 다양한 정신분석, 정신역동 개념과 수많은 학파들을 통합하였다. 정신역동 이론은 인간이 행동하고 살아가는 데 작용하는 무의식의 역할을 탐구하는 정신분석 연구에 깊은 뿌리를 둔다. 이러한 무의식은 우리 삶의 원동력, 설명할 수 없는 이면, 자신도 모르게 자신의 행동에 영향을 미치는 부분, 부정, 부인, 억압, 잊어버렸던 기억, 환상과 꿈 등 이른바 빙산 아래에 놓여 있는 인간 삶의 내면세계를 가장 잘 설명한다.

이 장에서는 Freud 중심의 고전적 슈퍼비전 접근, Jung의 분석심리학적 슈퍼비전 접근, 그리고 Sarnat 중심의 정신역동의 관계형 슈퍼비전 접근을 중심으로 소개하고자 한다. 특히 정신역동 심리상담은 전통적으로 Freud 정신분석의 위계적, 의사-환자 관계에서의 치료적 반응으로부터 발생하였다. 심리상담자와 내담자 간의 파트

너십을 강조하고 본질적으로는 불평등한 관계와 관련된 권력 역학에 초점을 맞추었다. 정신역동 슈퍼바이저는 슈퍼바이지에게 무의식적인 정신 과정, 심리적 갈등, 전이와 역전이 반응, 저항, 자기방어, 자유연상, 꿈 분석과 해석 등을 포함한 정신역동 접근만의 독특한 이론적이고 기술적인 토대를 활용하여 슈퍼비전을 한다. 슈퍼바이지가 일련의 무의식적인 정신 과정에 있다고 가정하며, 이러한 과정에서 슈퍼바이저는 슈퍼바이지의 전이와 역전이 반응이 그들의 심리상담에 영향을 미친다고 가정한다. 이것은 내담자들이 이러한 역동적인 반응을 인식하고 안전한 환경에서 부적응적인 관계 패턴을 다룰 때, 성장이 이루어진다고 믿기 때문이다. 이러한 정신역동 접근의 슈퍼비전은 다양한 학파와 이론가들에 의해 다양한 분석적 영역들이 나타났는데, Freud 이후 나타난 Jung의 분석심리 상담, 대상관계 이론, 대인관계 학파, 자기심리학파, Lacan 정신분석, 현대 정신분석 등이 있다. 정신역동 접근의 슈퍼비전은 다양한 정신분석 접근을 통하여 이어지고 있기에, 여기에서는 간략하게 살펴보고, 대표적인 학자들에 대하여 알아보았다.

1) 역사적 배경

(1) 정신역동 접근의 슈퍼비전 기원

정신역동 심리상담은 Freud의 혁명적인 이론과 접근 방법인 정신분석학에서 비롯되었다. Freud는 여성 히스테리 내담자들에게 자신의 목소리를 낼 수 있도록 돕는 치료 방법을 개발하였다. 이 시기에 여성 히스테리 내담자들은 다른 사람들로부터 침묵을 강요받고 멸시를 받는 경우가 많았기 때문이다. Freud는 또한 내담자들의 증상을 보는 것보다 그들의 증상에서 의미를 찾아보기로 하였다. 히스테리 현상도 단지 병의 증상일 뿐이라는 접근을 강조하면서 치료를 하였다. 그러나 Freud와 많은 추종자들은 내담자에 대해 위계적인 태도를 취하였는데, 비록 그 시대의 의사-환자의 관계에서는 흔한 모습이었지만 부정적인 문제가 많았다. Freud는 수요일 밤에 열린 회의에서 권위자의 역할을 취하였고, 한 참가자는 "마지막이자 결정적인 말은 항상 Freud가 하였다."(Gay, 1988)라고 회상하였다. Freud의 권위주의적 태도는 그의 분석적 후손들에게도 전해져 내려왔으며 이는 오늘날 정신분석학 심리상담과 슈퍼비전의 모델에도 계속적으로 영향을 미치고 있다. Bergmann(2004)은 Freud 당시의 정신분석학 연구소가 정치적인 장소였다고 주장하면서, 특히 슈퍼비전의 과정은 새로운 세대에게 영향력을 행사하기 위한 수단이 될 수도 있었다고 말했다. 이후 Freud의 제자 중 한 명인 Sandor Ferenczi는 내담자들에게 덜 권위적인 태도를 가졌는데, 이는 위계적인 관계에서 발생하는 어려움이 무의식적으로 치료에 영향을 미친다는 것을 이해하는 출발점이 되었다. 이후 정신역동 슈퍼비전에서 관계형 슈퍼비전 접근의 발단이 되었다(Frawley-O'Dea & Sarnat, 2001). 정신역동 접근 슈퍼비전의 역사적 배경은 다른 이론적 접근보다는 훨씬 더 복잡하고 다양하게 나타나고 있기에, 고전적 정신역동 접근의 슈퍼비전과 후기 정신역동 접근의 슈퍼비전으로 나누어 간략하게 살펴보면 다음과 같다.

① 고전적 정신역동 접근의 슈퍼비전

고전적 정신역동 이론에서는 인간을 비합리적이고 어린 시절의 경험에 영향을 받는 결정론적인 존재로 가정한다. 정신분석의 궁극적인 목적은 무의식적인 내담자의 비합리적인 행동에 대한 통찰과 각성을 도와줌으로써 합리적인 성격으로 변화시키는 것이다. 이러한 심리상담의 과정은 일반적으로 내담자와 관계 맺기, 전이의 발생, 훈습과 전이의 해결 등으로 구성된다.

정신역동 접근의 슈퍼비전 또한 정신역동 심리이론에 뿌리를 두고 있다. 고전적 정신역동 접근의 슈퍼비전은 스승-제자 관계로 엄격한 권위 아래 스승이 제자에게 지식과 기술을 전수하는 것을 강조한다. 슈퍼바이저는 슈퍼바이지 개인의 분석에 집중하며, 슈퍼바이지가 심리상담 과정에서 작업하는 것에 대한 슈퍼바이저의 교육적, 분석적 교훈을 전수받는 형태를 갖는다. 따라서 이 고전적 정신역동 접근의 슈퍼비전은 Freud의 계보와 맥락을 같이한다.

② 후기 정신역동 접근의 슈퍼비전

후기 정신역동 슈퍼비전에서 내담자와 슈퍼바이지 간의 역동을 살펴보며, 일반적으로 내담자 및 슈퍼바이지 각각의 대인관계의 역동, 개인 내적 역동 등을 다룬다. 하지만 각 정신역동의 지역 학파들에 따라 슈퍼비전에서 다루는 영역의 경계를 설정하기도 하고, 슈퍼비전의 목적으로써 교육적 측면과 심리상담적 측면을 모두 다루기도 하고, 혹은 다룰 수 있는 영역의 경계를 설정하기도 한다. 이를 좀 더 구체적으로 살펴보면 다음과 같다.

• 지역 학파

베를린 지역 학파에서는 슈퍼비전에서 슈퍼바이지의 다양한 내담자와의 역동이 중요하게 다루어져야 하기에 슈퍼바이지가 내담자와의 관계에서 나타내는 전이/역전이에 집중하며 개인 분석하는 것이 필요하다고 주장한다. 또 다른 지역 헝가리 학파에서는 내담자의 역동에 대한 슈퍼바이지의 접근과 심리상담자이자 슈퍼바이지로서 수행하는 그들의 작업에 영향을 미치는 대인관계 및 개인 내적인 역동 양자 모두에 초점을 맞추면서 이러한 과제를 통합하기도 하였다(Frawley-O'Dea & Sarnat, 2001).

• 정신역동 접근의 관계형 슈퍼비전

초기 자아심리학자들은 전이의 개념을 활용하여 슈퍼바이지가 심리상담 과정 또는 슈퍼비전에서 평가에 대한 불안을 나타낼 때, 슈퍼비전에서 역전이 반응을 나타낸다고 주장하였다. 즉, 슈퍼바이지가 내담자의 전이적 대인관계 방식의 전달처럼 행동할 수 있다는 것이다. 이는 슈퍼바이저가 전이/역전이 반응에서의 적극적인 참여자가 아니고, 슈퍼바이저가 내담자의 행동을 해석하는 슈퍼바이지의 행동을 식별하고 해석할 때, 상의하달 방식으로 일어날 수 있다고 가정한다. 최근에는 슈퍼바이지-내담자, 슈퍼바이저-슈퍼바이지의 관계가 서로 영향을 미친다는 것을 가정하고 그 관계를 탐색하는 병렬과정(parallel process)이라는 개념을 도입하였다. 이후 이는 병렬과정 접근으로 불리우며 정신역동 접근의 슈퍼비전으로 제시되었다. 병렬과정 접근은 슈퍼비전에서 일어나는 역동을 심리상담 혹은 치료 장면에서 일어나는 역동의 반복으로 바라보며, 슈퍼바이저와 슈퍼바이지 사이의 역동은 내담자와 슈퍼바이지 사이의 역동이 재현되는 것일 수도 있다고 바라보았다.

Frawley-O'Dea와 Sarnat(2001)은 이러한 병렬과정 접근을 더 발전시켜 슈퍼바이저와 슈퍼바이지가 안전하고 비판단적인 환경의 슈퍼비전 과정에서, 자신들의 생각과 감정과 반응을 탐색하며 진행할 수 있다는 관계에 초점을 둔 관계형 접근을 제안하였다. 이 관계형 접근에서는 슈퍼바이지와 슈퍼바이저 그리고 슈퍼바이지와 내담자의 관계 탐색이 슈퍼바이지가 더 큰 공감 능력을 갖도록 도와줄 수 있고, 전이 사례를 훈습하는 과정을 모델링하는 데 도움이 될 수 있다고 주장하였다.

(2) 정신역동 접근의 슈퍼비전 주체에 따른 분류

Frawley-O'Dea와 Sarnat(2001)은 정신역동 접근의 슈퍼비전을 슈퍼비전 주체에 따라 세 가지 범주로 분류하여 설명하였는데, 이에는 내담자 중심, 슈퍼바이지 중심, 그리고 슈퍼바이저 매트릭스 중심이 있다.

① 내담자 중심 슈퍼비전(Patient-centered)

내담자 중심의 슈퍼비전은 Freud로부터 시작되었고 이름에서 알 수 있듯이 내담자의 호소내용과 행동을 슈퍼비전 회기 동안 집중적으로 다룬다. 슈퍼바이저의 역할은 슈퍼바이지가 내담자를 이해하고 상담하도록 돕는 것을 목표로 교훈적이며 교사적 역할을 수행하는 것이다. 슈퍼바이저는 슈퍼바이지를 돕는 지식과 기술을 가진 비관여적 전문가로 간주되고 이러한 슈퍼바이저에게는 상당한 권한이 부여된다(Frawley-O'Dea & Sarnat, 2001). 그러나 슈퍼바이지나 슈퍼바이저의 과정이 아니라 내담자에게 초점이 맞춰져 있기 때문에 슈퍼바이저와 슈퍼바이지 사이의 갈등은 거의 발생하지 않는다. 또한 슈퍼비전 상황에서 슈퍼바이지도 자신보다는 내담자에게 주목하기 때문에 긴장감이나 불안감이 적고 학습에 쉽게 몰두할 수 있다.

② 슈퍼바이지 중심 슈퍼비전(Supervise-central supervision)

슈퍼바이지가 심리상담자로서 경험한 내용과 과정에 초점을 둔 슈퍼바이지 중심의 슈퍼비전은 1950년 후기부터 큰 인기를 끌었다(Frawley-O'Dea & Sarnat, 2001; Falender & Shafranceke, 2008). 슈퍼바이지 중심 슈퍼비전은 슈퍼바이지의 저항과 불안, 학습 문제에 초점을 맞춘다. 이 접근법에서 슈퍼바이저의 역할은 여전히 권위적이고 관여하지 않은 전문가이지만, 슈퍼바이지의 내면적인 심리로 관심이 이동하기 때문에 이 접근법을 활용한 슈퍼바이저는 교훈적이기보다 경험적인 측면을 강조하게 되었다. 슈퍼바이지 중심 슈퍼비전은 자아심리학, 자기심리학 그리고 대상관계 이론을 포함한 여러 정신역동 이론에 맞게 발전되어 왔다(Frawley-O'Dea & Sarnat, 2001). 이러한 슈퍼바이지 중심 슈퍼비전에서 슈퍼바이지는 자신의 심리 과정에 대한 이해를 촉진할 수 있는 반면에 슈퍼바이저로부터 자신이 분석받는다는 스트레스에 매우 민감해진다는 한계점도 갖고 있다.

③ **슈퍼바이저 매트릭스 중심 슈퍼비전**(The supervisory-matrix-centered)

슈퍼바이저 매트릭스 중심의 접근법은 내담자와 슈퍼바이지의 자료에 귀를 기울일 뿐만 아니라, 슈퍼바이지와 슈퍼바이저의 관계에 대한 검토를 다루기 때문에 슈퍼비전에서 더 많은 자료를 활용할 수 있다. 슈퍼바이저의 역할은 관계 지향적이면서 참여적으로 관여하는 것이다. 또한 슈퍼바이저는 슈퍼비전 과정의 절차를 정하고 심리상담 또는 슈퍼비전에서 관계적 주제의 해석을 다루는 역할을 한다(Frawley-O'Dea & Sarnat, 2001). 이 접근에서 슈퍼바이저는 "심리상담사로서의 슈퍼바이지와 슈퍼비전에서의 슈퍼바이지 행동을 병행하는 슈퍼바이지와의 상호작용"으로 정의되는 병렬과정(parallel process)에 대한 검토가 포함된다(Haynes, Corey, & Moulton, 2003).

2) 주요 학자

(1) Sigmund Freud

Sigmund Freud(1856~1939)는 오스트리아 빈 출신의 정신과 의사, 의학자, 생리학자, 심리학자, 철학자이며 정신분석학의 창시자이다. 독일 생리학자 Ernst Bruke의 영향으로 '정신역동'의 개념을 제안하였고, 신경학자 Jean M. Charcot(1825~1893)의 영향으로 히스테리와 히스테리 환자의 최면기법을 도입하였다. 이후 Martha Bernays(1861~1951)와 결혼 후 신경과 진료소를 차리고 다양한 환자와 함께 자유연상, 꿈의 분석, 오이디푸스 콤플렉스와 엘렉트라 콤플렉스, 억압과 저항 등과 같은 개념과 기법을 제시하였다.

또한 Freud는 인간의 무의식을 최초로 발견한 사람이며, 인간의 삶을 성적 욕구와 연결해 설명하였고, 인간 발달을 성적 충동(리비도)의 과정과 연결하여 설명하였다. 20세기 사상사에서 빠지지 않는 중요한 학자이며, 무의식적인 과정을 설명한 책 『꿈의 해석』은 학문 분야에서 혁명이라고 평가될 정도로 많은 파장을 불러일으켰다. Freud의 정신분석학은 당대뿐만 아니라 이후 다양한 학자의 비판을 받아 왔지만, 여전히 가장 강력한 이론 중 하나로 평가되고 있다.

(2) Carl G. Jung

Carl G. Jung(1875~1961)은 스위스의 정신의학자이자 분석심리학의 개척자이다. 어린 시절 꿈의 의미와 초자연적인 환상과 같은 경험에 관심이 많았으며, Universitaet Basel의 의과대학에 진학하여 정신의학을 전공하였고, 1900년 Zuerich의 정신병동에서 Eugen Bleuler(1857~1939)와 함께 일하였다. Bleuler의 영향으로 심리학 연구를 시작하였으며, Freud의 정신분석 이론에 매료되었으나, Freud의 성(性) 이론을 교리화하려는 의도를 받아들일 수 없어 결별을 선언하게 되었다. 이후 1913년에는 자신의 이론을 분석심리학(Analytical psychology)이라 명명하고, 인간의 특정한 상태를 설명하기 위한 '콤플렉스'라는 개념을 정립하기도 하였다. Freud의 무의식의 개념을 확장하여 집단무의식의 개념을 발견하였고, 원형, 개성화 등의 개념을 만들었으며 동서양의 종교적 체험을 연구하기도 하여 종교심리학 분야에도 중요한 토대가 되었다. 특히 신화나 민담, 전설에 대한 Jung의 연구는 이후 많은 분야의 학문과 예술에도 영향을 미쳤으며, 성격에 대한 외향성과 내향성 연구는 후에 성격 유형을 밝히는 MBTI 검사의 시발점이 되었다.

(3) Joan Sarnat

Joan Sarnat(1948~현재)은 Harvard University에서 Eric Ericson(1902~1994), Jerome Kagan(1929~2021) 등과 함께 사회관계학을 전공하고, University of Michigan에서 심리학 박사학위를 받았다. 미국 심리학회 상담 면허와 정신분석학 자격을 취득하고 약 30년 넘게 정신분석가로 활동하고 있다. 심리상담가이자 슈퍼바이저이며, 현재 Berkeley, California 정신분석연구소의 교수로도 활동하고 있다. 정신분석학자로서 진보적인 다양한 기법과 이론을 제시하였고, 아동기 성학대 상담, 히스테리와 강박장애, 슈퍼비전에서의 사례개념화 등을 연구하고 있다. 또한 정신분석학 학습을 촉진하는 수단으로서 연구인 정신역동 관계형 슈퍼비전 연구, 정신분석학의 정체성 개발 등에 관하여 지속적으로 연구하고 있다.

2. 정신역동 접근의 슈퍼비전 핵심 원리와 기술

1) 슈퍼비전 핵심 원리

(1) 권위에 대한 슈퍼바이저의 관점

고전적인 정신역동 접근의 슈퍼비전 방법을 연구한 Bergmann(2003)은 슈퍼바이저는 슈퍼바이지와의 관계에서 전문 지식과 권위에서 우위의 위치에 있다고 가정한다. 슈퍼비전은 이론과 기술에 대한 아이디어를 전달하는 과정이며, 슈퍼바이지에게 일방적으로 교육하는 측면을 가지고 있다고 하였다. 따라서 슈퍼비전에서 슈퍼바이지에게 슈퍼바이저와의 의견 차이에 대한 의견을 제기하도록 장려하지는 않는다. 슈퍼바이저는 권위적이지만 동정적이지는 않은 사람으로 간주한다.

한편, 정신역동 접근의 관계형 슈퍼비전에서는 고전적인 접근의 권위 관점과는 대조를 이룬다(Frawley-O'dea & Sarnat, 2001). 정신역동 접근의 관계형 슈퍼비전에서 슈퍼바이저는 자신을 객관적인 전문가로 보지 않고 내재된 참여자로 인식하며, 슈퍼비전에서의 권위는 슈퍼바이저의 지식과 경험 차이로 존재한다고 인식한다. 슈퍼바이지에게 이론과 기술적 원리를 제공하기보다는 슈퍼바이저와 슈퍼바이지 간의 합의 또는 불일치 의미를 중요하게 생각한다. 이러한 정신역동 접근의 관계형 슈퍼비전에서 권위는 '비대칭의 맥락에서 상호성(mutuality in the context of asymmetry)'이라는 Aron(2013)의 임상 개념을 활용한다. 이러한 비대칭은 모든 슈퍼비전에 존재한다고 가정하며, 두 당사자는 서로 다른 지식을 가지고 있다고 본다. 슈퍼바이지는 내담자를 직접적으로 체험하고 내담자의 정보를 더 많이 가지고 있으며, 슈퍼바이저는 심리상담사로서 더 많은 경험을 가지고 있을 것이고 임상 및 슈퍼비전 관계에서의 경우에도 더 폭넓은 관점을 가지고 있다고 본다. 따라서 정신역동 접근의 관계형 슈퍼비전에서 슈퍼바이저의 권위는 자신의 역할, 지식 및 전문 지식으로부터만 나오지 않는다. 슈퍼바이저의 권위는 슈퍼바이지와의 사이에서 발전하는 신뢰에 기초하며, 심리상담 과정에 임하는 능력, 또는 심리상담 과정에 임하도록 도움을 요청할 수 있는 능력 등으로부터 권위를 얻는다고 본다.

(2) 슈퍼비전 관계에 대한 관점

고전적 정신역동 접근의 슈퍼비전에서는 내담자의 심리와 상담 기술에 초점을 둔다(Bergmann, 2003). 이에 슈퍼바이지가 내담자에게 활용한 다양한 정신역동 접근의 개입 기술을 평가하여 슈퍼비전을 실시한다.

… 고전적 정신역동 접근의 슈퍼비전 대표적인 개입 기술

① **전이의 해석**: 내담자가 과거의 중요한 인물에게 느꼈던 감정을 심리상담자에게 옮기는 전이 감정에 대하여 심리상담자의 중립적이고 객관적인 자세를 통해 재경험하면서 미해결된 감정을 해소하도록 도와주는 기술이다.

② **꿈의 분석**: 꿈의 내용에서 등장하는 인물, 소재 등의 무의식적인 상징을 해석함으로써 내담자의 무의식의 내용을 의식화하여 알아차리게 도와주는 기술이다.

③ **자유연상**: 마음속에 떠오르는 것을 자유롭게 이야기해 보게 함으로써 무의식을 탐구하며 이러한 과정을 통해 미해결된 정서적 문제의 원인이 되는 단서를 발견하는 기술이다.

④ **저항 해석**: 내담자의 억압된 충동과 인식으로부터 자신을 보호하기 위한 저항을 확인하고 심리상담의 과정에서 이를 수용하면서 해석하는 기술을 의미한다.

정신역동 접근의 관계형 슈퍼비전은 슈퍼바이저의 초점을 내담자와 심리상담 기술을 넘어 슈퍼비전 관계를 포함하도록 강조한다(Frawley-O'Dea, 2003). 이는 슈퍼비전 관계는 슈퍼비전 과정의 핵심적 측면이며 슈퍼비전 과정과 결과에 영향을 미칠 가능성이 높기 때문이다. 좋은 동맹은 슈퍼비전에서의 좋은 결과를 예측하고, 나쁜 동맹은 나쁜 결과를 예측한다. 따라서 슈퍼비전 관계에 대한 신뢰와 존중, 슈퍼바이지의 발달적 요구에 대한 슈퍼바이저의 민감성 및 슈퍼바이지의 자율성을 격려한다. 이를 위해 슈퍼바이저는 임상 관계와 슈퍼비전 관계 사이의 공명에 주의를 기울이고, 이러한 역동을 활용하여 슈퍼바이지가 유사한 역동을 다루는 방법을 직접적으로 경험하도록 도와준다. 이를 통해 슈퍼비전에서의 관계가 심리상담의 과정에서 활용될 수 있도록 도와준다. Doehrman(1976)은 슈퍼비전 과정에서 심리상담을 후퇴시키거나 향상시키는 슈퍼비전 관계의 힘을 강조하며, 슈퍼바이지가 환자와 함께 겪었던 어려움을 슈퍼바이저와의 관계에 반영한다는 사실을 발견하였다.

또한 Nagell 등(2014)은 슈퍼비전 과정과 정신분석 후보자의 정체성 개발에 미치는 영향 조사에서 지식 전달뿐만 아니라, '관계 능력'을 통합한 슈퍼바이저들이 모두에게 가장 큰 만족감을 주고, 슈퍼바이지의 정체성 개발을 가장 크게 증가시켰다는 것을 발견하였다. Szecsödy(2013)는 슈퍼바이지의 어려움이 환자의 어려움과 관련이 있다는 것을 밝힘으로써 관계에 대한 중요성을 주장하였다.

(3) 무의식적인 자료, 갈등과정에서 슈퍼바이저의 개방성

정신역동 접근의 관계형 슈퍼비전에서 슈퍼바이저는 슈퍼비전 시간 동안 발생하는 감정, 신체 경험 등 무의식적 과정에서 나타나는 정보에 주의를 기울인다. 이러한 주의는 정신역동의 고전적 접근의 일반적인 임상관계에서는 중요하게 인식하지 않아 무시되는 경우가 많았다. 이는 현대 정신역동 심리상담에서 "알려지지 않은"(Bollas, 1987), "비공식적인 경험"(Stern, 2013), "해리된 자아상태"(Davies & Frawley, 1994)와 같은 개념으로도 활용되고 있다.

따라서 슈퍼바이저들은 슈퍼바이지에게 현재 자신이 경험하는 무의식적인 과정과 슈퍼비전 관계에서의 역동 등 다양한 내용과 작업하도록 가르치는 방법을 알아야 한다. 이를 통하여 슈퍼비전 과정에서 함께 작업할 수 있는 내용의 범위를 넓힘으로써,

… 정신역동 접근은 무의식과의 작업이다(Nagel, 2023)

① 인간 정신생활의 대부분은 무의식이다. 무의식의 출현을 경험하는 개인은 이해할 수 없거나 당황스러운 행동을 일으킬 수 있다.

② 생각과 감정은 의식, 무의식이 동시에 작동하며 상호 갈등이 일어날 수 있으므로 타협된 해결책이 필요하다.

③ 안정적인 성격과 사회적, 무의식적인 행동 패턴은 대부분 유년기에 형성되고 성인기의 관계에 상당한 영향을 미칠 수 있다.

④ 어린 시절과 청소년기를 거치며, 점차적으로 자기에 대한 안정적이고 정신적인 내적 표상이 형성된다. 이런 표상들은 무의식적인 사회적 관계와 정신적 증상을 불러일으킨다.

⑤ 성격발달은 정서, 사고, 사회적 관계를 조절하는 방법을 배우게 되고, 어린 시절의 미성숙하고 의존적이고 무의식적 상태에서 성인기의 성숙하고 독립적인 상태로 발전한다.

상징화되지 않은 상태를 변화시키고 촉진하고 해결하는 데 집중할 수 있다.

한편, 슈퍼바이지 중 38%는 슈퍼바이저와 심각한 갈등을 겪고 있는 것으로 나타났다(Moskowitz & Rupert, 1983). 상당수의 슈퍼바이지가 슈퍼비전에 대한 자신의 부정적 감정을 슈퍼바이저에게 말하는 것을 힘들어 한다. 슈퍼바이저가 관계의 권력 차이를 고려하지 않는다면, 권력 차이가 슈퍼비전 관계에서 부정적인 효과를 만들어 낼 수 있다. Sarnat(2016)은 슈퍼바이저들이 슈퍼비전에 부정적인 감정을 자유롭게 다루지 않을 때, 학습에 해가 될 정도로 부정적인 감정을 억제한다고 주장한다. 이에 슈퍼바이저의 전문적인 자기개방은 슈퍼바이지에 대한 신뢰를 전달하고 슈퍼비전 동맹의 정서적 유대 요소를 강화한다. 이러한 슈퍼바이저 자기개방에는 '내담자에 대한 슈퍼바이저의 반응, 자신의 상담 투쟁과정과 성공담, 슈퍼비전 관계에 대한 개인적 피드백, 전문적 경험, 대리 경험 등 교육적이고 슈퍼비전의 작업과 관련된 것' 등이 포함되며, 이러한 슈퍼바이저의 전문적인 자기개방은 슈퍼바이지의 부정적인 감정을 개방하는 촉진제가 된다. 즉, 업무와 관련된 전문적인 슈퍼바이저의 자기개방은 슈퍼바이지와의 상호 관계 형성에 긍정적인 기여를 하는 반면, 슈퍼비전과 관련 없는 개인적인 자기개방은 오히려 또 다른 문제를 만들어 낼 수 있다. 이에 슈퍼바이저는 자기개방의 전문성을 점검해 보고, 슈퍼비전에 필요한 자기개방에는 어떠한 것들이 슈퍼바이지들에게 도움이 되는지 살펴볼 필요가 있다.

(4) 교육자-심리상담자로서의 슈퍼바이저에 대한 관점

고전적 정신역동 접근의 슈퍼비전에서 슈퍼바이저는 슈퍼바이지를 '교육'하는 것과 '심리상담'하는 것은 다르며 슈퍼비전의 과정에서 슈퍼바이지를 '심리상담'하는 것은 배제해야 한다고 주장한다. 예를 들어, 슈퍼바이지가 슈퍼비전 상황에서 슈퍼바이저에게 강한 감정을 표현한다면 슈퍼바이저는 슈퍼바이지에게 심리상담자나 분석가에게 감정을 다루어 보도록 요청하며 슈퍼비전에서 슈퍼바이지의 감정을 다루지는 않는다. 또한 Peltier(2017)는 슈퍼비전 과정에서 슈퍼바이지의 정신장애를 직접 다루는 것은 바람직하지 않으며 슈퍼비전은 슈퍼바이지의 장애를 위한 치료 과정이 아니라고 주장한다. 따라서 심각한 정신건강 문제나 약물 남용, 심지어 강한 정서에 대한 심리상담 등은 슈퍼비전의 영역을 벗어난다고 보았다.

반면, 정신역동 접근의 관계형 슈퍼비전에서는 '가르치는 것과 심리상담하는 것'

을 복잡하고 통합된 과정으로 간주한다. 예를 들어, 슈퍼비전에서의 강한 감정의 출현은 교육적 기회를 제공하는 것으로 이해할 수 있으며, 이 과정에서 슈퍼바이지의 회복 과정이 함께 이루어질 수 있다고 가정한다. 하지만 슈퍼바이저는 슈퍼바이지의 개인적인 작업 과정에 더 깊이 들어가지 않고 그러한 감정을 다루는 데 초점을 두며, 그의 임상 전문지식을 활용하고 슈퍼바이지의 성장에 도움이 되고자 참여하여야 한다. 이러한 슈퍼비전의 과정은 일반적인 심리상담 작업과는 구분되어야 하며, 슈퍼비전 과정에서의 임상적 작업은 슈퍼바이지를 내담자로 보기보다는 슈퍼바이지로서의 임상적 과정으로 대하는 것을 최우선으로 유지한다. 그렇지 않으면 슈퍼바이지의 학습을 훼손할 수 있기 때문이다. 이러한 심리상담의 측면과 슈퍼바이지로서의 학습의 경계 관리는 정신역동 접근의 슈퍼비전에서는 중요하게 다루어지고 있기에, 학습적 측면에 대한 저항으로서 나타나는 현상인지 등을 주의 깊게 살펴볼 필요가 있다.

2) 슈퍼비전 핵심 기술

(1) 무의식의 지혜를 활용하기

슈퍼비전 과정은 슈퍼바이지가 더 많이 알아차릴 수 있도록 돕는 과정이다. 정신역동 접근의 슈퍼비전에서는 심리상담의 과정에서 무슨 일이 일어나고 있는지를 의식하여 의식 이면을 통찰하기 위하여 슈퍼비전을 실시한다. 이에 슈퍼바이저는 자신이 인지한 정보에 입각하여 다양한 내용을 추측할 수 있으며, 아직 인지하지 못하고 있는 미지의 것들은 직감을 활용하여 탐험할 수 있다. 이러한 미지의, 무의식의 정보를 확인하기 위해서 Henderson, Millar와 Holloway(2014)는 슈퍼바이지에게 다음과 같은 질문을 할 수 있다고 제시하였다.

① '만약에…?'
② '그럴 수도 있다면…?'
③ '그럴 가능성은…?'
④ '당신이 느끼고 있는 것이 있다면…?'
⑤ '~느낌이 들어요… 그리고 궁금했어요….'
⑥ '그 밖에 설명할 수 있는 무엇이 있는지…?'

이렇게 자유롭게 떠다니는 무의식적인 직감은 기분의 변화를 일으킬 수도 있고, 어떠한 내용은 거품처럼 부풀어오르기 시작할 수도 있다. 당황스럽거나 가벼운 불안감을 암시하던 것이 슈퍼바이지나 내담자가 이전에 말하지 못했던 어떤 생각이나 원하지 않았던 감정이 의식으로 전환된다는 것의 신호일 수 있다. 이에 슈퍼바이저는 슈퍼바이지가 이러한 무의식적인 내용을 다룸에 있어서 어떻게 반응하는지, 불편함을 어떻게 처리하는지 관찰하고 이를 알아차리게 도와줄 필요가 있다. 또한 무의식적인 정보를 받아들이거나 혹은 무시하는 것은 슈퍼바이지의 선택일 수 있지만, 슈퍼바이저는 슈퍼바이지가 주관적으로 이 문제를 어떻게 다루는지 중요한 정보를 놓치고 있는 것이 무엇인지를 추적해야 한다. 즉, '다른 일이 일어나고 있다.'는 느낌은 나중에 생각해 보면 설명될 수 있지만, 그 당시에는 종종 이름짓기 어렵고 알아차리기 힘들다. 무의식적인 역동은 거의 깔끔하게 드러나 보이지 않기 때문에 슈퍼바이저도 어렴풋이 알아차리지만 이를 설명하지 못할 수 있기 때문이다. 이에 Henderson, Millar와 Holloway(2014)는 슈퍼바이저가 슈퍼바이지의 심리상담 과정과 슈퍼비전 과정에서 이러한 무의식적인 내용이 어떻게 나타나는지 명료화될 때까지 놓치지 않는 것이 중요하다고 설명한다.

(2) 전이 활용하기

슈퍼비전 과정에서 슈퍼바이지가 과거의 경험으로부터 현재의 관계로 전승되고 있는 무의식적인 관계 과정을 재경험할 때, 이를 전이 현상이라고 한다. 대표적인 경우가 슈퍼바이저를 어린 시절 경험한 부모나 교사와 같은 권위적 인물 등으로 인식하는 경우이다. Henderson, Millar와 Holloway(2014)는 전이의 관계적 현상은 슈퍼바이지의 관계에 대한 기대와 가정을 실제적이고 즉각적이고 의식적인 관계에 승화적으로 투사하는 것과 같다고 주장하였다. 슈퍼비전 과정에서 이러한 과정이 반드시 부정적인 장벽은 아니지만 슈퍼비전의 효과에 제한적일 수 있다. 예를 들어, 어린 시절이나 청소년기에 자신이 이상적으로 생각하는 선생님을 둔 슈퍼바이지는 무의식적으로 자신의 슈퍼바이저에게 같은 완벽함을 기대하거나 요구할 수도 있다. 이 경우 슈퍼바이저는 슈퍼바이지로부터 '당신은 모든 것을 알고 있는 분이며, 잘못은 하지 않을 것이고, 심지어 성스러운 모습을 보이는 것 같아요.'와 같은 강렬한 긍정적 전이를 경험할 수도 있다. 슈퍼바이저는 이러한 후광 효과를 즐기고 싶은 유혹을 받을 수도 있지만, 이는 슈퍼바이지에게 아무런 도움이 되지 않을 것이다. 만약 슈퍼바이지가 슈퍼바이저의 말 한마디에 매달린다면, 그들은 스스로 자신의 지혜를 찾아내거나 진정한 알아차림을 못할 수 있기 때문이다.

전이는 대개 지속적인 오해나 잘못된 인식의 패턴으로 경험되기도 한다(Henderson, Millar, & Holloway, 2014). 예를 들어, 슈퍼바이지가 슈퍼바이저의 질의를 묵시적 비판으로 받아들이는 경우를 들 수 있다. 그들은 슈퍼바이저의 "어떻게 상담하였는가요?"라는 질문에 대하여 "왜 그런 상담을 했는지… 당신은 잘못된 개입을 하였습니다."로 받아들일 수 있다. 이러한 슈퍼바이지는 비판적인 부모를 슈퍼바이저에게 전이했을 수 있다. 슈퍼바이저가 자신의 심리상담 과정에 진심으로 관심 있는 것으로 인식하는 대신 슈퍼바이저로부터 판단과 비난을 받는다고 느낄 수 있다.

이렇듯 슈퍼비전에서의 전이에 대한 가장 실용적인 대응은 단순히 그것을 표현하고 그것에 대해 명료하게 궁금해하는 것이다. 위의 예에서 슈퍼바이저는 다음과 같이 확인할 수 있다. "선생님께서는 종종 제 질문을 부정적이거나 비판적으로 받아들인다는 인상을 받게 됩니다. 만약에 그렇다면, 그것은 제 의도가 전혀 아니라는 것을 알아주셨으면 합니다. 아마도 제 목소리 톤 때문일까요? 아니면 다른 것 때문일까요? 저는 이것을 더 잘 이해하는 것에 정말 관심이 있어요. 이 문제를 어떻게 접근하면 더 많은 것을 알 수 있을까요?"

슈퍼바이저가 전이를 언급할 때 주의해야 할 것은 투사에 대한 자신의 내적 반응이다(Henderson, Millar, & Holloway, 2014). 예를 들어, 앞선 예에서 후광 효과는 슈퍼바이저에게 예상치 못한 짜증과 분노를 일으킬 수도 있고, 자신이 정말로 완벽하게 훌륭한 슈퍼바이저라고 믿게끔 유혹할 수도 있다. 신과 같은 능력을 부여받는 것은 슈퍼바이저 안에 강한 역전이를 일으킬 가능성이 매우 높다. 따라서 슈퍼바이저는 역전이에 대한 자기 알아차림이 필요하며, 전이의 징후를 감지하기 위해 무의식적인 과정이 어떻게 가능하며 작동하는지를 아는 것이 매우 중요하다고 할 수 있다.

(3) 그림자 활용하기

슈퍼비전에서의 그림자 활용은 슈퍼비전 과정에서 알아차리고 다루고 있는 것의 반대편에 대하여 숙고하도록 돕는다. Henderson, Millar와 Holloway(2014)는 주로 어린 시절의 경험으로부터 무의식적으로 도출된 결론에 작용하여, 개인들이 마치 이러한 특정한 특성들이 완전히 부인되어야 하고, 누구도 목격하지 못하는 것처럼 그들 자신의 잠재적인 측면들인 우울감, 분노 등을 개인적인 그림자에 넣어 둔다. 이러한 그림자는 개인이 경험하는 부정적인 것뿐만 아니라 활기참, 영리함과 같은 인간의 긍정적인 특성들도 포함하고 있다는 것을 간과해서는 안 된다. Henderson, Millay와 Holloway(2014)는 이 과정에서 슈퍼바이저가 알아차려야 할 중요한 것은 '그림자 투영'이라고 설명한다. 그림자 투영은 슈퍼바이지의 어떠한 측면이 슈퍼바이저를 붙잡아 두게 되고 그로 인해 슈퍼비전 과정에서 영향을 미칠 수 있기 때문이다. 예를 들어, 개인의 그림자 속에 경쟁에 대한 부분이 있는 슈퍼바이저는 다른 사람들의 경쟁적 태도나 행동에 매우 민감할 것이고 그런 사람들을 강하게 못마땅하게 하거나 엄하게 판단할 수 있다. 개인 자신의 경쟁적 자아는 무의식적으로 다른 사람들에게 투사되는데, 이 과정에서 완전히 부정적인 관점으로 비칠 수 있다. 슈퍼바이저가 고려해야 할 중요한 부분은 그림자가 투영되지 않고 숨겨진 채로 남아 있는 경우이다. 그림자의 부분이 숨겨진 채로 무의식적인 과정을 나타낸다면 슈퍼바이지를 질투하거나 자신의 그늘 깊숙한 곳에 자신이 전혀 허용할 수 없는 감정이 있었음을 짐작할 수 있다. 이러한 슈퍼바이저의 그림자는 슈퍼바이지에게도 불리할 수밖에 없고, 부정적일 수 있다.

3. 정신역동 접근의 슈퍼비전 방법

1) 정신역동 접근의 관계형 슈퍼비전 기초 작업 방식

정신역동 접근의 관계형 슈퍼비전은 슈퍼비전 상황에서의 자유로운 표현과 진정성을 장려하는 방법과 기술을 강조한다. 정신역동 접근의 관계형 슈퍼비전에서 슈퍼바이지의 슈퍼비전 관계에 대한 관심은 협력을 장려하고 갈등을 조정하는 이상의 것이다. 슈퍼비전 관계에서 일어나는 관계의 역동이 슈퍼바이지가 내담자와의 관계에서 병렬적 역동을 반영하거나 자신이 알아차리지 못하는 무의식의 관계 역동과 관련될 수 있다는 가능성에 주의를 기울일 필요가 있다. 즉, 슈퍼바이저는 슈퍼바이지가 내담자와의 심리상담 자료를 제시하고 실제 자신의 어려움과 우려 등을 공개하는 데 최대한 개방적이도록 장려하는 방법을 강조한다. 이는 슈퍼바이지가 자신의 불안감과 수치심을 슈퍼비전 과정에서 드러내게 하고, 자신의 갈등과 불안 등으로 발생할 수 있는 부정적인 것들을 다루고 확인하면서 심리상담자로서의 전문성을 강화하는 데 목적이 있기 때문이다. 이에 두 구성원은 동일한 목표를 추구하기 위한 긍정적인 파트너십을 개발하기 위해 노력해야 하는데, 이를 슈퍼비전 동맹(supervisory alliance)이라고 한다(Fleming & Benedek, 1964; Watkins, 2016). 정신역동 접근의 관계형 슈퍼비전에서는 이러한 슈퍼비전 동맹을 긍정적으로 형성하기 위하여 다음과 같은 방식을 제시한다.

① 슈퍼바이저가 자신에 대한 슈퍼바이지의 감정과 함께 작업하는 것은, 임상 기술을 모델링하고 슈퍼바이지의 정서적 및 관계적 성장을 촉진하는 기회로 본다. Cabaniss(2012)는 심리상담사의 복잡한 기술과 정서적 · 관계적 능력을 개발하는데 경험적 감독 환경이 가장 적합하다고 주장해 왔다. 슈퍼바이지에게 전이가 일어난 상태에서도 효과적으로 심리상담을 하기 위해서는 직접적인 전이 경험이 필요하며 이러한 경험은 슈퍼비전 과정에서 경험할 수 있다. Sarnat(2012)은 슈퍼바이지가 내담자의 전이 과정에 얼마나 머물러야 하는지, 전이 내용은 언제 말하는 것이 좋은지, 내담자의 전이와 관련해서 말하지 않아야 하는 것들이 있는지 등을 아는 것은, 지시나 구조화된 연습을 통해서는 알아차리기 힘든 복잡한 능력을 필요로 하기 때문에, 슈퍼비전 과정에서 경험하는 것이 바람직하다고 보았다.

② 슈퍼바이저는 자신의 생각과 아이디어를 슈퍼바이지에게 강요하기보다 슈퍼바이지가 자신의 것과 슈퍼바이저의 것이 어떻게 다른지 고민하고 차이점을 탐구하는 데 관심을 두도록 한다.

③ 슈퍼바이저의 슈퍼비전 방식은 유연할 수 있다. 예를 들어, 슈퍼바이지와 내담자와의 관계에 대한 측면을 가르치거나 기술을 다룰 때, 효과가 없거나 불충분하다면 교훈적인 방법은 포기하고 슈퍼비전 관계에서 떠오르는 것에 관심을 돌리며 작업할 수도 있다.

2) 첫 번째 만남 평가하기 및 구조화하기

정신역동 접근의 관계형 슈퍼비전에서 슈퍼바이저는 첫 번째 회기에 특별한 의미를 둔다. 첫 만남에서 슈퍼바이저는 슈퍼비전이 시작되는 계기, 상황에 관련된 사람들, 그리고 가장 중요한 것은 자신의 감정과 역전이를 주의 깊게 살펴보는 것이다. 특히 Jung이 주장한 초기 꿈의 개념과 유사하게 첫 번째 회기에는 슈퍼바이지가 이야기하는 전체 이야기와 주요 이슈가 담겨 있다. 따라서 그 전개는 작업 과정에서 다시 일어날 수 있고, 그 무의식적인 작업 과정은 의식적으로 작업이 명료화되었을 때야 비로소 처음부터 무엇이 내재되어 있었는지 완전히 깨닫게 된다.

Sarnat(2016)은 슈퍼바이저로 하여금 첫 회기에 다음과 같은 질문을 염두에 두고 슈퍼바이지를 만나도록 권고하고 있다.

① "내가 슈퍼비전에서 사용하는 임상 접근 방식과 일치하는 슈퍼비전 방법은 무엇인가?"
② "내 성격, 훈련, 경험 등을 고려할 때 나에게 가장 편안한 방법은 무엇인가?"
③ "슈퍼비전 관계에서 슈퍼바이지는 나에게 어떤 종류의 반응을 불러일으키고, 그가 불러일으키지 않는 것은 무엇인가?"
④ "슈퍼비전 관계에서 작업하는 나의 방식은 무엇인가?"

이러한 질문의 해답을 탐색함으로써 슈퍼바이지와의 관계에서 슈퍼바이지가 알아차리지 못한 깊은 관계의 의미 등을 알아차릴 수 있다. 슈퍼바이저가 이러한 질문을 스스로에게 해 봄으로써 자신의 역량, 선호도 그리고 필요한 부분 등을 점검해 볼 수 있다.

또한 슈퍼바이저는 슈퍼바이지에 대하여 다음과 같은 질문을 해 볼 수 있다.

① "슈퍼바이지는 어떤 발달 단계에 있는가? "
② "슈퍼바이지의 가장 두드러진 불안과 역전이 문제는 무엇인가? "
③ "자신을 탐색할 수 있는 물리적 시간은 얼마나 되는가? "
④ "슈퍼바이지는 얼마나 많은 임상훈련을 받았으며 슈퍼비전 이전 경험은 어떠하였는가?"

이러한 질문에 대한 슈퍼바이지의 답변은 슈퍼바이저로 하여금 슈퍼비전 방식을 결정하게 해 줄 수 있다.

한편, 정신역동 접근의 관계형 슈퍼비전은 슈퍼바이저와 슈퍼바이지 간의 초기 구조화 작업을 중요하게 다룬다. 미국심리학회(APA) 의료서비스 심리학의 슈퍼비전 지침에 따르면 "슈퍼바이저는 서면 슈퍼비전 계약을 제공하는 것이 바람직하다." (Sarnat, 2016)고 규정하고 있다. 하지만 최근 많은 정신분석가는 훈련 기관에서 구두로 계약 관계를 형성하는 경우가 많다. 이런 경우에는 슈퍼바이저가 구두계약에 대한 기록을 남겨 두고, 정기적으로 슈퍼바이지와 이 내용을 참조하도록 한다. 간혹 심각한 문제를 경험하거나 서로 간의 불일치를 겪는 경우가 있기 때문에 이러한 초기 구조화 작업은 매우 중요하다.

3) 슈퍼바이지의 요청에 협력하기

슈퍼비전 과정은 슈퍼바이지의 요구에 도움을 줄 수 있는 방향으로 진행되는 것이 중요하다. 일반적으로 슈퍼바이지들은 그들의 발달 과정에 따라 다양한 요청을 할 수 있다. 발달 과정을 초보 슈퍼바이지, 중간 수준 슈퍼바이지, 숙련된 슈퍼바이지로 구분하고 이들의 발달수준에 따라 일반적으로 요청하는 내용과 작업하는 방법을 살펴보면 다음과 같다.

① 초보자는 일반적으로 정신역동 심리상담을 시작하는 기본 사항에 대한 우려를 나타내기 쉽다(Ronnestad & Skovholt, 2003). Sarnat(2016)은 초보 슈퍼바이지들이 호소하는 어려움을 다음과 같이 제시하였다.

- "나는 위기 작업만 해 왔는데, 위기를 경험하지 않은 내담자를 만나면 어떻게 해야 할지 전혀 모르겠어요."
- "나는 인지행동 심리상담만을 경험해 왔는데, 내적 각본을 변화시키기 위한 방법과 숙제를 내줄 수 없으면 어떻게 해야 할지 모르겠어요."
- "저는 내담자와의 첫 만남 작업에 서툰 편입니다. 처음 면담에서 내담자들이 저와 작업하고 싶지 않아 합니다."

이와 같은 어려움을 호소할 수 있다. 이러한 초보들의 요청에서는 초보 슈퍼바이지의 불안을 줄이기 위한 감정과 대인관계 상황의 세부 사항에 적응하도록 직접적인 지침을 제공하는 것이 필수적이다. 즉, 초보 심리상담자는 어떻게 해야 할지 전혀 모르는 내담자에게 던져지는 것에 대한 두려움이 높을 수밖에 없다. 따라서 심리상담 회기를 어떻게 구성하는지, 내담자의 이야기를 어떻게 듣는지, 내담자가 계속 이야기할 수 있도록 격려하는 방법이 무엇인지 등의 구체적인 내용을 교육하는 것이 중요하다. 이를 통해 초보자의 무력감과 부적절함을 정상화할 수 있다.

② 일반적으로 중간 수준의 슈퍼바이지의 요청에서는 내담자와 정신역동 작업은 시작되었지만 특정한 기본 문제에 대한 호소 내용을 포함하는 경우가 많다. 이들의 대표적인 호소문제는 다음과 같다(Sarnat, 2016).

- "내담자의 심리적 상태를 개념화하는 데 어려움을 겪고 있으며, 상담 과정에서 이론을 접목하는 것이 어려워요."
- "처음에는 내담자와 잘 작업하는 것 같았지만, 수다스럽기는 한데 깊이 있는 작업으로 넘어가는 데는 한계가 있어요."
- "전이를 식별하고 이를 상담 과정에서 적용하는 방법에 도움을 받고 싶어요."

이들은 슈퍼비전 상황에서 도움은 필요하지만 초보자들보다 덜 불안하며, 초보자들과 동일한 정도의 구체적인 도움이 필요하지 않을 수도 있다. 이들에게는 특정 정신역동 접근 기술을 연습해 볼 수 있는 기회를 제공하는 것도 도움이 될 수 있다. 예를 들어, 슈퍼바이지가 무의식적 전이를 식별하는 능력을 돕기 위해 제시된 시간 안에 상담 내에서 다루었던 특정 주제를 선택하고, 그 주제가 슈퍼바이지와 내담자와의 관계에서 어떻게 작동하는지, 그리고 내담자는 어떻게 인식할지 생각해 볼 것을 요청한다. 그리고 그 자료를 사용하여 전이를 해석하는 데 필요한 주요 단어 등 단서를 찾게 한다. 이러한 연습을 통해 슈퍼바이지가 슈퍼비전 과정에서 모호하게 인식하고 있던 전이의 내용을 명확하게 알아차리도록 돕는다. Szecsödy(2013)는 정신분석 슈퍼비전의 학습 과정을 조사하면서 슈퍼바이저가 제공한 정보가 슈퍼바이지의 즉각적인 필요에 맞게 조정되었을 때 슈퍼바이지가 가장 많이 배운다고 하였다.

③ 숙련된 슈퍼바이지의 요청에서는 복잡한 기술을 개발하고 이를 능숙하게 사용하는 방법을 배우고 정교한 감정 및 관계 능력을 개발하고자 하는 과정에 참여하게 한다(Sarnat, 2016). 슈퍼바이저는 슈퍼비전 관계의 지금-여기에서 협력함으로써 능력 개발을 촉진한다. 이에 내담자와의 관계에서 슈퍼바이지의 감정에 대해 탐색하고 진솔하고 솔직할 수 있도록 슈퍼비전을 한다.

4) 슈퍼비전의 임상자료 활용하기

슈퍼바이저는 슈퍼바이지의 요청과 학습 요구에 적절한 임상자료를 활용하는 방법을 탐색할 필요가 있다. 이에 Sarnat(2016)은 정신역동 슈퍼비전에서 대표적으로 활용하는 임상자료에 대하여 다음과 같이 설명하였다.

① 슈퍼바이지의 질문이다. 슈퍼바이지는 일반적으로 가장 최근 심리상담 과정에서 나타난 어려움에 대하여 즉각적인 해답을 요청하기도 한다. 이러한 질문에 대하여 슈퍼바이저는 그 요구를 수용해 줄 필요가 있지만, 이 과정에 슈퍼바이지가 경험하는 불안감과 무의식적인 통제 불능감과 같은 감정을 탐색하게 하고, 이를 통해 슈퍼바이지에게 슈퍼비전에 대한 통제력을 갖게 하는 데에 목적을 둘 수 있다. 이는 슈퍼비전 세션에서 슈퍼바이지가 어떠한 일이 일어나고 있는지를 더 폭넓게 조망할 수 있는 방식을 배우고, 스스로 그 답변을 찾는 과정을 관찰할 수 있도록 돕는다.
② 슈퍼바이지가 내담자와의 심리상담 회기 동안 녹음 또는 녹화한 시청각 자료이다. 시청각 자료는 슈퍼비전에서 유용하게 활용하지만 항상 사용하는 것은 아니다. 슈퍼바이지가 내담자와 어떻게 대화하는지에 대하여 우려를 표명하거나, 슈퍼바이지가 내담자와의 직접적인 상호작용을 확인하고 싶을 때, 슈퍼바이지가 자신의 회기 동안 무슨 일이 있었는지 이해하도록 돕기 위한 경우에는 시청각 자료를 확인해 보는 것이 좋다. 이러한 시청각 자료를 재생할 때는 회기 부분 중 어떤 부분을 확인하는 것이 도움이 될지, 어떤 논의를 해야 하는지 등 시청각 자료 재생 이전에 슈퍼바이지가 결정하도록 요청하는 과정이 필요하다. 이는 슈퍼비전 동맹 관계에 도움이 되기 때문이다. 시청각 자료는 때로 슈퍼바이

지의 결점이나 사적 실패 경험을 공유하게 되는데, 이러한 위험 노출 과정에서 슈퍼바이지의 의사를 확인하는 것은 슈퍼바이지의 안도감 형성에 도움이 된다. 또한 슈퍼바이지는 슈퍼바이저에 대하여 회기가 진행되고 시간이 지남에 따라 신뢰감이 높아질 수 있는데, 이러한 신뢰감은 슈퍼바이지가 슈퍼비전 과정에서의 통제권 다툼에서 벗어나 자신에게 중요하게 보였던 내용이나 관계의 의미 등 명료하게 알지 못했던 것들을 알아차리기 시작했다는 것을 의미할 수 있다.

③ 기록을 위한 프로세스 노트를 활용하는 것이다. 프로세스 노트는 일반적으로 중급 이상의 숙련된 슈퍼바이지 사이에서 선호되는 방식이다. 슈퍼비전 과정 중에 무의식적 소통에 대한 슈퍼바이지의 이해를 심화시키려고 하거나 임상 시간에 시행되고 있는 내용을 구체화하려고 할 때 전체 회기 또는 일련의 회기의 흐름에 대한 느낌을 확인할 수 있는 생산적 도구가 된다. 슈퍼바이지에게는 슈퍼비전 회기 동안 최대한 주요한 장면을 먼저 추적하고, 이후 세부 사항을 채우는 방식을 따르는 것을 권장한다. 이러한 과정에서 반복적인 구절을 자세히 요약하기보다는 핵심적인 메모를 할 수 있도록 권장하여 자신의 심리적인 흐름을 포착할 수 있도록 돕는다. 또한 슈퍼바이지가 기억과 생각을 멈추고 자신의 환상, 육체적 감각 등 무의식으로의 경험을 활용할 수 있도록 전이-역전이에 대한 경험을 돕는다. 즉, 슈퍼바이지 경험에 대한 무의식적인 해석이 내담자가 어떻게 반응하는지 주의 깊게 살펴보고, 내담자가 무의식적으로 중재를 경험하는 방법과 그것이 효과적인지 아닌지를 함께 생각할 수 있도록 슈퍼바이지를 격려할 수 있다.

④ 슈퍼바이지 개인정보 공개 내용의 활용이다. 슈퍼바이지가 자신의 개인적인 정보를 활용하여 특정 주제를 제시하였을 경우, 슈퍼바이지의 내담자에 대한 작업, 슈퍼비전 관계에서 협력하는 방식 또는 그의 전문성 계발과 어떻게 관련될 수 있는지 작업할 수 있다. 다만, 슈퍼비전에서 다루어지는 내용보다 더 심각한 현실적인 주제가 나타났을 때는 개인 상담을 받도록 고려해 볼 수 있다. 이때, 슈퍼바이지가 개인정보를 드러낸 이유에 대한 탐색도 함께 필요한데, 때로는 슈퍼바이지가 내담자와의 작업 내용을 이야기하는 것을 피하고자 자신의 정보를 공개하는 때도 있다. 이는 슈퍼비전 저항으로 이해될 수 있고, 이러한 저항이 작용하고 있음을 감지한다면 이에 대해 언급하거나 내담자와의 심리상담 작업

내용으로 돌아가서 논의하는 것을 권장해 볼 수 있다.

⑤ 슈퍼비전에 대한 슈퍼바이지의 평가 내용의 활용이다. 슈퍼비전에 대한 슈퍼바이지의 평가가 슈퍼비전 과정에서 받아들여지지 않는다면 슈퍼바이지들은 슈퍼비전 관계를 솔직하게 표현할 수 있을 정도로 충분히 안전하다고 인식하지 못한다. 이때 슈퍼바이지의 평가는 슈퍼바이저의 권위에 대한 관계적 관점을 포함할 수 있어야 한다. 슈퍼바이지의 평가 결과를 활용할 때에는 상호취약성을 인지시키고, 슈퍼비전 관계에서 권력과 권위의 비대칭성을 이해시키고 동맹을 인정하는 동시에 서로의 유대와 우위를 확인해 줄 필요가 있다.

5) 문서화

슈퍼바이저도 심리상담사와 마찬가지로 메모를 통해 슈퍼비전 과정을 문서로 만들어 보관할 의무가 있다. 자신이 제공할 수 있는 다양한 목적의 관점에서 문서 작성은 의미가 있는데 특히, 안전 문제나 법적·윤리적 문제의 사례가 발생하면 결국 타인들과 내용을 공유해야 하기에, 다른 사람들도 읽을 수 있다고 생각하는 공식적인 문서를 작성해야 한다. 이러한 문서 작업에서는 슈퍼바이지와의 진행 상황과 슈퍼바이지가 겪고 있는 어려움 및 슈퍼비전에 대한 평가 내용을 포함할 수 있다. 또한 슈퍼바이저는 슈퍼바이지가 적절한 문서 작성을 하고 있는지 확인하는 것이 필요하며 이는 슈퍼바이저의 법적·윤리적 책임의 일부라고 할 수 있다.

6) 사례회의

사례회의는 집단 슈퍼비전 활동을 말하며, 정신역동 슈퍼비전에서는 관계형 슈퍼비전과 비관계형 정신역동 접근 슈퍼비전으로 구분할 수 있다. 비관계형 사례회의의 형태는 고전적 사례회의 모델로서 슈퍼바이저의 아이디어가 우선시되고 집단원들의 의견은 잘 다루어지지 않는다. 일반적인 절차는 사례가 발표된 이후 슈퍼바이저는 교사처럼 일부 집단에 의견을 요청한 다음 사례 자료를 활용하여 사례에 대한 개념화를 가르친다. 반면, 관계형 사례회의에서는 더 복잡하고 경험적이며 참여적인 형태로 이루어진다. 슈퍼바이저는 내담자와 심리상담 기술에 대한 자신의 관점을 제시할 수는 있지만, 사례회의에 참여한 참여자들도 슈퍼비전 과정에 참여할 수 있도록 한다. 관계형 슈퍼비전에서는 슈퍼바이지와 내담자 사이의 무의식적 과정의 요소와 슈퍼바이지가 구두 발표에서 전달할 수 없었던 요소가 종종 사례회의에서 정서적 경험과 병렬하여 집단 상호작용에서 재생되는 것들을 다루기도 한다. 이때, 슈퍼바이저의 역할은 심리상담 기술의 요점을 설명하기 위해 자료를 사용하고 토론을 위한 질문을 제기한다. 그리고 집단 구성원의 경험에 대한 의미를 만들고 경험을 통해 배울 수 있도록 돕는 역할을 한다.

사례 연구: 슈퍼비전에서의 병렬과정(parallel process in action)

Karlose는 대학 상담원이며 슈퍼바이지이다. 슈퍼바이저인 Owen과의 회기에서 자신이 상담하고 있는 젊은 여성에 관한 사례를 다루고 있다. Karlose의 내담자는 최근 친한 남자 친구 중 한 명이 자살한 이후 Karlose와 상담을 진행했었다. Karlose가 내담자와 내담자 친구의 사별에 관한 이야기를 하는 동안 Owen은 Karlose의 목소리가 가라앉고 단조로워지는 것을 느꼈다. 또한 Karlose가 의자에 앉아 눈도 마주치지 않고 경직되어 있는 모습도 알아차린다. 동시에 Owen은 특별한 이유 없이 유난히 짜증이 나고, 심지어 화가 나는 것이 느껴지고 의식되었다. 무언가 '몸 상태가 안 좋아졌다.'라고 느낀 Owen은 Karlose에게 자신에게 일어난 신체적 현상과 마음 상태를 어떻게 표현할까 고민하면서 슈퍼바이지의 이야기에 계속 귀를 기울인다. Karlose가 "내담자가 믿을 수 없을 정도로 침착한 것을 발견했다."라고 언급하자, 슈퍼바이저인 Owen은 자신에게 점점 더 짜증이 난다는 게 어떤 의미인지 직감하고 슈퍼바이지에게 피드백하기로 결심하였다.

이어지는 그들의 회기에서 병렬과정을 확인할 수 있었다. Owen이 분노의 감정과 짜증이 났던 감정을 드러내는 것을 들은 Karlose는 자신의 감정이 슈퍼비전 과정에서 드러나지 않았음을 인정하게 된다. Karlose는 내담자에 대한 좌절감 역시 아주 고요히 앉아서 단조롭게 말하였다. 내담자에 대하여 말할 때, Karlose는 무의식적으로 자신의 상실감에 대한 강한 감정으로부터 내담자의 명백한 단절 현상을 재현했다. Owen은 Karlose가 내담자에 대하여 설명하는 것을 들었을 때 경험하기 시작한 자신의 분노 감각을 언급하며, 내담자가 친구에 대하여 느끼는 감정과 비슷한 것은 아닌지 궁금해하였다. 이는 내담자가 표현하지 못했던 친구의 자살에 대한 감정일 수도 있다고 가정할 수 있다. 내담자는 친구의 자살로 인하여 자신이 느낀 분노의 감정은 가리고 있을 수 있기 때문이다.

Karlose는 무의식적으로 자신도 모르게 자신의 말을 신중하게 받아들였고, Owen은 자신도 모르게 자신의 말을 전하였다. 슈퍼비전 회기가 더 진행되면서 자신들의 무의식 감정들을 이야기 나눈 후, Karlose와 Owen은 더 이상 좌절하거나 화를 내지 않게 되었다. Karlose는 내담자에 대한 연민이 회복되고, 자신의 내담자가 슬퍼하는 과정에서 어떠한 경험을 하는지에 대한 통찰력을 얻게 되었다.

출처: Henderson, Millar, & Holloway (2014).

4. 정신역동 접근의 슈퍼비전에서 다루는 주된 이슈

1) 슈퍼바이지의 '어려움' 작업하기

슈퍼바이저가 충분한 안전함을 제공할 때, 슈퍼바이지는 거짓 자아보다는 어린 아이 같고 갈등하는 부분을 자유롭게 보여 주고 도움을 받을 수 있다. 슈퍼바이지는 안전한 환경 속에서 자신의 '어려움'을 호소할 수 있다. 정신역동 접근의 관계형 슈퍼바이저는 어려움이 상호주관적 요소를 포함한다는 관점을 이해한다. Frawley-O'Dea와 Sarnat(2001)은 이를 현실에서 환상으로의 회귀 또는 퇴행이라고 명명하였고, 복잡하고 성숙한 방식보다는 원시적인 사고와 감정 방식으로 회귀 혹은 퇴행한다고 보았다. '회귀'는 슈퍼바이지가 일시적으로 자신의 자기관찰 기능을 슈퍼바이저에게 위임하는 마음 상태이다. 관찰하는 자아를 다른 사람에게 위임하는 것은 성장을 위해 활용할 수 있는 창조적 해체의 경험으로 허용된다. 슈퍼바이저는 슈퍼바이지의 와해와 성장을 허용하지만, 생산적 회귀 학습을 촉진하기 위해 슈퍼바이지의 성장뿐만 아

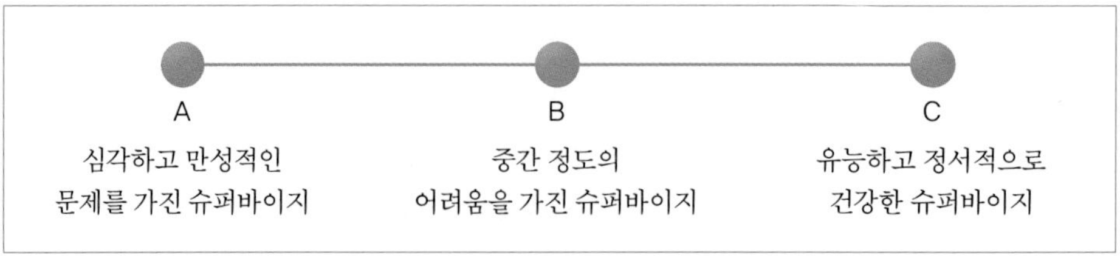

[그림 1-1] 슈퍼바이지의 어려움 정도

출처: Sarnat (2016).

니라 슈퍼바이지의 자기애적 취약성 및 불안에 맞춰진 슈퍼비전 환경을 만들어 준다. Sarmat(2016)은 심리적 관점에서는 슈퍼바이지의 어려움을 [그림 1-1]과 같이 슈퍼비전 난이도의 연속적인 관점에서 설명하였다.

특히 심각하고 만성적 문제를 가진 슈퍼바이지는 내적 문제가 너무 심각하고 만성적이어서 내담자나 슈퍼바이저 각각 혹은 둘 다 모두의 작업을 지속적으로 방해할 수 있다. 이러한 문제들은 슈퍼비전에서 완전히 해결되기는 어렵다. 이에 개인 심리상담이나 치료를 고려할 수 있도록 도움을 주는 것이 필요하다. 중간 정도의 어려움을 가진 슈퍼바이지는 내담자를 돌볼 수 있는 능력을 손상시킬 정도의 문제를 겪고 있거나 지속적이고 충분한 슈퍼비전의 도움 없이는 심리상담을 지속하기 어려울 수 있다. 유능하고 정서적으로 건강한 슈퍼바이지의 경우 내담자나 슈퍼바이저와 관계를 맺을 때 자신과 다른 특성을 맞닥뜨릴 때 어려움을 호소할 수 있다. 슈퍼바이저는 명확한 기대치를 정의하고 문제행동에 대한 피드백을 제공하고, 문제와 문제의 지속성 또는 해결을 위한 노력을 문서로 만드는 등 일련의 조처를 해야 한다. 필요시, 개인 심리 상담에 대한 의뢰, 추가 슈퍼비전 또는 추가 과정 작업을 요구할 수 있다. 또한 심각한 슈퍼바이지의 어려움을 작업 시, 잘 해결되지 않는다면 다른 사람에게 자문하고, 슈퍼바이지-슈퍼바이저의 일치 문제를 고려하여 슈퍼바이지의 최선의 이익을 염두에 두는 것이 중요하다.

또한 초보의 슈퍼바이지는 부정적 전이를 초보 심리상담사로서 자신의 무능함과 혼동하는 경우가 많다. 내담자의 의심이나 불신, 심리상담사의 폄훼, 심리상담에 대한 절망감 등의 부정적 감정이 경험 부족이나 전문성 부족 때문이 아니라 실제로 전이 과정이라는 것을 알아차릴 수 있도록 도와주는 것이 중요하다. 특히 슈퍼바이지가 느끼는 부정적 감정은, 자신을 실망시키고 착취하거나 도움을 줄 수 없었던 과거의 대상들에 대한 내담자의 내적 경험 세계의 일부이며, 이는 가장 유능한 심리상담사에게도 발생할 수 있음을 인지시키고, 반드시 해석되어야 할 부정적 전이임을 이해시키는 것도 필요하다.

2) 슈퍼바이저와 슈퍼바이지 간의 '차이'에 대하여 작업하기

정신역동 접근의 관계형 슈퍼비전에서는 슈퍼바이저와 슈퍼바이지 간의 관점 차이를 인식하고, 관련된 복잡한 문제에 대해 슈퍼바이저가 민감하게 다루고 해결하는 데 필요한 인지, 감정 작업을 중요하게 생각한다. 슈퍼바이저는 슈퍼비전의 구조화, 즉, 슈퍼비전이 언제 어디서 수행되는지에 대한 세부 사항을 설정하고 슈퍼비전 업무, 평가, 윤리적 실천에 대한 초점을 유지하는 책임을 갖는다(Sarnat, 2016). 이러한 과정에서 슈퍼바이저는 슈퍼바이저와 슈퍼바이지 사이에 발생하는 상호 과정을 검토할 수 있고, 의미가 불일치하여 서로 대립되는 개념들을 이론적 개념화 자체보다 더 중요하게 생각해야 한다(Frawley-O'dea, 2003).

이를 위해 우선, 슈퍼비전 참여자들에게는 서로의 차이에 대해 말할 수 있는 도전적 태도가 필요하다. Ladany, Friedlander와 Nelson(2005)은 차이를 주제로 슈퍼비전의 서두를 시작하는 것은 중요한 슈퍼바이저의 능력이라고 주장한다. 슈퍼비전은 슈퍼바이저와 슈퍼바이지 사이의 권력 차이를 인식하고 슈퍼바이저가 차이 문제를 포함하여 발생하는 모든 어려운 문제에 대한 논의를 시작할 책임을 져야 한다는 것을 강조한다. 이에 정신역동 접근의 관계형 슈퍼비전은 어려운 대화가 이루어지고 강렬한 영향이 처리될 수 있는 슈퍼비전 관계를 만드는 것이 우선시된다. 또한 슈퍼바이저가 슈퍼비전에서 '편안한 감정'을 형성할 수 있게 하는 것은 정신역동 접근의 관계형 슈퍼비전의 큰 장점이며 다문화적인 문제에 대하여 대화를 시작할 수 있는 필수 전제조건이다(Ladany et al., 2005).

또한 슈퍼비전에서 차이를 다룬다는 것은 관계, 연결과 같은 역동을 중요시하며, 인간적이고 심리적인 일련의 가치를 지지하는 것과 같다. 즉, 자율성과 상호의존성 수용, 정직, 연민, 진정성, 자기 인식에 대한 감정과 같은 기본적인 인간 가치와 변증법적 긴장의 문화적 차이를 존중하는 것이다. 이러한 차이 작업에 대한 정신역동 접근의 연구는 대부분 관계형 학파에서 파생되었다. 인종, 문화, 계급 등 다양성은 본질적인 사회적 현상이며, 이러한 현상이 내담자의 내적 삶에도 의식적, 무의식적으로 끊임없는 역동을 만들어 내고 있으므로 심리상담에서나 슈퍼비전 과정에서 이를 다루는 것은 매우 자연스러운 현상이다.

… 정신역동 접근의 관계형 슈퍼비전: 차별화된 작업

- 인종의 차이는 슈퍼바이저, 슈퍼바이지, 내담자 관계에서 심각한 의식적, 무의식적 반응을 일으킨다. 정신분석가의 무지, 방어적 태도 그리고 인종 주제에 대한 불안은 심리상담이나 슈퍼비전 과정에서 건강하지 않은 무의식적인 역동을 만들어 낼 수 있다.
  ☞ 슈퍼바이저는 인종 간 차이와 차별 주제에 대한 자신의 불안감을 충분히 인식하고, 슈퍼바이지와 내담자의 불안을 공감하여 슈퍼바이지와 충분히 대화할 수 있어야 하며, 슈퍼바이지도 내담자와 이야기하도록 격려해야 한다.
- 차이에서 발생하는 부정적인 문제를 해결하려면 불안한 현실이 마음에 떠오르도록 허용하고 마음에 떠오는 주제를 회기에 끌어들여 이야기하고 다루는 것이 필수적인 슈퍼비전 혹은 심리상담 기술이라고 할 수 있다. 정신역동 접근의 관계형 슈퍼비전은 이러한 방법을 통해 지지하는 능력을 갖는다.

3) 법적 · 윤리적 문제 해결

슈퍼비전의 전 과정은 윤리적 태도와 책임에 근간을 두고 이루어져야 하지만, 슈퍼바이저는 슈퍼바이지에게 지나친 도덕성을 요구하거나 수치심을 주는 것은 삼가해야 한다. 슈퍼바이저는 항상 자신을 모니터링하고 윤리적 측면에서의 어려움이 있을 시에 매 순간 이를 수정하려는 노력이 필요하다. 또한 슈퍼바이저는 불안을 관리할 수 있어야 하며 슈퍼비전에서의 자신의 능력과 한계를 언급함으로써 슈퍼비전 관계의 상호성을 인정하는 것이 필요하다.

슈퍼바이저는 전문가로서의 전문적 행위를 통하여 권위를 보여 주는 것과 부정적인 피드백을 직접적으로 나타내는 것 사이의 권력 관계의 비대칭 현상에 대하여도 예민함을 가지고 있어야 한다. 또한 슈퍼바이지에게 비효율적인 모습에 대한 부정적인 피드백을 받을 시에도 권력 관계의 비대칭성과 역동, 그리고 피드백을 받아들이는 태도와 슈퍼바이저로서의 책임도 함께 질 수 있어야 한다. 슈퍼바이저는 자신의 권한을 사용하는 인상을 주거나 위협하기보다는 슈퍼바이지가 자신의 권한을 부여하도록 권장한다. 이에 Sarnat(2016)은 정신역동 접근의 관계형 슈퍼비전 과정에서는 법적 · 윤리적 위험 가능성이 있는 다음의 주제에 대하여 다루기를 제안하였다.

① 슈퍼바이지의 동의이다. 슈퍼바이저는 슈퍼바이지에게 슈퍼비전 과정에 대하여 알리고 슈퍼바이지에게 자신을 취약하게 만드는 과정에 관한 내용도 포함될 수 있다는 것을 설명하고 이에 대한 동의를 요청한다. 또한 슈퍼비전 과정이 진행되는 동안 시시각각 변화하는 슈퍼바이지의 요구와 불안을 진지하게 받아들이고, 슈퍼바이지가 주어진 순간에 얼마나 많은 취약성을 느끼고 있는지 존중해야 한다. 이러한 내용을 다루는 것에 대한 슈퍼바이지의 동의는 초기 슈퍼비전 계약 시 완성되었다고 가정하는 것이 아니라, 슈퍼비전이 이루어지는 동안 지속적으로 동의가 이루어지고 협상되어야 한다.

② 적절한 경계 유지이다. 슈퍼바이저는 슈퍼바이지가 전문적인 상담 과정에서 필요하거나 도움이 되는 것보다 개인적인 문제에 더 깊이 관여되는 것을 느낄 때 그 한계를 확인하고 경계를 명료하게 설정해야 한다. 특히, 슈퍼비전에서 성적, 로맨틱한 경계는 명확하게 하는 것이 매우 중요하다.

③ 슈퍼바이저의 부적절한 개인정보 노출이다. 슈퍼바이저는 슈퍼비전 효과를 위해서 때때로 자신의 경험과 감정 등의 정보를 공개하면서 설명한다. 슈퍼바이지에게 지나친 개인적인 정보를 공개하는 문제는 심리학자 윤리 및 행동 강령(APA, 2016)에서 구체적으로 다루지는 않지만 Standard 3.08(착취적 관계)에 대한 설명에서 "심리학자들은 슈퍼바이지, 평가자 또는 다른 권한을 가진 사람을 착취하지 않는다."라고 분명히 명시해 두었다. 그리고 이러한 슈퍼바이저의 공개가 슈퍼바이지의 긍정적인 성장을 촉진하기 위해 만들어진 것이 아니라면 착취적일 수 있다는 관점을 유의해야 한다는 것이다. 권력 차이나 의존 관계가 있을 때 '부모 세대'가 공개하는 내용은 '젊은 세대'에게 지나치게 자극적이거나 심지어는 위협적인 가능성도 있기 때문이다. 슈퍼바이저가 그런 영향을 슈퍼바이지에게 미칠 수 있다고 고려해 보는 것은 윤리적 책임의 과정에서 매우 필요하다. 때로는 슈퍼바이저가 슈퍼바이지와의 관계 형성을 위하여 자신의 생활 사건, 휴가지 등을 공개하기도 하는데 이러한 공유된 정보로 인해 슈퍼바이지가 슈퍼바이저를 찬양하게 만들거나 슈퍼비전의 전문적 과정에 부정적인 영향을 미칠 수 있음을 알아차리는 것도 필요하다.

④ 슈퍼바이저는 심리상담의 과정에서 내담자에게 심리상담자가 자기공개하는 것과 슈퍼비전에서 슈퍼바이저가 자기개방하는 것의 차이점도 인식할 수 있도록

도와주어야 한다. 이를 통해 자기개방으로 인해 나타나는 부정적인 측면에 대한 통찰도 다룰 수 있다. 슈퍼비전 과정에서 이러한 차이를 다루어 보는 것도 도움이 된다. 슈퍼바이저는 슈퍼바이지가 자신의 내담자에게 자신의 개인적인 정보의 공개 여부와, 정보 공개로 인해 파생될 수 있는 여러 가지 역동을 명확하게 생각해 볼 수 있는 기회를 제공하고, 윤리적인 부분에서 발생될 수 있는 것들을 다루어야 한다. 이를 통해 심리상담 혹은 슈퍼비전 모두 공유된 정보가 균형을 찾고 성장하는 데 도움이 되도록 실행하는 것이 필수적이다.

5. 정신역동 접근의 슈퍼비전에 대한 평가

정신역동 접근의 슈퍼비전은 정신분석학의 태동과 함께 오랜 시간 심리상담 영역에서 발전해 왔다. 정신역동 접근의 슈퍼비전은 관계에서의 역동을 바탕으로 이루어지기 때문에 심리상담자가 슈퍼비전 경험을 통해 내담자의 역동을 더욱 잘 이해하여 심리상담에 활용할 수 있도록 하는 장점이 있다. 또한 인간 내면의 무의식 영역을 탐구하고 알아차릴 수 있게 돕기 때문에 다른 접근들보다 더 깊은 알아차림을 도울 수 있다. 이를 통해 신경증을 비롯한 정신병의 치료와 예방에도 공헌할 수 있었다. 이러한 장점과 더불어 정신역동 접근의 발전을 위해 앞으로의 과제들도 있다. 이에 정신역동 접근의 관계적 관점에 대한 부분과 미래 가능성과 관련된 과제들을 살펴보면 다음과 같다.

1) 슈퍼비전에 대한 평가

정신역동 접근의 슈퍼비전은, 정신분석을 중심으로 이어져 오는 유구한 역사적 배경과 더불어, 심리상담의 이론 성장과 확장을 비롯하여 슈퍼비전 전반에 공통요인으로 미치는 영향력은 지대하다. Freud에서부터 시작되어, 오늘날까지 정신역동 접근은 심리상담 분야에서 탁월한 위치를 차지하고 있다. 그러나 심리상담 슈퍼비전은 상담의 효과를 극대화하기 위하여 심리상담 훈련 확장, 지속적인 자문, 그리고 학습 결과를 감독하려면 다양한 슈퍼비전 과정 변수를 연결하고 성장시키는 것이 요구된다는 점에서, 정신역동 접근의 슈퍼비전은 이러한 변화를 방해하는 제한점이 있다. 이는 먼저 정신분석 접근에서 관계를 수용하는 것에 대하여 저항적이라는 것이다. 일부 정신역동 접근의 슈퍼바이저들은 관계적 방법을 받아들이기보다 비관계적이고 내담자 중심적이며 교훈적 접근에 더 의존한다. 이들은 관계형 접근의 긍정적인 측면에 동의한다고 할지라도, 자신이 지향하는 임상 이론에서 교육과 심리상담의 경계를 위반하는 것을 두려워하여 관계형 접근 방식을 도입하는 것을 거부할 수도 있다. 즉, 슈퍼비전에서 슈퍼바이저와 슈퍼바이지 간의 관계적인 측면을 다루기는 쉽지 않다. 정신역동 접근의 슈퍼비전 과정에서 슈퍼바이지와 슈퍼바이저의 관계적 측면을 다루는 것은 앞으로 해결해 나가야 하는 과제가 될 것이다. 하지만 후기 정신역동 접근의 슈퍼비전에서는 슈퍼비전의 관계를 중시한다는 것은 매우 고무적으로 보인다. 이에 성장하는 정신역동 접근의 슈퍼비전에서는 슈퍼바이저 스스로가 건강한 슈퍼바이저의 역할에 대하여 고민하고 수용적인 환경과 태도를 만들기 위한 노력이 요구된다.

2) 연구 및 향후 방향

정신역동 접근의 슈퍼비전은 끊임없이 진화하면서 발전해 나갈 새로운 가능성을 가지고 있다. 정신역동 접근에서는 전문적인 슈퍼비전 외에도 심리상담 훈련 과정을 회원들에게 교육과정으로 접목하였다. 정신역동 접근의 슈퍼바이지에게 심리상담 기술 개발을 위한 학습을 강화하는 것은 슈퍼바이지뿐만 아니라 그들의 내담자의 복지 정진에도 긍정적으로 작용할 것이기에 교육 강화는 바람직한 방향으로 보인다. 또한 신경과학 기반 기술은 슈퍼바이지의 교육 경험을 넓히고 심화할 기회를 제공한다. 특히 슈퍼바이지가 명상에 임할 수 있는 능력을 개발하고, 내담자와 심리상담 과정에서 유발되는 불안한 감정을 다룰 수 있도록 돕는 명상 훈련은 정신역동 접근의 슈퍼비전을 보완할 수 있을 것으로 보인다.

정신역동 접근의 슈퍼비전은 지속적으로 거의 모든 슈퍼비전을 위한 훈련과 연구에 기본적으로 적용될 수 있다. 이에 정신역동 접근에 관한 연구들은 매우 유용하게 분석되고 검증될 필요성이 있다. 한국에서 정신역동 접근의 슈퍼비전은 가장 보편적으로 알려져 있음과 더불어 심리상담 장면에서나 슈퍼비전에서도 기본적으로 적용되는 중요한 접근이라고 할 수 있다.

제 2 장

인지행동 접근의 심리상담을 위한 슈퍼비전

1. 인지행동 접근의 슈퍼비전 개요
2. 인지행동 접근의 슈퍼비전 핵심 원리와 기술
3. 인지행동 접근의 슈퍼비전 방법
4. 인지행동 접근의 슈퍼비전에서 다루는 주된 이슈
5. 인지행동 접근의 슈퍼비전에 대한 평가

SUPERVISION

02

Aaron Beck
Cort. F. Newman
Danielle. A. Kaplan

이 장은 『Supervision Essentials for Cognitive Behavioral Therapy』(Newman & Kaplan, 2016)를 중심으로 인지행동 접근의 슈퍼비전에 대한 개요, 핵심 원리, 슈퍼비전 방법과 기술, 주된 이슈와 평가로 나누어 소개하고자 한다. 먼저, 인지행동 접근의 슈퍼비전 개요에서 인지행동 심리상담의 역사와 학자들을 간략하게 소개하였다. 인지행동 접근의 핵심 원리로 슈퍼비전 관계의 중요성, 공동의 목표를 정하기, 인지행동 심리상담 기술 가르치기, 슈퍼바이지의 평가를 제시하였고 인지행동 접근과 몇 가지 기본적 개념을 제시하였다. 인지행동 접근의 슈퍼비전 방법에서는 슈퍼바이지 발달수준에 따른 임상 설정, 철저한 문서화 및 모델링, 역할수행, 상호평가 등 협업, 개인 또는 집단 슈퍼비전을 포함한 기술과 슈퍼비전의 3단계를 제안하였으며, 인지행동 심리상담 평가 설명서를 제시하였다. 인지행동 접근의 슈퍼비전에서 다루는 주된 이슈에서는 슈퍼바이지의 불안과 저항 다루기, 슈퍼바이저의 문제에 대한 기여, 슈퍼바이지의 손상이나 기술 부족, 권력과 평가, 다문화와 다양성 문제에 대한 인식 및 법적, 윤리적 문제 관련 설명을 하였다. 마지막으로, 인지행동 접근의 심리상담 슈퍼비전에 대한 긍정적 평가와 보완 사항을 제시하였다.

1. 인지행동 접근의 슈퍼비전 개요

인지행동 접근의 슈퍼비전은 인지행동치료(CBT)의 이론에 따라 상담하는 사례를 위한 슈퍼비전으로 3단계 접근법을 활용할 수 있다. 1단계 사회화 단계, 2단계 초점을 맞추는 단계, 3단계 수정 단계이며, 각 단계마다 인지행동 접근법의 심리상담에서 중요시되어 온 핵심 신념, 자동적 사고, 중간 신념에 주안점을 두어야 한다. 슈퍼바이저는 슈퍼바이지의 임상 발달수준에 맞추어 주요하게 다루어야 할 주제들을 다루어야 한다. 또한 슈퍼바이저는 슈퍼바이지가 상담 장면에서 인지적, 정서적, 행동적, 각성의 요소들을 적절히 알아차리고 이들의 정보를 모아 개념화하였는지 평가할 수 있어야 한다. 이러한 모든 과정에서 의제를 설정하고, 피드백하고, 협업하였는지, 시간을 효율적으로 사용하였는지를 비롯하여 대인관계의 효율성에 대해서도 평가할 수 있는 체계적이고 순환적인 슈퍼비전 접근이다.

1) 역사적 배경

인지행동치료(Cognitive Behavioral Therapies: CBT)는 용어에서 볼 수 있듯이 인지 심리상담과 행동 심리상담을 통합한 심리상담 기법이다. 즉, 인지 이론과 행동주의 이론을 토대로 인지적, 행동적 기법을 활용하는 심리상담 기법이라 할 수 있다. 행동 심리상담은 정신분석 심리상담에 대한 도전으로 1950년대와 1960년대에 발전한 이론이다. 정신분석이 무의식, 과거를 다룬다면 행동 심리상담은 관찰 가능한 행동을 다루며 현재에 초점을 두고 구체적 목표를 지닌 단기치료를 지향한다. 이어 Albert Ellis의 REBT(Rational Emotive Behavior Therapy)나 Aaron T. Beck의 CT(Cognitive Therapies), Donald H. Mechen-baum의 자기교습법을 포함한 인지치료가 개발 및 발전되었다. 이후 Beck이 인지 심리상담과 행동 심리상담을 접목한 인지행동치료(CBT)라는 용어를 쓰기 시작하였다. 오늘날에는 인지치료(CT)와 인지행동치료(CBT)를 동일한 개념으로 사용하고 있고 이 장에서는 인지행동치료와 심리상담으로 혼용하여 사용하였다.

2) 주요 학자

(1) Aaron Beck

1960년대 초 Aaron Beck이 '인지치료(cognitive therapy)'라고 이름 붙인 정신치료를 개발하였고 현재는 '인지행동치료'와 동의어로 사용된다. Beck은 우울증에 대하여 구조화되고 단기적이며 현재 지향적인 정신치료를 고안했는데, 인지행동 심리상담 기법의 목표는 내담자가 당면한 현재 문제를 해결하고, 부정확하거나 쓸모없는 역기능적인 사고와 행동들을 수정하는 데 있다(Beck, 1964). Beck은 정신 분석가로 교육을 받았지만, 우울증 치료에서 전통적인 정신분석의 제한된 효과에 만족하지 못하였고, 감정과 행동을 형성하는 데 생각과 신념의 역할에 초점을 맞춘 대안적 접근 방식을 개발하게 되었다. 그는 왜곡된 사고 패턴과 부정적인 믿음이 심리적 고통에 기여한다고 제안하였다. 인지행동 기법은 1970년대에 더욱 발전하여 우울증, 불안장애, 스트레스 관리, 자기 존중감 향상, 대인관계, 다양한 정신건강 분야에서 경험적 연구를 통하여 효과가 입증되었다. Beck이 제시한 접근에서 파생된 모든 인지행동치료 기법에서는 특정 장애를 특징짓는 믿음과 행동 전략에 관한 인지 개념화에 근거하여 치료가 이루어진다(Alford & Beck, 1997).

Beck은 러시아 출신의 유대인 이민자인 부모님으로부터 태어났고 5형제 중 막내로 태어났지만 바로 위 두 형이 사망하여 어머니는 두 자녀를 잃으며 여러 해 동안 우울증 경험을 하였고 평생 약한 우울증을 보였다. 그는 힘든 유년기를 겪었으며, 피나 상해에 대한 공포증, 발표와 질식에 대한 두려움 등 많은 불안 증상을 경험하면서 자주 몸이 아파 빈번하게 결석하였다. Beck은 자신의 불안을 완화하기 위해 자기 생각을 검토한 결과 성공적이었으며 어린 시절 경험한 불안 및 우울함에 대한 극복 경험이 인지행동 심리상담 기법의 개발과 연구에 영향을 미쳤다고 회고하였다.

(2) Cort, F. Newman

인지행동 접근의 슈퍼비전은 Cory, F. Newman과 Danielle A. Kaplan이 전문성을 가지고 있다고 본다. Newman은 Perelman School of Medicine at the University of Pennsylvania의 정신의학과 심리 교수이며, 인지치료센터 대표이다. 그는 1987년 The State University of New York at Stony Brook에서 임상심리 박사를 하였고, Beck의 지도아래 The center for Cognitive Therapy에서 박사 후 과정에 참여하였다. Newman은 300여 명의 박사 후 과정, 정신의학 레지던트, 대학원생, 국제적인 Beck 장학생, 다른 정신건강 돌봄 수련생들을 슈퍼비전하였다. 그는 인지행동치료사로서 활동하고, 대규모 정신치료 결과를 내는 연구의 슈퍼바이저이며, 200회 이상 미국과 세계적인 워크숍과 세미나에서 발표하였다. 또한 다양한 범위의 임상 문제에 대하여 인지행동 심리상담 및 치료로 논문과 저술을 하였다.

(3) Danielle, A. Kaplan

Daniel Kaplan은 New York University Bellevue 병원의 정신의학 인턴십 과정 대표이며, NYU에서 정신의학 임상교수로 있다. 그녀는 또한 인지행동 심리상담 훈련가이며 NYU 정신의학 훈련생들의 슈퍼바이저이다. Kaplan은 North Carolina University에서 임상심리학 박사를 하였다. 그녀는 병원에서 운영하는 커뮤니티 정신건강센터에서 인지행동 심리상담 기법을 실천하고 있고, Northwestern University와 Yeshiva University에서 인지행동 심리상담 슈퍼바이저와 교수로 활동하였다. 그녀는 다양한 훈련, 다문화 정신건강 이슈, 대리 트라우마 분야에서 광범위한 저술을 하였다. 또한 우울장애, 불안장애, 재현 경험, 출산 전후의 정신건강에서 인지행동 심리상담 전문가로 알려져 있다.

2. 인지행동 접근의 슈퍼비전 핵심 원리와 기술

인지행동 접근의 슈퍼비전은 교육적이고 대인관계적이며 기술중심적(Bradley, Gould, & Parr, 2001)이다. 무엇보다 내담자를 확실하게 돌보는 것과 수행을 향상하는 데 초점을 두면서도, 슈퍼바이지에게 가르침과 부적응적인 인지와 행동 교정을 지도하면서 인지행동 심리상담 기술을 신장시키는 것(Kindsvatter, Granello, & Duba, 2008)에 초점을 둔다. Milne(2007)는 인지행동 접근의 슈퍼비전을 '사례 중심적이고 슈퍼바이지의 작업을 지원, 지시, 지도하는 관계 기반의 집중적인 교육 및 수련의 공식 조항'으로 표현하기도 하였다. Beck의 접근에서 파생된 모든 형태의 인지행동 심리상담에서 심리상담사는 인지개념화를 기반으로 심리상담을 하는데, 여기에는 부적응적 믿음, 행동 전략, 특정 장애를 지속하게 하는 요인 등이 포함(Alford & Beck, 1997)되며, 이는 인지행동 슈퍼비전의 과정에서도 적용된다.

1) 슈퍼비전 핵심 원리

인지행동 접근의 슈퍼비전 핵심 원리에는 신뢰로운 슈퍼비전 관계의 중요성, 공동의 목표를 정하기, 인지행동 심리상담 방법 가르치기, 슈퍼바이지에 대한 평가가 포함된다.

(1) 슈퍼비전 관계의 중요성

인지행동 심리상담에서 심리상담사와 내담자의 협력적 치료관계의 중요성은 슈퍼비전 관계에서도 마찬가지이다. 슈퍼비전 관계에서는 인지와 행동을 탐색하는 것이 핵심이지만, 슈퍼비전 관계가 진솔하고 따뜻하며 공감적(Bradley, Gould, & Parr, 2001)이어야 한다. 먼저 슈퍼바이저가 슈퍼바이지에게 안전한 환경을 만드는 것은 매우 중요한데 슈퍼바이지가 특정 내담자를 상담하는 데 겪는 어려움을 자유롭게 말할 수 있을 만큼 안전해야 한다(Ladany, 2004). 여기에는 슈퍼바이지의 특정 임상 문제나 개입에 대한 지식의 차이 또는 분노, 공포, 권태, 성적 매력 등 내담자에게 가지는 문제 있는 감정적 반응도 포함된다. 슈퍼바이저는 슈퍼바이지가 수련 과정에서 가지는 지위에 대한 두려움이나 비난 또는 불이익을 두려워하지 않고, 자신의 문제에 대해 솔직하고 신중하게 말할 수 있는 환경을 조성하기 위해 노력해야 한다. 전반적으로 긍정적인 슈퍼비전 관계가 슈퍼비전의 질과 슈퍼바이지의 슈퍼비전 만족도와 관계가 있다(Livni, Crowe, & Gonsalvez, 2012). 슈퍼바이저와 슈퍼바이지의 관점이나 접근법이 다를 때에도 누구의 개입이 '맞는지' '경쟁하기'보다는 슈퍼바이저는 자신의 관점에 대한 근거를 제시한 후 슈퍼바이지에게 이를 정리해 달라고 정중히 요청할 수 있다. 내담자를 돕는 것이 두 사람의 공동 목표이기 때문에 한 가지 관점이나 정보에 얽매이지 않고 여러 가지 가설을 공개적이고 협력적으로 고려할 수 있다.

다음으로 슈퍼바이저과 슈퍼바이지를 위하여 심리상담사로서 이중 역할을 하지 않도록 슈퍼비전과 심리상담 사이에 명확한 구분이 필요하다. 그러나 슈퍼바이지가 불안감, 낮은 자신감, 생활로 인한 괴로움 등으로 심리상담에 어려움을 겪을 때, 슈퍼바이저는 이러한 문제를 외면하지 말아야 한다.

(2) 공동의 목표를 정하기

인지행동 접근의 슈퍼비전에서는 슈퍼바이저와 슈퍼바이지가 협의하여 공동의 목표를 정하는 것이 효과적이다. 공동의 목표 중 하나는 내담자의 복지와 건강한 삶을 돕기 위한 것이다. 이 과정에서 슈퍼바이저와 슈퍼바이지 둘 다 내담자의 진행 과정과 결과를 측정하고 적절하고 능숙하게 관리할 수 있도록 내담자에게 주의를 유지해야(Swift et al., 2015) 한다. 슈퍼바이저는 슈퍼바이지에게 지속적인 피드백과 지시를 하여 심리상담 과정 중에 전문적인 지침과 약속을 준수함으로써, 내담자가 최소한 표준적인 상담 과정에서의 관리를 받도록 보장한다. 또 다른 공동의 목표는 슈퍼바이지의 인지행동 접근에 대한 전문성 향상에 대한 목표를 정하는 것이다. 이 과정에서 슈퍼바이지의 부적응적이고 부적절한 심리상담 행동을 소거하거나 적절한 기술이나 행동을 가르치는 활동을 포함한다. 하위 목표는, 먼저 슈퍼바이저가 슈퍼바이지에게 인지행동 심리상담의 본질적 방법을 숙지하도록 하고, 이러한 방법이 관심 임상 영역과 내담자에 따라 어떻게 다른지 설명할 수 있도록 하는 것이다. 또한 효과적인 슈퍼바이저는 시간 효율성을 위해 심리상담 회기를 구성하는 방법, 자기 모니터링, 인지 재구성, 행동 계획, 회피된 경험에 대한 노출, 이완 등의 인지행동 심리상담 전체 과정에서 중심이 되는 많은 기술을 슈퍼바이지가 익숙해지도록 돕는다. 그리고 안내된 발견(guided discovery), 가치관 주도 행동 계획, 감정 조절 등의 인지행동 심리상담 기술을 내담자들이 일상생활에서 연습하는 데 도움이 되도록 과제를 만드는 과정에 도움을 준다. 다음으로 슈퍼바이저는 인지행동치료 원리에 따른 사례개념화(Beck, 2011; Eells, 2011; Kuyken & Tsivrikos, 2009)를 연구하고 적용하여 인지행동 심리상담 전문가처럼 생각하는 법을 익히도록 슈퍼바이지를 수련시켜야 한다. 여기에는 슈퍼바이지가 정보 수집가 및 가설 생성자가 되도록 지도하고, 주의와 관심을 가지고 내담자의 생물학적, 가족 문화적 맥락을 고려하여 내담자의 삶에 대해 더 나은 상황적, 현상학적 이해를 추구하도록 하는 것을 포함한다. 다음은 슈퍼바이저가 슈퍼바이지에게 인지행동 기법 용어로 사고하고 개념화하도록 가르치는 과정의 예시이다.

슈퍼비전 예시

슈퍼바이지: 내담자는 늘 자신이 인정받지 못하는 것에 불평합니다. 그녀는 친구들이 자신을 당연하게 여기고 그녀가 준 것에 화답하지 않는 것에 대해 말을 해요. 거의 모든 회기에서 직장에서 그녀의 노력에 대해 아무도 칭찬하지 않으며 그녀가 열심히 일했음에도 불구하고 계속해서 무시한다고 말합니다. 하지만 재미있는 것은, 제가 그녀의 책임감을 존경한다거나 실망감 앞에서 그녀가 매우 탄력적이었다고 말하는 등 긍정적인 피드백을 주고 그녀는 주제를 바꾸거나 계속 불평하는 패턴이 생겼다는 것입니다. 그녀는 자신의 삶에서 긍정적인 인정을 갈망하는 것으로 생각하지만, 제가 그녀에게 그것을 주려고 하면 그녀는 무시하는 것처럼 보입니다. 이해가 되질 않아요.

슈퍼바이저: 글쎄요, 그것은 분명히 역설입니다. 그녀는 사람들에게서 무언가를 원한다고 하고, 그러면 당신은 그녀에게 그것을 주고, 그녀는 그것을 알아차리지 못하는 것처럼 보이네요. 앞뒤가 맞지 않네요. 하지만 어떻게 보면 그녀의 세계에서는 '이치에 맞는' 것일지도 모릅니다. 이 패턴을 설명할 수 있는 가설을 한두 개 생각해 낼 수 있을까요? 이것은 당신이 '비합리적 신념'을 찾을 좋은 기회처럼 보입니다.

슈퍼바이지: 저는 그녀가 긍정적인 피드백을 인식하지 못한다는 생각이 떠올랐습니다. 어쩌면 긍정적인 의견에 대한 정신적인 여과가 있을지도 모르지요.

슈퍼바이저: 여기서 어떤 종류의 '필터'나 '스키마'를 말하나요?

슈퍼바이지: '거부할 수 없는' 혹은 '사회적으로 배제된 스키마'의 예가 될 수 있을 것 같아요.

또 다른 하위 목표는 슈퍼바이저가 슈퍼바이지에게 가치관을 전달(Corrie & Lane, 2015)하는 것이다. 슈퍼바이저가 자신의 가치관을 강요하지 않으면서 모델링을 통해 슈퍼바이지에게 내면화하려는 태도와 신념을 설명하는 것도 유용(Newman, 2012)할 수 있다. 여기에는 시간의 효율적 사용, 반복을 통하여 인지행동 심리상담 기법을 잘 배우는 것, 내담자에게 견고하고 지속적인 자조 기술을 가르치고 내담자의 사기 진작과 희망을 가지게 하는 것, 내담자를 진정으로 이해하고 공감하려면 그들의 눈을 통해 세상을 보도록 노력하는 것, 말의 중요성, 즉 말을 통해 다치게 할 수 있고, 치유할 수도 있으므로 친절하고 명료하게 소통하기 등이 포함된다.

(3) 인지행동 심리상담 기술 훈련

슈퍼바이저는 슈퍼바이지가 인지행동 심리상담 기술을 배우고 적용할 수 있도록 연습(Bennett-Levy, 2006)시킴으로써 슈퍼바이지의 서툰 기술을 세련된 기술로 전환시킬 수 있다(Newman, 2010). 슈퍼바이저는 슈퍼바이지가 어떻게 과제를 부여하고 피드백을 요청하고 회기를 제시간에 끝낼 수 있는지, 지시적 접근 방법과 안내된 발견의 균형을 맞출 수 있는지, 내담자들이 습관적으로 '그렇지만…'이라고 말할 때 어떻게 대응할 것인지와 같은 기술을 사용할 때 전형적인 장애물을 다룰 수 있도록 지도해야 한다. 다음은 유능한 인지행동 접근 슈퍼바이저들이 슈퍼바이지에게 전달할 수 있는 유용한 정보이다.

① 회기를 잘 조직하고 구조화하여, 강력한 방식으로 회기를 시작하고 끝내라.
② 인지행동 심리상담 원리에 따라 개념화하고 개입하는 연습을 많이 하라. 치료적 관계가 더욱 견고해지고 심리상담사로서 자질을 발휘할 수 있게 될 것이다.
③ 내담자들이 과제에 기꺼이 관여할 수 있도록 하라. 내담자는 낮은 자신감, 불신감, 대인 관계 통제에 대한 민감성, 다른 문제에 대한 감수성으로 인해 과제에 대하여 부정적인 믿음을 가지고 있을 수도 있다. 그럼에도 내담자들에게 기회를 준다면 더 기꺼이 책임을 지고 스스로 과제를 부여하고 수행할 것이다.
④ 심리상담사로서 내담자의 삶에서 무엇이 이치에 맞고 맞지 않는지에 대한 판사가 아니라는 것을 기억하라. 내담자를 정확히 공감하고 협업을 최대한 활용하기 위해서는 함께 '기능 장애'와 '역기능적 신념'을 찾아가는 과정에서 내담자의 신뢰가 향상될 것이고, 더 인정받고 있다는 것을 믿게 되어 기꺼이 변화를 고려하게 될 것이다.
⑤ 내담자의 부정적인 생각에 대해 변화를 유도하려고 하는 것에 대해 경계하라. 슈퍼바이저의 일방적이고 지나치게 적극적인 태도보다는 우선 내담자의 사고방식에 대한 정보를 수집하면 더욱 효율적이고 심리상담적인 대화의 흐름을 만들어 낼 수 있다. 인내심을 가지고 요약해 달라고 요구할 수 있다. 때로 심리상담사의 최선은 '씨앗을 심는 것'으로, 내담자들의 생각을 몇 가지 재구성해서 그 씨앗 중 몇 개가 앞으로 싹을 틔우는지를 보는 것이다.
⑥ 내담자 삶의 내용을 배운다는 태도로 충분한 시간을 가지라. 성장 과정, 학교, 직업, 지지해 줄 수 있는 사람, 행복하고 슬픈 기념일 등 인생에서 중요한 사람과 사건에 대해 기억하라. 이런 정보를 모으기 위해 시간을 투자하면 치료적 대화 과정에서 수시로 암시할 수 있게 되고, 이것이 심리상담적 관계를 공고히 할 것이다.
⑦ 좋은 심리상담은 서로에게 좋은 교육과정이라는 것을 명심하라. 슈퍼바이지는 인지행동 심리상담 전문가이지만, 내담자는 자신의 삶에 관한 전문가이다. 정보를 충분히 교환하라.

⑧ 인지행동 심리상담 사례개념화와 접근법을 내담자에게 부지런히 적용했지만, 내담자가 개선되지 않고 있다면 절망하지 말고 사건이 처음에 생각했던 것보다 더 복잡할 수도 있을 가능성을 생각해 보라. 스스로에게 '우리가 놓치고 있는 정보가 무엇인가' 질문해 보라.

(4) 슈퍼바이지의 평가

슈퍼바이저는 내담자의 복지가 무엇보다 중요하기 때문에 내담자에게 집중해야 하고, 슈퍼바이지가 인지행동 심리상담의 기초적, 기능적 역량을 습득하는 데 있어 진행 상황을 적극적으로 관찰한다. 슈퍼바이저는 형성적 평가, 즉 일상적인 피드백을 통하여 슈퍼바이지를 평가한다. 이때 사례개념화, 심리상담 계획, 특정 기법 및 과제 사용 숙련도, 회기 기록의 명확성, 정확성 및 철저성, 행동이나 태도의 전문성 수준, 사려 깊은 자기 성찰, 슈퍼비전 피드백 자체에 대한 반응 등 다양한 측면에 대해 의견을 제시할 수 있다. 종합 평가는 슈퍼바이지의 임상 기록의 적시성 및 내용, 슈퍼비전 참여 및 내담자와의 회기에서 시간 엄수, 공식적인 사례개념화, 회기 내 평가에 대한 점수 등 여러 가지 구체적인 요인에 기초해야 한다. 인지행동 심리상담 능력(예. 인지치료 등급척도) 및 내담자의 객관적인 진행 상황(예. 자살신념 및 몸짓의 감소, 안정적인 개선에 대한 자기보고, 사례에 대한 전문가의 보고와 같은 개선지표)을 측정한다. 슈퍼바이저가 형성적 평가나, 종합적 평가 과정에서 "친절함의 횡포"(Fleming, Gone, Diver, & Fowler, 2007)나 "무소식이 희소식"이라는 접근법을 취하는 것은 위험하다. 슈퍼바이저가 보이는 친절함의 횡포는 슈퍼바이지가 자신의 수행이 잘되고 있다는 신호로 이해하는 오류를 범할 수가 있다. 반대로 무소식이 희소식이라는 태도는 슈퍼바이저가 아무런 피드백을 주지 않아 슈퍼바이지가 불필요한 불안감을 느끼게 하는 오류를 범할 수 있다.

2) 슈퍼비전 핵심 개념

(1) 인지 모델

인지행동 심리상담의 이론 접근인 인지 모델은 내담자의 기분과 행동에 영향을 미치는 역기능적 사고가 모든 심리적 장애에 공통으로 존재한다고 가정한다. 사람들은

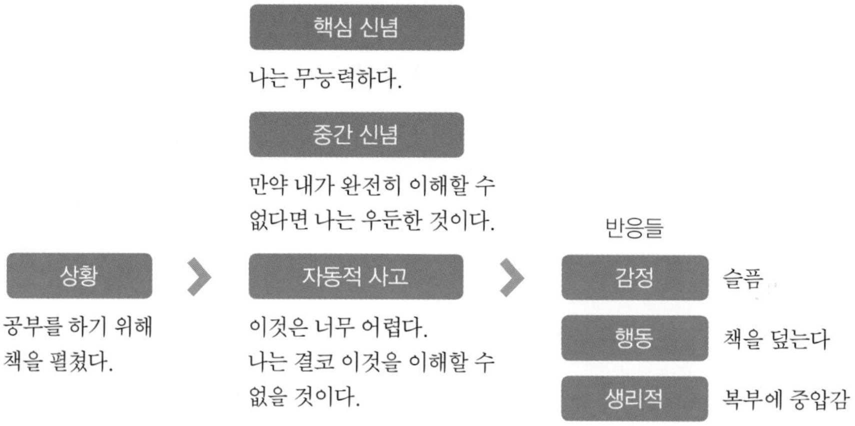

[그림 2-1] 인지 모델

출처: 권석만(2014).

더 현실적이고 적응적인 방식으로 자기 생각을 평가하는 방법을 배우면서 부정적인 감정과 부적응적 행동이 감소하는 것을 경험한다(최영희 외, 2023). 적응적이거나 부적응적인 인지는 세 가지 수준에서 일어난다. 자동적 사고(예. '나는 약해서 아무것도 할 수 없어.')는 가장 표면적인 수준이다. 기본적 가정(예. '만약 내가 무언가를 새로 시도하려면 완벽해야 해.')은 자동적 사고보다 넓은 범위에서 적용되며 중간 신념이다. 가장 깊은 수준에서 자신과 타인, 세상에 대한 핵심 신념이 있다(예. '나는 무능력해, 다른 사람들은 나에게 상처를 준다, 세상은 위험해.'). 내담자의 감정과 행동의 지속적인 개선을 위해서는 3가지 수준 모두에서 작업해야 한다.

① 자동적 사고(automatic thought)

자동적 사고는 어떤 상황이나 사건에 대해 자기도 모르는 사이에 떠오르는 생각과 심상을 말한다. 이는 특정한 사건에 대한 개인의 해석으로 자동적 사고 중 현실과 맞지 않거나 과장된 혹은 개인에게 과도한 불편감을 주는 것을 역기능적 사고 혹은 왜곡된 사고라 한다. 자동적 사고는 합리적으로 판단한 결과가 아님에도 사실인 것처럼 비판 없이 받아들이기 쉽다. 매우 빠르고 짧게 나타나, 자동적 사고보다 뒤에 따르는 감정의 변화를 인식하는 경우가 많다. 자동적 사고는 주의를 기울이거나 훈련을 받으면 인식될 수 있다.

② 중간 신념(intermediate belief)

중간 신념은 한 사람이 일생 여러 가지 다른 상황에 전반적으로 적용하거나 따르는 태도나 규칙을 말한다. 이는 자동적 사고는 특정한 상황에서 일어나는 것과 차이가 있다. 중간 신념은 만약 ~하면, ~할 것이라는 것(if-then)과 같은 조건적인 규칙들로 표현이 된다.

- '내가 인정을 받으려면 완벽해야 한다.'
- '내가 말랐다면 사람들이 나를 사랑할 것이다.'
- '항상 다른 사람들을 기쁘게 하지 못한다면, 그들은 나를 거절할 것이다.'

③ 핵심 신념(core belief)

핵심 신념은 특정 상황을 바라보는 관점에 영향을 미치며, 세상을 바라보는 개인의 고유한 세계관, 인간관이다. 거의 성격적인 부분으로 잘 변하지 않는데 어린 시절의 일관되지 않은 양육, 학대, 부정적 경험을 통해 형성된다. 삶의 모든 영역에 영향을 미치고 경직되어 있으며, 지나치게 일반화되어 있을수록 부적응적, 역기능적 핵심 신념으로 볼 수 있다. 인지행동 심리상담에서는 궁극적인 심리상담적 초점을 핵심 신념에 둔다.

(2) 인지행동 심리상담 기법

Beck은 인지행동 심리상담에서 핵심적인 네 가지 기법으로 ① 인지 모델에 근거한 사례개념화, ② 협력적 경험주의, ③ 소크라테스식 질문, ④ 안내된 발견을 제시하였다. 이 외에도 역기능적 인지를 찾아내어 그 타당성을 검토하고, 다른 사고와 행동으로 대체하는 다양한 기법들이 있다.

① 인지 모델에 근거한 사례개념화

인지행동 심리상담은 내담자의 문제를 인지 모델에 근거하여 파악한 후 인지의 변화를 시도한다는 것이 가장 큰 특징이다. 이를 위하여 인지 모델에 근거한 사례개념화를 해야 한다. 사례개념화는 내담자와 면담 내용을 종합하여 내담자의 증상이나 문제들을 유발하는 자동적 사고, 중간 신념, 핵심 신념을 파악하여 그들 간의 관계를

관련된 생활사(성취, 강점, 자질, 현재 어려움 이전의 자원 포함)
- 어떤 경험이 적응적인 핵심 믿음의 개발과 유지에 기여하였는가?
- 내담자의 강점, 기술, 개인적 및 물질적 자산, 긍정적인 자질과 관계는 무엇인가?
- 내담자가 가진 내적, 외적 자원들은 무엇인가?

⬇

적응적인 핵심 믿음(현재 어려움이 시작되기 전)
- 내담자가 스스로에게 가진 가장 중심적인 적응적 믿음은 무엇인가?
- 타인에 대해서는? 세상에 대해서는?

⬇

적응적인 중간 믿음(규칙, 태도, 가정 / 현재 어려움이 시작되기 전)
- 내담자는 어떤 일반적인 가정, 규칙, 태도 및 가치를 가지고 있는가?

⬇

행동의 적응적 방식(현재 어려움이 시작되기 전)
- 내담자는 어떤 적응적 대처 전략과 행동을 보이는가?

상황 1: 문제가 된 상황은 무엇인가?	상황 2:	상황 3:
자동적 사고: 내담자의 마음에 무슨 일이 일어났는가?	자동적 사고:	자동적 사고:
감정 : 자동적 사고와 관련된 감정은 무엇인가?	감정:	감정:
행동 : 내담자가 도움이 되기 위하여 무엇을 하였는가?	행동:	행동:

[그림 2-2] 인지행동 심리상담 사례개념화 틀

출처: Beck (2023).

가설적으로 설정하는 작업이다(권석만, 2014).

② **협력적 경험주의**(collaborative empiricism)

Beck에 따르면 인지행동 심리상담은 협력적 경험주의에 근거한다. 즉, 심리상담사와 내담자는 마치 공동연구를 하듯이 협력적이고 동등한 관계 속에서 내담자의 경험에 근거하여 역기능적 인지를 찾아내고, 그 타당성을 검토하여 대안적인 인지를 발견해 나가는 모든 작업을 함께 해 나간다(권석만, 2014). 이러한 협력적 경험주의는 인지행동 심리상담의 현상학적 접근을 반영한 것이다.

③ **소크라테스식 질문**(socratic dialogue)

소크라테스식 질문은 내담자의 인지적 변화를 촉진하기 위해서 주로 질문을 통해 대화하는 방식이다. Beck에 따르면, 심리상담사는 내담자에게 해결책을 제시하거나 그들의 사고를 논박하기보다 일련의 신중한 질문을 통해서 내담자가 스스로 자신의 해결책을 찾도록 도와야 한다. 질문을 하는 목적은 내담자가 자신의 생각을 자각하고 평가할 뿐 아니라 스스로 대안적 사고를 발견하도록 돕는 것이다(권석만, 2014). 심리상담사는 질문을 통해서, 내담자가 자신의 문제를 구체적이고 명확하게 이해하고, 자신의 생각이나 심상, 신념을 포착하도록 촉진하며, 어떤 사건에 대해 부여한 의미를 재검토하도록 하고, 부적응적 사고와 행동의 결과를 평가하도록 돕는다.

④ **안내된 발견**(guided discovery)

안내된 발견은 심리상담사가 내담자로 하여금 자신의 부정적 사고와 그 속에 포함된 논리적 오류, 대안적인 사고를 발견하도록 안내하고 인도하는 치료적 과정을 의미한다(권석만, 2014). 가장 일반적으로 사용되는 질문은 다음과 같다.

- “바로 그때 마음속에 무엇이 스쳐 지나갔나요?”
- “그때 어떤 생각이 들었나요?”
- “그때 머릿속에 스치고 지나간 생각은 무엇일까요?”
- “그 경험이 어떤 것을 떠올리게 하나요?”

⑤ **사고 기록지(thought record) 활용**

인지행동 심리상담에서 활용하는 가장 대표적인 기법이 사고 기록지를 작성하는 것이다. 사고 기록지는 사건, 감정, 자동적 사고를 찾는 과정이고, 사고 기록지에는 인지적 오류, 합리적 사고, 결과가 추가되어 자동적 사고를 수정하는 과정이다.

사건	감정	자동적 사고	인지적 오류	합리적 사고	결과
부정적인 감정을 경험한 사건이나 상황	그때의 감정과 강도	자동적 사고와 믿는 정도	인지적 오류의 종류	합리적 대안을 기록하고 믿는 정도를 0~100점으로 평가	감정의 변화 정도를 0~100점으로 평가하고 행동의 변화를 기록
자동적 사고 찾기			자동적 사고 수정하기		

⑥ **하향 화살표 기법**(downward arrow technique)

하향 화살표 기법은 자동적 사고의 기저에 있는 역기능적 핵심 믿음을 탐색하는 기법이다(Burns, 1990; DeRubeis & Beck, 1988). 이 방법은 특정한 자동적 사고로부터 시작하여 그 사고의 기저에 있는 신념을 계속 추적해 가면서 더 심층적인 부적응적 신념을 탐색해 갈 수 있다. 자동적 사고 탐색 후, 자동적 사고가 정확한 것이라는 가정하에 일련의 질문들을 구성한다.

- "만일 그 생각이 사실이라면, 어떤 의미가 있나요?"
- "만일 당신의 자동적 사고가 맞다고 가정하면 어떤 일이 생길까요?(무엇이 문제가 되나요?)"
- "~하다는 것은 왜 그렇게 나쁜가요?"
- "~하다는 것은 어떠한 면에서 최악인가요?"
- "그것이 자신에 대해서 무엇을 말해 주나요?"

이 외에도 행동실험, 이성적-감정적 역할 연기, 대처카드, 활동계획표 사용, 과제부여 방법, 사회기술 훈련, 자기주장 훈련, 이완 훈련 등이 있다.

3. 인지행동 접근의 슈퍼비전 방법

1) 슈퍼비전 기술

(1) 슈퍼바이지의 발달수준에 따른 임상 설정

슈퍼바이저는 슈퍼바이지의 다양한 발달수준에 따라 임상 지도 방식을 결정하여야 한다.

- 처음으로 내담자를 만나는 초급 심리상담사
- 현재 많은 심리상담을 진행하고 있는 숙련된 심리상담사
- 다양한 심리상담의 경험이 있지만 인지행동 심리상담 접근에는 초급 심리상담사
- 특정 임상 집단 또는 치료 양식에 특화된 심리상담에 숙련된 심리상담사

이렇게 슈퍼바이지들이 다양한 발달수준에 있기 때문에 슈퍼비전은 '하나의 크기 우산'이어서는 안 된다. 슈퍼바이저는 슈퍼바이지의 발달수준을 확인하고 사례를 적절히 배정하고, 임상 지도의 수준과 강도를 결정하고, 슈퍼바이지의 성과와 진척의 정도를 평가해야 한다.

슈퍼바이지가 초보 심리상담사일 때, 슈퍼비전은 기초 기능적 역량(Newman, 2010)에 집중할 필요가 있다.

- 공감대 형성, 듣기 및 반영 기술
- 슈퍼바이지에게 인지행동 심리상담 관련 기본서 할당
- 특정 장애 및 임상 문제에 대한 교육
- 심리상담사의 행동강령을 포함한 상담 윤리
- 내담자와 인지행동 심리상담 접근으로 교제하는 방법 연습
- 특정 기능 연습(예. 인지 재구성, 소크라테스 질문, 안내된 발견, 자동적 사고 찾기 등)

좀 더 유능한 심리상담사를 슈퍼비전 할 때는 다른 사항을 추가할 수 있다.

- 문화 간 요인에 관한 대화
- 일반적인 인지행동 심리상담 과제 설정

슈퍼바이지가 인지행동 심리상담 이론과 기법 적용 수준이 발달하게 되면 사례개념화, 고위험 내담자와의 복잡한 기법, 심리상담 관계의 변화 인식 및 보수와 같은 보다 높은 수준의 치료 역량으로 슈퍼비전이 전환될 수 있다.

(2) 철저한 문서화

슈퍼바이저는 슈퍼바이지의 각 사례에 대해 철저한 임상 기록의 필요성을 강조할 책임이 있으며, 다음의 내용을 포함할 수 있다.

- 내담자의 이름과 생년월일, 슈퍼바이저와 슈퍼바이지의 이름을 포함한 개인 식별자
- 임상 문제에 대한 내담자의 진단 및 기타 구체적인 설명
- 내담자의 자기 보고방식 자료(예. Beck의 우울척도, Beck의 불안척도 등), 인터뷰 기반 또는 관찰 자료
- 간단한 정신 상태 평가지
- 위험 평가지(예. 자살 충동, 의도, 계획의 존재 여부)
- 인식되고 해결된 문제, 개입 방법, 내담자를 위한 회기의 주요 지침 사항, 할당된 과제,
- 내담자나 슈퍼바이지의 주요 인용문, 회기에서 내담자의 응답성 및 진행 정도를 포함한 기록
- 슈퍼바이저와 슈퍼바이지의 서명, 오늘의 회기 날짜 및 다음 회기 날짜

효과적인 슈퍼바이저는 내담자와의 상호작용에 대한 슈퍼바이지의 서면자료(예. 평가, 회기, 임상적으로 관련된 전화 연락처)를 일상적으로 읽어 피드백을 제공하고, 변경사항을 제안하고, 기록에 서명한다. 슈퍼바이저는 자신의 슈퍼비전 기록을 보관하고 슈퍼바이지에게 논평을 추가하여 내담자가 회기 중이나 전화로 대화할 때, 위기 상황에서 내담자를 돌보는 데 개입하거나 접촉할 때 상담 기록지 등 좋은 기록 유지

의 역할 접근이 될 수 있다

(3) 모델링, 역할수행, 상호평가 등 협업

인지행동 심리상담과 유사하게 인지행동 접근의 슈퍼비전에서도 모델링, 역할극, 상호평가 등을 통한 협업을 포함한다. 예를 들어, 역할극을 할 수 있는데, 슈퍼바이저가 인지행동 심리상담 기법을 사용하여 다양한 임상 상황에서 내담자와 적절하게 상호작용하는 방법에 대한 지침과 시연을 제공하는 반면, 슈퍼바이지는 질문에 답하고, 심리상담 계획을 설명하고, 가설을 세우고, 절차를 연습하는 역할 수행을 할 수도 있다. 유능한 슈퍼바이저는 슈퍼바이지가 점차 독자적으로 사고하는 법을 익힐 수 있도록 이러한 노력의 균형을 위해 노력하며, 잘 설계된 질문, 논평 지침 등을 지도하고 구체화한다. 인지행동 심리상담 평가 매뉴얼(CTR-S)을 활용하여 평가자 간 상호 신뢰도를 점검할 수 있다. 슈퍼바이저가 슈퍼바이지에게 녹음된 한 회기를 선택하라고 한 다음, 각자 평가하고 난 후, 등급을 비교하는 방법이 매우 유익한 연습이 될 수 있다. 슈퍼바이저는 슈퍼바이지가 자신의 실력을 평가하는 방법을 확인할 수 있으며, 왜 그들이 인지행동 심리상담 평가 매뉴얼(CTR-S)의 각 항목을 그렇게 평가했는지에 대한 합리성을 양쪽이 공유할 수 있다.

(4) 개인 또는 집단 슈퍼비전

슈퍼비전은 개인 또는 집단의 형태로 구조화될 수 있다. 개인 슈퍼비전은 소수의 내담자에 대한 보다 심도 있는 토론과 슈퍼바이지의 학습 요구에 더 적합하다. 슈퍼바이지가 위험성이 높거나 복잡한 요구를 가진 내담자와 작업할 때, 사례개념화 및 철저한 치료계획에 충분한 시간을 할애하기 위해서, 또는 특정 기법을 전문적으로 수련받기 원할 때 개별 슈퍼비전이 도움이 될 것이다. 특히 슈퍼바이저와 슈퍼바이지 사이의 중요한 갈등은 일반적으로 개별 슈퍼비전에서 잘 다룰 수 있다. 소집단 슈퍼비전은 동료의 사례 발표를 통해 인지행동 이론과 기법을 배울 수 있다는 장점이 있다. 슈퍼바이지가 여러 명(보통 2~3명) 참석한 가운데, 역할극, 집단 형식의 기능 연습, 모델링 등으로 슈퍼비전을 강화할 수 있는데, 이 경우 슈퍼바이저는 새로운 시도와 의제 설정에 특히 염두에 둬야 한다. 슈퍼비전 대상 내담자별로 위험 수준을 적절하게 평가하고, 가장 중요한 문제를 다루며, 각 슈퍼바이지가 충분한 토론 및 피드백을 받을 수 있게 하려면 각 회기의 시작 부분에 공식적인 슈퍼비전 안건을 설정하도록 한다.

2) 슈퍼비전의 단계

Kindsvatter 등(2008)은 인지행동 접근의 슈퍼비전에 적용할 수 있는 3단계 접근법을 제안하였다. 1단계 사회화 단계, 2단계 초점을 맞추는 단계, 3단계 수정 단계이다. 각 단계마다 인지행동 접근법의 심리상담에서 중요시되어 온 핵심 신념, 자동적 사고, 중간 신념에 주안점(Beck, 1964)을 둔다.

1단계 사회화 단계는 명료화와 관계 형성을 하는 단계이다. 슈퍼바이저가 슈퍼비전에 대한 인지행동 접근법을 실행하거나 토론하려 할 때 슈퍼바이지가 종종 어떤 혼란을 보일 수 있다(Kindsvatter et al., 2008). 이런 혼란을 줄이기 위해 인지행동 접근의 슈퍼바이저는 슈퍼바이지가 자신의 사고와 인지행동 접근의 원리에 초점을 맞추고, 이러한 슈퍼비전 접근이 그들의 발달에 대해 어떤 이점이 있는지 이해할 수 있도록 돕기 위해 슈퍼바이지의 동의를 구하는 단계이다.

2단계 초점을 맞추는 단계는 해석 과정을 통해 초점을 맞추는 단계이다. 슈퍼바이저는 슈퍼바이지가 종종 상담 회기에서 마주하는 혼란스러운 감정과 경험을 슈퍼비전에서 토론하도록 함으로써 이해를 돕는다. 슈퍼바이저가 슈퍼바이지의 과제를 해석하는 과정을 예로 들어보면, 첫째, 속도를 늦추며 문제의 구체적인 증상에 초점을 맞추게 한다. 다음으로 검토할 구체적 사건을 식별하고 마지막으로 그 사건과 연관된 자동적 사고와 중간 신념을 밝히기 위한 소크라테스식 질문을 사용한다. 구체적인 인지를 주제로 토론하려는 슈퍼바이지의 의향과 함께 문제가 되는 상황에 대해 분명히 서술하는 것이 핵심이 될 수 있다.

3단계 수정 단계는 핵심 사건에 대한 분명한 이해와 서술 뒤 작업이 일어나는 단계이다. 먼저 문제가 되는 인지왜곡 수정으로, 슈퍼바이저는 문제가 되는 인지왜곡을 수정하고 변화시키기 위해서 소크라테스식 해체를 지속적으로 사용한다. 다음으로 슈퍼바이저와 슈퍼바이지의 협력 작업으로 새로운 행동과 사고 전략을 위한 구체적인 계획을 개발하고 역할극 및 모의실험 등에 관여한다. 마지막, 인지재구성 기술로 촉발사건, 사건에 대한 신념, 신념의 결과, 새로운 효과에 대해 다루는 역기능적 사고 논박하기이다. 이러한 단계는 슈퍼바이지가 가지고 있을 수 있는 인지와 연관된 불안을 소거하는 데 유용할 것이다. 슈퍼바이저는 슈퍼바이지가 새로운 행동을 '시도'하는 데 동의하는 것보다는 슈퍼비전 시간에 실제로 새로운 행동을 '실행하도록' 격려하는 것이 중요하다.

3) 인지행동 심리상담 평가 매뉴얼(CTR-S) 활용

인지행동 심리상담 평가 설명서에서는 모든 심리상담에서 슈퍼바이지가 잘 활용해야 할 일반적인 5개의 요소와 인지행동 심리상담의 특별한 8개 요소를 제시하고 있다.

일반적인 요소들	인지행동 심리상담의 특별한 요소들
Iitem 1: 의제를 정하고 집중하기 Item 2: 피드백 Item 3: 협업 Item 4: 속도의 조절과 시간의 효율적 사용 Item 5: 대인관계 효과성	Item 1: 의제를 정하고 집중하기 Item 6: 적절한 감정적 표현을 이끌어 내기 Item 7: 주요 인지를 이끌어 내기 Item 8: 행동을 이끌어 내기 Item 9: 안내된 발견 Item 10: 개념을 통합하기 Item 11: 변화 방법의 적용 Item 12: 과제 부여

또한 일반적인 아이템을 [그림 2-3]의 원 주위에서 이동을 촉진하는 아이템들로 표현하였고, 인지적, 정서적, 각성, 행동, 개념화 영역으로 구분하여 기술들을 제시하였다.

① Item 1: 의제를 정하고 집중하기

인지행동 심리상담에서 의제를 정하는 방법은 이전 회기의 주제와 과제를 검토하고 해당 회기에서 다룰 한두 개의 항목을 포함하는 것이다. 적절한 방식으로 합의되고 설정된 의제를 다루기 위해 공동으로 개별적이고 현실적인 목표를 정하는 것이 좋다. 이 아이템에서는 세 가지 특징을 고려할 필요가 있다.

- 의제가 명시적이고, 합의되고, 우선순위를 정하고, 가능한 시간 내에 실행 가능한지 여부
- 의제 내용의 적절성, 즉 치료 단계, 현재 관심 사항 등과 이전에 제시한 과제를 검토
- 의제에 적절하게 집중

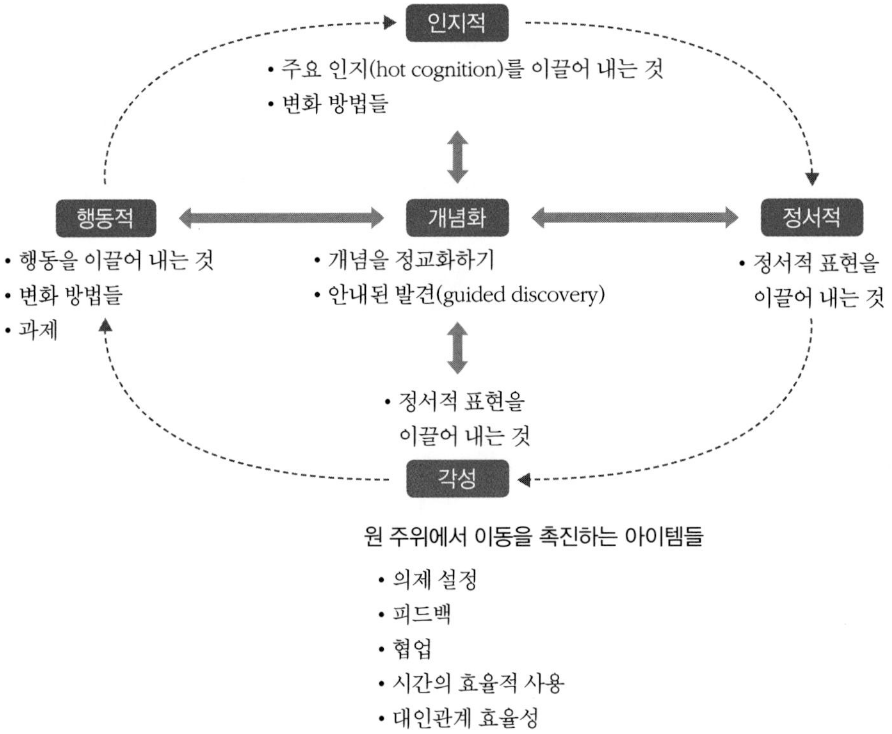

[그림 2-3] CTS-R과 인지적 사이클 사이의 관계

출처: James, Blackburn, & Reichelt (2001).

② Item 6: 적절한 정서적 표현을 이끌어 내기

심리상담 회기에서 정서적 내용을 효과적으로 다루는 심리상담사의 능력은 중요하다. 이 아이템은 심리상담사가 감정 변화와 표현을 유도하고 효과적으로 사용할 수 있는 상황을 만들 수 있는 정도를 반영한다. 이 아이템에서는 세 가지 특징을 고려할 필요가 있다.

- 다양한 범주의 감정에 접근하도록 촉진하는 것
- 적절한 감정 표현의 사용과 자제하기
- 감정 표현의 촉진, 적절한 감정에 접근하거나 감정을 세밀하게 구분하도록 격려하기

③ Item 7: **주요 인지를 이끌어 내기**

인지행동 심리상담은 다양한 정신장애의 발생 및 유지하는 데 그들이 가진 인지 및 감정과 연합의 역할을 강조하기 때문에 효과적인 방식으로 주요 인지를 이끌어 내는 심리상담사의 능력이 중요하다. 내담자가 자신의 인지(생각, 가정 및 신념)에 접근할 수 있도록 돕고 이러한 인지와 고통스러운 감정 사이의 관계를 이해하도록 돕는데, 이때 질문, 사고 기록지, 모니터링 절차를 사용할 수 있다. 이 아이템에서는 세 가지 특징을 고려할 필요가 있다.

- 고통스러운 감정과 관련된 인지를 이끌어 내기, 즉 주요 인지를 이끌어 내기
- 사용된 방법의 숙련도 및 폭(예. 소크라테스식 질문, 적절한 모니터링, 하향 화살표, 상화, 역할극 등)
- 심리상담 단계에 적합한 작업 수준을 선택(예. 자동적 사고, 중간 신념, 핵심 신념)

④ Item 8: **행동을 이끌어 내기**

행동 문제는 심리적 문제 상황에서 자주 관찰된다. 이때 금단, 회피, 강박 및 다양한 유형의 안전추구 행동을 포함한 형태를 취하기 때문에 심리상담사가 내담자의 문제를 유지하는 데 있어 이러한 행동의 역할을 이끌어 내는 것이 중요하다. 내담자가 문제와 관련하여 자신의 행동 영향에 대한 통찰력을 얻도록 도와준다. 이 아이템에서는 두 가지 특징을 고려할 필요가 있다.

- 고통스러운 감정과 관련된 행동 유도, 안전추구 행동 포함
- 사용된 방법의 숙련도 및 폭(예. 소크라테스식 질문, 적절한 모니터링, 노출, 역할극 등).

⑤ Item 9: **안내된 발견**

안내된 발견은 토론이나 강의를 사용하지 않고 내담자가 스스로 새로운 관점을 얻도록 돕는 질문 형식으로 내담자의 이해를 돕기 위해 회기 전반에 걸쳐 사용된다. 소크라테스식 대화의 원칙에 기반을 두고 있으며, 질문을 사용하여 발견을 촉진하고, 개념을 탐색하고, 아이디어를 종합하고, 내담자의 문제와 경험에 관한 가설을 개발한다. 심리상담사는 내담자가 자신의 현재 상황에 대한 가설을 세우고 잠재적인 해결책을 스스로 찾을 수 있도록 도와야 한다. 이 아이템에서는 두 가지 특징을 고려할 필요가 있다.

- 개방적이고 호기심이 있는 심리상담사의 태도
- 효과적인 질문 기술 사용은 내담자의 이해 수준을 높이는 데 유용한 정보를 발견하도록 격려

⑥ Item 10: **개념을 통합하기**

개념화는 이해를 촉진하고 치료적 변화를 촉진하는 적절한 지식 기반을 제공하는 것과 관련이 있다. 그것은 인지행동치료의 이론적 근거와 인지 공식을 모두 포함한다. 개념화를 통해 내담자는 자신의 장애에 대한 인지적 근거, 유지 기능, 관련 계기를 이해하게 된다. 개념화에는 장애를 뒷받침하는 수평, 즉 상황 및 유지 기능 및 수직, 즉 역사적 연결을 설정하는 것이 포함된다. [그림 2-4]는 수직 및 수평 결합을 모두 사용하는 통합 공식을 나타낸다. 이 아이템에서는 두 가지 특징을 고려할 필요가 있다.

- 심리상담의 목표와 일치하는 적절한 개념화의 존재 여부
- 개념화가 사용되는 방식으로 개입, 과제 등을 위한 틀로 사용

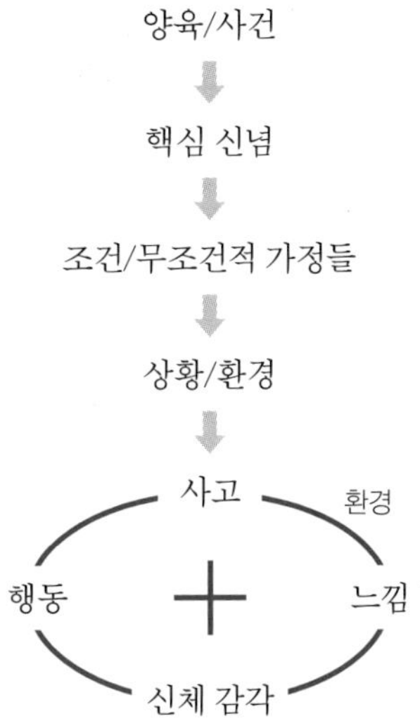

[그림 2-4] 통합 공식

출처: James, Blackburn, & Reichelt (2001).

⑦ Item 11: **변화 방법의 적용**

변화 방법은 인지적 근거 또는 개념화 공식과 일치하고 치료적 변화를 촉진하도록 설계된 심리상담사가 사용하는 인지 및 행동 전략이다. 이 아이템에서는 세 가지 특징을 고려할 필요가 있다.

- 인지 방법과 행동 방법
- 방법 적용 기술
- 내담자의 요구에 대한 방법의 적합성, 즉 너무 어렵거나 복잡하지 않음

⑧ Item 12: **과제 부여**

내담자가 심리상담 회기에서 배운 개념을 일상생활에 적용할 수 있을 때 변화 가능성이 더 크다. 과제는 심리상담과 현실 세계 사이의 다리이며 과제를 부여하는 심리상담사의 능력도 평가 대상이다. 이 아이템에서는 세 가지 특징을 고려할 필요가 있다.

- 명확하고 정확한 목표와 관련된 과제의 여부
- 과제는 회기에서 논의된 자료에서 파생되어야 하며 과제 수행을 통해 무엇을 배

울 수 있는지에 대한 명확한 이해가 있어야 함

- 과제는 공동으로 정해야 하며 명확하게 설명(예. 관련성 논의, 장애물 예측 등)할 수 있도록 충분한 시간이 허용되어야 함

4. 인지행동 접근의 슈퍼비전에서 다루는 주된 이슈

1) 슈퍼바이지의 불안, 저항 다루기

(1) 불안

슈퍼비전 관계에서 가장 공통으로 어려움을 겪는 분야는 슈퍼바이지의 불안일 것이다. 특히 수련 초기 슈퍼바이지나 인지행동 심리상담에 익숙하지 않고 다른 이론을 중심으로 수련을 받은 경험이 있는 경우, 더 높은 불안감이 예상된다. 슈퍼바이저는 실수는 학습 과정에서 예상된 부분이고 교정 피드백은 일상적이라는 것을 슈퍼비전 초기에 슈퍼바이지에게 전달하는 것이 좋다. 또한 슈퍼바이저는 변화에 대한 제안이 슈퍼바이지가 잘한 일이나 성장한 분야에 대한 피드백과 결합하도록 하는 것이 중요하다. 내담자가 회기에서 언급하는 모든 자동적 사고를 지적하고 이의를 제기하는 것은 도움이 되지 않는 것처럼, 변화를 위한 피드백만으로 슈퍼바이지에게 과부하를 주는 것은 당황스럽거나 심지어 사기를 떨어뜨릴 수도 있다.

슈퍼바이저는 슈퍼비전 개방 접근을 통해 슈퍼바이지의 불안을 줄일 수 있다. 예를 들어, 심리상담사로서 슈퍼바이저의 불완전한 점을 현명하게 스스로 공개할 수 있다. 자신이 심리상담사로서 극복한 도전에 대해 짧고 시기적절한 성찰이 내담자의 투쟁 또는 불완전 경험의 정상화에 도움이 될 수 있었던 만큼, 슈퍼바이저는 자신의 도전을 초보 심리상담사로 언급하여 슈퍼바이지들이 자신의 학습 곡선에 더 편안함을 느낄 수 있도록 도울 수 있다. 때때로 슈퍼바이지의 슈퍼비전 과정 자체나 자신의 기술 수준에 대한 인식은 불안감을 부채질할 수 있다. '지금쯤 이 모든 것을 어떻게 해야 할지 알아야 한다'와 같은 생각과 가정은 도움을 청하거나 지식의 차이를 인정하는 것보다 슈퍼바이지를 불안하게 할 수 있다. 이를 돕기 위하여 슈퍼바이저는 적절한 시기에 슈퍼비전 과정이나 슈퍼바이지의 자기 평가적 사고에 관한 대화를 장

려해야 한다. 슈퍼비전 과정에서 슈퍼바이지의 개인적인 이력이나 타인과의 관계가 아닌 슈퍼바이지에게 지금 이 순간 일어나는 생각을 탐구하는 것이 도움이 된다. 이 고도로 제한적인 기술의 사용은 가르침과 치료 사이의 중요한 경계를 유지하도록 한다. 슈퍼바이지들이 자발적으로 자신에 대해 너무 많은 것을 드러낼 때 슈퍼바이저는 슈퍼바이지가 부끄럽지 않은 방법으로 절제를 요청하는 방법을 찾아내야 한다.

(2) 저항

슈퍼바이지의 불안감은 치료 진행 방법에 대한 슈퍼바이저의 제안을 수용하는 데 저항으로 나타날 수 있다. 슈퍼바이지가 슈퍼비전에 저항하는 것처럼 보일 때 불안감을 해소하기 위해 간단한 인지재구성 기술도 유용하게 적용될 수 있다. 슈퍼바이지가 보이는 피드백에 대한 저항은 불안감 이상의 것을 수반하는 때도 있다. 예를 들어, 다른 이론으로 사례개념화 및 개입을 선호하는 슈퍼바이지는 슈퍼바이저가 제안한 인지행동 심리상담 기법을 선택하는 것을 꺼리거나, 요청을 받는 것은 자신이 선호하는 사고 방식에 대한 반갑지 않은 도전이라고 생각할 수 있다. 슈퍼바이지가 취약한 내담자의 생각을 평가하는 것이 '무자비한 것'이라고 생각할 때 효과적인 슈퍼바이저는 어떻게 하면 화를 내지 않고 오히려 더 탐구적이고 교훈적인 접근법을 취할 수 있을지를 찾아야 한다. 슈퍼바이저는 슈퍼바이지가 인지행동 심리상담에 대한 잘못된 믿음을 유지하고 있으며, 슈퍼바이저는 이러한 믿음을 비방어적이고 비침투적인 방식으로 수정할 수 있는 위치에 있다는 것을 인식해야 한다. 인지행동 심리상담가는 내담자의 역사적, 발달적 경험의 역할에 무관심하다는 믿음, 치료적 관계를 상대적으로 중요하지 않다고 보는 믿음, 내담자의 감정에 무관심하며 '왜곡된' 사고에만 집중한다는 믿음 등이다.

이와 같은 인지행동 심리상담에 대한 신화나 고정관념에만 노출된 슈퍼바이지는 인지행동 관점에서 내담자를 대하는 것에 저항할 수 있다. 따라서 슈퍼바이저는 슈퍼바이지의 인지행동 심리상담에 대한 부정확한 관점 정도를 탐구하는 것은 슈퍼비전에서 저항하는 슈퍼바이지를 도울 때 중요하다. 또한 인지행동 심리상담 접근으로 심리상담을 하는 것에 저항하는 슈퍼바이지와 슈퍼비전을 받는 것 자체에 저항하는 슈퍼바이지를 구분하는 것도 중요하며 후자는 더 심각한 문제를 나타낼 수 있다.

2) 슈퍼바이저의 문제에 대한 기여

슈퍼바이저의 가정이나 태도 및 행동이 슈퍼비전 과정을 방해하고, 슈퍼바이지의 불안감이나 방어 및 개선해야 할 영역을 증가시키고, 장점과 성공을 지속적으로 부각하지 못하게 하는 경우, 슈퍼바이지는 아무것도 제대로 할 수 없다는 인상을 남길 수 있다. 또한 슈퍼바이저는 자신이 유일한 전문가라고 가정하고 슈퍼바이지가 슈퍼비전 대화에 기여할 것이 없다고 가정한다면, 점점 더 좌절하는 슈퍼바이지에게는 슈퍼비전이 혼자 강의하는 독백처럼 들릴 것이다. 그러나 슈퍼바이지가 가져오는 고유한 기능 세트를 인식하고 검증하며 통합하는 슈퍼바이저는 슈퍼바이지가 사고 방식과 전문 분야에서 배우는 데 있어 더 수용적이다. 슈퍼바이저는 슈퍼바이지의 개방성이나 슈퍼비전에 대한 거부감을 대할 때, 슈퍼비전에 대한 피드백을 양방향으로 이루어지도록 구조화해야 하는데, 이는 매우 중요하다.

슈퍼바이지가 슈퍼바이저의 슈퍼비전 접근 방식에 도움이 되거나 도움이 되지 않는 것에 대한 정보를 쉽게 공유할수록 슈퍼비전 관계를 견고하게 유지하도록 한다. 슈퍼비전 관계에 내재한 권력 불균형을 고려할 때 슈퍼바이저가 적극적으로 요구하는 것이 바람직하다.

이는 슈퍼바이지의 관찰과 변화 요청에 대한 수용성과 비방어성에 부합하는 환경을 조성하는 데 도움이 된다. 슈퍼바이저가 슈퍼바이지와의 관계에서 긴장감을 긍정적인 방법으로 해소할 수 있는 높은 수준의 동기를 보여 주는 것이 매우 중요하다. 인지행동 심리상담사가 내담자와의 동맹 긴장 관계를 성공적으로 해결함으로써 상당한 치료적 이득을 얻을 수 있는 것과 같은 방식으로(Strauss et al., 2006), 슈퍼바이지와 상호작용을 능숙하게 처리하는 슈퍼바이저는 갈등 해결의 우수한 접근을 제시할 수 있다(Safran & Muran, 2001).

슈퍼바이저가 의견충돌 끝에 슈퍼바이지와 긍정적인 합의를 이루겠다는 목표를 달성하려면, 슈퍼바이저가 논쟁에서 이기거나 권위를 내세우는 데 집중하기보다는 자각하고 공감하며 내담자와 슈퍼바이지를 돕는 큰 그림을 염두에 두어야 한다.

3) 슈퍼바이지의 손상이나 기술 부족

슈퍼바이지의 손상은 내담자에게 부정적인 영향을 미치거나 효과적인 서비스 제공을 불가능하게 하는 정도까지 전문적인 기능을 방해하는 조건(Kaslow et al., 2007)이다. 때로 슈퍼바이지가 자신이 현재 삶에서 겪고 있는 도전을 자발적으로 공개할 수 있다. 예를 들어, 자신이나 가족의 질병, 관계 단절, 감당할 수 없는 정도의 내담자 우울, 불안감 등이다. 이러한 상황에서 슈퍼바이저가 슈퍼바이지의 개인적인 안녕에 대해 염려할 수 있으므로 언급된 것과 같은 어려움이 슈퍼바이지의 예상 수행 능력에 영향을 미치는지 아닌지를 확인하는 것이 중요하다. 슈퍼바이지의 어려움이 안전하고 윤리적으로 적절한 수준의 기술로 치료하는 능력에 명백히 영향을 미친다면 슈퍼바이지를 손상된 사람으로 볼 수 있다. 슈퍼바이지가 손상된 부분이 있다고 판단될 때, 슈퍼바이저는 내담자의 안전, 슈퍼바이지의 개발이라는 두 가지 목표를 염두에 두고 슈퍼비전을 해야 한다.

4) 권력과 평가

슈퍼바이저가 아무리 협력적이고 평등한 교육 방식을 중시하더라도 모든 슈퍼비전 관계에는 슈퍼바이저와 슈퍼바이지 사이에 힘의 불균형(Murphy & Wright, 2005)이 내재되어 있다. 슈퍼바이저가 슈퍼바이지에게 권한을 부여할 수 있는 한 가지 방법은 슈퍼비전에서 무엇을 기대할 것인지를 협의하여 정하는 것이다. 이상적으로는 슈퍼바이지가 자신이 평가될 객관적 기준을 알고, 공식적인 평가 양식을 통하여 평가된다는 것을 슈퍼비전 시작부터 알리고 제공해야 한다. 슈퍼비전은 자체 평가 양식을 사용하는 환경에서 수행될 수 있지만, 인지행동 심리상담 기술 향상에 특히 관심이 있는 슈퍼바이지에게는 CTR-S 같은 인지행동 심리상담 전용 측정 도구로 진행 상황을 평가하는 것이 좋다. 교정 방안의 필요성에 관한 모든 공식적인 피드백은 서면으로 작성해야 하며 측정할 수 있고 활용 가능한 결과와 목표의 관점에서 논의되어야 한다(예. 상담 회기가 종결된 후 48시간 이내에 상담보고서를 완성할 것). 피드백이 징벌적이 아니라 교육적으로 되기 위해서는 슈퍼바이지가 취약한 부분을 해결하는 것을 돕기 위한 계획도 포함되어야 한다.

5) 다문화와 다양성 문제에 대한 인식

슈퍼바이저는 슈퍼바이지가 다양한 내담자에게 인지행동 심리상담을 적용할 때 문화적 이슈의 관련성을 이해하도록 돕는 데 중요한 역할을 해야 한다. 내담자가 종교, 성, 지역 등 비주류 문화 그룹에 속한 경우, 슈퍼바이저는 이 주제의 잠재적인 가능성을 슈퍼바이지에게 주의시키는 것이 중요하다. 마찬가지로 슈퍼바이지가 비주류 문화 집단에 속해 있다면 슈퍼바이지의 문화적 정체성이 임상가로서의 경험에 영향을 미치는 방식을 논의할 때 슈퍼바이저가 민감하고 적극적으로 나설 필요가 있다(Iwamasa, Pai, & Sorocco, 2006). 슈퍼바이저와 슈퍼바이지는 똑같이 '문화적 존재로서 나는 누구인가?'라는 질문을 스스로에게 던질 수 있다(Falender & Shafranske, 2012).

문화적으로 민감한 문제 중 하나는 문화적 소수자로서의 생활 경험이 심리상담사나 슈퍼바이저의 생활 경험과 완전히 다른 내담자들과 정확하게 공감하는 것이다. 그러나 이는 논쟁의 여지가 있을 수 있다. 슈퍼바이저는 인지행동 심리상담이나 슈퍼비전 회기의 잘 활용되는 핵심 특징 중 하나인 안내된 발견법을 사용하여 슈퍼바이지가 이 스킬을 연습할 수 있도록 도울 수 있다. 예를 들어, 슈퍼바이저는 슈퍼바이지에게 "만약 당신이 …한다면 기분이 어떨까?"라고 물어볼 수 있다.

- 가족들에게 커밍아웃하지 않고 혼자라고 느끼는 성 소수자
- 제2외국어로서 특정어를 사용하려 애쓰는데, 종종 그 나라 사람들에게 비웃음을 당하는 사람
- 특정 국가에서 교육을 받으면서도 모국의 생활 방식과 태도를 고집하며 두 나라 사이에서 갈팡질팡하는 사람
- 피부색이 다르거나 영구적으로 휠체어에 의존하면서 평생 다른 사람으로부터 평가를 받는 사람

6) 법적 · 윤리적 문제

슈퍼비전 관계는 슈퍼바이저가 심리상담 윤리적 원칙을 접근화할 수 있는 기회를 제공한다. 슈퍼바이저와 슈퍼바이지는 상호작용을 통해 모든 사람에게 유익성, 성실

성, 정의 및 존중과 같은 핵심 원칙을 준수하는 것을 배울 수 있다. 윤리적 임상 슈퍼바이저는 착취적 이중관계와 같이 윤리강령을 위반하는 슈퍼비전 관계 내의 어떠한 행위도 피해야 한다. 윤리적으로 숙련된 슈퍼바이저는 슈퍼비전에서 윤리적 문제가 발생할 수 있는 보다 난해한 상황을 알고 있다. 예를 들어, 슈퍼바이저는 슈퍼바이지가 제시하는 임상 자료가 슈퍼바이저의 역량 밖에 있을 때 이를 인식하고 동료 또는 추가 교육자료를 참고하여 윤리적 행동을 모델링해야 한다. 더 넓게 보면, 슈퍼바이저가 삶의 위기나 다른 심각한 문제로 어려움을 겪고 있을 때, 개인적인 문제가 적절하고 편향되지 않고 효과적인 슈퍼비전을 제공하는 능력에 방해가 되지 않도록 현명하게 자기 성찰을 해야 한다. 문제에 따라, 슈퍼바이저는 슈퍼바이지의 수련 경험의 질과 내담자에게 적절한 심리상담을 보장하기 위해 슈퍼바이지에 대한 적절한 자기관리 및 슈퍼비전을 안전하게 하기 위해 준비할 필요가 있다.

또한 슈퍼바이저는 슈퍼바이지의 심리상담에 윤리적 문제가 발생할 때 이를 인지한 후 사려 깊고, 객관적인 방식으로 관찰 내용을 전달하며, 필요할 때 신속히 문제해결에 관여하고, 윤리적 문제가 발생하거나 악화되는 것을 방지하는 방법을 가르칠 필요가 있다.

5. 인지행동 접근의 슈퍼비전에 대한 평가

1) 슈퍼비전에 대한 평가

인지행동 접근의 슈퍼비전 위상은 크게 진전되었고 특히 슈퍼비전에서 특수한 관심 영역에 대해 다룰 때 유용하다(유영권 외 역, 2013). 인지행동 접근의 슈퍼비전 강점은 슈퍼바이지의 불안을 감소하고 심리상담에서 자기효능감을 증진한다는 것이다. 숙련된 상담사 훈련 접근과 같은 인지 기술의 사용이 효율적이라는 연구가 발표되면서 경험적 지지를 받고 있다. 인지행동 접근의 슈퍼비전에 대한 모델링, 구체적 지침과 피드백 제공 및 슈퍼바이지 모니터링과 같은 체계적인 검토에 의한 슈퍼비전 기술들은 슈퍼비전 전반에 미치는 긍정적인 효과가 크다고 할 수 있다.

2) 연구 및 향후 방향

인지행동 접근의 심리상담사 역량 향상과 효과적인 인지행동 심리상담사를 위한 슈퍼바이저의 멘토링 역량에 관한 연구들을 살펴보면 다음과 같다. 먼저, 인지행동 심리상담 역량에 대해 널리 사용되는 척도로는 CTR-S(Cognitive Therapy Rate Scale)와 SAGE(Supervision: Adherence and Guidance Evaluation: Milne, Reiser, Cliffe, & Raine, 2011)라고 불리는 슈퍼바이저 역량에 대한 포괄적인 척도 등이 연구·개발되어 있다. 인지행동 접근의 슈퍼비전에서 이러한 척도를 사용할 수 있다는 것은 큰 장점이라고 할 수 있다. 이에 인지행동 접근의 심리상담과 슈퍼비전은 미국에서도 가장 선호하는 접근법이자, 세계적으로 각 나라의 심리상담 전문가들이 가장 선호하는 접근법으로 알려져 있다. 그럼에도 불구하고 인지행동 접근의 슈퍼비전은 몇 가지 보완할 점이 있다.

첫째, 슈퍼바이지의 맥락적 요인과 내담자 요인에 초점을 맞추어 다양한 임상 슈퍼비전을 제시해야 한다는 것이다. 둘째, 슈퍼바이지와 내담자에게 중요한 다문화적, 체계적, 맥락적 요인에 적절하게 초점을 맞추지 못하였으며 잠재적인 이슈에 대해 초점을 덜 맞추었다는 한계점이 있다. 셋째, 인지행동 심리상담이 각 이슈에 따라 체계적인 설명서가 개발되어 있듯이 인지행동 접근 슈퍼비전도 인지행동 심리상담 원리에 맞추어 슈퍼비전하는 체계적 절차 접근이 필요하다.

인지행동 접근의 슈퍼비전이 한국에서 적용될 전망을 살펴보면, 우선 한국의 많은 심리상담사들도 명쾌하고 행동적으로 접근하는 인지행동 접근을 선호하고 있고, 비록 인지행동 접근의 한계점이 있다고 하더라도 다른 접근의 슈퍼비전과 접목을 할 수 있으므로 충분히 한국에서도 기능할 수 있는 슈퍼비전 접근이라고 할 수 있다.

제 3 장

정서중심 접근의 심리상담을 위한 슈퍼비전

1. 정서중심 접근의 슈퍼비전 개요
2. 정서중심 접근의 슈퍼비전 핵심 원리와 기술
3. 정서중심 접근의 슈퍼비전 방법
4. 정서중심 접근의 슈퍼비전에서 다루는 주된 이슈
5. 정서중심 접근의 슈퍼비전에 대한 평가

SUPERVISION

03

Lesile, S. Greenberg
Lilian R. Tomescu

정서중심 접근의 슈퍼비전은 정서중심 심리상담(Emotional Focused Therapy: EFT)을 하고자 하는 심리상담사(슈퍼바이지)와 이를 지도하는 슈퍼바이저를 위한 슈퍼비전으로, 주요 사건-기반 접근(Event-Based Model)을 취한다. EFT 심리상담은 심리상담사가 단순히 이론과 기법을 적용하는 것 이상으로 인간관과 변화의 원리에 동의하고 그 방법을 체득하여 사용하여야 한다. 이를 위해 EFT 접근의 슈퍼비전에서는 슈퍼바이저가 어떻게 슈퍼바이지를 도와야 하는지와 그 과정을 통해 슈퍼바이지의 성장은 어떠해야 하는가를 구체적으로 설명한다. 이 장에서는 EFT 접근의 슈퍼비전 원리와 슈퍼바이저의 역할, 슈퍼비전의 과정, 슈퍼비전에서 일반적으로 다루어지는 이슈에 대한 설명과 함께 예시를 제시하여 실제 슈퍼비전에 유용한 가이드를 제공하고자 하였다. 슈퍼바이저가 어떻게 튼튼한 슈퍼비전 동맹 관계를 맺고, 슈퍼바이지의 여러 어려움과 관련된 표식들을 구별해서, 그 어려움을 해결할 수 있는 환경을 마련하는지, 그리고 슈퍼바이지가 학습과 변화의 과정을 거쳐 해결의 상태에 이르기까지 관계와 개입의 원리를 어떻게 적용하는지를 설명한다. 정서중심 심리상담의 슈퍼바이저는 정서중심 접근의 기본 태도를 견지하고 이를 슈퍼바이지의 훈련에 적용함으로써 과정-경험적 슈퍼비전이 되도록 한다. 이 장은『Supervision Essentials for Emotion-Focused Therapy』(Greenberg & Tomescu, 2017)를 중심으로 EFT 접근의 슈퍼비전 핵심 내용을 재구성하였다.

1. 정서중심 접근의 슈퍼비전의 개요

EFT 접근의 슈퍼비전은 주요 사건-기반 과제분석 패러다임(event-based task analytic paradigm)을 기초로 한 주요 사건-기반 모델(Event-Based Model)로, 일련의 슈퍼비전 사건(혹은 에피소드)들로 연결되어 있고 시작과 끝이 분명한 특성이 있다. EFT 접근의 슈퍼바이저는 녹음(화)된 상담 회기를 주의 깊게 청취하며, 내담자가 보여 주는 순간순간의 모습과 슈퍼바이지의 반응에 초점을 두고 진행한다. 슈퍼비전은 각 표식을 확인하면서 시작되고 이에 대한 슈퍼바이저의 개입, 이 과정을 통한 슈퍼바이지의 학습, 그 결과 해결의 상태가 매우 명쾌하게 제시된다. EFT 접근의 슈퍼비전은 슈퍼바이저와 슈퍼바이지의 활동이 구체적으로 제시되어 있어 슈퍼바이저와 슈퍼바이지 모두를 위한 접근이라고 할 수 있다.

슈퍼바이저는 슈퍼바이지에게 정서중심 심리상담뿐 아니라 정서중심 슈퍼비전 기술에 대해서도 가르칠 필요가 있고, 슈퍼바이지는 심리상담을 직접 진행하는 역량뿐 아니라 미래 슈퍼바이저로서 슈퍼비전 기술도 습득할 필요가 있다. 이에 EFT 접근의 슈퍼비전은 EFT와 동일하게 관계의 원리와 과제의 원리에 따라 진행되어 슈퍼비전의 안전한 관계, 슈퍼비전 동맹, 각 슈퍼비전 회기에서의 표식 구별, 표식에 대한 개입 등을 다룬다. 또한 슈퍼비전은 슈퍼바이지의 대인관계 기술과 사례개념화, 심리상담 과제 해결에 필요한 역량의 증진을 위한 개입을 포함하고 있다.

1) 역사적 배경

EFT는 1980년대 Greenberg에 의해 창시된 이론으로, 지난 수십 년간 경험적 근거에 의하여 지지되고 있는 과정-지향적 접근이다. EFT는 행동주의와 정신분석적 상담의 대안으로 나타났던 심리상담의 제3세력인 인간중심/경험적 접근들, 즉 인간중심 상담, 게슈탈트 상담, 실존주의 상담이 토대가 되었으나 현대 정서 이론과 변증법적 구성주의로 통합되어 새롭게 발전하였다. 따라서 EFT는 인간중심 상담이론을 중요한 토대로 하여 현대 정서 이론과 변증법적 구성주의로 재구조화된 신인본주의적 접근을 취한다. EFT는 Rogers의 견해와 같이 내담자들이 상담 관계를 통해 자신이 누구인지 알고 이해하게 되며 무조건 받아들여지는 새로운 경험이 치료적이라는 입장이다. 하지만 EFT는 상담 관계의 성격을 넘어 상담 과정에서 내담자에게 무엇이 일어나는지에 관심을 집중하여 관계적인 수용에 더하여 새로운 방식의 경험을 할 수 있도록 내담자를 촉진하는 것을 강조한다. 그리고 경험이 중요하다는 의견에는 두 입장이 같지만, 인간중심 상담의 경우, 경험을 존재의 기본 요소로 바라본 반면, EFT에서는 정서를 기본적인 요소로 간주하고, 경험은 정서의 복합 파생물로 본다. 또한 인간중심 상담에서는 내담자의 경험을 인식 주체의 의식 현상에 중점을 두는 현상학적 관점으로 바라보았지만, EFT에서는 문화적 · 역사적 맥락 안에서 일어나는 인식 기반이 되는 예비적인 이해와 텍스트의 해석에 중점을 두는 해석학에 가까운 시각으로 바라본다(Elliott et al., 2004).

EFT는 또한 게슈탈트 상담의 핵심 기법을 채택하였다. 그러나 게슈탈트 상담과 비교하여 그 기법들을 언제 가장 적절하게 사용하는지, 어떤 과정이 변화를 이끄는 데 도움이 되는지를 보다 명확하게 설명한다. EFT는 게슈탈트 상담에서 사용하고 있는 과정 안내 접근 방식을 취하고, 정서적 경험과 인식에 접근하며 경험과 의미를 구별하는 것 등을 상담 과정에 통합하였다. 또한 내담자의 인식하에서 경험을 생생하게 하도록 하고, 몸에서 느껴지는 감각에 주목하며, 느낌의 의미를 상징화하기 위해 인식의 경계를 탐색하는 것을 강조한다. 실존주의 상담은 인간의 본성과 삶의 궁극적인 관심이라는 측면에서 EFT의 발전에 영향을 미쳤다. 실존주의 상담에서는 인간이 가진 심리적 어려움의 원인이 진실성의 결여, 경험으로부터의 소외, 고립, 존재론적 불안이라고 보고 알아차림, 자유, 선택, 고독, 의미에 궁극적인 관심을 기울이는 데 EFT도 이와 유사한 입장을 취한다. 그러나 EFT는 실존주의 상담에서 관심을 기울이는 주제보다는 정서에 초점을 두고 정서를 궁극적인 관심사로 본다는 점에서 다르다.

기존 이론들을 재구조화하는 중요 이론 중 하나는 현대 정서 이론이다. 정서 이론에 따르면, 정서는 사고와 언어 이전에는 구별되지 않은 형태로 있다가 언어로 표현하게 되면서 특정한 정서의 의식적 경험으로 변할 수 있다(Lane, 2008). EFT는 정서의 적응적 기능을 강조하며 심리상담적 나침반으로서의 정서, 성장 방향성으로서의 정서를 활용한다. EFT는 심리상담의 초점을 정서에 두고 정서에 대한 경험을 조직화하고 정서적 작용이 어떻게 일어나게 하는지를 설명한다. 즉, 부적응적 정서 도식을 확인하고, 정서 처리 유형, 반응 형태 등에 근거하여 내담자의 어려움을 파악한다. 나아가 내담자가 자신의 정서에 접근하여 정서를 이해하고 수용하며 조절할 수 있는 능력, 즉 정서 지능을 높이고자 한다(Greenberg & Paivio, 1997).

재구조화하는 또 다른 이론은 변증법적 구성주의다(Elliott et al., 2004). 변증법적 구성주의에서는 인식하는 대상인 사물 자체와 개인의 이해 과정이 합쳐져 사실이 된다고 보기 때문에 인식하는 주체와 아는 대상 모두가 지속적으로 변한다는 입장을 취한다. 변증법적 구성주의에서 자아는 다양한 측면과 다양한 목소리를 갖고 있다. 그리고 심리상담은 전형적으로 안정과 변화가 변증법적으로 진행된다. 심리상담에서 대표적인 대립적 조합은 과정 개념화 대 과정 경험, 부정적인 지배적인 목소리 대 변화를 추구하는 생명과 성장의 목소리를 들 수 있다(Greenberg & Pascual-Leone, 2001). 이러한 관점은 내담자를 이해하고 내담자의 변화를 촉진하는 모든 과정에 걸쳐 작용한다.

2) 주요 학자

(1) Lesile S. Greenberg

EFT 이론의 창시자는 Lesile S. Greenberg(1954~)로 남아프리카 공화국 Johannesburg에서 태어난 캐나다 심리학자이다. Greenberg는 공학 기술 분야에서 석사학위를 받았으며 엔지니어로 일하다가 1975년에 York University에서 심리학 박사학위를 취득하고 이 대학의 교수로 재직 중이다. 그의 멘토인 Laura N. Rice는 Carl Rogers와 함께 시카고 대학교에서 공부하였다. Greenberg는 Rice와 함께 심리상담사-내담자 상호작용을 수학적으로 모델링하였다. 그리고 과제분석법을 사용하여 심리상담 과정에 관해 연구하였다. Greenberg는 심리상담 분야에서 정서를 주요 주제로 다루는 권위자로 다수의 저술과 연구를 통해 업적을 쌓고 있다. 그는 현재 정서중심 상담의 슈퍼바이저로서 활발히 활동 중이며 Tomescu 박사와 함께 『Supervision Essentials for Emotion-Focused Therapy』를 저술하였다(Greenberg & Tomescu, 2017).

(2) Lilian R. Tomescu

Tomescu 박사는 York University에서 Greenberg 박사의 지도 아래 임상 심리학 박사학위를 받았다. 현재는 The College of Psychologists of Ontario에서 임상 심리학자로 일하고 있다. Greenberg 박사와 더불어 『Supervision Essentials for Emotion-Focused Therapy』를 공동으로 저술하였다(Greenberg & Tomescu, 2017).

2. 정서중심 접근의 슈퍼비전 핵심 원리와 기술

1) 슈퍼비전의 목표

EFT 접근의 슈퍼비전은 슈퍼바이저와 슈퍼바이지의 관계적인 측면을 기초로 하여 슈퍼비전의 기술적이고 목표 지향적인 역량을 다룬다. 슈퍼바이저는 안전하고, 촉진적이며, 창조적인 최적의 학습 환경을 갖추고 다음의 목표들을 달성하고자 노력한다

(Greenberg & Tomescu, 2017).

① 성장 지향적이며 진실하고 신뢰로운 관계를 제공하여 슈퍼바이지가 심리상담적 가치관을 형성하고 이러한 가치관에 따라 자신의 직업적 정체성을 개발하도록 돕는다.
② 슈퍼바이지의 강점은 강화하고 약점은 개선함으로써 EFT 핵심 역량(관계 역량, 태도 역량, 기술 역량, 정서 역량, 지식 역량)을 개발하고 강화한다.
③ 내담자에게 최선의 이익이 되는 것을 항상 염두에 두어 내담자의 복지를 유지하고 내담자가 자신의 어려움을 해결할 수 있도록 변화를 촉진하며, 내/외부적으로 행복한 상태에 있도록 돕는다.
④ 내담자의 안전과 최상의 임상 결과를 위해 슈퍼바이지가 전문성과 함께 윤리적인 행동을 할 수 있도록 지도한다.
⑤ 슈퍼바이지의 현재 발달수준과 다음 단계의 훈련이나 전문적인 개발 단계로 나아갈 수 있는지를 확인하고, 공식적인 피드백을 제공하기 위해 슈퍼바이지의 성과를 평가한다.

2) 슈퍼비전의 원리

슈퍼비전은 슈퍼바이저와 슈퍼바이지 두 사람이 만나 대화를 나누면서 서로 변형하고 변화되는 과정으로서, EFT 접근의 슈퍼비전은 다음과 같은 EFT의 기본적인 원리와 개입 원칙을 동일하게 따른다(Greenberg, Rice, & Elliott, 1993; Greenberg & Tomescu, 2017).

첫 번째 원칙은 **따라가기와 이끌어 가기**다. 언뜻 보기에 따라가기와 이끌어 가기는 반대처럼 보이지만 내담자의 이야기를 따라가는 것과 과정을 안내하는 것 사이의 변증법적이고 창조적인 긴장을 가진 채 심리상담을 진행한다. 심리상담사는 내담자의 내부 경험이 전개될 때, 현재에 존재하고자 노력하고 항상 즉각적인 경험에 공감하며 그 경험에 대한 이해를 지속적으로 점검하면서 내적 경험을 따라간다. 그리고 다음 단계를 촉진하고 정서 과정에 지식을 가지고 있는 전문가로 적극적으로 상담 과정을 이끌어 간다.

두 번째 원칙은 **공감적 탐색 반응** 방식이다. 내담자는 자신의 경험에 대해 전문가로 간주하기에 심리상담사는 탐색적 반영과 질문을 사용하여 내담자 자신의 이해를 자극하고 의미를 찾도록 돕는다. 심리상담사는 내담자와 함께 과정과 형식, 목표를 구성하고 궁극적인 의미를 부여한다.

세 번째 원리는 **과정 진단**이다. 심리상담사는 형식적인 진단에 초점을 두기보다 내담자의 처리 방식, 회기 내 문제가 있는 정서 상태에 대한 표식, 주요 주제와 핵심 정서를 개념화하는 것에 주의를 기울이고 내담자의 정서적 고통을 따라간다. 표식은 내담자가 특정 문제에서 작업할 준비가 되었음을 알리는 행동이며, 심리상담 과제는 표식을 식별한 후 참여하게 되는 즉각적인 과정이다.

네 번째 원리는 **더 깊게 정서적 경험을 하도록 돕고 생산적으로 정서를 처리할 수 있도록 촉진**하는 것이다. EFT가 과정 지향적이고 경험적인 접근인 점을 고려할 때, 심리상담사는 내담자의 경험적 과정에서 다음 단계로의 이동을 쉽게 하는 방법에 대해 전문가로 간주된다. 따라서 심리상담사가 제공하는 전문 지식은 더 깊은 경험을 촉진하는 방법, 사람들이 어떻게 알아차리고 접근하고 생산적으로 처리하며 감정을 변형시키는지에 대한 지식이다. 이에 심리상담사는 지각 기술과 개입 기술을 통해 내담자의 정서 상태를 지각한 후 생산적으로 정서를 처리하도록 개입한다.

3) 정서중심 심리상담의 핵심 원리

정서중심 심리상담의 핵심 원리는 크게 관계원리와 과제원리라고 할 수 있다. 두 원리의 중요성은 유사하다고 보고 균형적으로 적용하지만, 관계원리의 중요성을 조금 더 강조한다(Elliott et al., 2004).

관계원리란 심리상담사가 내담자와 충분히 함께하여 내담자의 경험을 존중하고 그것에 민감하게 반응할 수 있도록 하는 태도로써, 공감적 조율, 심리상담적 유대, 과제협력의 원리가 적용된다.

과제원리는 내담자가 내면의 감정과 관련된 문제를 개인의 목표와 회기 내 과제를 통해서 해결할 수 있도록 심리상담사가 취해야 하는 행동들을 의미한다. 여러 상황에서 다양한 방법으로 대처할 수 있도록 하는 경험적 과정(experiential process), 내담자가 핵심적인 심리상담 과제를 완성할 수 있도록 돕는 초점두기와 과제(task)의 해결, 내담자의 책임감과 역량을 강화하는 자기계발(self-development)이 있다.

3. 정서중심 접근의 슈퍼비전 방법

1) 슈퍼비전 모델

EFT 접근의 슈퍼비전은 일련의 주요 사건들(event)로 구성된다. 주요 사건들은 ① 관계적으로 접촉하기, ② 슈퍼바이지의 문제(어려움) 표식(marker) 확인하기, ③ 문제를 다룰 수 있도록 작업환경(task environment) 만들기, ④ 슈퍼바이지가 새로운 것을 배우기(변화 과정 혹은 학습 과정), ⑤ 문제의 해결이다. EFT 접근의 주요 사건-기반 슈퍼비전(Greenberg & Tomescu, 2017)을 [그림 3-1]에 제시하였다.

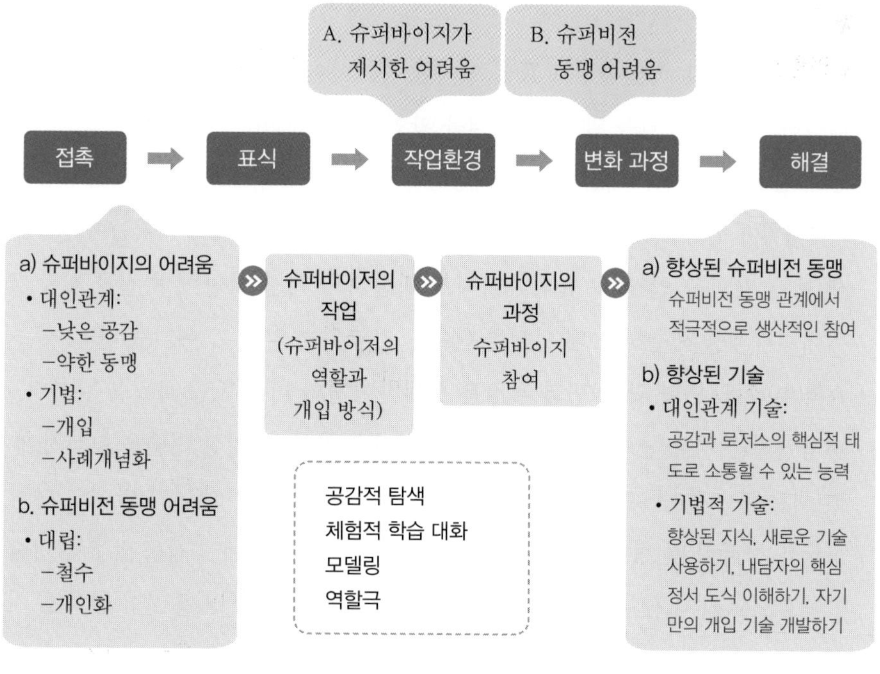

[그림 3-1] 정서중심 상담 슈퍼비전 일반 모델

출처: Greenberg & Tomescu (2017).

- 관계적 접촉: 슈퍼바이지를 환영하며 우호적이고 안전한 분위기 속에서 현재 상황, 마음 상태, 에너지 수준, 슈퍼비전에서 문제가 될 수 있는 것 등에 대한 이야기를 나누면서 슈퍼비전을 시작한다. 보통 슈퍼비전은 녹음(화)된 테이프(비디오)를 청취(시청)하면서 진행하기 때문에, 슈퍼비전을 위한 정보는 별도로 수집하지 않고 내담자와 그 회기에 대한 간략한 설명 정도를 듣는다. 만약 새로운 사례라면 배경 정보, 호소문제, 발달사, 인구통계학적 정보 등에 대해 듣는다.
- 문제 표식 확인: 슈퍼바이저는 슈퍼바이지의 문제 상태와 관련된 표식을 확인한다. 표식은 슈퍼바이지의 언어적, 비언어적 표현으로 나타나며, 내담자와의 관계적 어려움, 개입에서의 기술적 어려움에 대한 것이다. 예를 들어, 딜레마(예. 의자 작업을 해야 하나?), 언어적/비언어적인 걱정(예. "내담자에 관해 설명할 때 제가 놓친 것은 없는지 걱정입니다."/ 그 이슈에 대해 말할 때 불편한 듯 의자에서 움직임), 직접적 요청(예. "오늘은 '의자 작업'을 다룰 수 있으면 좋겠어요."), 또는 내담자에게 개입할 지점이나 슈퍼바이저가 교육지점으로 확인한 것(예. 슈퍼바이지가 알아차리지 못했거나 상담에서 다루지 못한 표식들, 심리상담적 과제들, 정서적 반응들, 낮은 어조들) 등이다.
- 작업환경 만들기: 작업환경은 표식에 대한 슈퍼바이저의 반응과 슈퍼비전 과제를 해결하기 위한 개입을 말한다. 표식을 확인한 후, 슈퍼바이저는 상담 회기 내 해당 부분을 확인하고 내담자와 심리상담사 간의 상호작용과 수행(즉, 내담자와 슈퍼바이지가 실제로 말한 내용, 어떻게 말했는지, 그 결과가 어떻게 나왔는지)을 '직접' 해 보는 기회를 얻는다. 슈퍼바이지가 내담자의 핵심 사안에 초점을 맞추거나 미해결과제를 해결하는 데 필요한 단계를 가르치는 일이 그 예가 된다.
- 슈퍼바이지의 변화 과정: 변화 과정은 슈퍼바이지의 내적 학습 과정을 말한다. 슈퍼바이지는 지각 능력, 개입 기술, 개념적 기술 향상 등 임상 기술을 향상하게 시켜 새로운 역량을 갖추게 된다. 예를 들어, 슈퍼바이지는 내담자 발성의 다양한 형태를 청각적 및 개념적으로 구별할 수 있고, 신체 감각에 초점을 맞추는 기술을 습득함으로써 내담자의 경험이 점점 깊어짐에 따라 목소리 음질의 변화를 지각적으로 듣게 되며 내담자가 경험을 심화할 수 있도록 돕는 방법을 배우게 된다.
- 문제의 해결: 해결은 슈퍼비전 과제의 성공적인 결과를 말하는 것으로 슈퍼비전 관계에서 두 사람의 적극적이고 생산적인 참여가 늘거나, 대인관계 기술이 강화

(예. 보다 현실적이고 향상된 공감, 따뜻함, 긍정적인 배려, 일치)되거나, 기술적 역량이 향상(예. 내담자의 핵심 감정을 이해하면서 새로운 개입 방법을 사용할 수 있음)되는 것이다.

2) 슈퍼바이저의 역할과 개입 방법

(1) 슈퍼바이저의 역할

EFT 접근의 슈퍼비전에서는 슈퍼바이저의 역할로 Bernard(1997)가 구별적 모델(Discrimination Model)에서 제안한 교사, 상담사, 자문가 역할 모두를 채택하고 있다(Greenberg & Tomescu, 2017). EFT에는 문제 표식(problem markers)별로 고도로 개발된 특정 기술들이 필요하다. 이에 슈퍼바이저는 교육과 교정 피드백을 제공하면서 이끌어 가는(leading) 교사 역할을 한다. 교사 역할은 항상 슈퍼바이지와의 안전한 관계를 염두에 두고 이루어진다. 그리고 슈퍼바이지가 심리상담사로서 능력에 잠재적으로 영향을 미칠 수 있는 개인적인 장벽(예. 훌륭한 심리상담사가 될 수 없을 것 같은 불안이나 절망감을 느끼는 것 등)이나 개인적인 삶의 문제를 제시한다면, 슈퍼바이저는 심리상담사로 지지적인 상담을 제공한다. 그러나 상담은 한 회기 안에서만 진행되고 더 원하는 경우에는 다른 심리상담사에게 의뢰한다. 또한 슈퍼바이지가 내담자에 대한 자신의 느낌과 생각을 신뢰하도록 장려하고 자신의 장점과 재능을 인식하여 자기 효율성을 높이도록 용기를 주며 필요한 경우 지식과 정보를 제공하는 자문가 역할을 수행한다.

(2) 슈퍼바이저의 개입 방법

EFT 접근의 슈퍼바이저는 EFT 원리와 개입에 기초하여 다음과 같이 구체적인 대화 방식의 경험적인 반응(experiential responses)으로 개입한다(Greenberg & Tomescu, 2017).

① 공감적 탐색(empathic exploration)

공감적 탐색은 슈퍼바이저가 자신의 이해사항을 전달하는 동시에 슈퍼바이지가 내담자의 의사소통, 감정, 욕구를 분명하게 하는 데 도움을 준다. 이러한 탐색은 탐색적 질문(exploratory questions, "제가 보기에 상담자는 내담자의 목소리에 있는 분노가 아니라 고통을 타당화하고 있는 것 같은데, 그런 결정을 한 건 무엇 때문인가요? 그리고 그 순간에 무슨 일이 있었는지 궁금합니다."), 적합 질문(fit questions, "~로 보았군요. 맞나요?"), 과정 관찰(process observations, "지금 눈물을 참으시네요."), 공감적 추측(empathic conjectures, "자신에게 화가 나시는 것 같네요."), 공감적으로 재초점 두기(empathic refocusing) 방식으로 할 수 있다.

② 과정 안내(process guiding)

과정 안내는 특정 심리상담적 작업에서 어떻게 생산적으로 작업을 할 수 있는지를 제안하는 것이다. 슈퍼바이저는 "공감을 전달하는 방식도 좋지만, 내담자의 상실과 관련된 감정을 환기할 수 있도록 '의자 작업'으로 진행해 갈 수 있을 것 같아요."처럼 제안할 수 있다. 경험적 개념화(experiential formulations, 내담자의 주제를 경험적인 용어로 개념화하는 것), 책갈피(bookmarking, 이후 주목하고 작업할 가치가 있는 특정 경험이나 과제를 강조하는 것), 경험적 교육 반응들(experiential teaching responses, 경험하기와 심리상담 과정의 특성과 관련한 정보를 제공하는 것), 구조화된 과제 반응들(structuring task responses, 가능한 작업을 제안하거나 당면한 작업의 수행 방법을 제안하는 것), 과정 제안(process suggestions, 회기 중에 특정 개입을 시도하도록 제안하는 것) 등이 있다.

③ 경험적으로 함께하는 반응(experiential presence responses)

경험적으로 함께하는 반응은 슈퍼바이저의 조율(attunement), 가치 부여하기(prizing), 진솔성(authenticity), 협력(collaboration)으로 전달된다. 예를 들어, "오! 잘했어요!" "네, 잘 듣고 있네요, 잘 따라가고 있어요." "좋네요!"와 같이 작은 격려로 반응할 수 있다. 과정적 자기개방(process disclosure, 슈퍼바이지가 사용하는 심리상담 개입에 흥미를 표현하기)이나 개인적 자기개방(personal disclosure, 개인적 혹은 전문가적인 사례와 경험 표현하기)은 교육적 수단으로 사용한다.

④ 내용 지시적(비경험적) 반응(content directive responses)

내용 지시적 반응은 슈퍼바이저가 문제 해결을 위해 조언하기, 전문가로서의 재승인하기, 정보에 대해 질문하기를 하는 것이다. 이는 어느 정도 사례관리와 관련이 있으며 윤리적 행동, 심리상담적 환경 조성, 내담자의 자살이나 정서조절 이슈와 같이,

더욱 실제적인 이슈가 있을 때 슈퍼바이저가 조언가나 협력자로 반응하는 것을 말한다. 내담자에게 자살이나 경계 침범(예. 내담자의 회기 불참, 팁 제공, 비싼 선물제공)의 문제가 있을 때, 슈퍼바이저는 이러한 주제를 다룰 수 있도록 구체적인 방법과 조언을 제공한다.

3) 슈퍼비전 과정

EFT 접근의 슈퍼비전은 슈퍼비전 동맹 맺기, 대인관계 기술, 사례개념화, 개입 기술, 심리상담적 과제를 다루며 슈퍼비전이 진행하는 시간적 순서에 따라 제시하면 다음과 같다(Greenberg & Tomescu, 2017).

(1) 슈퍼비전 동맹 맺기

정서중심 접근의 슈퍼비전 중심축은 슈퍼비전 동맹이다. 초기에 작업동맹을 튼튼하게 발달시키는 것은 슈퍼비전의 질과 결과에 큰 영향을 미친다. 슈퍼비전 동맹은 슈퍼바이지와 함께 구성해 가는 것이지만 동맹의 발달과 유지에서 일차적인 책임은 슈퍼바이저에게 있다. 슈퍼비전 동맹의 발달에는 슈퍼바이저의 개인적인 요인과 전문적인 요인 모두 영향을 미친다. 슈퍼바이저의 공감, 비판단적 자세, 타당화와 지지의 제공, 수용적 태도, 탐색하고 경험할 수 있는 용기 북돋우기, 진실성, 자율성의 부여, 이해심뿐 아니라 실존, 진실함, 따뜻함, 공감, 정서적 관여 능력은 모두 유대감 발달을 뒷받침한다(Greenberg & Tomescu, 2017).

튼튼한 슈퍼비전 동맹은 슈퍼바이지에게 안전기지를 제공할 뿐 아니라 공감적 탐색기술을 개발할 수 있도록 돕는다. 건강한 동맹으로 슈퍼바이지는 슈퍼바이저의 건설적인 비판을 덜 위협적이고 덜 수치스럽게 받아들이고 피드백을 더 잘 수용하게 된다. 또한 심리상담의 목표와 과제에 협력적인 동맹을 맺도록 도와 슈퍼바이저와 슈퍼바이지가 함께 문제를 해결하는 것을 촉진한다.

슈퍼비전 동맹에 부정적인 영향을 미칠 수 있는 요인들은 다양하다. 정서적 유대가 약한 경우, 목표나 과제에 합의가 부족한 경우, 내담자-심리상담사-슈퍼바이저 사이에 있는 문화적 다양성에 대한 민감성이 부족한 경우, 슈퍼바이지의 대인관계에 문제가 있는 경우 등이다. 슈퍼바이지의 지배적이거나 비판적인 성격도 내담자와의 관계, 내담자의 복지, 슈퍼바이저와의 관계에 영향을 미칠 수 있다. 이 경우 슈퍼바이지가 비방어적인 태도로 경청할 수 있도록 슈퍼바이저는 자신의 경험을 중심으로 전달(예. "당신이 하는 너무 많은 제안에 내담자가 압도되어 그것을 실제로 사용할 수 없을지도 모른다는 걱정이 드네요.")하거나 다른 대처법(예. "조금 뒤로 물러나 지도하는 것이 더 나을 것 같습니다.")을 제안하거나 혹은 개인 상담을 제안할 수 있다(Greenberg & Tomescu, 2017).

(2) 대인관계 기술의 슈퍼비전

슈퍼바이지는 내담자와 강력한 작업동맹을 유지하기 위해 대인관계 기술을 발달시킬 필요가 있다. 슈퍼바이저는 대인관계 기술의 발달을 위해 슈퍼바이지의 실존과 핵심적 태도의 강화를 위한 슈퍼비전을 진행한다(Greenberg & Tomescu, 2017). 심리상담적 실존이란 신체적, 정서적, 인지적, 영적으로 다양한 차원에서 매 순간 온전히 전체적인 자신으로 내담자와 접촉하는 것으로 정의할 수 있다. 심리상담적 실존은 판단이나 기대 없이 현재의 순간에 완벽하게 녹아 내담자를 위해 함께 있는 것이다. 심리상담사의 실존은 심리상담적 조율과 반응을 위해 미리 갖추어야 하는 조건(Geller & Greenberg, 2011)으로 슈퍼바이저는 실존을 격려한다.

또한 슈퍼바이저는 슈퍼바이지가 **핵심적 태도**(공감적 이해, 무조건적 긍정적 존중, 진실성)를 갖출 수 있도록 돕는다. 심리상담사는 내담자가 자신의 내면에 집중하고 경험을 깊게 탐구하며, 개인적인 감정에 접근하여 그것을 상징화할 수 있도록 공감적 이해(empathic understanding), 공감적 지지(empathic affirmation)와 여러 탐색적 공감(exploratory empathy)을 할 필요가 있다(Elliott et al., 2004; Greenberg & Elliott, 1997). 공감적 탐색은 내담자의 경험이 의미하는 것을 드러내도록 하는 시도이다. 매 순간순간 내담자의 (비)언어적 표현 안에 있는 가장 아픈 것에 민감하게 주의를 기울임으로써 심리상담사는 내담자의 설명보다 더 깊게 내담자의 경험을 포착할 수 있게 된다.

(3) 사례개념화의 슈퍼비전

EFT 접근에서 사례개념화는 내담자가 정서를 어떻게 처리하고 의미를 생성하는지, 정서 처리 과정이 어떻게 자신의 내적 경험에 잘 접근할 수 있도록 하는지(혹은 방해하는지)를 설명하는 것으로 슈퍼바이저는 슈퍼바이지가 내담자의 정서적 고통을 따라갈 수 있도록 지도한다(Greenberg & Tomescu, 2017). 슈퍼바이저의 다음과 같은 조언이 지도의 한 예가 된다.

> **슈퍼바이저:** 내담자의 그 가슴 아픈 슬픔을 따라갈 수 있다면, 핵심에 다가갈 수 있습니다. 사례개념화는 "고통 나침반을 따르라."라는 지침을 따릅니다. 고통을 따라가서 그것에 도달하기 전에는 무엇이 핵심인지 알 수 없습니다. 내담자의 고통은 나침반과 같고 그것은 당신을 핵심으로 이끌 겁니다. 그러니 그냥 그 과정을 밟아 나가세요.

슈퍼바이지는 내담자의 핵심정서 기반의 자기-조직화에 대한 감각이 필요하다. 자기-조직화는 고통스럽고 일차적인 부적응적 정서 도식에 기초하며 잘 변하지 않고 지속적인 문제인 자기 상태를 이해할 수 있게 한다. 자기-조직화와 정서를 아는 방법은 원인에 대한 해석이나 추론이 아니라 내담자의 현상학적 경험을 따라가는 것이다. 핵심 정서 도식은 핵심적인 정서들이 어떻게 연결되어 있고, 내담자의 경험, 행동, 사고 및 타인과의 관계에 어떻게 영향을 미치는지를 명확히 하는 데 도움이 된다. 심리상담사와 내담자 그리고 슈퍼바이저와 슈퍼바이지 사이의 협력으로 진행되는 두 단계의 사례개념화에서 슈퍼비전을 할 사항은 다음과 같다.

① 사례개념화 1단계: 이야기 펼치기 및 정서 처리 유형 관찰하기

- 내담자가 자신의 문제(증상적, 행동적, 관계적 어려움)를 잘 설명할 수 있도록 슈퍼바이지의 정서적 대응을 지도한다.
- 내담자가 문제를 제시할 때 가슴 아프고 고통스러운 경험을 경청하도록 돕고 내담자의 언어적 표현과 비언어적 표현에 주의를 둘 수 있도록 슈퍼바이지를 지도한다.
- 내담자의 정서 처리 유형을 관찰하고 주의를 기울이도록 슈퍼바이지를 돕는다.
- 내담자가 인생 이야기/담화(자기 및 애착과 관련)를 잘 전개할 수 있도록 슈퍼바이지를 지도한다.

② 사례개념화 2단계: 내담자의 고통을 따라가며 이야기를 충분히 이해하기

- 상담 회기에서 나타나는 작업 표식을 구별할 수 있도록 슈퍼바이지를 지도한다.
- 내담자의 핵심 정서 도식이 적응적인지 부적응적인지를 식별할 수 있도록 슈퍼바이지를 지도한다.
- 정서 속에 있는 내담자의 요구를 식별하도록 슈퍼바이지를 지도한다.
- 일차 정서를 모호하게 하는 내담자의 이차 정서를 구별하도록 슈퍼바이지를 돕는다.
- 핵심 정서와 자기-조직화에 접근하는 내담자의 차단을 구별하도록 슈퍼바이지를 돕는다.
- 내담자가 자신과 다른 사람을 어떻게 대하고 생각하는지, 그리고 내담자가 다른 사람에 의해 어떻게 대해지는지 함께 이야기 나누도록 슈퍼바이지를 돕는다.
- 내담자가 세션 중에 한 말과 정서 중 가장 중요해 보이는 것에 대해 논의함으로써 호소문제(관계 및 행동상의 어려움)를 핵심 정서 도식과 연결 지어 이야기를 구성하도록 슈퍼바이지를 돕는다.

(4) 개입 기술의 슈퍼비전

EFT 접근의 슈퍼비전에서는 슈퍼바이지가 내담자의 경험에 접근하여 경험을 상징화하고 의미를 찾고 이해할 수 있도록 보고, 듣고, 공감하는 기술을 개발하는 데 중점을 둔다. 정서 처리 미세과정 표식(emotional processing microprocess markers), 정서 유형, 정서 처리 유형을 구분하고 다룬다(Greenberg & Tomescu, 2017).

① 정서 처리 미세과정 표식

순간적으로 변하는 내담자의 비언어적 측면에 대해 알아차리고, 사건을 경험하는 방식을 이해하며, 다양한 경험 처리 방법을 구별할 수 있도록 다음과 같은 **정서 처리 미세과정 표식**(Goldman & Greenberg, 2015)들을 다룬다.

- 순간순간에 발생하는 언어적인(예. 말의 내용의 뉘앙스, 고통스러움, 횡설수설함을 '포착'하고, 내담자의 말의 구체성, 특이성 및 생생함) 것과 비언어적인(예. 주저함,

불일치한 감정, 목소리 음질, 각성 수준과 혹은 경험의 수준, 고통) **과정적 미세 표식**(micromarkers)
- '자신과 타인을 어떻게 대하는가? 비판적인가? 보호적인가? 유기적(abandoning)인가?'를 의미하는 **성격 유형 표식**
- 내담자가 이제 특정 주제를 다룰 수 있다는 준비 상태이며 동시에 심리상담사가 특정 개입을 제안할 수 있음을 알려 주는 **주요한 과업 표식**

② 정서 유형

슈퍼바이저는 슈퍼바이지가 내담자의 정서를 일차 적응 정서, 일차 부적응 정서, 이차 정서, 도구적 정서와 같이 다양한 유형으로 구별할 수 있도록 돕는다. 슈퍼바이저는 정서를 평가할 수 있도록 다음과 같은 특별한 방법을 제시한다.

- 비언어적 표현 관찰하기(예. 얼굴 표정, 음성의 톤, 그리고 사물을 어떻게 표현하는지)
- 보편적인 정서적 반응에 대한 지식 갖기(예. 사람들은 일반적으로 침해되었을 때 분노를 느끼고, 그들에게 중요한 누군가를 잃었을 때 슬픔을 느낀다.)
- 내담자의 정서를 평가하기 위해 슈퍼바이지 자신의 정서적 반응 사용하기
- 내담자의 상황과 대인관계에서의 특징적인 반응 알기(예. 내담자는 다른 사람에 의해 잊혀질 때 약해지고 절망적인 것으로 느껴지고, 화가 났을 때 부끄러움보다 거부감을 느낀다.)

③ 정서 처리 유형

슈퍼바이저는 내담자의 정서 처리 유형을 관찰할 수 있도록 도와야 하는데 이러한 것들은 내담자가 어떻게 정서를 처리하고 있는지에 대한 순간순간의 판단이나 과정 진단(Greenberg, 2010)으로 이루어진다. 내담자의 목소리 질, 정서적 홍분 정도, 경험 수준, 특정 정서의 생산성은 모두 관찰해야 할 중요한 사항이다.

- 내담자의 목소리 질(client's vocal quality). 목소리 질은 내담자의 관심과 에너지의 순간 전개 방식에 따라 다르다(Rice & Kerr, 1986; Rice & Wagstaff, 1967). 슈퍼바이저는 음조, 에너지 수준, 빠르기, 스트레스 포인트 등 특징에 따라 내담자의 음성

을 '집중적인' '정서적인' '외부화된' '제한된'의 네 가지 범주로 나눌 수 있도록 돕는다. '집중적'인 목소리는 내담자가 내부에 주의를 두고 경험을 추적하여 말로 상징화하려고 하는 상태이다. '정서적'인 목소리는 내담자가 말하는 것처럼 목소리를 통해 정서가 나타난다. '외부화'된 목소리는 균일하고 율동적인 음색이고 에너지가 바깥쪽으로 향해 있으며 사전에 준비된 것처럼 자발성이 부족하다. 표현력이 좋긴 하지만, '대화적' 특성이 있고 새롭게 경험된 내용은 거의 없다. '제한된' 목소리는 관심이 대화의 장에 있지 않으며, 종종 삐걱거리는 소리가 나고 긴장되며 조심하고, 신뢰하기 어려운 특징이 있다.

- 내담자의 경험 수준(client's experiencing level). 슈퍼바이저는 경험 척도(Experiencing Scale)를 사용하여 슈퍼바이지의 관심을 내담자의 경험 깊이에 집중시킨다. 그러나 심리상담사의 현존(Geller & Greenberg, 2011)과 매 순간 공감적으로 조율하는 것을 방해하기 때문에 심리상담을 하는 동안에는 측정하지 않는다. 내담자가 경험척도에서 결과가 계속 낮다면, 슈퍼바이저는 슈퍼바이지에게 이를 인식하고 공감할 수 있는 보다 깊은 탐색 및 추측을 제공하면서 내담자가 내면으로 집중하여 응답하는지 관찰하도록 한다.
- 내담자의 정서적 각성 표현(client's expressed emotional arousal). 슈퍼바이저는 정서적 각성 척도(Warwar & Greenberg, 2000)를 이용하여 내담자의 정서적 각성을 이해할 수 있도록 도울 수 있다. 음성과 신체로부터의 흥분 정도, 표현의 제한 정도를 기준으로 정서의 질과 강도를 평가한다. 중간 수준의 각성 수준은 목소리와 몸에서 보통 수준의 정서적인 음성이 나타난다. 보통 수준은 억양의 패턴, 불규칙한 페이스, 음조의 변화, 그리고 각성의 변화에 따라 적당히 방해받는 수준이다. 가장 높은 각성 수준은 목소리가 강렬하고 정서가 몸에 가득 차 있다. 정서의 과잉으로 일상적인 대화 형태는 완전히 흐트러지고 각성은 걷잡을 수 없이 지속하는 것처럼 보이며 '무너뜨리는' 것과 같은 상태에 있다. 낮은 각성 수준은 의미 있고 중요한 사건이나 주제에 대해 말하는데도 별 반응이 없는 경우로 신체적인 수준의 탐색이 필요하다는 것을 의미하기 때문에 주의를 기울일 필요가 있다.
- 내담자의 정서 생산성(client's emotional productivity). 정서가 어느 정도 각성이 되면, 정서 처리의 생산성을 평가한다. 일차 정서라면, 내담자가 활성화된 정

서를 접촉하고 알아차리고 있는지를 판단한다. 7가지 차원, 즉 ① 주의 기울이기(attending), ② 상징화(symbolization), ③ 일치성(congruence), ④ 수용성(acceptance), ⑤ 조절력(regulation), ⑥ 주체성(agency), ⑦ 변별(differentiation)을 고려한다. 정서는 모든 차원이 충족될 때 생산적으로 처리되는 것으로 본다(Auszra & Greenberg, 2008; Auszra, Greenberg, & Herrmann, 2013). 내담자는 7가지 차원 중 어딘가에서 어려움을 겪을 수 있으며, 이는 생산적인 정서 처리를 위해 그 차원의 도움이 필요하다는 지표가 된다.

(5) 심리상담적 과제의 슈퍼비전

EFT 접근의 심리상담사는 내담자의 심리상담적 표식을 구별하고 가장 적합한 특정 방법으로 개입하도록 훈련받는다. 표식은 심리상담사에게는 특정 유형의 개입을 할 수 있는 기회이다(Greenberg, Rice, & Elliott, 1993; Rice & Greenberg, 1984). 슈퍼바이저는 심리상담적 과제의 표식을 확인한 후, 심리상담사의 개입과 그 개입의 결과 해결된 상태를 바탕으로 슈퍼바이지를 지도한다. 심리상담적 과제별로 표식, 개입, 해결의 상태를 제시하면 다음과 같다(Greenberg & Tomescu, 2017).

① 문제성 반응(problematic reactions)

표식은 "상담하러 오는 길에 묶여 있는 강아지를 보았는데, 갑자기 너무 슬퍼져서 하염없이 눈물이 나왔어요."라는 반응이 예이다. 개입은 상황을 다시 생생하게 경험할 수 있도록 재현하고 그 상황에서 올라온 생각, 정서적 반응 사이의 연관성을 찾도록 촉진하여 그 반응의 암묵적 의미에 도달하는 것이다. 해결의 상태는 문제적 반응이 갖는 자기-기능(self-functioning)에 대한 새로운 관점을 갖는 것이다.

② 불분명한 느낌(unclear felt sense)

표식은 "아버지를 생각하면 어떤 느낌이 드는데, 이게 무엇인지 잘 모르겠어요."라는 반응이 그 예가 되며 개입은 초점두기(focusing)로 내담자에게 자신의 경험에 구체적인 관심을 가지고, 신체적인 느낌에 이름을 붙이도록 안내하는 것이다(Gendlin, 1996). 해결의 상태는 신체적인 느낌에 대해 새로운 의미를 창조하는 것이다.

③ **갈등 분열**(conflict-splits)

표식은 자신의 한편에서는 절망적이고 패배한 듯 느낌이 드는 반면, 다른 편에서는 실패에 대해 화가 나는 것이다. **개입**은 '두 의자 실연(two-chair enactment)'을 통해 자아의 두 부분을 서로 생생하게 접촉하는 것이다. 각 부분의 생각, 감정, 요구를 탐색하고, 비판적 목소리를 부드럽게 만드는 실제 대화가 이루어진다. **해결의 상태**는 양측의 통합이다.

④ **자기-간섭 분열**(self-interruptive split)

표식은 자신의 한 부분이 정서적 경험과 표현을 방해하거나 제한할 때 생기는 것으로 "눈물이 차오르는 것을 느낄 수 있지만, 절대 울지는 않을 거예요."와 같은 반응이다. **개입**은 '두 의자 실연'으로 내담자는 자신이 물리적으로(목소리를 막거나 닫거나), 은유적으로(가둠), 또는 언어적으로("입 다물고, 느끼지 말고, 조용히 하라.") 어떻게 방해하는지 알게 되고 그래서 자기 간섭의 주체로서 자신을 경험할 수 있고, 방해받는 부분에 반응하고 도전할 수 있다. **해결의 상태**는 이전에 차단한 경험을 표현하는 것이다.

⑤ **미해결 과제**(unfinished business)

표식은 "아버지는 나를 위해 있었던 적이 없어요. 나는 아버지를 용서한 적이 없어요."와 같은 표현이 예가 된다. **개입**은 '빈 의자 작업(empty chair work)'으로 자신의 내부 관점을 활성화하여 정서적 반응을 탐색하고 이해한다. **해결의 상태**는 의미 있는 타인과 자아에 대한 관점의 변화로 다른 사람에게 책임을 지게 하거나, 다른 사람을 이해하고 용서하는 것이다.

⑥ **취약성**(vulnerability)

표식은 "다 끝났어요. 저에겐 아무것도 남아 있지 않아요."처럼 자아가 고갈되고, 수치스럽고, 불안해하는 것으로 자신의 한 측면에 깊은 부끄러움이나 불안을 느끼는 경우이다. **개입**은 내담자가 느끼고 있는 것의 내용을 알아차리고 심리상담사의 공감적 조율, 그 경험을 타당화하고 정상화하는 것이다. **해결의 상태**는 자아가 강화되는 것이다.

⑦ **정서적 고통과 괴로움**(emotional suffering and anguish)

강렬한 대인관계의 욕구(예. 사랑이나 타당화)가 충족되지 못했을 때 생기며 이에 대한 표현이 **표식**이다. 개입은 이전에 박탈이나 부정(invalidation)되었던 상황을 상상하고, 그런 상황에서 이전에는 할 수 없었던 위로를 제공하는 것이다. 심리상담사는 내담자가 성인으로 성장한 현재의 시점에서 자신의 상처입은 어린 시절을 자비롭게 대하며 그것을 이해하고 수용할 수 있도록 도움으로써 내담자의 내면적 성장을 촉진시킬 수 있다.

4. 정서중심 접근의 슈퍼비전에서 다루는 주된 이슈

이 절에서는 슈퍼비전에서 다루는 이슈를 일반적 이슈, 기법과 관련된 이슈로 나누어(Greenberg & Tomescu, 2017) 설명한다. 일반적 이슈로는 슈퍼비전 동맹, 슈퍼바이지의 내담자와의 작업동맹, 핵심적 태도와 같은 대인관계 기술에서의 어려움을 설명하며, 기법과 관련한 이슈로는 사례개념화에서의 어려움, 개입과 관련한 어려움을 설명한다. 제시된 슈퍼비전 사례는 Greenberg와 Tomescu(2017)의 사례에서 발췌하였다.

1) 일반적인 슈퍼비전 이슈

(1) 슈퍼비전 동맹

슈퍼바이저와 슈퍼바이지 사이의 동맹과 관련한 어려움의 **표식**은 슈퍼바이지가 목표나 과제에 동의하지 않거나 자존감을 높이려는 일로 동맹의 어려움을 노골적으로 표현하는 **대립 표식**(confrontation markers)과 슈퍼비전에 적대감, 회피, 불평등과 같은 부정적 감정을 드러내거나 반응하지 않는 등 간접적으로 표현하는 **철수 표식**(withdrawal markers)으로 나타난다. 슈퍼바이저는 슈퍼바이지의 경험을 존중하고 비판단적인 자세로 부드럽게 이 이슈를 논의로 가져와 슈퍼바이저 자신의 감정과 생각을 개방적이고 솔직하게 표현하고, 각 개인의 어려움에 대한 지각을 변증법적으로 탐색하여 **작업환경**을 제공한다. 이를 통하여 슈퍼바이지는 자신과 슈퍼바이저의 차이점 혹은 한계를 성찰하는 **학습 과정**을 거친다. 그 결과 두 사람 모두 진정한 만족감과 안도감을 경험하며 슈퍼비전 목표를 달성하고자 하는 새로운 신뢰와 의지, 어려움에 대한 이해를 공유하고 실제적인 해결을 탐색하는 **해결 상태**에 다다르게 된다.

(2) 슈퍼바이지의 대인관계 기술 어려움

① 내담자와의 작업동맹 어려움

내담자와의 작업동맹 어려움 표식에는 위에서 언급한 바와 같이 대립 표식과 철수 표식이 있다. 대립 표식은 내담자가 목표나 과업에 대해 동의하지 않거나 내담자가 자존감을 걸고 동맹에 대한 문제를 노골적으로 표현하는 반면에, 철수 표식은 부정적인 감정, 적대감, 회피, 불평, 심리상담에 대한 무반응 등 간접적으로 드러내는 것이다.

슈퍼바이저는 작업동맹의 문제가 어떻게 발생하는가를 알아 가면서 슈퍼바이지가 자신의 반응을 탐색하고 감정과 생각을 솔직하게 개방할 수 있도록 부드럽게 격려한다. 슈퍼바이저는 내담자와의 문제를 공감적으로 탐색할 수 있도록 내담자의 관점으로 바라보도록 하고 문제와 관련된 상호성을 이해하며, 그 의미에 대해 공감적으로 반영할 수 있도록 격려하는 **작업환경**을 제공한다. 슈퍼바이지는 내담자에 대한 대인관계적 반응을 탐색하는 **학습 과정**을 통해 그 결과 슈퍼비전에서의 학습한 바를 잘 적용하고 더 잘 의사소통할 수 있게 되는 **해결 상태**에 이른다.

② 핵심 태도(공감, 실존, 무조건적 존중)의 문제

표식은 슈퍼바이지가 관념적이고, 산만하고, 지나치게 목적 지향적이며 분석적으로 대하는 낮은 실존의 상태와 공감적 반영보다 질문, 해석, 충고를 사용하여 감정 조율이 잘 안 되는 채로 이성적으로 대하는 낮은 공감의 상태로 나타난다.

슈퍼바이저는 이런 경우에 다음과 같은 **작업환경**을 제공한다. 슈퍼바이지가 내담자와 자신의 경험에 초점을 두고, 순간순간 호흡에 집중하며 자신의 감정과 내담자의 비언어적인 부분에 주의를 기울이도록 피드백을 한다. 대립적 진술이나 질문보다는 공감적으로 대하고, 더 잘 따라가도록 안내하며 공감적 반응의 모델이 되어 준다. 슈퍼바이지를 내담자의 세상으로 초대하고 그 세상에 조율하도록 내담자 '되어 보기'를 위해 녹음된 상담 회기를 잘 들으면서 내담자가 느끼는 것을 알아차리고 언어적으로 개념화하도록 요청하고 다르게 반응해 보도록 북돋운다.

슈퍼바이지는 자신의 호흡에 주의를 기울인 후 내담자의 호흡과 비언어적인 것에 주의를 기울이는 것을 연습하고 가상의 내담자가 되어 보는 것('내담자 되기')을 연습해 가며 심리상담적인 부분에 전념하고, 반응이나 어려움을 표현하고, 새롭거나 다른 반응을 시도해 보거나 연습하는 과정을 거치도록 한다. 이를 통하여 슈퍼바이지는 생각하고 계획하는 것에서 벗어나 보다 실존적, 공감적이 되면서 자신의 능력에 새로운 희망이 생기는 해결 상태에 도달할 수 있다.

2) 기법과 관련한 슈퍼비전 이슈

(1) 사례개념화 어려움

사례개념화 어려움의 표식은 슈퍼바이지가 내담자의 핵심정서 도식과 그 영향을 이해하는 것이 애매하고, 막힌 것 같고, 중요한 무언가를 놓친 것 같다는 표현이다. 슈퍼바이저는 '막혔다'고 느끼는 것이 무엇인지 구체화하고 이해가 되지 않았던 것에 대한 탐색을 시도한다. 슈퍼바이지에게 내담자의 핵심 도식과 관련된 대화를 다루면서 핵심적인 고통이 무엇인지를 탐색하도록 한다. 슈퍼바이저는 내담자의 정서 도식과 내담자 경험의 부적응성을 보다 구체적인 수준에서 이해해갈 수 있도록 작업환경을 만들어 간다.

슈퍼바이지는 내담자가 경험한 상황적 맥락과 생생한 구체적인 예들을 제공함으로써, 내담자의 일차 정서와 이차 정서를 구별하고 부적응적인 것과 적응적인 것을 구별할 수 있다. 핵심 정서, 내러티브, 관계적 주제를 확인하면서 사례개념화를 발전시켜 가는 슈퍼바이지 과정을 거친다. 이러한 학습의 과정을 통해 슈퍼바이지는 내담자의 핵심 정서 도식이 내담자의 핵심적인 갈등 관계 도식에 미친 영향을 더 잘 이해할 수 있게 되고 사례개념화가 분명해졌다고 느끼게 되며 도식에 대해 이해해 가면서 시시각각으로 개념화할 수 있게 되는 해결 상태에 이르게 된다.

사례 예시: 사례개념화 슈퍼비전

* 내담자는 유치원 교사로 최근 인터넷 데이트를 통해 만난 남자가 갑작스럽게 관계를 끝낸 후 심한 우울증에 빠져 있다.

첫 상담 회기에서, 내담자는 자신의 가정을 사랑하는 부모와 함께하는 매우 훌륭한 가정으로 묘사했으나 두 번째 회기에서는 어머니가 항상 너무 걱정이 많아서 어머니가 마음 편안해하는 일만을 해야 하기에 걱정시킬 일은 하지 않았다고 했다. 내담자는 이 일로 인해 갇혀 있는 것 같다고 느꼈지만 동시에 많은 죄책감을 느낀다고 말했다. 심리상담사는 처음 두 회기를 통해 내담자의 배경을 알게 되었고, 공감적으로 따라가 그 결과 내담자가 조금 마음을 열고 밝아졌다.

첫 슈퍼비전에서, 슈퍼바이저는 슈퍼바이지가 내담자를 어떻게 다루어야 할지, 심리상담의 초점을 어디에 두어야 하는 가에 대한 어려움을 확인한다. 비디오테이프를 보면서 슈퍼바이저는 슈퍼바이지에게 내담자에게 가장 중요하다고 생각하는 것이 무엇이었는지 묻는다. 슈퍼바이지가 내담자의 죄책감이라고 말하자, 슈퍼바이저는 죄의식도 중요하지만, 분명히 엄마와의 미해결 과제가 있다고 안내한다. 가장 인상적인 것이 무엇이었는지를 묻자, 슈퍼바이지는 내담자가 갇혀 있다고 말한 방식이었다고 하였다. 갇힌 듯한 느낌에 대해 내담자의 목소리와 표정이 어떻게 그에게 가슴 아프게 들렸는지를 묘사하도록 한다. 만약 그 감정을 따라간다면, 그것은 핵심 정서 도식과 궁극적으로 사례개념화할 정서가 됨을 안내한다.

이후 상담에서 내담자는 실제 연애 경험이 없는 35세라는 사실에 서글픔을 표현했고, 삶에는 거의 관심 없이 하루종일 침대에만 있는 것에 절망감을 느끼기 시작했다. 슈퍼바이저는 내담자의 절망감은 이차적 증상적 정서이며, 내담자가 구별할 수 있도록 근본적인 고통스러운 감정에 도달하는 것을 도울 필요가 있음을 슈퍼바이지와 상의한다. 처음 공동으로 구축한 개념화는 내담자가 자신을 사랑해 줄 사람을 전혀 상상할 수 없어 절망감을 느끼며, 근본적으로 사랑받을 가치가 없다고 느끼는 것이었다. 내담자의 사랑받을 가치 없음의 감정이 불안과 무기력함으로 나타나는 것인지, 아니면 부끄러움과 가치 없음으로 나타나는 것인지는 애매했다. 다른 심리상담 이후 내담자는 자신도 알 수 없는 이유로 소극적으로 되고, 흥미와 즐거움을 따르는 것에 대해서도 혼란스럽고 불안한 감정을 느끼고 있었다. 그 결과, 자신의 정서를 정보로 활용하는 것이 어려워 보였다. 이를 통하여 어머니-딸 간의 관계가 이 역동에서 매우 중요한 역할을 하고 있음이 분명해졌다.

내담자의 고통을 따라갔던 4회 심리상담이 끝날 무렵, 근본적인 불안감이라는 핵심적인 부적응적 정서에 도달했는데, 이는 불안한 어머니로부터의 지원 부족으로 이해되었다. 슈퍼바이저와 슈퍼바이지는 이를 통해 내담자가 어린 시절 어머니가 불안해하는 상황을 피해야 했던 경험과 관련하여 불안한 불안정함을 겪고 있다는 사실을 명확하게 이해하게 되었다. 이로 인해 내담자는 조심스럽고 소심해지며, 위험을 감수하는 대신 물러나려 하는 경향이 되었다. 내담자의 죄책감이 더 강하고 지속적이었다면, 심리상담은 어머니에 대한 미해결된 분노를 다루는 방향으로 진행되었을 수도 있었겠지만, 대신에 불안한 불안정함을 다루는 방향으로 진행되었다.

(2) 개입 어려움

① 개입과 관련한 지각적 듣기와 따라가기 어려움

슈퍼바이지가 내담자의 정서를 '듣고', 경험을 이해하고 경험의 핵심을 잡아내는 것에 어려움을 표현하는 것이 **표식**이 된다. 슈퍼바이저는, 먼저 슈퍼바이지의 어려움을 명료화하는데, 내담자의 미세 표식, 성격 유형 표식, 주요한 과제 표식 등을 인식하고 구분한다. 슈퍼바이저는 주의를 기울여 내담자의 표식을 찾고 표식이 확인되면 내담자의 경험과 처리 유형을 함께 구분한 후, 내담자를 따라가는 심리상담적 반응을 연습할 수 있도록 **작업환경**을 제공한다.

슈퍼바이지는 내담자의 말을 경청하는 동안 내담자가 경험하는 것에 대해 정서적인 각성으로 '내담자 되기'를 연습하며 경청 연습과 표식들을 구분하는 것을 연습한다. 상담에서 초점두기를 발달시키며 경험 척도, 정서각성 척도를 익숙하게 사용하고 내담자의 정서적 생산성을 평가한다. 내담자의 정서적 각성과 상징화를 촉진할 수 있는 다양한 심리상담적 반응과 정서 조절의 어려움을 해결하기 위한 개입을 연습한다. 이러한 슈퍼바이지의 **학습 과정**의 결과, 슈퍼바이지는 초점 두기를 발달시키고, 내담자의 표식을 인식하고 구별하며, 복잡한 상황에서 경청 기술을 사용함으로써 내담자의 표식에 효과적인 방법으로 반응하는 **해결 상태**에 이르게 된다.

② 개입과 관련한 수행(action)의 어려움

수행과 관련한 어려움의 **표식**은 슈퍼바이지가 다음에 무엇을 해야 하는지 혹은 어떻게 해야 하는지에 대한 걱정으로, 내담자를 도와줄 수 없을 것 같다거나 기법적으로 부족하다거나 어떤 길로 가야 하는지 분명하게 알지 못하겠다는 느낌을 표현하는 것이다. 슈퍼바이저는 공감적으로 슈퍼바이지가 말하고 있는 어려움에 초점을 두고 특정 심리상담적 과제와 관련한 어려움의 예를 들어 보도록 요청한다. 슈퍼바이지가 말하는 어려움의 예시에서 '할 수 있는 것'은 무엇이 있을지 대안들을 탐색한다. 슈퍼바이저는 한 발짝 뒤로 물러나 조화롭고 유연하게 개입하는데, 문제 상황에서 그 경험을 심화시켜 충분히 인식할 수 있도록 돕는다. 또한 다른 대안들에 관한 생각을 질문하고 슈퍼바이지가 다른 반응과 개입을 실행해 볼 수 있도록 한다.

슈퍼바이지는 녹음된 상담 회기를 들으며 어려움이 있는 곳에서 멈춘다. 내담자의 핵심 정서와 주요한 심리상담적 초점을 관련시키고 여러 가능한 개입을 요약하고 계획을 세운다. 새로운 개입의 결과를 고려하고 그것들을 충분히 잘 사용할 수 있을 때까지 슈퍼바이저와 반복한다. 그리고 특정 심리상담적 과제를 배우고 관련된 단계의 이론적 이해를 공고화한다. 슈퍼바이저가 제안한 특정 심리상담적 과제의 비디오테이프를 시청하는 슈퍼바이지의 **학습의 과정**을 통해 그 결과 점차 다양한 개입 방법을 사용하는 데 능숙해지고 유창해지는 **해결의 상태**에 도달할 수 있다.

③ 슈퍼바이지의 자기 비난

슈퍼바이지의 불안이나 자신감 부족은 능력에 대한 자기 의심과 자기 비난으로 생기는 것으로 모든 학습을 방해하고 특히 수행을 통한 학습을 방해한다. 이러한 이슈는 유능하고 민감한 심리상담사들에게서도 종종 나타난다. 심리상담사가 심화할 기회를 여러 차례 놓친 후 "여기에서 수치심과 그렇게 느끼는 것에 좀 더 초점을 두었어야 했어요. 머릿속에는 두 의자 작업을 신경쓰고 있어서 내면으로 들어가야 한다고 생각했었는데, 목소리와 말이 너무 일치하지 않아서 어떻게 반응해야 할지 혼란스러웠어요."라며 자신의 수행에 비난적이다. 슈퍼바이저는 "완벽하게 하는 것은 매우 어려운 일이지요, 완벽할 수 있는 방법은 없습니다."라고 불안을 정상화하고, "잘하고 있습니다!"라며 심리상담사의 능력을 인정해 주어야 한다.

만약 자기 비난이 계속된다면, 슈퍼바이저는 슈퍼바이지의 감정이 개인적 작업에 도움이 되는지에 대해 논의할 수 있고 필요한 경우, 개인 상담을 제안하고 의뢰할 수 있다. 슈퍼바이저는 슈퍼바이지가 자신에게 하는 비난을 인지적 수준에서 다룰 수 있지만 슈퍼비전은 개인적인 작업을 목표로 하지 않기에 슈퍼바이지의 수치심에 대한 내적 경험이나 그 기원에 초점을 맞춘 두 의자 대화나 심리상담으로는 들어가지 않는다.

④ 심화하기에 대한 두려움

내담자의 가장 아픈 감정에 들어가 그 과정을 심화시키는 것에 대한 두려움은 동맹관계가 끝날 것에 대한 두려움, 내담자를 잃어버릴 것에 대한 염려, 내담자가 고통을 참을 수 있을지에 대한 우려의 표현이 표식이 된다. 슈퍼바이저는 슈퍼바이지가 감정을 피하기보다 함께 있도록 지도함으로써 회피하는 것을 극복하도록 슈퍼비전 한다.

슈퍼바이저는 슈퍼바이지가 자신의 두려운 감정을 알아차리도록 돕고 자신의 두려움을 극복함으로써 내담자가 자신의 고통에 직면할 수 있도록 도와 내담자가 두려워하는 대로 무너지지 않는다는 것을 경험할 수 있도록 도울 수 있다. 즉, 감정에 머무르거나 깊어지는 것에 대한 두려움을 극복하는 슈퍼바이지의 능력은 내담자가 자신의 두려움을 극복하는 데 도움을 준다. 슈퍼바이지가 내담자를 고통스러운 감정에 직면하도록 도울 수 있는 가장 좋은 방법은 슈퍼바이지가 자신의 고통스러운 감정을 직면하고 그들이 살아남았고 그들이 어떻게 이런 일을 했는지 경험했다는 것을 발견하는 것이다. 이것은 슈퍼바이지의 훈련과 심리상담을 통해 이루어진다.

⑤ 이끌어가기와 가르치기

내담자를 따라가기보다 심리상담사가 내담자의 변화를 지나치게 이끌어 가고 인지적 이해에 지나치게 집중하는 경우, 슈퍼바이저는 내담자의 정서 출현을 촉진하고 내담자가 적절히 경험하여 스스로 건강하게 조직할 수 있도록 돕는 방법을 지도한다. 기억해야 하는 것은 정서적 경험 없이 정서적 상태를 해결할 수 없고, 지시를 통해서는 내담자의 정서에 접근할 수 없다는 점이다. 다음 슈퍼비전 사례는 따라가기보다 지나치게 이끌어 가기에 집중되어 있고, 정서 체험적 방법보다 가르치는 방법에 집중되어 있는 상담에 대한 슈퍼비전이다.

사례 예시: 이끌기와 가르치기에 대한 슈퍼비전

심리상담사인 슈퍼바이지는 내담자의 두려움을 해결하기 위해 분노를 불러일으키려 하고, 내담자 자신의 비판적 목소리에 맞설 수 있도록 노력하고 있다. 하지만 심리상담사는 여전히 두려움을 느끼고 있는 내담자보다 너무 앞서 있고 시기가 적절하지 못하다. 게다가 이해를 증진하기 위해 가르치거나 해석하고 있는데, 이것은 새로운 경험을 촉진하는 데 방해가 되고 있다.

슈퍼바이저: 너무 빨리 화에 접근하려고 하는 것 같아요. 내담자의 목소리, 자세, 말 속에는 화의 흔적이 없어요. 차라리 내담자를 '불안하게 만드는 의자'에 앉게 하여 두려움을 느끼도록 하는 게 좋습니다.

(슈퍼바이지가 심리상담사로 내담자와 상담을 하는 장면이다.)

심리상담사: 심호흡하세요. 화가 나나요? 당신을 화나게 하는 것 같아요.

내담자: 저는 그들에게 화를 낼 수 없어요. 그래서 화를 내지 않아요.

심리상담사: 그들에 대한 화라기보다는, 마땅히 받아야 할 것을 받지 못했기 때문에 화가 나는 것일 수도 있지 않을까요? 전반적으로 자신과 삶에 대한 분노일 수 있어요. 전반적인 분노일 수도 있습니다. 누군가를 향한 분노일 필요는 없어요. 몸에서 일어나는 분노일 수도 있습니다. 원하는 것을 얻지 못하거나 기대하는 것을 얻지 못하거나 자신을 표현할 수 없는 것은 누구를 향한 것이든 분노를 유발합니다. 그러나 분노는 당신에게 위험한 감정일 것 같아요.

슈퍼바이저: 내담자가 자기 주장을 하고자 할 때야 비로소 억압하는 사람에게 맞서서 주장할 수 있도록 도울 수 있습니다. 그리고, 내담자에게 주고자 하는 것은 통찰이나 이해가 아닙니다. 이 방법도 좋지만, 내담자 자신이 자신의 괴로움을 만드는 주체라는 것을 인식하게 하고, 내담자가 피해자라는 느낌을 불러일으켜, 비판적이고 방해하는 목소리에 대항해서 주장할 수 있도록 동기를 부여하는 것이 더 좋을 것 같아요.

5. 정서중심 접근의 슈퍼비전에 대한 평가

1) 슈퍼비전에 대한 평가

EFT 접근의 슈퍼비전은 시작과 중간, 끝이 분명하고, 슈퍼비전을 구성하고 있는 각 주요 사건들이 무엇인지 명료하게 제시되며, 슈퍼바이저와 슈퍼바이지의 각 역할과 활동이 명확하게 제시되어 슈퍼비전에 바로 적용이 가능한 실용적인 접근이다. 이러한 특성은 슈퍼바이저에게는 구체적이고 명료한 가이드가 되고, 슈퍼바이지에게는 슈퍼바이저로부터 순간순간 과정에 대해 매우 구체적인 기술적 피드백을 제공받을 수 있는 장점이 부가되는 접근이라고 할 수 있다.

2) 연구 및 향후 방향

EFT 접근의 슈퍼비전 연구 및 향후 방향과 한국에서 EFT 접근의 슈퍼비전을 적용하고자 할 때는 다음과 같은 사항을 고려해 볼 필요가 있다.

첫째, 슈퍼바이저와 슈퍼바이지의 관계 측면이다. EFT 접근의 슈퍼비전은 정서중심 접근의 원리와 원칙이 그대로 적용된다는 점에서 슈퍼바이저와 슈퍼바이지 사이의 관계 원리가 잘 적용될 수 있는 체험적 슈퍼비전 상황에서 가장 이상적이다. 그러나 슈퍼바이저의 피드백이 매우 구체적이어서 둘 사이의 협력적인 관계가 없다면 슈퍼바이지는 비판받는 감정을 느낄 수도 있으므로 슈퍼비전을 할 때는 항상 슈퍼바이저와 슈퍼바이지 사이의 관계에 주의를 기울여야 한다. 따라서 EFT 접근의 슈퍼비전에 관한 연구에서도 슈퍼비전 중 공감, 일치성 및 긍정적 존중의 핵심적 조건이 슈퍼바이지와 내담자의 행동을 강화할 가능성이 크다고 제시하고 있다(Ladany & Walker, 2003; Neufeldt, Beutler, & Banchero, 1997). 그러나 이러한 점은 한국의 단회적이거나 비교적 짧은 회기 안에 분석적으로 전달되는 슈퍼비전 환경에서는 제한적일 수 있음을 유념할 필요가 있다.

둘째, 슈퍼비전에서 사용하는 자료 측면이다. EFT 접근의 슈퍼비전에서 제시하고 있는 슈퍼비전 방식과 한국에서 일반적으로 혹은 공식적으로 진행하는 슈퍼비전 방식은 다르다. 한국의 슈퍼비전은 주로 문서화된 슈퍼비전 자료, 즉 슈퍼바이지가 정리하고 분석하여 가공한 이차 자료를 중심으로 이루어진다. 슈퍼비전을 위한 사례보고서에는 축어록을 포함하고 있으나, 주로 슈퍼바이지가 상담 진행에 대해 정리하고, 사례를 분석하여 개념화한 내용으로 구성되어 있다. 한국의 슈퍼비전은 이러한 보고서를 중심 자료로 사용하고 있기에 EFT 접근의 슈퍼비전을 그대로 적용하는 것은 제한적일 수 있다.

셋째, 슈퍼바이지에 대한 평가 측면이다. EFT 접근의 슈퍼비전에서 중요한 목표 중에는 슈퍼바이지에 대한 평가가 있다. 한국의 슈퍼비전에서도 슈퍼바이지에 대해 피드백을 제공하지만, 이는 미국의 슈퍼바이저가 제공하는 슈퍼바이지에 대한 평가의 역할과는 차이가 있다. 미국의 경우 자격 취득과 유지, 상위 등급으로의 승급 여부 결정에 중요한 역할을 하지만, 한국에서 슈퍼바이저의 평가는 그러한 기능과 다르다. 이러한 차이는 슈퍼비전의 성격뿐 아니라 슈퍼바이저와의 관계에서도 양과 질의 차이를 만든다. 이는 심리상담사의 양성과 관리 체계가 서로 다른 것에서 나타나는 특징으로 이해된다. 따라서 한국에서 EFT 접근의 슈퍼비전을 적용할 때는 슈퍼바이저의 역할에 대한 문화적인 차이도 고려해야 할 것이다.

제 **4** 장

실존 · 인간중심 접근의 심리상담을 위한 슈퍼비전

1. 실존 · 인간중심 접근의 슈퍼비전 개요
2. 실존 · 인간중심 접근의 슈퍼비전 핵심 원리와 기술
3. 실존 · 인간중심 접근의 슈퍼비전 방법
4. 실존 · 인간중심 접근의 슈퍼비전에서 다루는 주된 이슈
5. 실존 · 인간중심 접근의 슈퍼비전에 대한 평가

SUPERVISION 04

Rollo R. May
James F. Bugental
Kirk J. Schneider
Orah T. Krug

실존 · 인간중심(Existential-Humanistic: E-H) 접근의 핵심은 심리상담사와 내담자, 혹은 슈퍼바이저와 슈퍼바이지의 전인적 만남이다. E-H 접근의 심리상담에서는 상담사가 상담 이론과 전략을 얼마나 많이 습득하는가에 초점을 두지 않고, 내담자와 함께 얼마나 안전하고 협력적인 관계를 형성하는가, 그리고 내담자뿐만 아니라 심리상담사 자신의 정서적 성숙도를 발전시켜 나가는가에 초점을 둔다. 이에 이 장에서는 E-H 접근의 슈퍼비전 목적과 핵심 원리, 슈퍼바이저의 역할과 구체적인 방법, 주로 다루게 되는 이슈와 본 접근에 대한 평가 등을 서술하였다. 구체적으로 E-H 접근의 슈퍼비전에서 내담자가 그들의 고통, 역기능적인 억압 등으로부터 자유로워지도록 하기 위해 심리상담사가 어떻게 안전한 관계를 구축하고, 이면에 숨어 있는 실존적 문제에 접근하는지 구체적인 방법과 예시를 다루고 있다. 또한 그 과정에서 발생할 수 있는 다양한 슈퍼비전 이슈나 실제 사례를 제공하여 E-H 접근의 심리상담사나 슈퍼바이저가 경험할 수 있는 실제적인 측면을 다룬다. 마지막으로 E-H 접근의 슈퍼비전 미래 방향에 대해 살펴볼 것이다. 이 장은 『Supervision Essentials for Existential-Humanistic Therapy』(Krug & Schneider, 2016)를 중심으로 재구성하였다.

1. 실존 · 인간중심 접근의 슈퍼비전 개요

심리상담에서 실존 · 인간중심(Existential-Humanistic: E-H) 접근은 유럽의 실존주의 접근과 북미의 인간중심 접근의 혼합물로 1960년대에 대두되었다. 실존주의와 인간중심의 통합에 걸맞게, E-H 접근은 내담자에 대한 통합적 이해와 치료적 관계를 강조한다. 이는 E-H 접근의 심리상담에서 심리상담사와 내담자, 그리고 그들의 관계가 각각의 역할로 구분된 것이 아니라, 상호 간의 이야기 너머에 있는 암묵적 과정과 맥락으로 연결되어 있음을 의미한다. 바로 이것이 내담자와 함께 실재(presence)해야 하는 이유이기도 하다. 또한 E-H 접근은 내담자의 전인적 발달을 강조한다. E-H 접근은 우리 모두 스스로 의미를 찾을 수 있는 유일한 사람이라고 말한다. 이는 우리가 자신과 타인, 삶에서 가장 중요한 것들에 대한 의미를 스스로 만들고, 원하는 바를 선택하며 앞으로 나아가고 있음을 의미한다. 반면, 삶의 위기란 나 혹은 관계, 나아가 세상에 대한 의미를 잃어 갈 때 찾아오는 것이라 할 수 있다. 따라서 우리는 좀 더 근본적으로 내담자들이 빼앗긴 자신의 삶과 의미를 되찾고 다시 삶의 주인이 될 수 있도록 도와야 하며, 그것이 E-H 접근 심리상담의 기본 가정이고, 이러한 심리상담의 과정을 돕는 것이 바로 E-H 접근의 슈퍼비전이다.

1) 역사적 배경

실존 · 인간중심(Existential-Humanistic: E-H) 이론의 풍부한 개념적 전통은 두 가지 이론적 계보에서 유래되었다. 하나의 계보는 유럽의 실존철학, 또 다른 하나의 계보는 북미의 인본주의 심리학이다. 먼저 1920년대와 1930년대 유럽에서는 정신분석적 접근의 정통성에 대해 일부 정신과 의사들의 비판이 일기 시작했다(Farber, 2014). 인간을 주체적 의지를 가진 대상으로 보지 않고, 욕구나 과거 경험, 외부 환경에 피동적으로 반응하는 대상으로 보는 것은 인간의 의식적 측면이나 인간성을 경시하는 것이라며 반대하고 나선 것이다. 대표적으로 독일의 Jaspers와 스위스의 Binswanger 등이 있다. 한편, 1940년대와 1950년대 북미에서도 미국의 심리학자들은 유럽의 실존주의자와 마찬가지로 당시의 지배적이던 정신분석, 행동학적 틀의 환원주의적 관점을 반대하였다. 그 일환으로 이들은 이론적 및 심리치료 대안을 제시하였는데, 대표적인 이론으로는 Maslow의 동기 이론과 Rogers의 인간중심 접근 방식이 주축을 이루었다. 즉, 유럽의 실존주의와 북미의 인간중심 심리학은 처음에는 별도로 발전했지만, 사실상 실존주의와 인간중심 심리학은 특정한 유사 개념이 명백하게 나타났고(Cooper, 2007), 이러한 움직임은 1960년대에 비로소 E-H 접근으로 명명하게 되었다. 이 접근은 실존적 접근과 인간중심 접근의 혼합물로서, 특히 인간을 한계 내에서 선택의 자유가 있는 전인적 존재로 본다는 점, 그리고 이를 위해 스스로 투쟁하고 자신의 결정에 책임질 수 있는 능력이 있다는 점이 핵심으로 다루어진다. 결과적으로 E-H 접근에 따라 심리상담에서는 내담자들의 전인적 능력에 대한 믿음과 치료적 실재 구축 등을 토대로 실천적 반영을 시도하고 있으며, 현대 E-H 접근은 점차 광범위한 문화와 분야로 확장되어 기존의 고정관념에 더 적극적으로 도전하고 있다(Schneider & Krug, 2017).

2) 주요 학자

(1) Rollo R. May

May(1909~1994)는 미국 Ohio State에서 중산층 가정 6남매 중 둘째로 태어났다. 어린 시절 부모의 이혼을 경험하고 여동생이 정신분열증 진단을 받았으며, 자녀를 잘 돌보지 않았던 어머니를 대신해 동생들을 돌보며 힘든 시절을 보냈다. 고등학교 졸업 후 Michigan State University에서 영문학을 전공하였지만 퇴학을 당하였고, 이후 Oberlin University에서 다시 영문학 학사학위를 받았다. 이후 종교, 성격, 정신건강 등에 관심을 갖게 된 그는 신학자 Tillich를 멘토로 삼아 철학과 신학 등을 공부하여 목사로 임명되었지만, 심리학 공부를 위해 목사직을 사임하였다. 하지만 그에게 다시 역경이 찾아왔다. 결핵에 걸린 것이었다. 18개월의 투병생활 동안 그는 삶에 대한 의구심이 들었고, 자신의 고통과 역경에 대해 끊임없이 질문하고, 또 스스로 삶의 의미를 부여하기 위해 애를 썼다. 이러한 과정은 후에 그가 실존주의 심리상담사로서 사명을 갖고 내담자를 대할 수 있는 토대를 마련해 주었다. 이후 Columbia University에서 임상심리학 박사학위를 받은 그는 거의 30년 동안 심리상담사, 작가, 학자로서 인간의 실존적 특성과 그 안에서 경험되는 우리의 자유와 한계 등에 대해 널리 알렸다. May가 가장 좋아하는 심리상담 질문 중 하나는 "당신이 알 수 있는 가장 깊은 곳에서는 지금 무슨 일이 일어나고 있습니까?"였다고 한다. 이 질문에서 알 수 있듯 그는 인간의 개인적 성장을 촉진하고자 애를 썼으며, 인간의 존재론적 상황 연구에 공헌하였다.

(2) James F. Bugental

Bugental(1915~2008)은 Rollo May의 제자 중 가장 인간중심 접근을 강조한 사람으로, 1915년 크리스마스 Indiana, Fort Wayne에서 태어났다. 경제 대공황으로 그의 가정 형편은 그리 좋지 않았고, 냉담한 어머니, 그리고 다정하지만 술에 의존적인 아버지 아래에서 자란 그는 후에 Yalom과의 인터뷰에서 온전하고 편안한 가족이 없던 어린 시절이 매우 힘들었음을 밝혔다. 아마도 그의 개인적 경험을 고려할 때, 그가 타인에 대한 인식보다 개인 내적 경험과 자각을 중시하는 이유도 이 때문일 것이다. 이후 1943년 Peabody College에서 심리학 박사과정을 밟던 중 제2차 세계대전으로 인해 박사과정이 중단되었고, 1945년 군대에 징집되어 심리학자로서 Atlantis에 있는 육군 종합병원에 배치되었는데, 이 시기에 그는 Rogers의 책을 읽으며 인간중심 접근에 대한 영향을 크게 받았다. 마침내 전쟁이 끝나고 그는 1948년 Ohio State University에서 박사학위를 받았으며, UCLA에서 심리학 교수로 짧은 시간을 보낸 후 Maslow 등과 함께 인본주의 심리학 저널과 협회를 설립하였다. 이러한 그의 공헌으로 1955년 APA에서 특별연구원으로 임명되고, 인문 심리학 부문 Rollo May Award를 최초로 수상하게 되었다. E-H 이론에 그가 한 공헌을 구체적으로 보면 May가 E-H 이론을 정교하게 만들었다면, Bugental은 이론의 실천적이고 경험적인 적용을 강조하였다.

또한 실존주의의 대가인 Yalom의 치료 초점이 대인 간 차원에 맞춰져 있다면, Bugental의 초점은 거의 전적으로 내담자의 주관적 과정에 집중되어 있다(Krug & Schneider, 2016). 따라서 그의 수련 방식은 주로 개인 내적 · 암묵적인 과정을 어떻게 심리상담에서 생생하게 다루는지 알 수 있다. 또한 그의 이론은 내담자들이 소외되고 분열된 자신을 다시 하나의 전체로 만들어 '나다움'에 대한 감각을 발견할 수 있도록 조력하였다(Bugental, 1976).

(3) Kirk J. Schneider

미국 Ohio State에서 태어난 Schneider(1956~)는 현대 E-H 이론의 발전에 중추 역할을 하는 심리학자이자 심리상담사이다. 그는 Yalom과 Bugental의 실존 · 인간중심 접근 방식을 기반으로 실존 통합(Existential Integrative: EI) 접근법을 개발하였다. 현재는 실존 · 인간중심 연구소(Existential-Humanistic Institute: EHI)의 회장으로, E-H 이론의 공식적 학문 연구뿐만 아니라 광범위한 임상 경험을 통해 대인 간 민감성, 적응성, 직관 등을 수련시키고 있다. 또한 Saybrook University과 Columbia University의 겸임교수로 있으며, APA 5개 분과의 회원으로 200개가 넘는 논문, 저서를 발간하며, E-H 접근의 슈퍼비전에 새로운 지평을 확장하고 있다. Krug 박사와 『Existential-Humanistic Therapy』(2010) 및 『Supervision Essentials for Existential-Humanistic Therapy』(2016)의 공동 저자이다.

(4) Orah T. Krug

Krug는 San Francisco에 있는 실존 · 인간중심 연구소(Existential-Humanistic

Institute: EHI)에서 소장으로 역임하였다. Krug는 Oakland와 Sausalito에서 임상가로 활동하고 있으며, Saybrook University에서 교수로 재직하고 있다. Schneider와 『Existential-Humanistic Therapy』(2010) 및 『Supervision Essentials for Existential-Humanistic Therapy』(2016)의 공동 저자이다.

2. 실존 · 인간중심 접근의 슈퍼비전 핵심 원리와 기술

1) 심리상담의 목적

"E-H 심리상담의 궁극적인 목적은 '내담자를 자유롭게 하는 것'입니다. 자유로워지기 위해서는 내담자가 자신과 다른 사람에게 더 많이 실재하도록 돕고, 삶의 유한성, 모호성 등과 같은 실존적 이슈에 대해 피하는 것이 아니라 직면하여 자신의 삶을 책임지고 살아갈 수 있도록 도와야 합니다."(Schneider, 2019) Schneider의 말에서 알 수 있듯이 E-H 접근의 심리상담은 단순히 내담자에게 당장 시급한 문제 해결 방법을 제시하는 데 목적을 두지 않는다. 내담자가 그들의 양극화된 상태를 경험할 수 있도록 도와주고, 또한 양극화된 상태와 내담자의 근본적 두려움을 '체화'할 수 있도록 도와주며, 발견된 것이 미치는 영향의 가장 깊은 수준에 익숙해질 수 있도록 돕는다(Schneider & Krug, 2017). 이러한 과정은 내담자에게 자신이 그동안 피하거나 억눌렀던 것들을 알아차리고 선택할 수 있도록 이끌어 준다. 그렇다면 E-H 접근의 심리상담은 어떤 것들을 강조할까? Krug와 Schneider(2016)가 언급하는 E-H 수련의 다섯 가지 핵심 목표는 다음과 같다.

① 심리상담의 '과정에 존재하도록' 하는 것이다. 내담자의 과거나 상담실 밖의 일을 단순히 나열하는 것은 생생한 경험과 알아차림으로 이어지기 어렵다. 따라서 심리상담에서 지금-여기에서의 경험, 심리상담사와 내담자 사이의 관계적인 맥락을 짚을 수 있어야 한다. 이를 위해 내담자의 언어뿐만 아니라 내담자의 비언어적인 표정, 행동, 목소리 패턴, 신체 언어 등 보다 광범위한 것을 활용하도록 돕는다.

② '자신의 저항 패턴(보호 패턴)을 이해하고 활성화하는 것'이다. 내담자의 과거 경험은 어떤 식으로든 그들의 삶의 의미를 재구성하였으며, 과거로 끝나는 것이 아니라 현재의 보호 패턴이나 삶의 자세, 나아가 그들의 존재 방식에 영향을 준다. 따라서 심리상담에서는 공감과 존중의 태도로 내담자의 저항 패턴(보호 패턴)에 호기심을 갖는다. 예를 들면, 상담실 '밖'의 대인관계에 대한 불신을 표현하는 내담자에게 '지금-여기'에 있는 심리상담사를 불신하는지 물어봄으로써, 내담자의 사건 내용에 몰두 되지 않고 거시적인 차원에서 그의 패턴을 확인하도록 돕는다.

③ 심리상담사와 내담자가 '안전한 관계를 구축하고 전이 및 역전이를 작업하도록 하는 것'이다. Bugental(1965)은 전이를 "중요한 타인과 세상 속에서 존재하는 정형화된 방식이 심리상담사와 내담자의 관계 속에서 다시 재개된 것"이라고 하였다. 우리는 언제나 다른 사람들과 접촉하고 있기 때문에, 전이와 역전이는 가끔 나타났다 사라지는 것이 아니라 오히려 크든 작든 끊임없이 계속된다고 본다. 따라서 전이나 역전이에 대해 무조건 부정적으로 보기보다는 심리상담사와 내담자의 세계, 맥락을 충분히 고려한다면 서로에 대해 훨씬 이해할 수 있고 자유롭고 생동감 있는 재료가 될 수 있다.

④ '내담자의 겉으로 드러난 실존적 문제뿐만 아니라 이면적 실존 문제도 함께 작업하는 것'이다. Krug 박사와 그녀의 내담자 Mimi의 사례를 보면, 경비행기의 비상착륙으로 외상 후 스트레스 장애(Post Traumatic Stress Disorder: PTSD)를 경험한 Mimi는 심리상담에서 반복적으로 "이건 불공평해요!"를 언급했다. 이후 Krug 박사와의 심리상담을 통해 그녀는 트라우마 사건 이면에 자신이 안전에 대한 환상을 갖고 있으며, 죽음의 우연성에 취약하다는 것을 깨달았다. 이렇듯 사건 이면에 인간의 유약함과 삶의 유한함에 대해 작업하는 것은 훨씬 삶을 적극적으로 대면할 수 있도록 돕는다.

⑤ '꿈 작업을 통해 내담자의 개인과 대인 간 관계들을 시각화하는 것'이다. 내담자는 자신의 꿈을 'I-메시지'로 훨씬 더 생생하게 보고 느끼고 이야기하며 머무를 수 있기 때문에, 내담자의 꿈은 경험적 세계에 들어가기 위한 하나의 관문이다. 즉, 꿈을 통해 내면의 고통에 훨씬 쉽게 접근할 수 있다.

2) 슈퍼비전 핵심 원리

앞서 강조한 것처럼 E-H 접근의 슈퍼비전은 특정 이론이나 지식을 투영하기보다는 내담자와 심리상담사의 살아 있는 경험을 강조하며, 심리상담의 장을 살아 있는 실험실로 만드는 것에 주력한다. 자, 상상해 보자. 상담실 안에 존재하는 내담자와 심리상담사, 그리고 그들의 목소리, 함께하는 투쟁들, 혹은 그 너머의 움직임들……. 이러한 구체적 실체를 슈퍼바이저는 어떻게 가르칠 것인가? 이것은 지식으로 가르칠 수 없으므로 온전히 경험적 학습에 중점을 두어야 하며, E-H 접근의 슈퍼바이저들이 수년간 연구 끝에 나온 E-H 접근의 슈퍼비전 핵심 원리는 다음과 같다.

(1) 실재감 구축

E-H 접근의 심리상담에서는 실재(presence)에 대해 많이 경험시켜야 하며, 설명은 많이 할 필요가 없다. 그렇다면 실재란 무엇일까? 국립국어원(nd)에 따르면 실재란 '실제로 존재함' 혹은 '사물의 본질적 존재'를 의미한다. 영적인 의미로 presence란 '물리적으로는 부재할지라도 어떤 대상의 지성과 의지에 영향을 미치는 존재'로 받아들여진다(조계화, 김명자, 1999). 이를 확장해 본다면 실재(presence)란 함께 존재하는 것으로, 심리상담에서는 내담자가 자신의 실재에 대한 의미를 파악할 수 있도록 심리상담사가 함께하는 과정이다. 이는 우리가 특정 병을 잘 진단하고 문제를 해결해 주기 위해 내담자와 거리를 두는 의사와는 다른 중요한 지점이기도 하다(Schneider & Krug, 2017).

만일 과거 트라우마로 인해 매우 힘들어하는 내담자가 있다고 하자. 그에게는 지금까지도 과거의 고통스러운 사건들이 계속해서 오늘날의 자신에게 재현되고 있을 것이다. 이러한 내담자에게 과거 트라우마 경험을 언급하며 논의하는 것은 물론 그 사건에 대해 정확히 이해시키는 데 도움이 되지만, 그에게는 분명 그 이상의 작업이 필요하다. 트라우마 경험 이전의 그가 원하던 삶은 어떤 형태였을까? 트라우마가 지나간 지금, 그는 어떠한 삶의 청사진을 그리고 있을 것인가? 트라우마가 그에게 남기고 간 것은 진정 무엇일까? 실존적 위기(existential predicament)에 놓여 자기감을 잃은 내담자에게 우리는 지금-여기에 우리가 함께 존재하고 있음을 직접 체험시켜 주어야 한다. 그리고 지금 이 자리에 서서 그가 진정으로 원하는 곳을 찾아 다시 한 걸음

나아갈 수 있도록 조력해야 한다. 이는 삶을 파고드는 트라우마 속에 빠진 내담자를 꺼낼 수 있는 가장 좋은 방법이다.

따라서 E-H 접근 심리상담에서 내담자를 돕는 가장 좋은 조건의 심리상담사는 내담자와 함께 실재하면서 내담자에게 초점을 맞추는 사람이라고 본다(Schneider & Krug, 2017). 이는 함께 실재하는 것만이 내담자와 상황의 불확실성에 적절히 대처할 수 있기 때문이며, 심리상담 단계를 능수능란하게 이끌 수 있기 때문이다(Yalom, 1989). 그렇다면 슈퍼바이저는 슈퍼바이지의 실재를 경험시키기 위해 어떻게 해야 할까? 앞서 설명했듯이 슈퍼바이지에게 더 많은 실재를 경험시키고, 설명을 줄이는 것이다. '그때-거기'에 대해 너무 많이 다루게 되면 심리상담과 슈퍼비전에서의 핵심은 줄어들게 된다. Schneider(2016)가 제시한 실재를 경험할 수 있는 구체적 방안을 보면 다음과 같다.

- 실제를 불러일으키기: 내담자의 이야기에 주의를 기울이고, 중요한 부분에 더 머물 수 있도록 신체감각 · 언어적으로 확장하는 방법이다.

  예시) "지금 당신에게 가장 중요한 것은 무엇입니까?"
  "지금 당신은 어디에 있습니까?"
  "잠시만 그 감정에 머물러 봅시다."

- 저항에 직면하기: 내담자 자신에게는 익숙하지만, 스스로를 점차 쇠약하게 만드는 과거 패턴에 머물러 보고 대립해 볼 수 있도록 거울 역할을 하는 것이다. 하지만 준비되지 않은 상태에서 시도하거나 과도해진다면 내담자는 강한 반발을 하거나, 다시 상처를 받아 오히려 수동적 의존성을 강화할 수 있으므로 분별력 있는 시도가 필요하다.

  예시) "제가 듣기에는 분명 슬픈 이야기인데, 당신은 웃고 있군요."
  "잘 말씀하시다가 갑자기 별것 아니라고 하신 말씀이 우리가 진행하던 탐색을 완전히 멈추도록 한 것을 느끼셨나요? 다시 그 지점으로 돌아가서 당신 안에서 어떤 일이 벌어지고 있는지 함께 살펴볼까요?"

- 의미와 경외감 재발견: 내담자들은 삶의 고통에 대한 단순한 문제 해결을 넘어, 그

고통 혹은 삶에 대한 의미를 찾아 나갈 수 있다. 이 작업은 모든 것에 대한 감사와 경외감, 그리고 삶의 주도성으로 연결될 수 있다.

예시) 삶에 대한 공허를 느끼는 내담자 → 삶의 의미 찾기

억압된 내담자 → 주어진 것들에 대해 선택할 수 있는 자유 획득

죽음에 대한 불안을 느끼는 내담자 → 유한한 삶의 소중함에 대한 알아차림

(2) 경험적 반영

E-H 접근의 이론에서 말하는 실존적 의미 형성은 본질적으로 정체성 형성과 관련된 인간의 과정이다. 그리고 이는 곧 경험을 의미 있게' 하는 일이다(Krug, 2019). 따라서 심리상담의 장에서 내담자들이 의미를 찾을 수 있게 하려면 심리상담사는 단순히 인지시키고 분석하는 것이 목적이 아니라, 내담자의 관점에서 그 이슈와 관련된 실제 신체감각, 감정, 이미지, 꿈, 관계 패턴 등의 경험을 활용하여 의미를 반영할 수 있다. 또한 E-H 접근의 심리상담에서는 내담자를 만날 때 매뉴얼된 기술로 작업하지 않는다. 대신 내담자가 가진 증상의 의미를 스스로 경험적으로 느낄 수 있도록 내담자의 감정 세계로 들어간다. 다시 말해 자신을 '우울한'이라고 표현한 내담자가 있다면, 심리상담사는 우울의 특성과 한계 등을 염두에 두면서 그것으로 내담자에게 '우울한 내담자' 프레임을 씌우지 않고, 호기심 있고 알고 싶어 하는 태도로 접근할 수 있다. 예

개인적 과정
- 내담자는 현재 어떤 식으로 살고 있는가?
- 내담자에게는 과거와 현재 어떤 일들이 펼쳐지고 있는가?

↓

관계적 과정
- 내담자는 나와 어떤 관계인가?
- 내담자의 경험은 나와 내담자의 관계에 어떤 영향을 주고 있는가?

↓

존재론적 과정
- 내담자는 미래에 어떻게 살기를 원하는가?
- 내담자는 자신의 주관적이고 구체적인 경험에 어느 정도 접근할 수 있는가?
- 만약 자신 스스로를 제한하고 있다면 어떤 방식으로 하고 있는가?

[그림 4-1] 과정별 질문 예시

출처: Krug & Schneider (2016).

를 들면, '이 우울 증상의 의미는 무엇일까? 왜 지금 내담자의 삶에 우울감이 존재하는 걸까? 우울 증상들이 내담자에게 하고 싶은 말은 무엇일까? 이 우울 증상은 어떤 방식으로 내담자의 좋지 않은 경험으로부터 보호해 왔을까?' 이렇듯 더 깊은 의미와 구체화된 삶의 자세를 탐구하기 위해 내담자의 개인적 · 관계적 · 존재론적 과정에 관심을 기울여야 한다.

이러한 질문들은 내담자 삶의 다른 지점에서 그 사람만이 경험한 핵심 증상 또는 고통받는 이슈, 자신 · 타인 · 세계에 대한 의미를 탐구할 수 있게 한다. 물론 심각한 정신증이나 높은 자살사고 · 시도자의 경우 즉시 개입해야 하지만, 이러한 이슈가 있더라도 심리상담을 받으러 온 내담자의 시야를 잃지 않고 개입하는 것은 필수적이다 (Krug & Schneider, 2016).

(3) 저항 패턴(보호 패턴)

우리에게는 누구나 크든 작든 자신만의 저항(혹은 보호)이 존재할 수 있다. 그런데 언뜻 보기에는 공존하기 어려울 것 같은 '저항'과 '보호'가 어떻게 함께 공존하는 것일까? 바로 우리는 어떤 식으로든 우리가 마주하는 자신, 타인, 세계에 저항해 나가는데, 이는 역으로 보면 저항하려 만든 행동 패턴이 때론 우리의 보호 매커니즘이 되기 때문이다. 이를 조금 더 구체적으로 살펴보면, 누구나 삶의 일정 부분, 특히 고통스러운 경험을 완전히 마주하기 어려워할 수 있다. 사고, 학대, 범죄, 대인관계 문제, 경제적 어려움 등의 기억들은 우리 스스로에게 '나는 역시 사랑받을 수 없어.' '난 행복할 자격이 없어.' '세상은 언제나 내 편이 아니야!' '사람은 절대 믿으면 안 돼.' 등 다양한 무의식적 핵심 신념을 만들어 낸다. 결과적으로 우리는 다시는 그 고통스러운 상황을 반복하지 않기 위해 자신, 타인, 세상과 거리를 두고 저항함으로써 애초에 자신을 고통으로부터 차단해 주는 자신만의 '보호 패턴'을 만들어 낸다는 것이다.

Bugental(1999)은 저항 패턴(보호 패턴)을 우주 공간에서 입는 '우주복'에 비유하였다. 산소가 없는 우주 공간에서의 우주복은 생존 그 자체이며, 우리를 일시적으로 편안하게 만들어 준다. 하지만 우주복을 입은 우리는 간지러운 몸 일부를 긁을 수도, 편하게 자리에 앉을 수도 없고, 온전히 스스로 살아남을 수 있는 능력들은 서서히 제한된다. 저항 패턴(보호 패턴)도 이와 마찬가지이다. 처음에는 불가피한 이유에 의해 형성된 자신만의 신념과 생활 방식은 일시적 안정을 되찾는 데 도움이 되는 듯 보이지만, 이러한 패턴이 고착화되어 더욱 견고해진다면 자신을 더 자유롭고, 책임감 있고, 만족스러운 삶으로 나아가는 데 걸림돌이 된다.

심리상담에서 더 깊은 주제를 탐색하거나 내담자와의 유대관계를 맺는 데 있어 갑자기 작업이 잘 안 되고, 거절당한다고 느껴질 때가 있다. 이때 심리상담사는 반드시 저항 패턴(보호 패턴)에 대해 생각해 보아야 한다(Schneider & Krug, 2017). 내담자의 우주복으로 묘사된 저항 패턴(보호 패턴)은 빙산의 일각으로 생각하면 더 쉽게 파악될 수 있을 것이다. 종종 실존적 문제(예. 죽음, 자유, 소외, 무의미 등)는 내담자가 경험한 실제 사건의 내용에 묻혀 소홀해지게 된다. 하지만 많은 저항 패턴(방어 패턴)의 경우 핵심으로 들어가 보면 사랑하는 이의 죽음, 고독 등 특정 실존적 고뇌에 맞닿아 있고, 그 고뇌를 잘 해결하지 못할 경우 회피하거나 억압하거나 반대로 과도하게 표출하는 방식으로 나타날 수 있다.

예를 들어, Krug(2019)의 일 중독 내담자 Robert의 사례를 살펴보면 다음과 같다. Robert는 과거 외상 경험으로 인해 타인을 기계처럼 대하며 자신을 고립시켜 점차 '일 중독 보호 패턴'을 형성하였다. 물론 이러한 과정은 무의식적이기 때문에, 일 중독 우주복을 입은 그는 언제나 다른 사람들을 거부하고, 쉴 새 없이 무언가에 몰두하며 "저는 할 일이 너무 많아요." "저는 괜찮아요. 친밀한 관계는 필요 없어요." 등의 말을 반복한다. 하지만 그 우주복 안에는 친밀해지고 싶은 욕구에 가득 찬 자신과 거부에 대한 두려움으로 가득 찬 자신 사이에 치열한 내적 갈등이 존재한다. 따라서 한 개인의 반복되는 저항 패턴(보호 패턴)을 확인하고 다루는 것은 그 사람이 자신, 타인, 세계와 어떤 방식으로 관계를 맺고 있는지를 살펴볼 수 있는 매우 강력한 도구가 된다. 이에 E-H 접근의 심리상담사들은 내담자의 저항 행동을 오히려 환영하며(Schneider & Krug, 2017), 내담자의 저항 패턴(보호 패턴)에 대한 호기심, 신중함과 존중의 자세로 접근해야 한다. 왜냐하면 내담자의 관점에서 보았을 때 그 패턴은 과거 매우 큰(혹은 빈번한) 사건들로 인해 뿌리 깊게 형성된 것이며, 그 패턴이 자신에게 주는 이점도 분명히 존재했을 것이기 때문이다. 그래서 성급하게 심리상담사가 그 패턴을 깨려고 하면 내담자의 큰 반발을 사거나 치료적 관계 형성에 문제가 생길 수 있다. 내담자의 변화를 위해 심리상담사가 애쓸수록 내담자는 변화하려 애쓰지 않게 된다. 반대로 심리상담사가 내담자에게 어떻게 살기를 원하는지 명확하게 요구할수록 내담자에게는 변화에 필요한 자극이 촉진될 것이다(Schneider, 1998).

3. 실존 · 인간중심 접근의 슈퍼비전 방법

1) 슈퍼바이저의 역할

Fauth 등(2007)은 전통적인 심리상담 수련(설교하듯 가르치는 방식, 이론과 기법을 강조하는 방식)은 비효율적이라며, 보다 경험적이고 조직적 · 심리상담적 맥락의 필요성을 강조하였다. 같은 맥락으로 E-H 접근의 심리상담사들은 안전하고, 협력적인 심리상담 관계가 내담자의 치유와 변화를 장려하는 데 필수적이라고 믿는다. Schneider와 May(1995)는 치료적 관계를 Dante와 함께한 Virgil의 지옥여행에 비유하였는데, 치료사인 Virgil은 Dante를 치료할 의도가 없고, 단지 Dante의 세계에 살아있고 실재하는 동료 여행자가 되는 것을 목표로 하였다. 이는 '고통받는 그들'과 '치료하는 우리'의 구분을 없애는 것이다(Yalom, 2003). 그리고 삶의 고통은 우리 모두에게 언제나 경험되는 것이기에, E-H 접근의 심리상담사들은 단지 내담자들이 그들의 길을 걷고 그들만이 자신을 치유할 수 있음을 지지하기 위해 함께 걸어갈 뿐이다. 구체적으로 E-H 접근의 슈퍼바이저들은 다음과 같은 역할을 할 수 있다.

- E-H 접근의 슈퍼바이저는 슈퍼바이지의 기대를 정확히 파악하고, 슈퍼비전의 장이 안전하다고 느끼도록 협력적이고 지지적인 관계를 형성한다.
- E-H 접근의 슈퍼바이저는 이론뿐만 아니라 실제 역할 연습, 꿈 작업 등 함께 실재하는 법을 구현한다.
- E-H 접근의 슈퍼바이저는 슈퍼바이지와 '지금-여기'를 주로 다룬다.
- E-H 접근의 슈퍼바이저는 인간의 변화와 자유와 선택, 책임에 대한 믿음을 슈퍼바이지에게 심어 준다.
- E-H 접근의 슈퍼바이저는 슈퍼바이지에게 세 가지 차원, 즉 ① 상담사와 내담자의 개인적 차원, ② 상담사와 내담자의 관계적 차원, ③ 존재론적 또는 우주론적 차원에 집중한다.

여기서 중요한 것은 E-H 접근의 슈퍼비전에서 슈퍼바이저와 슈퍼바이지는 동료

여행자라는 것이다. 즉, 슈퍼바이저는 슈퍼바이지의 고민과 투쟁에 함께 있으며, 슈퍼바이저도 함께 배워 나가는 과정을 거친다. 슈퍼바이저 또한 심리상담에서의 실수는 충분히 할 수 있기 때문에 이러한 부족함을 배워 나가는 과정을 투명하게 드러내는 것은 오히려 슈퍼바이지에게 동료 여행자로서 불안이나 수치심을 완화하고 좋은 배움의 기회를 제공한다.

2) 수련 과정

모든 학습 활동은 E-H 접근의 원리에 따라 실재감을 함양하고 자기 인식을 높이는 데 도움이 되도록 고안되었다. 실재감의 함양만으로도 우리는 치유와 변화에 영향을 줄 수 있기 때문에 개인적 · 관계적 실재에 대한 민감도를 높이는 암묵적 과정은 E-H 접근의 심리상담 핵심이다. 이를 위해 수련생들은 내담자가 이야기하는 내용 못지않게 암묵적 과정에도 집중하는 법을 배운다. E-H 접근의 심리상담에서 가장 핵심 기관인 실존주의 인간 중심 연구소(Existential-Humanistic Institute: EHI)는 E-H 접근의 심리상담 자격증 수여 교육 프로그램을 진행한다. 이는 E-H 접근의 심리상담에 있어 치료적 실천 원리를 배우고자 하는 대학원생이나 전문가를 위한 유일한 공식 훈련 연구소이다. 실재감을 함양시키는 수련 교육은 총 4가지 트랙으로 일정과 세부 교육 과정은 조금씩 다르지만, 모든 수련은 대면으로 4~6일 동안 고요한 시골 환경에서 이루어지기 때문에 일상의 이슈에서 벗어나 E-H 접근의 심리상담에 몰두하며, 자신의 개인 내적 과정과 진정성 있는 상호작용 방식을 경험하게 된다.

수련에서 강의는 길지 않다. 실존적 심리상담 원리를 돕기 위해 보통 20분 이내로 짧게 진행된다. 그리고 집단에 참여시키고 학습 경험을 심화시키기 위해 유인물이나 시청각 자료가 함께 제공된다. 이는 E-H 접근의 심리상담에서 언제나 강조하는 것처럼 설명보다 경험을, 내용보다 과정을 중시하는 실천 원칙 때문이다. 이후 진행되는 라이브 시연은 일반적으로 슈퍼바이저와 함께 작업하며, 심리상담사와 내담자의 치료적 동맹을 위해 '살아 있는 실험실'로 만드는 방법들에 대해 나눈다. 즉, 역할 연습, 꿈 작업 등의 방식을 통해 수련생들은 슈퍼바이저가 암묵적 과정에 대해 실재감을 어떻게 구축해 나가는지 경험하게 된다. 예를 들어, 슈퍼바이저는 수련생의 떨리는 목소리, 부적절한 웃음, 지나치게 순종적인 태도 등에 집중하며, 실제를 불러오는 방법들을 실제로 보여 준다. 또는 수련생이 내담자 역할을 한다면 내담자의 보호 패턴을 슈퍼바이저가 어떻게 다루는지 관찰할 수 있다. 만약 슈퍼바이저가 "그 반복적인 행동은 우리 심리상담에 대한 당신의 마음과 관련이 있을까요?" 또는 "당신은 신체 어느 곳에서 그런 것을 느끼나요? 그곳에 손을 얹어 보세요." 하며 천천히 어떤 생각이나 이미지를 연상시키는 작업을 하면, 관찰하는 수련생들은 주관적 실재를 어떻게 파악하는지 실제로 볼 수 있다. E-H 접근의 수련에서는 이러한 자신의 실재를 이해하는 훈련을 통해 내담자들의 실존적 주제에 공감할 수 있는 기반을 더 많이 만들 수 있다. 다음은 Krug와 Schneider(2016)에 제시된 라이브 시연의 활동들이다.

활동 1 집단 시연

수련생은 교대로 '상담사'와 '내담자' 역할을 하고, 슈퍼바이저는 이를 함께 관찰하며 도움을 요청하면 피드백을 주기도 한다. 분명한 것은 슈퍼바이저의 피드백은 건설적이며, 친절하게 전달되어 수치스럽지 않아야 한다. 이에 슈퍼바이저가 주는 피드백의 예시는 다음과 같다.

- **더 깊은 탐색이나 새로운 국면이 필요한 경우**: "지금 당신의 이야기 중에 가장 중요한 것은 무엇이라고 생각하시나요?" "지금 우리 어떤가요? 지금까지 도움이 되고 있습니까? 혹시 도움 되지 않는 것은 무엇입니까?"
- **수련생이 질문자 역할만 할 경우**: 모든 질문을 없애고, 암묵적 과정에 집중하도록 한다. ('내담자의 호흡은 어떤가? 표정이나 몸을 통해 무엇을 표현하는가? 옷차림에서 나는 무엇을 느낄 수 있을까?')

활동 2 슈퍼바이저의 심리상담 시청

슈퍼바이저가 내담자와 작업하는 것을 시청하는 것도 하나의 활동이 된다. 수련생들은 실제 E-H 접근의 심리상담 회기를 시청하게 되는데, 이때 수련생들을 세 그룹으로 나누어 각각 특정 부분에 초점을 맞추어 관찰하게 한 뒤 토론을 진행하는 방식이다.

- A그룹: '상담사가 치료 동맹을 어떻게 발전시켜 나가는가?'
- B그룹: '상담사가 개인 내적 · 관계적 과정을 어떻게 작업하는가?'
- C그룹: '내담자의 자아와 세계관이 지금-여기에 어떻게 나타나는가?'

이 활동을 통해 수련생들은 내담자의 암묵적 과정과 보호 패턴을 실제로 탐색하고, E-H 슈퍼바이저가 이러한 과정과 패턴을 어떻게 다루는지 알 수 있다.

활동 3 실존적 문제 작업

많은 저항 패턴은 죽음, 소외 등 특정 실존 문제에 대한 회피일 수 있다. 하지만 실존적 문제는 종종 심리상담에서 소홀히 다뤄지기 때문에, 실존적 문제를 직접 경험해봄으로써 민감도를 높인다면 저항 패턴의 핵심으로 접근하기 용이할 수 있다.

- **자신의 죽음 직면하기**: 종이에 선을 긋고, 시작에는 출생을, 끝에는 사망을 표시한다. 그리고 5분 동안 삶에서 중요한 순간들을 점을 찍어 표시한다. 그 후 표시된 위치는 어떤 감정, 생각, 기억, 신체감각을 불러일으키는지 자신의 경험을 공유한다.

활동 4 보호 패턴 작업

수련생들은 역할 연습이나 시연 등을 통해 나타나는 보호 패턴을 효과적으로 작업하는 방법을 배우게 된다.

- **8세 이전 경험 탐색**: 8세 이전의 어린 시절 경험을 떠올리고, 그 경험으로부터 형성된 자신, 타인, 세계에 대한 의미를 표현한다. 그런 다음 오늘날 그 의미들이 억압된 행동 패턴으로 나타나는지 성찰해 본다. 이 작업은 자신의 개인적 의미와 보호 패턴의 관계를 이해하고, 어떻게 다루어야 하는지를 보여 준다.
- **맥락 가방 만들기**: 수련생들은 6장의 카드를 받는다. 5장의 카드에는 자기, 타인, 세계를 형성한 주요 경험들을 적고, 마지막 카드에는 이러한 경험들이 현재의 삶에서 어떠한 방어적 삶의 태도로 나타나는지 되돌아보도록 한다. 이 활동을 통해 수련생들은 다음과 같은 생각들을 하게 된다.

'내 상황이 내 삶, 관계, 임상 작업에 어떤 영향을 미쳤을까?'
'맥락화된 나의 대인관계 접촉이 실재를 어느 정도 제한할까?'
'내 세계관과 편견이 접촉에 대한 맥락의 영향을 어떻게 개선하는가?'

수련 마지막 날 모든 학생은 짝을 지어 20분 동안 역할 연습을 한다. 그리고 슈퍼바이저는 상담자 역할을 한 수련생에게 건설적인 피드백을 제공한다. 이렇게 모든 수련 기간이 끝나면 수련생들은 비공식적으로 교수진과 프로그램을 평가한다. 사후 설문지는 프로그램의 가장 인상적인 부분, 전문적 · 개인적으로 얻은 것, E-H 접근 심리상담의 주요 개념들에 대해 한두 문장으로 기술하고, 무엇을 더 원하는지 등을 평가할 수 있도록 한다. 특히 E-H 접근의 수련은 개인의 성장과 경험을 중시하기 때문에, 사후 평가 또한 개인적 · 전문적 성장, 실존적 주제에 대한 역량 강화, 생생한 경험 등 긍정적인 변화들이 주로 보고된다.

3) 슈퍼비전 과정

E-H 접근의 슈퍼비전도 수련 과정과 마찬가지로 관계를 구축하고, 개인을 성장시키는 데 중점을 두기 때문에 경험적 학습을 강조한다. 또한 심리상담사의 실재감을 다루는 것은 결국 내담자와 심리상담사의 개인적 세계를 드러나도록 하기에, 슈퍼비전은 언제나 안전하고, 지지적인 관계가 되어야 한다. 한편, E-H 접근의 슈퍼비전은 '표준화된' 슈퍼비전에 반대한다. 슈퍼바이저는 슈퍼바이지의 특정 요구를 구체화하기 위해 "슈퍼비전을 통해 어떤 부분이 도움이 되셨고, 어떤 부분이 아쉽게 느껴지셨나요? 혹시 제가 더 도움을 줄 수 있는 부분이 있을까요?" 등의 질문을 통하여 슈퍼바이지와 특별한 관계를 구축해 나간다. 그리고 비표준화된 슈퍼비전을 활용하는 또 다른 방법은 슈퍼바이저가 내담자의 꿈, 혹은 자신의 꿈을 제시하거나, 슈퍼바이지들과 지금-여기에서의 참 만남을 갖는 것이다. 이 방법을 사용하여 슈퍼바이저는 슈퍼바이지가 동료여행자가 되는 것을 실현하게 하며, 수평적인 분위기를 조성할 수 있다.

슈퍼비전 회기는 일반적으로 슈퍼바이지가 자신의 내담자를 간략하게 설명하는 것으로 시작된다. 그런 다음 상담 과정 기록지, 사례 요약, 녹취록 또는 꿈을 활용하여 슈퍼바이지가 자신의 내담자에 대해 더 잘 이해할 수 있도록 돕는다. 슈퍼바이지가 내담자에 관해 이야기할 동안 슈퍼바이저는 그 내용뿐만 아니라 내용을 보고하는 슈퍼바이지의 암묵적 과정에도 집중한다. 간단히 말해, 이야기는 어떻게 전달되는가? 태도가 급하거나 비합리적이거나 비판적이거나 동정적이거나, 거리감이 있거나, 단조롭거나 또는 너무 감정적이지는 않은가? 등 슈퍼바이지의 음률(말 너머의 움직임)에 주의를 기울이는 것이다. 만일 슈퍼바이지가 내담자에 대해 이야기하면서 지나치게 자신이 잘못한 부분을 자책한다면, 슈퍼바이저는 "당신은 얼마나 끊임없이 자신을 비판하고 있나요." 등의 질문을 통하여, 가능한 구체적으로 슈퍼바이지가 자신의 한계를 반영하여 내적 경험 능력을 제한하는 것에 주의를 기울이도록 한다. 또한 슈퍼바이저는 지속적으로 슈퍼바이지에게 특정 방향으로 가도록 강요하는 것이 아니라, 그들이 지금 어떤 지점에 있는지를 보여 줌으로써 변화를 촉진한다. 예를 들어, 슈퍼바이지가 "숨이 막히는 것 같아요."라고 말하면 슈퍼바이저는 "자, 그러면 잠시 숨을 고르고 숨이 막히는 느낌이 내 신체 어디에서 느껴지는지 탐색해 봅시다." 혹은 강한 불안을 내비치는 슈퍼바이지에게 "당신의 불안이 있는 곳으로 가서 그곳에 지금 무엇이 있는지 보세요." 또는 "잠시 멈추고, 여기서 나와 함께 있는 것이 어떤지 느껴 보세요."라고 말함으로써 주관적 경험에 호기심을 갖고 투명하게 나누려고 노력한다.

(1) 관계 작업

E-H 접근의 심리상담이 대인관계에 초점을 둔 이유는 무엇일까? E-H 접근의 심리상담에서는 많은 사람이 친밀하고 만족스러운 대인관계를 형성 · 유지할 수 없으므로 심리상담을 받으러 온다고 믿는다. 마찬가지로 E-H 접근의 슈퍼바이저는 일부 슈퍼바이지가 상담실 안에서 내담자와의 실제적 만남을 피하는 경향이 있음을 이해한다. 하지만 E-H 접근의 심리상담은 진정성과 즉각성을 중요시하기 때문에, 친밀감과 투명성에 어려움을 겪는 슈퍼바이지는 E-H 접근의 심리상담을 배우는 것이 어려울 수 있다. 따라서 슈퍼바이저는 우선 슈퍼비전 관계에 초점을 두고 대인관계에 주의를 기울이는 방법을 가르친다. Krug와 Schneider(2016)가 언급하는 몇 가지 '관계 작업'의 예시는 다음과 같다.

- 상담실 밖에서 일어나는 '그때–거기'를 '지금–여기'에서 찾아라. 내담자(슈퍼바이지)가 상담실 밖의 관계 어려움을 이야기할 때, 그 특정 관계 문제는 어떤 식으로든 심리상담 관계에서도 나타날 가능성이 있다고 가정한다.
- 슈퍼바이지와 관계의 지금–여기 경험에 투명하라. 슈퍼바이지에게 그의 행동이 슈퍼바이저에게 미치는 영향에 대해 진솔한 피드백을 제공한다. 다만, 기본 가정은 슈퍼바이저의 피드백이 내담자와의 관계의 어려움에 대한 알아차림을 가져다주어야 한다.
- 슈퍼바이지에게 죄책감이나 방어를 유발하지 않는 피드백을 주라. 슈퍼바이지의 행동에 슈퍼바이저가 어떻게 느끼는지 'I–메시지'로 전달한다.
- 슈퍼바이지가 밝힌 내용을 깊이 있게 탐색하라. "오늘 저에게 이 사실을 알려 주기로 한 이유는 무엇입니까?" 등의 질문은 즉시성과 친밀감을 길러 주고, 슈퍼바이지에게 아직 확인되지 않은 개인적 측면에 대해 개방할 수 있게 돕는다.
- 과정을 점검하라. "우리 잘되고 있나요?" "무엇이 도움이 되고, 여전히 어려운 부분은 무엇입니까?" 등의 체크는 슈퍼비전을 구체화하여 더욱 친밀하고 안전한 관계를 형성하도록 돕는다.
- 공감을 가르치기 위한 질문을 하라. "우리 회기에 계속 늦을 때, 제가 어떤 기분일지 상상해보는 건 어떨까요?" 그 의도는 다른 사람에 대한 인식과 공감을 가져오는 것이다. 대인관계의 많은 문제는 공감의 부족에서 비롯된다. 만일 슈퍼바이지에게 공감을 가르친다면, 그는 그 학습을 기반으로 내담자를 더 이해할 수 있게 된다.

(2) 역할극 기법

앞서 언급했듯 경험적 학습을 위해 E–H 접근의 슈퍼비전에서는 역할극 기법을 많이 활용한다. 역할극은 내담자의 경험적 세계에 들어갈 수 있는 효과적인 방법이다. 내담자의 역할을 해 봄으로써 내담자의 경험을 더욱 이해하고, 내담자에 대한 깊이 있는 공감을 할 수 있다. 역할극에 참여하는 방법은 간단하다. E–H 접근의 슈퍼바이저는 발표하는 슈퍼바이지가 그의 내담자가 되도록 요청한다. 그리고 발표자 옆에 있는 슈퍼바이지에게 상담사 역할을 하도록 요청할 수 있으며, 이러한 역할극 상호작용은 각각 다른 학습 경험을 제공한다. 슈퍼바이지는 역할극에서 자신의 내담자 역할을 함으로써 내담자에 대한 공감대를 형성할 수 있다. 그리고 상담사 역할을 하는 슈퍼바이지 혹은 슈퍼바이저는 생생하게 펼쳐지는 과정을 따라가고 조명할 수 있다. Sterling(1993)에 따르면, 이러한 역할극은 심리상담에 새로운 차원을 가져다주며, 이를 '혼합 경험(meld experience)'이라고 한다. 이는 'meld'라는 용어에서 알 수 있듯이 슈퍼바이지는 자신의 말이 자신의 중심에서 나온 것인지, 아니면 내담자의 언어인지 더 이상 구분할 수 없는 경지를 의미한다. 즉, 역할극을 통해 내담자뿐만 아니라 심리상담사(슈퍼바이지)의 주관적 경험에 초점을 맞추는 것은 자신과 내담자의 저항 패턴을 동시에 경험하고, 공감하며, 더 깊은 차원의 개인적 · 관계적 맥락을 함께 작업할 방법을 알 수 있는 좋은 방법이다.

(3) 고려할 사항

앞서 언급된 슈퍼비전 과정은 단순히 E-H 접근의 슈퍼비전 지침일 뿐이며, 설명서로 만들어진 것은 아니다. 그러나 E-H 접근의 핵심은 슈퍼비전에서 각 슈퍼바이지의 요구를 충족시키는 것이다. 예를 들어, 심리상담 경험이 거의 없는 슈퍼바이지는 내담자와 함께 방에 앉는 법, 심리상담 일정 관리 등 기본적인 지침이 필요하다. 그런 다음 점진적으로 내담자의 내용과 감정을 모니터링하는 법, 실재감을 키우는 법, 지금-여기에서 함께하는 법 등 실존적 이슈에 대한 실재감과 같은 치료 관계의 더 복잡한 측면들을 다루도록 한다.

슈퍼바이지가 작업하는 환경 또한 고려되어야 한다. 일반적으로 사설 심리상담센터는 심리상담사들에게 심리상담 이론이나 기법에 큰 자유가 주어지기도 한다. 하지만 특정 접근법(예. 인지행동적 접근)을 주로 다루는 병원 등에서 근무할 경우 E-H 접근의 심리상담사는 적응하기 쉽지 않을 것이다. 이러한 경우 E-H 접근의 슈퍼바이저는 슈퍼바이지가 기관의 요구사항을 충족하도록 돕는 동시에 E-H 접근의 방식을 다른 이론과 통합할 수 있도록 도와야 한다. 예를 들어, 슈퍼바이지가 인지행동 접근의 언어를 사용하여 치료 목표를 작성하도록 하고, 인지행동의 중재를 사용하는 동안 암묵적 과정 차원에 초점을 맞출 수 있도록 돕는 것이다. 마지막으로, 내담자의 삶에서 일어나는 독특한 상황은 고려해야 할 또 다른 조건이다. E-H 접근의 심리상담사들은 각 내담자에 대해 새로운 치료법을 만든다 해도 과언이 아니다. 즉, 심리상담사는 노인, 가출 청소년, 다문화 가족, 학대당하는 여성, 성소수자 등 문화적 · 성적으로 다양한 내담자를 만나게 되는데, 이때 심리상담사는 다양한 이론과 개념을 투입하는 것이 중요한 것이 아니라 내담자의 경험적 세계에 실재하며 살 수 있도록 하는 방법을 찾아야 한다는 것을 명심해야 한다.

4) 슈퍼비전 사례: 슈퍼바이지 Bea와 내담자 Christina

다음은 미국심리학회(APA)의 Clinical Supervision Essentials DVD 시리즈에 제시된 슈퍼비전 사례이다. 슈퍼바이저 Schneider는 슈퍼바이지 Bea와 함께 내담자 Christina와의 작업을 다루었다. 내담자 Christina는 폴란드에서 태어나 현재 미국에 거주하는데, 미국 사람들이 우호적으로 보이지만 사실 타인에게 매우 무관심하거나 거부적이라며 소외감을 느끼고 있었다. 그녀는 어린 시절 계속 다른 보모들에게 자랐으며, 타인에게 버림받는 것에 대한 두려움이 컸다. 최근에는 남자친구를 아주 좋아하면서도, 버림받을 것 같은 두려움에 아이러니하게도 다른 남자들을 동시에 만나고 있음을 이야기하였다.

이에 슈퍼바이저 Schneider는 슈퍼바이지 Bea가 내담자인 Christina와 어떻게 접촉하였는지 구두로 듣기보다는 지금-여기에서 온몸으로 느낄 수 있도록 '역할극'을 시도하였다. 역할극에서는 Schneider(슈퍼바이저)가 상담사 Bea 역할을, Bea(슈퍼바이지)는 내담자 Christina 역할을 하였다. 이 과정에서 내담자 Christina가 된 슈퍼바이지 Bea는 내담자의 투쟁과 양면성(사람들을 좋아하지만 상처받기 싫어 거리를 두는 모습, 현재가 고통스럽지만 변화하고 싶지 않은 마음)을 풀어냈다. 그리고 다시 '슈퍼바이지의 경험'에서 슈퍼바이지 Bea는 내담자 역할을 하며 경험한 자신의 좌절감과 지친 마음에 대해 언급하였다. 다음은 그 '역할극'과 '슈퍼바이지 경험'의 일부이다.

사례 예시: 역할극의 재구성

슈퍼바이저(슈퍼바이지 역할): 남자친구에 대한 당신의 마음은 어떤가요?

슈퍼바이지(내담자 역할): 잘 모르겠어요. 너무 큰 감정을 갖지 않는 게 좋아요. 그래서 그냥 즐기고 있고, 잘 지내고 있어요.

슈퍼바이저(슈퍼바이지 역할): 멋지고 가볍게 들리네요. 그것이 당신이 원하는 방향인가요?

슈퍼바이지(내담자 역할): 네, 지금은 그것이 좋기 때문에 쭉 그렇게 할 거예요. 그게 문제라는 건 모르겠어요. [긴 침묵]

슈퍼바이저(슈퍼바이지 역할): 잠시만 시간을 내서 당신이 지금 무엇을 느끼고 있는지 점검해 볼까요?

슈퍼바이지(내담자 역할): [긴 침묵] 요즘 제가 좀처럼 속도를 줄이지 않는 것 같아요.

슈퍼바이저(슈퍼바이지 역할): 그게 당신에게 많이 중요한가요?

슈퍼바이지(내담자 역할): 전 아마 그래야 할 것 같아요.

슈퍼바이저(슈퍼바이지 역할): '해야 한다'라는 말은 당신 밖에 있는 누군가가 당신에게 말하는 것 같군요. Christina 당신은 어떤 느낌인가요?

슈퍼바이지(내담자 역할): 저는 제가 정말…. 속도를 늦추고 싶은지 모르겠어요.

슈퍼바이저(슈퍼바이지 역할): 당신의 얼굴이 순간 바뀌었어요. 아마도 당신에게 어떤 감정이 올라온 것 같아요.

슈퍼바이지(내담자 역할): 제게 속도를 줄여 달라고 부탁하고, 저 스스로에 대해 점검해 보았을 때…. 더 생각해 봤어요. 음…. 제가 다시 돌아가고 싶은지 잘 모르겠어요. 전 지금 제가 있는 곳이 괜찮은 것 같아요. … (후략)

사례 예시: 슈퍼바이지의 경험

슈퍼바이저: Bea, 다시 당신으로 돌아가 봅시다. 내담자 역을 할 때, Bea 당신은 어떤 경험을 했는지 궁금합니다.

슈퍼바이지: 내담자 역할을 할 때조차 계속 단절된 느낌을 받았어요. 마치 목표는 저기에 있고, 내담자는 그곳에 가지 않는 것 같았어요. 정말 좌절감이 느껴져요.

… (중략) …

슈퍼바이저: 가끔 우리가 어떤 방향으로 나아갈 때, 내담자들은 그것을 일종의 무서운 것으로 받아들이기도 해요. 어떤 면에서는 그들이 여태까지 삶에서 피해 왔던 곳으로 밀어붙이는 것이니까요. 자, 질문을 하나 해 볼게요. 당신이 그 목표로 내담자를 밀어붙일 수 있는 지점에 있나요? 아니면 그녀가 좀 더 자연스럽게 그 목표를 돌아볼 필요가 있을까요?

슈퍼바이지: 좋은 질문이네요. 전 이제 그녀가 움직여야 한다고 생각해요. 어떻게 하면 그녀의 저항을 극복할 수 있을까요?

슈퍼바이저: 네, 하지만 그 말은 그것이 그녀의 목표임과 동시에 '그녀가 그것을 하도록' 하는 당신의 목표처럼 들리기도 하네요.

슈퍼바이지: 맞아요. 이건 중요해요. 그녀의 삶은 위험에 처해 있고, 거기에 저를 끌어들인 개인적 측면도 있으니까요.

슈퍼바이저: 네, 아주 혼란스럽죠. 만약 지금 당신이 느낀 감정을 내담자와 나눈다면, 정말 가치 있는 시간이 될 것 같아요. 그녀가 충분히 잘 기능하지 못하는 것에 대한 당신의 좌절을 공유하는 건 매우 강력하죠. 다만, 주의할 점은 당신의 개인적 이슈가 그녀와의 관계에서 어떻게 작용하는지 생각해 보세요. 그녀에게 변화를 강요하지 않고, 그것을 당신의 목표로 바꿀 수 있는가는 중요해요.

슈퍼바이지: 아, 맞아요. 정말 맞아요.

슈퍼바이저: 특히 이 내담자의 취약성을 고려할 때, 자기방어의 필요성을 존중하는 것은 매우 중요합니다. 당신이 빨리 무언가를 하려고 하지 않았으면 좋겠어요.

슈퍼바이지: 맞아요. 계속 제 마음속에 불쑥 떠오르는 단어는 '목표를 세우는 것'에 대한 이슈였어요. 그리고 저는 우리의 목표가 무엇인지 생각하고 있었어요.

슈퍼바이저: 네, 중요한 문제네요. 그녀의 투쟁이 느껴지나요? (네.) 그 정도면 충분합니다.

이 슈퍼비전에서는 내담자 Christina와 상담사 Bea의 투쟁이 모두 드러난다. 먼저 역할극은 내담자의 양가적인 마음과 움직이려 하지 않는 저항 패턴(보호 패턴)을 생생하게 보여 준다. 또한 심리상담사는 내담자의 목표 달성에 과잉 동일시하고 있음을 깨달았으며, 이러한 자신의 패턴이 오히려 내담자를 수동적으로 만드는 데 영향을 주었다는 것을 깨달았다. 이렇듯 E-H 접근의 슈퍼비전은 심리상담사와 내담자 모두의 개인적 작업을 통해 각자의 성장을 도모하는 혼합 경험을 제공한다. 그리고 그 안에는 설명보다는 직접 경험시키고, 지시하기보다는 과정을 함께 따라가는 슈퍼바이저가 있다.

4. 실존 · 인간중심 접근의 슈퍼비전에서 다루는 주된 이슈

1) 어려운 슈퍼바이지

E-H 접근의 슈퍼비전 관점에서는 사실 어려운 슈퍼바이지란 존재하지 않는다. 다만, 치료적 효과를 저해할 수 있는 독특하고 매우 고착화된 저항 패턴을 가진 동료여행자가 존재할 뿐이다(Krug & Schneider, 2016). 자신의 고착화된 저항 패턴을 인지하지 못한 채 내담자를 만나는 심리상담사는 내담자의 특성과 호소문제에 집중하고 작업을 위해 온 힘을 다하지만, 그와 별개로 자신이 내담자에 대해 얼마나 많은 판단을 하고 있는지, 그로 인해 내담자와의 관계에 얼마나 큰 영향을 주고 있는지 인지하지 못할 수 있다.

이는 실존주의의 대가인 Yalom도 피해갈 수 없는 문제였다. 뚱뚱한 사람을 극도로 싫어하는, 아니 경멸 수준이었던 Yalom은 약 110kg인 내담자 Betty와의 심리상담 시간이 매우 괴로웠다. 아무리 집중하려 해도 그 상담 시간은 지루했고, 그녀의 우울은 나아질 기미가 보이지 않았다. 하지만 평소 대인관계를 중요한 치료적 요인으로 강조하던 Yalom은 이건 더 이상 Betty의 문제가 아닌 자신의 문제임을 인정할 수밖에 없었다. 그 후부터는 치료적 접촉을 막는 자신과 내담자의 요인들을 생각해 보았고, 지금까지의 패턴을 깨려고 부단히 애를 썼다. 자신의 부정적 감정을 감추기 위해 문제 해결 대안을 찾기에 급급했던 초반 회기들과 달리, Yalom은 지금-여기의 진솔한 느낌들을 나누었으며, Betty에게도 지금-여기의 진솔성을 요구하였다. 그리고 마침내 Yalom은 Betty의 육중한 몸 이면의 진짜 핵심적인 문제들(친밀감에 대한 저항)을 마주할 수 있었다. 만일 Yalom이 자신의 저항 패턴을 인지하지 못하고, Betty의 싫어하는 지점들을 인정하지 않았다면, 그녀와의 깊은 만남과 변화는 없었을 것이다. 결국, 모든 문제는 관계로부터 시작하고, 관계로부터 치유의 힘을 얻는다. 따라서 E-H 접근의 슈퍼바이저는 자신의 저항 패턴을 인지하지 못하거나 인정하지 않는 슈퍼바이지를 대할 때는 더욱 비판단적이고 수용적인 태도로 접근해야 한다. 즉, 당신과 나는 안전한 장에 있고, 당신이 잘못된 것은 없으며, 단지 당신은 더 확장되기 위해 개인적 맥락과 고착화된 패턴을 이해할 뿐이라는 슈퍼바이저의 태도는 결국 슈퍼바이지의 저항을 풀고, 자신과 내담자에 대한 공감과 더 깊은 이해의 태도를 이끌어 낼 것이다.

2) 다문화와 다양성의 문제

다문화 및 다양성 문제는 현대 E-H 접근 방식에 필수적이다(Schneider & Krug, 2010). 다문화 및 다양성의 문제는 대부분 사회적 가치에서 비롯된다(Rice, 2016). 의미를 구성하는 것은 인간의 보편적 관심사이지만, 의미는 개인적 경험, 사회에서 부여한 가치, 문화적 맥락에 따라 달라지기 때문에 모든 사람에게 보편적인 의미란 없다(Hoffman, Granger, & Mansilla, 2016). E-H 접근에서는 내담자의 존재나 삶의 의미를 찾아 나가는 것을 매우 강조하고 있기 때문에 내담자의 개인적 · 사회적 · 문화적 배경을 잘 이해하는 것은 매우 중요하다.

먼저 가장 흔히 다문화와 다양성을 파악할 수 있는 방법은 내담자의 인구 사회학적 특성(성별, 나이, 교육 수준, 결혼 여부, 직업, 건강, 종교 등), 내담자의 가족과 문화적 배경 등을 살펴보는 것이다. 심리상담에 찾아오는 많은 경우, 표면적으로는 문화적 · 인종적 문제를 가져오지만 더 깊이 작업할수록 보다 개인적인 이슈와 연관되어 있거나 자신이 중요하게 생각하는 가치 충돌 문제를 포함하고 있을 수 있다. 그렇기 때문에 내담자의 배경에 대한 이해와 가정(假定)은 심리상담에서 명료하게 드러나기 전까지는 하나의 가능성으로 두어야 하며, 같은 이슈가 있더라도 개인의 경험과 의미에 따라 접근을 달리해야 한다. 즉, 다문화와 다양성에 대한 E-H 접근의 관점은 심리상담사들이 내담자가 직면한 많은 도전에 항상 열린 자세를 유지해야 한다는 것이다(Krug & Schneider, 2016).

3) 심리상담사의 소진

심리상담사는 내담자의 정신건강을 위해 큰 노력을 기울이지만, 정작 자신의 스트레스를 관리하는 데는 많은 어려움을 경험한다(Ivancevich & Matteson, 1980). 더욱이 심리상담사가 당면하는 내담자의 문제는 항상 명료하거나 쉽게 해결되는 것이 아니기 때문에 만성적인 스트레스로 나타나며(Maslach, Schaufeli, & Leiter, 2001), 이는 결국 소진(burnout)으로 이어지게 된다. 소진된 심리상담사는 다양한 신체적 증상과 함께 무력감, 절망감 등을 경험하고, 내담자들을 돌보는 것에 무관심해지게 된다(Maslach, 2003). 이는 심리상담사와 내담자의 치료적 실재를 구축해 가는 E-H 접근의 심리상담 방식에 특히 빨간불이 들어온 것이다. 따라서 슈퍼바이저와 슈퍼바이지는 '어떻게 하면 소진되지 않고, 내담자나 심리상담 과정에 지속적으로 호기심을 갖고, 자기와 타인에 대한 의미를 구성해 나갈 수 있을까?'에 대한 고민을 계속해야 한다. 그리고 그 답은 결국 심리상담사의 역량 강화에서 찾을 수 있다.

먼저, 가장 우선되는 것은 심리상담사의 개인적 역량 강화이다. 내담자와 온전히 함께하고, 그의 투쟁을 따라가는 과정에서 E-H 접근의 심리상담사는 무수히 많은 한계와 고민에 부딪힐 수 있다. 하지만 그때마다 강조되는 것은 특별한 기술이 아니라 태도이다. 이 때문에 E-H 접근의 슈퍼비전에서는 심리상담사의 지속적인 수련만큼 심리상담사의 개인적 삶을 풍요롭게 한다는 것을 매우 강조한다. 따라서 E-H 접근의 심리상담사는 한 개인으로서 타인과 참 만남, 글쓰기, 자연 산책, 명상 등 자신의 삶 속에 실재하게 해 주는 모든 것을 환영한다.

또 다른 방식은 심리상담사의 전문적 역량 강화이다. 심리상담사라면 누구나 소진을 경험할 수 있다. 하지만 꾸준히 수련받는 심리상담사는 즉시 슈퍼바이저에게 자신의 상태를 알리고 어떤 식으로든 대처하기 때문에 소진 가능성은 급격히 낮아진다. 또한 오히려 자신이 소진된 이유를 탐색하는 것은 심리상담사로서 자신의 개인적 이슈를 작업하여 경계를 확장하는 데 도움이 될 수 있다. 따라서 E-H 접근의 슈퍼비전은 심리상담사가 자신의 상태나 어려움을 즉각적으로 슈퍼바이지에게 알릴 수 있도록 안전하고 지지적인 장에서 이루어지며, 심리상담사 개인의 이슈나 성찰 등에 대한 투명성이 또한 요구된다.

5. 실존 · 인간중심 접근의 슈퍼비전에 대한 평가

1) 슈퍼비전에 대한 평가

E-H 접근의 슈퍼비전은 특정 기법이나 설명서의 활용보다는 개인적 · 관계적 차

원에 초점을 두고 함께 실재하고, 지금-여기에서 내담자들의 저항 패턴이나 암묵적 과정을 작업하도록 한다. 결과적으로 슈퍼바이지나 내담자는 잃었던 나 자신을 찾아 나가는 것을 경험하게 된다. 이는 특히 자아를 잃어 가는 현대인들에게 기여하는 바가 매우 크다. 이러한 E-H 접근의 슈퍼비전은 소통의 과잉과 부재, 부의 과잉과 부재 등 절대 양립하기 어려울 것 같은 모순된 상황들이 난무하는 현대 사회에서, 인간성을 회복하기 위해 우리가 지향해야 슈퍼비전의 방향이기도 하다. 또한 E-H 접근의 슈퍼비전이 정형화된 설명서가 없다는 것은 많은 학자에게 비판을 받는 부분이기도 하지만, 그렇기 때문에 많은 것들을 접목할 수 있다는 긍정적 관점도 있다. 어떤 상황에서도, 어떤 문화적 배경을 가진 내담자를 만나도 적용할 수 있으며, 같은 주제라도 사람에 따라, 심리상담사와 내담자의 관계 역동에 따라 내용이 달라질 수 있다는 점은 매우 흥미롭다. 즉, E-H 접근의 슈퍼비전에서 슈퍼바이저는 슈퍼바이지나 내담자가 가진 독특한 특성과 배경에 따라 다룰 수 있는 이야기들이 무궁무진할 수 있다는 것이다. 그러나 이렇게 열려 있는 다양성과 유동성으로 말미암아 E-H 접근의 심리상담이나 슈퍼비전이 그 효과성을 과학적으로 입증하기 어렵다는 비판들도 있다.

2) 연구 및 향후 방향

E-H 접근의 슈퍼비전은 슈퍼비전의 평가에서도 언급하였지만, 우리의 삶에 맞닿아 있는 실제적인 주제들을 끊임없이 E-H 접근의 상담과 슈퍼비전으로 다루면서 영역을 넓혀 나가야 한다. 현재까지 E-H 접근에 관해 주로 연구되고 있는 방향은 치료적 관계의 효과성에 대한 확인들이다(Angus et al., 2015; Norcross & Wampold, 2011; Wampold, 2008). 인간적인 관계를 형성하고 치료적 동맹을 맺는 것은 전문적 기술이나 치료 방향, 접근법과 관계없이 가장 중요하기에, 모든 심리상담의 기초에 E-H 접근의 원리를 적용해야 한다고 할 수 있다. Krug(2009)는 Bugental의 개인 내적 과정에 대한 강조와 Yalom의 대인관계적 과정에 대한 강조를 통합하여, 개인적 맥락이 인식과 접촉에 미치는 영향과 통합의 이점에 관해 연구하였다. 이외에도 E-H 접근에 관한 연구들이 있지만, 다른 접근의 심리상담이나 슈퍼비전에서처럼 활발하지는 않다. 이에 우리의 삶에서 마주하는 다양한 주제에 관한 연구들을 통하여, 이 E-H 접근의 효과성을 검증해 나갈 필요가 있다. 이는 E-H 접근의 심리상담과 슈퍼비전 연

구에서 요구되는 가장 큰 과제이다.

또한 COVID-19 이후로 비대면 심리상담의 필요성이 활성화된 이때, 앞으로는 E-H 접근의 슈퍼비전도 비대면으로 적용할 수 있는 방안들에 대한 논의가 필요하다. 특히 E-H 접근의 심리상담과 슈퍼비전에서는 관계적 맥락을 가장 중요시하기에, 관계를 중시하는 한국에서의 적용 가능성도 매우 크다. 이에 E-H 접근의 적용과 확장성을 위하여 고려해 보아야 할 논점들은 다음과 같다. 첫째, E-H 접근의 슈퍼비전 효과성을 어떻게 검증할 수 있는가? 둘째, 한국 고유의 특성을 고려할 때, E-H 접근의 심리상담과 슈퍼비전은 어떻게 적용할 수 있는가? 셋째, 다른 상담 이론들과 E-H 접근은 구체적으로 어떻게 통합시킬 수 있는가? 넷째, 경험과 관계적 맥락을 중시하는 E-H 접근의 심리상담과 슈퍼비전은 비대면 상황에서 어떻게 개입할 수 있는가? 등이다.

제 5 장

주요사건 접근의 심리상담을 위한 슈퍼비전

1. 주요사건 접근의 슈퍼비전 개요
2. 주요사건 접근의 슈퍼비전 핵심 원리와 기술
3. 주요사건 접근의 슈퍼비전 방법
4. 주요사건 접근의 슈퍼비전에서 다루는 주된 이슈
5. 주요사건 접근의 슈퍼비전에 대한 평가

SUPERVISION 05

Nicholas Ladany
Myrna L. Friedlander
Mary L. Nelson

이 장에서는 『Supervision Essentials for the Critical Events in Psychotherapy Supervision Models』(Ladany, Friedlander, Nelson, 2016)을 중심으로 주요사건 접근의 슈퍼비전을 소개하고자 한다. 이에 여기에서 다루는 내용은 주요사건 접근의 슈퍼비전에 대한 역사적 배경과 주요 학자에 대하여 알아보고, 슈퍼비전의 핵심 원리와 기술을 비롯하여 슈퍼비전의 방법에 대하여 알아본다. 이와 더불어 주요사건 접근의 슈퍼비전에서 다루는 주된 이슈와 훈련 과정들에 대하여 살펴보고, 슈퍼비전에 대한 평가를 알아보고자 한다. 주요사건 접근의 슈퍼비전 핵심은 슈퍼바이지가 내담자와의 작업에서 만나는 주요사건을 해결하기 위한 지침과 훈련을 제공하는 것이다. 또한 슈퍼바이지가 내담자와 관계를 형성하고 내담자의 문제를 평가하며 상담계획을 발전시키고 상담 관계에서 일어나는 개인적인 문제들을 해결할 수 있도록 하는 일에 실제적인 도움을 제공하는 것이다.

1. 주요사건 접근의 슈퍼비전 개요

대인관계나 과정지향적인 슈퍼비전 접근을 취하는 슈퍼바이저는 슈퍼바이지의 사례에 대하여 일반적인 업무로서 슈퍼비전을 하는 것 이상으로 전념을 하게 된다. 이러한 슈퍼바이저는 내담자와의 작업을 의논하는 과정에서 슈퍼바이지의 상담 역량을 개발하도록 도울 뿐만 아니라, 슈퍼비전 관계 내에서 이러한 역량을 갖출 수 있도록 모델링하기도 한다. 슈퍼비전에서 보편적이고 예측 가능한 과제를 성취하는 방법을 설명하는 다양한 이론이 있지만, 특히 주요사건 접근의 슈퍼비전에서는 대인관계 접근법을 중시한다. 상담 현장에서는 너무나 다양한 사건이 일어나고 있기에, 슈퍼바이지에게 심리상담의 과정에서 발생하는 다양한 종류의 사건에 효율적으로 대처할 수 있도록 초점을 두고 훈련하는 것은 매우 중요하다. 따라서 주요사건 접근의 슈퍼비전 목표는 심리상담 슈퍼비전에 있어서 흔히 발생하는 주요사건을 해결하기 위한 지침과 예시를 슈퍼바이지에게 제공하여 심리상담의 효율성을 증진하는 것이다.

따라서 주요사건 접근의 슈퍼비전은 주요사건(critical events)에 초점을 맞춘다. 주요사건이란 슈퍼바이지와 슈퍼바이저 모두에게 도전이 된 사건을 말한다. 이러한 주요사건 접근의 슈퍼비전에서는 슈퍼바이지에게 딜레마를 평가하고 그 평가에 따라 행동을 선택하는 기준을 제공하는 것을 목적으로 한다. 문제가 되는 사건에 대처하는 것에 초점을 맞추기 때문에 주요사건 접근이라고 한다. 그러나 이 주요사건 접근은 대인관계와 과정지향적 접근의 슈퍼비전이기도 하기에, 주요사건 접근의 슈퍼바이저는 슈퍼비전에서 기본적인 역할 이상을 수행한다.

1) 역사적 배경

주요사건 접근의 슈퍼비전은 다른 전통적인 슈퍼비전 이론들과 비교하면 역사적 배경을 명확하게 찾아보기는 어렵다. 그러나 1970년대 이후 슈퍼비전에 관한 관심이 정신건강 분야에서 급진적으로 증가하였지만, 슈퍼비전 이론과 연구가 현장에 있는 슈퍼바이지가 필요로 하는 지식을 제공하는 데에는 한계가 있었기에, 임상 현장에 있는 슈퍼바이저들은 슈퍼비전에 있어 무엇이 효과적이고 효과적이지 않은지에 대한 관심을 가지고 연구를 거듭하게 되었다. 이에 대표적인 연구로 Friedlander와 Ward(1984)의 연구와 Ladany와 Friedlander(1995)의 연구들이 있다. 이들은 효과적인 슈퍼바이저는 어떻게 역할 갈등을 피하거나 줄이는지와, 어떻게 하면 슈퍼비전 관계를 향상할 수 있는지, 대인관계에 민감한 슈퍼바이저는 개인적인 어려움이 있는 슈퍼바이지에게 어떻게 접근하는지 등에 관하여 관심을 가지고 슈퍼비전 과정에 관하여 연구하였다. 이러한 과정에서 Ladany, Friedlander와 Nelson은 2005년에 『Critical Events in Psychotherapy Supervision』에서 '주요사건'을 중심으로 한 슈퍼비전 모델을 소개하였다. 이러한 슈퍼비전 접근에는 과제 분석(task analysis)이 가장 많이 사용되었는데, 이는 직업 현장의 과제 성취를 연구하며 측정하는 산업심리학자의 접근법이기도 하였다. 이러한 과제 분석은 개인상담과 가족상담 등에 적극적으로 적용되었다. 이에 오늘날 Ladany, Friedlander와 Nelson은 2005년에 이어, 2016년 『Supervision Essentials for the Critical Events in Psychotherapy Supervision Model』을 통하여 주요사건 접근의 슈퍼비전을 소개하고 있다. 특히 Ladany, Friedlander와 Nelson(2005)의 저서는 방기연과 김만지에 의해 번역되어 한국에 소개되어 있다. 따라서 주요사건 접근의 슈퍼비전은 Ladany, Friedlander와 Nelson을 중심으로 정립되고 있다.

2) 주요 학자

(1) Nicholas Ladany

Ladany 박사는 현재 The School of Leadership and Education Sciences at the University of San Diego의 학장으로 재임하고 있다. 이전에는 The School of Education and Counseling Psychology at Santa Clara University의 학장과 Counseling Program at Lehigh University의 원장 등을 역임하였다. 학위는 1992년 State University of New York에서 취득하였다. 상담심리 슈퍼비전 및 훈련 분야에서 수많은 논문 및 학술 발표, 슈퍼비전 과정 및 결과와 심리상담 과정 및 결과 사이의 상호 관계에 관심을 가지고 활동하고 있다. 관심 연구 분야는 작업동맹, 자기개방과 비개방, 다문화적 훈련, 윤리 등이다. 2001년 심리상담연구학회(Society for Psychotherapy Research: SPR)로부터 Out-standing Early Career Achievement Award를 수상하였다. 80여 개의 논문과 연구 등을 비롯하여 세계적으로 그의 저서들이 번역되고 있다.

(2) Myrna L. Friedlander

Friedlander 박사는 State University of New York의 상담심리학과 교수 및 학장, Albany Medical College의 임상 겸임교수이다. 「Psychotherapy: Theory, Research, Practice, and Training」「Psychotherapy Research」의 편집위원이며, 뉴욕주 심리학자 면허증이 있다. 학위는 Ohio State University에서 취득하였다. 임상가, 교육가, 슈퍼바이저, 학교, 상담센터, 병원, 지역사회 기관에서 자문가로 활동하고 있으며, 슈퍼비전과 심리상담 과정에 관한 다수의 연구 문헌이 있으며, 25년 이상의 슈퍼바이저 역할수행 훈련과 슈퍼비전에서 세 가지 측정 도구(자기효능감 설문지, 슈퍼비전 유형 설문지, 역할 갈등과 역할 모호 설문지) 제작에 참여하기도 하였다. Psychological Association of Northeastern New York로부터 Distinguished Psychologist Award(2001~2002), University at Albany의 총장이 수여하는 우수연구자상을 수상하였다.

(3) Mary L. Nelson

Nelson 박사는 현재 퇴직하였으나 University of Missouri-St. Louis의 겸임교수로 일하고 있다. 이전에는 University of Wisconsin-Madison의 상담심리학 교수로 일하였다. 학위는 1989년 University of Oregon에서 취득하였다. University of Oregon과 University of Washington의 학생상담센터에서 심리학자와 슈퍼바이저, 그리고 교수로 재직하였다. 관심 연구 분야는 임상 관계 슈퍼비전에서 성, 권력, 갈등 과정 등이며, 앞 주제의 정신건강 실천가를 훈련하는 방법을 포함한 여러 분야에 관한 책을 집필하였고, 여러 상담과 심리상담 저널 편집에 참여하고 있다.

2. 주요사건 접근의 슈퍼비전 핵심 원리와 기술

주요사건 접근의 슈퍼비전 모델은 어떤 이론적 접근을 하더라도 적용할 수 있으며, 슈퍼비전에서 주요사건을 다루는 열쇠를 관계적 측면으로 본다. 주요사건 접근의 슈퍼비전은 사례관리를 넘어 슈퍼바이지의 학습, 성장, 발전을 강조한다. 이 슈퍼비전에서 사용하는 3가지 단계인 표식 확인하기, 작업환경, 해결하기는 관계적 맥락, 즉 슈퍼비전 작업동맹 안에 존재한다는 것을 가정하고 있다.

1) 슈퍼비전 핵심 원리

(1) 주요 개념과 이론적 가설

① 사건 패러다임: 상황적 접근

(상황) 슈퍼바이지는 내담자가 앞으로 어떤 약속도 지키지 않을 것이고, 내담자가 아직 상담을 받을 준비가 되지 않았다고 슈퍼바이저에게 머뭇거리며 말함

위 상황에서 슈퍼바이저는 선택사항에 직면하게 되고, 결정요인에 따라 결정하게 된다.

[선택사항]

- 내담자가 상담을 위해 돌아오지 않기로 한 접수면접 회기에서 발생한 사항에 대한 논의: 슈퍼바이지는 내담자가 상담을 중단하기로 한 결정에 불편함을 느끼는 것일까?
- 내담자의 결정을 공개하기를 주저하는 슈퍼바이지에게 초점을 맞춘 논의: 내담자의 결정을 슈퍼바이저에게 공개하는 것에 불편함을 느끼는 것일까?

[결정요인]

- 슈퍼바이지의 훈련 수준
- 슈퍼바이지의 다른 특성(기술 수준, 자기인식 정도, 개방성)
- 임상환경과 관련 요인(기관 정책, 기간, 대기자 명단)
- 슈퍼비전 자체와 관련 요인(슈퍼비전 관계의 기간과 강도, 내담자에 대한 이론적 접근의 일치)
- 내담자 개인적 상황 요인

상황 속에서 슈퍼비전 과정을 고려함에 있어서 대인관계 민감성은 '자신의 능력을 넘어서는 상황에 있는' 초보 슈퍼바이지와 숙련된 슈퍼바이지를 대할 때와, 개인적인 위기를 경험하고 있는 슈퍼바이지와 심각한 도덕적 오류를 범한 슈퍼바이지에게 하는 슈퍼비전은 다 다르다. 대인관계적인 민감성은 성적으로 명백하게 유혹하는 말을 하는 내담자의 반응에 슈퍼바이지가 의식적으로 유혹되는지 아닌지 주의 깊게 고려하는 것도 포함된다. 슈퍼바이저로서 대면한 상황을 평가하고 그 평가에 따라 행동하기 위해서는 문화, 환경, 내담자, 슈퍼바이지에 대한 풍부한 정보가 필요하다. 상황에 따라 적절한 개입이 무엇인지 효과적인 결정을 내리기 위해서 슈퍼바이저는 딜레마를 평가하고 그 평가에 따라 행동을 선택할 수 있는 기준이 필요하다.

주요사건 접근의 슈퍼비전은 슈퍼바이지의 변화에 영향을 미칠 수 있는 대인관계적인 행동의 유형을 알려 준다. 또한 슈퍼비전 과정을 구체적이고 설명 가능한 과제의 사건으로 보고 슈퍼바이지의 성장과 발전을 촉진하기 위한 개념적인 모델을 제공한다.

② 사건 내 작업의 한 회기로 심리상담과 슈퍼비전 바라보기

슈퍼비전과 심리상담에는 문제 해결을 위한 의미 있는 단계(예상, 계획, 수행 및 평가)가 있다. 심리상담 또는 슈퍼비전 회기 내에서 하나 이상의 목표를 해결할 수 있는

데, 내담자와의 임상 경험에서 일어나는 특정한 작업 수행이 심리상담 과정에서 예상하지 못한 다른 방법으로 돌아오는 경우가 있다. 즉, 심리상담 과정에서 일어난 어떤 강력한 일이 예측 밖의 결과로 심리상담을 이끌어 가는 사건이 되기도 한다.

상담과정을 일련의 사건으로 인식하고, 각 회기 또는 회기의 일부를 이야기 속의 에피소드로 본다. 이에 심리상담은 단기(예. 골치 아픈 감정에 대해 논의하는 것을 안전하다고 느끼는 것), 중기(예. 새로운 사회적 관계 만들기), 장기(예. 우울증 감소, 삶의 만족도 향상) 목표로 구성되며 이러한 목표를 달성하기 위해서 에피소드를 수행하는 일련의 작업을 한다. 내담자가 첫 번째 회기 이후에 중단하기로 결정한 슈퍼바이지의 사례에서 중간 목표는 중단을 처리하는 방법을 배우는 것보다 일반적으로 내담자가 심리상담에 참여하도록 동기부여하는 방법을 배우거나 내담자의 저항을 해결하는 방법을 배우는 것이 더 중요하다. 첫 번째 슈퍼비전 작업은 내담자의 결정을 어느 정도 이해하기, 다음 슈퍼비전 작업은 내담자의 저항을 개념화하는 것이다. 마지막으로 슈퍼비전 작업은 슈퍼바이지가 내담자의 양면적인 변화 동기를 다루는 것으로 저항을 해결하는 것이다.

주요사건 접근에서 슈퍼비전 관계가 시작될 때 초기 사건은 서로 알아가고, 슈퍼비전에 대한 역할과 기대를 명확히 하고, 기관 정책을 검토하는 관련 작업과 함께 슈퍼비전 동맹을 개발하는 목표에 전념한다. 슈퍼비전이 종료되면 최종 과제는 슈퍼바이지의 전문역량을 평가하는 것을 포함한다. 일부 슈퍼비전에서는 중요한 공통 과제에 대해 논하지만, 주요사건 접근에서는 주요사건에 초점을 맞춘다. 따라서 상황 속 상호작용 행동을 연구하기 위한 주요사건 접근은 주로 과제 분석 방법을 사용한다.

③ 과제 분석 모델

지난 20~30년 동안, 대인관계 행동 심리상담 맥락을 연구하기 위한 주요사건 접근은 직업현장의 과제 성취를 정의하고 연구하며 측정하는 산업심리학자의 접근법에서 도입되었다. Greenberg(1986)와 Rice와 Greenberg(1984)는 개인 상담과 가족 상담 등에서 다양한 주요사건을 연구하기 위해 적용한 과제 분석 방법을 사용해 왔다. 과제 분석 모델은 이론을 적용하기 위한 논리적-경험적(rational-empirical) 방법이며, 특정 상담 회기의 결과로 귀결되는 상호작용 모델을 개발하기 위한 임상적 지혜라 할 수 있다. 이에 과제 분석 모델에 대하여 자세히 살펴보면 다음과 같다.

[과제 분석 중심의 기본 가정]

1. 심리상담은 성취할 수 있는 과제와 해결될 수 있는 딜레마로 구성되어 있다.
2. 논의되는 배경이나 문제에 상관없이 일부 과제는 거의 모든 내담자와 상담사에게 공통적이다.
3. 보편적 과제(종결논의)일지라도 상담사는 자신의 이론적 접근에 따라 과제에 다르게 접근한다.
4. 과제가 성취된 성공적인 사건은 비슷한 과정을 거치는 것으로 여겨진다.
5. 상담과제의 성취는 치료적 관계의 질(동맹 관계의 단계, 동맹의 강약 정도)에 달려있다.

과제 분석은 슈퍼바이저가 하나의 사건(예. 상담사와 내담자 사이의 오해)과 그것에 관련된 과제(예. 오해의 해결)를 확인함으로써 시작된다.

[과제 분석 모델의 3가지 기본적인 구성요소(Greenberg, 1986)]

1. **표식 확인하기**–작업이 필요하다는 신호를 말한다. (변화를 위한 준비일 뿐만 아니라 다루어져야 하는 구체적인 과제나 딜레마를 나타내는 내담자의 진술이나 행동을 말한다.)
2. **작업환경**–내담자 수행과 상담사의 작업이나 과제를 다루기 위해 수행된 개입을 포함한다. 과제의 성공적 달성을 촉진하는 다양한 상호작용 등이다. (예. 내적 갈등 줄이기, 참여 유지하기, 또는 작업동맹 단절 회복하기 등)
3. **해결하기**–당면한 작업의 성취에 관한 결과를 말한다. (성공적인 결과 또는 과제 성취를 말한다.) 성공적인 사건의 결과는 새로운 이해, 갈등의 통합 행동 계획 등을 포함한다.

(2) 주요사건 접근의 슈퍼비전 과정 이해하기

① 슈퍼비전에서 주요사건과 과제 확인하기

슈퍼비전은 심리상담과 비슷하지만 3가지 주요한 특성(평가적, 비자발적, 교육적) 때문에 심리상담과 구별될 수 있다. 슈퍼비전은 독특한 대인관계 상호작용과 역동의 집합이므로 슈퍼비전 과정의 구체적인 요소들은 심리상담 과정과는 다르다. 그러므로 주요사건 접근의 슈퍼비전은 주요사건 중심 심리상담과는 질적으로 달라야 한다. 주요사건 접근의 슈퍼비전에는 과제 분석이 포함되는데, 과제 분석은 슈퍼비전 결과에 영향을 미치는 주요사건을 다루는 과정을 말하며, 과제(task)라는 용어는 각 사건 내에서 슈퍼바이저가 성취하고자 시도하는 작업을 뜻한다. 이러한 과정 모델은 슈퍼비전에서 주요사건을 확인하고 연구하기 위한 하나의 도구이다. 이러한 과정 모델의 기본 가정을 살펴보면 다음과 같다.

[과정 모델의 기본 가정]

1. 과정 모델은 모든 심리상담 이론에 적용(범이론적)될 수 있다.
2. 슈퍼바이지의 발달보다는 슈퍼비전의 대인관계적 측면에 초점을 맞춘다.
3. 사례관리를 넘어서 슈퍼바이지의 학습, 성장, 그리고 발전을 강조한다.
4. 슈퍼비전 과정은 정의할 수 있는 시작, 중간, 종결로 구성된 일련의 사건이나 에피소드로 이해할 수 있다.
5. 주요사건들이 특히 슈퍼비전 결과에 영향을 미친다고 가정한다.

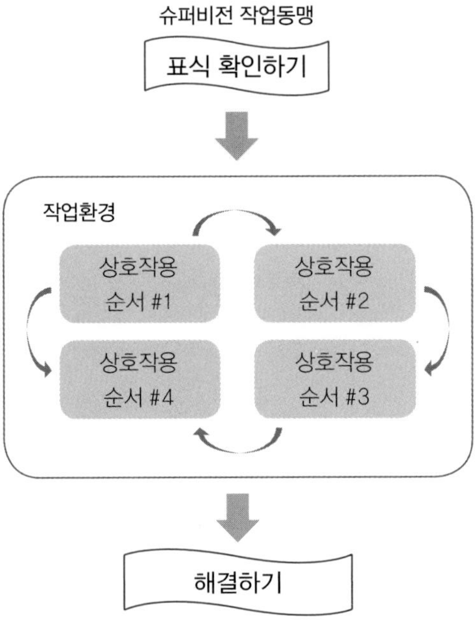

[그림 5-1] 슈퍼비전의 전형적 주요사건

출처: Ladany, Friedlander, & Nelson (2016).

② 슈퍼비전 동맹: 대인관계 슈퍼비전 기준

[슈퍼비전 동맹의 3가지 구성요소(Bordin, 1983)]

1. 슈퍼바이저와 슈퍼바이지 간의 슈퍼비전 목표에 대한 합의(예. 구체적인 상담 기술에 숙달하는 것, 사례개념화 능력을 향상시키는 것, 내담자를 향한 감정이 상담과정에 미치는 영향에 대해 알아차림을 향상시키는 것)
2. 슈퍼바이저와 슈퍼바이지 간의 슈퍼비전 과제에 대한 합의(예. 역전이에 초점 맞추기)
3. 강한 정서적 결속(예. 슈퍼바이저와 슈퍼바이지 사이의 깊은 감정적 연결 또는 유대감)

강한 슈퍼비전 동맹(우호적인 슈퍼비전 동맹)에 관련된 요소들은 슈퍼바이지의 다문화 능력 향상(Ladany, Britant-powell, & Pannu, 1997), 효과적인 평가(Lehrman-Waterman & Ladany, 2001), 동료 관계적이고 대인관계적으로 민감하며, 과제지향적인 스타일의 융통성 있는 균형, 촉진적인 슈퍼바이지의 자기개방, 지원하는 젠더 관련 이벤트(Walker, Ladany, & Pate-Carolan, 2007), 슈퍼바이저에게 가지는 호감(Melincoff, 2001; Melincoff, Ladany, Walker, Tyson, & Museburke, 2003), 자기효능감(Efstation, Patton, & Kardash, 1990), 슈퍼비전의 만족도(Shsffer & Friedflander, 2015) 등이다.

또한 강한 슈퍼비전 동맹의 특징은 슈퍼바이저와 슈퍼바이지 상호간의 관심, 호감, 신뢰, 존경으로 표현된다. 슈퍼바이저가 진심으로 슈퍼바이지를 이해하고 공감할 때 결속이 강화되기 때문에(Friedlander, 2015) 슈퍼비전에서도 공감이 중요하다.

약한 슈퍼비전 동맹(불리한 슈퍼비전 동맹)은 슈퍼바이지의 역할 모호성 및 역할 갈등 경험(Ladany Friedlander, & Nelson, 2005), 관련 자료 비공개(Ladany, Hill, Corbett, & Nutt. 1996), 불안정한 애착(Riggs & Bretz, 2006), 부정적인 슈퍼비전 경험과 대리 외상화(Fama, 2003)와 관련이 있다(Mehr, Ladany, & Caskie, 2015). 약한 동맹의 슈퍼바이지는 슈퍼바이저들을 더 비윤리적으로 본다. 또한 슈퍼바이지들이 성차별(Bersch et al., 2014; Walker et al., 2007), 슈퍼비전에서 역효과를 낳는 지표를 경험했을 때 정서적인 결속을 좋지 않게 평가하는 경향이 있다(Gray, Ladany, Walker & Ancis, 2001).

과정 모델에서 주요사건을 작업하는 데 순간순간의 동맹과의 연계성은 배경(ground)이 아닌 하나의 전경(figure)으로 해석된다. 만약 슈퍼바이지가 내담자에 대한 논의 중에 압도되거나 화를 내면 슈퍼바이저는 논의를 계속하기 전에 슈퍼비전 동맹 상태를 확인할 필요가 있다. 슈퍼비전 동맹의 확인 작업을 하지 않는다면 슈퍼비전의 기본이 되는 동맹 관계는 돌이킬 수 없이 악화될 수 있다.

2) 슈퍼비전 핵심 기술

(1) 슈퍼비전 관계의 모호성과 역할 갈등 협상하기

슈퍼바이저와 슈퍼바이지의 관계에서 각각의 역할을 담당하는, 문제가 있는 태도와 행동이 사건의 중심이 된다. 역할 갈등은 심리상담사로서 슈퍼바이지가 전략을 개발하여 오히려 더 효과적으로 내담자에게 적용하도록 하는 계기가 되기도 한다. 하지만 슈퍼바이저의 개입 방향이 슈퍼바이지의 판단과 다르고 슈퍼바이지의 판단이 더 적절한 것이라면 슈퍼바이지는 슈퍼바이저를 신뢰하지 못하게 되고 도리어 내담자의 복지를 해칠까 두려워할 수 있다.

이러한 역할 모호성은 슈퍼바이저가 슈퍼바이지에게 기대하는 바를 명확하게 알지 못하거나 불확실하고 혼란스러울 때 발생한다. 초보 슈퍼바이지에게 가장 발생하기 쉬운 것이 역할 모호성이라고 할 수 있다. 이와 대조적으로 상급 슈퍼바이지는 슈퍼바이저와 슈퍼비전에서 일어날 일에 대해 상반된 기대를 할 때 역할 충돌이 일어날 가능성이 크다.

① 성공적으로 해결된 역할 모호성 사건 사례

- **표식 확인하기**(marker)

  슈퍼바이지는 더 이상 볼 수 없는 내담자에게 화가 나 있어서 슈퍼바이저에게 그것에 대해 불평을 하고 싶은지 또는 무엇을 해야 하는지를 확신하지 못한다.

- **작업환경**(task environment)

  슈퍼바이저는 슈퍼바이지의 망설임과 슈퍼비전 과정에 대한 이해 부족과 어떻게 협력해야 하는지에 대한 모호함에 응대하고 기대를 반영한 이후에는, 슈퍼바이지가 더 주도적으로 임할 것이라는 자신의 기대를 분명히 하는 기회로 본다.

- **감정을 탐색하기**(exploration of feelings)

  슈퍼바이저는 슈퍼바이지에게 내담자에 대한 감정을 묻고 슈퍼바이지의 감정에 대한 공감과 자기개방에 대해 격려를 한다.

- **슈퍼비전 동맹에 초점 맞추기**(focus on the supervisory alliance)

  슈퍼바이저는 슈퍼바이지와의 좋은 동맹 관계를 유지하고 슈퍼비전 과정이 공동의 책임이라는 확신을 준다.

- **해결하기**(resolution)

  슈퍼바이저는 슈퍼바이지의 머뭇거림이 역할의 모호성에 있다는 것을 인식하고 슈퍼바이지가 대화를 주도할 수 있게 한다.

② 해결되지 않은 역할 충돌의 사례

- **표식 확인하기**(marker)

  슈퍼바이저는 슈퍼바이지에게 내담자의 중단에 대한 자책을 느끼게 하고 내담자를 잃은 것에 대한 문제가 무엇인지에 초점을 맞춘다. 슈퍼바이지는 슈퍼바이저에게 좌절감을 느끼고 있으며, 슈퍼바이저에게 불공평하고 가혹하게 평가받고 있다고 느끼고 있다. 이후 슈퍼바이지는 슈퍼바이저의 비위를 맞추려고 노력한다. 그리고 슈퍼바이지는 내담자를 어떻게 해야 할지 전혀 모른다. 상반된 기대감 때문에 슈퍼바이저도 슈퍼바이지에게 상당한 좌절감을 느끼고, 좌절감이 커지자 문제는 슈퍼바이지의 소극적인 성향과 임상 기술의 부족이라고 생각한다. 이 사례에서 슈퍼바이지는 자신의 내담자에게 심각한 실수를 저질렀다는 것과 슈퍼바이저에게 비위를 맞추기 힘들었다는 것 이외에는 이 슈퍼비전 세션에서 배운 것이 사실상 거의 없었다.

③ 성공적으로 해결된 역할 갈등 사건의 사례

- **표식 확인하기**(marker)

  슈퍼바이저는 슈퍼바이지가 소극적인 성격과 부족한 임상 기술로 망설이고 순종적인 반응을 보이는 것을 역할 갈등의 표식으로 인식한다.

- **작업환경**(task environment)

  슈퍼비전 동맹에 초점을 맞춘다.

- **감정을 탐색하기**(exploration of feelings)
  슈퍼바이저는 슈퍼바이지의 감정을 묻고, 슈퍼바이지를 괴롭히는 것에 대해 더 많은 것을 말하기를 바라면서 최소한으로 말한다.
- **슈퍼비전 동맹에 초점 맞추기**(focus on the supervisory alliance)
  슈퍼바이저는 슈퍼바이지가 내담자와의 동맹 파열에 대하여 최대한 온화한 용어로 말하고 동맹 파열에서 자신의 역할에 대해 사과하고 슈퍼비전에 대한 서로의 기대를 명확하게 한다.
- **병렬과정에 주의 기울이기**(attend to the parallel process)
  병렬과정에 대한 슈퍼바이지의 깊은 이해를 탐구한다. 슈퍼바이저는 동맹 파열에서 자신의 책임을 인정했고, 슈퍼바이지의 위축된 감정에 대한 공감을 통하여 슈퍼바이저와 슈퍼바이지의 동맹 관계가 회복되어 슈퍼바이지의 작업에 대해 논의를 할 수 있게 된다.

④ 특별 고려사항: 집단 슈퍼비전 시 역할 모호성 및 갈등

집단 슈퍼비전에서는 슈퍼바이지들 서로가 대인관계상 어려움을 겪거나, 성별과 문화가 다른 경우에 슈퍼비전 동맹이 쉽게 깨어질 수 있다. 또한 집단 동맹에 대한 파열은 슈퍼바이저가 집단 슈퍼비전에 참석한 슈퍼바이지들을 차례로 '핫 시트(hot seat)'에 올리며 슈퍼바이지의 개인적 문제를 지적할 때도 발생할 수 있다. 슈퍼바이저는 집단 내에서뿐만 아니라 개별적으로 슈퍼바이지와 함께 일하는 이중 관계인 경우가 있다. 이럴 때 다양한 역할을 분리하는 것도 해결해야 할 일이다. 슈퍼바이지의 역할을 구별하기 위해서는 슈퍼비전 시간 동안 다른 관계의 일을 논의하지 않는 것이 좋으며, 슈퍼비전 중에 논의되는 개인적인 문제(예. 역전이 또는 대리 외상)를 다른 학문적 맥락에서 언급하지 않는 것이 바람직하다.

일반적으로 다른 직종의 슈퍼비전은 관리적이며 평가적인 측면을 가지고 있으며 직설적이고 솔직하고 행정적인 경향을 나타낸다. 하지만 심리상담 분야에서 슈퍼바이저는 슈퍼바이지의 전문적인 발전을 도모하면서 내담자의 복지도 관리하는 균형을 유지해야 한다. 이러한 이중책임은 슈퍼바이저가 슈퍼바이지의 복잡하며 특별한 요구를 지지하고 이해함으로써, 슈퍼바이지가 내담자로부터 자신에게로 슈퍼비전의 초점을 이동시키고 심리상담사로 성장하는 데 도움이 되게 한다.

(2) 기술적 어려움과 역량 문제 해결하기

슈퍼비전의 주요 목표 중 하나는 심리상담의 기술과 심리상담사로서의 역량을 육성하는 것이다. 슈퍼바이저는 슈퍼바이지의 기술 개발 및 역량의 모든 측면을 모니터링할 책임이 있고, 슈퍼바이지가 적절한 수준의 기술과 역량이 없다면 심리상담사로서의 역량을 강화할 수 있는 방안에 대하여 다음과 같이 조언을 해야 한다.

① 3가지 심리상담 '기술' 정의

- 대인관계적 기술: 대인관계 영역은 심리상담 전문가 전체의 측면을 포함한다. 단순히 장애를 진단하고 상담하는 것이 아니라, 취약한 인간과 함께 심리적 · 정서적으로 함께 존재하는 것이다. Rogers가 심리상담사의 기본 자세로 제시한 촉진의 조건(진솔성, 무조건 긍정적 존중, 공감적 이해)이 대인관계 기술의 핵심이라고 할 수 있다.
- 기법적 기술: 심리상담의 기법을 활용하는 것으로, 다음에 무엇을 말할 것인지와 어떤 종류의 질문을 할 것인지, 질문을 어떻게 표현할 것인지, 자기개방이 적절한지, 개입할 적절한 시기가 언제인지, 올바른 배경 정보를 어떻게 얻을 것인지, 어떻게 효과적으로 직면하고 해석할 것인지 등의 기술을 말한다.
- 개념적 기술: 단지 진단하는 것뿐만 아니라 내담자의 중요한 배경 정보를 수집하기, 위험을 평가하기(예. 자살, 살인, 아동학대), 표준화된 평가 도구를 사용할 것인지 아닌지와 사용할 시기를 결정하기, 개인사와 관련되는 내담자의 불평을 개념화하기 위한 이론적 모델을 사용하기, 통합된 사례 보고서를 작성하기, 어떤 상담 형태가 내담자에게 성공적일 수 있는지 아닌지를 고려하기 등이 개념적 기술에 속한다.

② 과정지향 모델: 기술 어려움 및 부족

- **표식 확인하기**(marker)

  개방형 질문보다는 폐쇄 질문을 너무 많이 하는 것, 느낌 · 내용 · 의미를 반영하지 않는 것, 섣부른 안심 제공, 심리상담 관계 초기에 문화적 차이를 다루지 않는 것 등의 행동을 포함한다. 슈퍼바이저는 슈퍼바이지가 필요한 행동을 수행할 수 없거나 실천할 의사가 없는 것을 보이면 기술 부족을 의심해야 한다. 이러한 기술 부족은 슈퍼바이지의 인지 또는 정서적 경직성으로 나타난다.

- **작업환경 및 해결하기**(task environment and resolution)

  슈퍼바이지는 자신의 임상 작업에서 어떤 유형의 기술 부족함이 있는지 인식하고 근본 원인을 밝히고 적절한 슈퍼비전 개입을 선정해 시행할 수 있다. 슈퍼바이저로부터 평가 피드백을 받는 과정에서 슈퍼바이지가 방어적으로 되면 슈퍼비전 동맹에 대한 집중이 요구될 수 있다.

③ 기술 부족 사건이 성공적으로 해결된 사례

- **표식 확인하기**(marker)

  슈퍼바이저는 슈퍼바이지가 감정 진술을 사용하도록 지도하는 데 어려움을 겪은 것과 슈퍼바이지가 내담자의 반응에 감정 표현이 부족하다는 점에서 기술 결함을 인식한다.

- **작업환경 평가에 집중하기**(task environment focus on evaluation)

  슈퍼바이저는 슈퍼바이지의 경험을 존중하면서 내담자의 반응에 대하여 감정을 어떻게 표현하는 것이 좋은지에 대한 피드백을 제공한다. 심리상담에서 감정이 중요한 이유에 대해 슈퍼바이지가 인지할 수 있도록 슈퍼비전 관계 내에서 감정을 다루는 쪽으로 집중적으로 할 수 있다.

- **슈퍼비전 동맹에 집중하기**(focus on supervisory alliance)

  슈퍼바이저는 슈퍼바이지와의 관계에 집중할 수 있도록 하고 감정을 다루는 것과 관련된 긴장의 원인에 대하여 문화적 차이에 기인하는지를 알아보고, 감정 개방에 대하여 감정의 반영을 한다.

- **감정을 탐색하기**(exploration of feelings)

  슈퍼바이저는 슈퍼바이지의 감정을 더 집중하여 탐색한다.

- **슈퍼비전 작업동맹에 집중하기**(focus on the supervisory working alliance)

  슈퍼바이저는 슈퍼바이지와의 작업동맹에 집중하면서 슈퍼바이지가 자신을 신뢰할 수 있도록 한다.

- **기술에 집중하기**(focus on skill)

  개입의 효과를 평가하고 기술을 실습시키고, 원하는 기술을 보여 준 슈퍼바이지의 성공을 검증한다.

- **해결하기**(resolution)

  슈퍼바이지의 유능성에 대하여 검사하고, 필요한 기술 연습을 권장한다. 그리고 더 많은 시도를 할 수 있도록 지지하고 지원을 제공한다.

④ 태도 및 행동, 문제 있는 감정 해결

문제가 되는 감정과 행동은 대인관계 기술 부족에서부터 기인하는지, 아니면 심각한 정서적 문제와 부적절한 심리상담 수행인지 아니면 손상된 심리상담 수행인지 구별되어야 한다. 손상된 슈퍼바이지는 심리적인 불안이나 자기 와해를 경험하기 이전에는 적절하게 기능하는 심리상담사였다고 할 수 있다. 반면에 부적격한 슈퍼바이지는 심리상담사 훈련과정 이전에 이미 성격적인 혹은 만성적인 정서적 어려움 때문에 심리상담사로 적절하게 기능할 수 있는 수준에 도달할 수 없는 상담사를 말한다. 그러나 가장 중요한 것은 손상, 부적격, 비윤리적 행동을 반영하는 감정, 태도, 행동이 서서히 변화되고 발전할 수 있다는 것이다.

- **자신감 상실**(crisis in confidence)

  자신감 상실은 초보자에게 더 빈번하게 일어나며(Rabinowitz, Heppner, & Roehlke, 1986), 부적격이라기보다는 일시적 손상 상태를 주로 반영한다. 자신감 상실은 슈퍼바이지의 불안, 비판에 예민함, 완벽주의 또는 자기애적 취약성을 건드리는 어떤 사건, 상황, 어려운 상담 사례에서 유발된다(Gill, 2001).

- **대인관계와 성격적 어려움**(interpersonal and characterological difficulties)

  오랫동안 심리 · 사회적 문제를 가지고 있었던 학생은 심리상담을 받을 마음이 없거나 또는 받을 수 없을 때 의식적이든 무의식적이든 자기 자신을 돕기 위해서 심리상담 분야에 입문한다. 그러나 자신의 문제를 해결하지 못하면 심리상담과 슈퍼비전에서 역전이로 인한 문제가 나타날 수 있다(Hayes, 2002). 모든 질문에 옳고 그름의 대답이 있다고 생각하는 슈퍼바이지는 내담자들의 어려움에 대한 모호성과 복잡성을 상담하는 데 어려움을 겪을 수 있다.

⑤ 과정 모델: 문제가 되는 태도와 행동 해결

- **표식 확인하기**(marker)

  문제가 있는 태도나 행동의 지표는 해석하기가 더 어렵다. 성격상의 어려움이 고착된 슈퍼바이지는 비협조적이거나 적대적일 수 있다. 슈퍼바이지는 내담자와의 작업에서도 성격상의 어려움이 표면화될 수 있다. 하지만 어려움을 스스로 인식하지 못하기 때문에 오직 관찰에 의해서만 식별할 수 있다. 성격적 문제는 성격 유형에서부터 성격 장애에 걸쳐 나타나기 때문에 슈퍼바이저가 슈퍼바이지의 행동을 통해 문제의 정도를 간단히 식별하기는 어렵다.

- **작업환경 및 해결하기**(task environment and resolution)

  기술의 어려움과 기술의 부족을 구분하는 것도 중요하지만, 자신감의 위기나 보다 심각한 것(예. 대리외상)을 구분하는 것도 중요하고, 슈퍼비전 동맹관계에 집중하는 것도 중요하다. 동맹관계에 집중하지 않고 평가에 초점을 맞추면 슈퍼비전 동맹에 어려움이 발생한다. 슈퍼비전에서 충분히 안전하다고 느끼는 것이 선행되어야 슈퍼바이지가 현재 경험과 과거 경험을 개방하려 할 것이다. 슈퍼바이지의 문제가 되는 행동을 다루는 목적은 슈퍼바이지의 훈련이나 직업적 발달에 영향을 주는 문제를 슈퍼바이지가 알아내어 인식하도록 돕고 교정 계획을 수립하는 것이지 심리상담처럼 슈퍼바이지의 문제를 해결하기 위한 것은 아니다.

⑥ 특별 고려사항: 상담 '인'과 '아웃'

슈퍼바이지가 수행 능력을 향상할 수 있는 심리상담 프로그램이나 훈련에 참여하도록 하는 것은 '상담 인' 과정이라고 할 수 있다. 슈퍼바이저는 슈퍼바이지가 변화하고 성장할 수 있도록 할 의무와 슈퍼바이지의 현재와 미래, 그리고 무엇보다 내담자의 복지를 보호할 책임이 있다. 따라서 슈퍼바이지의 다루기 어려운 대인관계 패턴이 내담자에게 해를 끼칠 가능성이 있다고 판단되면 심리상담을 중단하도록 조언하는 것은 '상담 아웃'이라 할 수 있다.

이러한 조치들에 대하여 슈퍼바이저와 슈퍼바이지가 사전동의(APA, 임상서비스 심리학의 임상 감독지침 참조)를 위해 적법 절차에 대한 서면 동의서 제공 또는 계약절차를 가지는 것이 바람직하다. Forrest(1999)는 문제가 있는 슈퍼바이지의 태도와 행동에 대한 철저한 조사뿐만 아니라 미국 전역의 임상 훈련 프로그램에서 적법한 과정으로 문서를 작성하도록 한 절차를 제공했다. 그러나 한국에서는 슈퍼비전의 기능과 역할이 미국과는 달라서 APA 규정처럼 이러한 사전동의서나 계약서 등이 일반화되어 있지는 않다.

이상으로 슈퍼바이지가 겪을 수 있는 기술적 어려움과 역량문제 해결을 위한 다양한 접근을 살펴보았다. 슈퍼바이저는 슈퍼바이지가 현재의 자신의 상태를 받아들이고 더 많은 학습을 할 수 있도록 도와야 한다. 주요사건 접근의 슈퍼비전에서 신뢰로운 슈퍼비전 관계는 심각한 위기를 무리 없이 헤쳐 나가기 위한 전제조건이 된다. 슈퍼비전 동맹 관계에 초점을 맞추는 것이 슈퍼바이지의 방어를 줄이는 데 가장 효과적이다. 슈퍼바이저는 슈퍼바이지의 일시적 혹은 만성적 어려움이 고통이었다는 사실을 간과해서는 안 된다. 당연히 내담자 보호의 의무를 등한시해서는 안 되지만, 문제가 되는 감정이나 태도 행동을 보이는 슈퍼바이지에 대해서도 슈퍼바이저는 인도주의적 자세를 가져야 한다.

(3) 병렬과정에 주의 기울이기를 통한 작업 및 다문화 인식 향상: 하나의 대가에 대한 2가지 주요한 사건

주요사건은 반드시 선형적인 방식으로 발생하지 않으며, 오히려 사건이 종종 겹치며 다른 사건과 얽힐 수 있다.

병렬과정은 심리상담사의 내담자에 대한 무의식적인 동일시로부터 비롯된다. 주요사건 접근의 슈퍼비전에서도 특정 심리상담에서의 상호작용과 슈퍼비전에서의 상호작용 사이의 유사성으로 병렬과정을 언급한다. 슈퍼비전이나 심리상담은 도움을 구하는 과정이기 때문에 그 과정이 유사한 것은 당연하다. 그래서 어떤 학자들은 병렬과정을 단지 슈퍼비전에서 우연히 발견할 수 있는 사건으로 보기도 한다. 그러나 병렬과정에 대한 작업은 심리상담사의 개인적인 성장과 전문가로서의 성장을 촉진하는 작업으로 가치가 있다고 평가한다.

역전이와 관련된 슈퍼비전 현상 중 가장 많이 논의되는 주제는 병렬과정이다. 역전이 사건은 2가지 주요한 상호작용 단계를 포함하는데, 역전이에 초점을 맞추는 것과 병렬과정에 주의를 기울이는 것이다.

① 과정 접근(process model): 병렬과정에 주의 기울이기를 통한 작업

- **표식 확인하기**(marker)
  슈퍼바이저는 슈퍼바이지가 비특징적인 방식으로 행동하고 있음을 알아차린다. 슈퍼바이저는 슈퍼바이지에게 내담자 자기표현 유형에 관해 물어보고 내담자의 곤란한 대인관계 유형을 인식하고 슈퍼비전에서 슈퍼바이지의 행동이 그 유형을 반영(역전이)하고 있는지를 검토할 수 있다.
- **작업환경 및 해결하기**(task environment and resolution)
  일반적 작업환경 순서는 슈퍼비전 동맹과 치료 과정에 집중하기, 감정을 탐색하기, 병렬과정에 주의 기울이기, 경험을 정상화하기 등이다. 슈퍼바이저는 상담에 대한 논의에서 슈퍼비전에서 일어나는 일에 관한 대화로 초점을 변경함으로 슈퍼바이지에게 반응적으로 행동하도록 한다(Friedlander, 2015). 심리상담과 슈퍼비전 사이의 반영을 인식하는 것은 슈퍼바이저이지만, 경험이 많은 슈퍼바이지 경우에는 병렬과정을 먼저 알아차릴 수도 있다. 두 상황 모두에서 슈퍼바이저는 양쪽에서 발생하는 유사한 감정적 반응 및 행동을 논의함으로써 병렬과정에 주의를 기울인다. 슈퍼바이저는 교정 관계 경험을 촉진하여 심리상담 작업으로 내담자에게로 하향 전달될 수 있게 돕는다.

② 병렬과정의 문제에서 성공하고, 실패한 사례들

- **표식 확인하기**(marker)
  슈퍼바이저는 슈퍼바이지의 발표가 과거 슈퍼비전과 다르다는 것을 알아차린다. 더 깊은 이해를 위해 이를 살펴보고 슈퍼바이지가 보여 주는 왜곡된 전이적 반응이 병렬과정 문제라는 것을 알아차린다.
- **작업환경으로 슈퍼비전 동맹에 집중하기**(task environment focus on the supervisory alliance)
  목표와 과업에 대한 작업을 취소하고, 동맹 관계를 위한 공감이 필요하다고 예상하고 동맹에 초점을 맞춘다.
- **심리상담 과정에 집중하기**(focus on the therapeutic process)
  내담자와의 심리상담 과정에 집중하고 있는 슈퍼바이저는 내담자의 감정 상태와 슈퍼바이지의 보고 사이의 잠재적인 연관성(전이)을 인식한다. 슈퍼바이저가 슈퍼바이지의 감정을 탐색하여 개입하기로 결정한다.
- **감정을 탐색하기**(exploration of feelings)
  슈퍼바이저는 슈퍼바이지의 감정을 탐색하고 병렬과정 문제와 해결 방법을 찾도록 지지해 준다.

- **병렬과정에 주의 기울이기**(attend to parallel process)
  슈퍼바이저는 슈퍼바이지에게 병렬과정을 인식시킨다.
- **경험을 정상화하기**(normalize the experience)
  슈퍼바이저의 전이와 역전이 현상을 다루는 능숙함을 슈퍼바이지가 경험하고 모델링할 기회를 제공한다(Frawley-O'Dea & Sarmat, 2001; McKinney, 2000). 대부분의 슈퍼비전에서의 전이 현상은 직접적이고 교육적인 방식으로 다루어져야 한다.
- **심리상담 과정에 집중하기**(focus on the therapeutic process)
  슈퍼바이저는 슈퍼바이지의 역전이를 긍정적인 공감 경험으로 재구성하고, 슈퍼바이저의 지지에 의해 슈퍼바이지는 무능력하다는 느낌에서 벗어나 그것을 내담자의 경험을 이해하는 데 사용할 수 있다.
- **해결하기**(resolution)
  슈퍼바이저는 슈퍼바이지가 병렬과정의 문제를 충분히 해결할 수 있도록 지지한다.

③ 다문화 인식 향상

다문화가정 상담과 문화적 다양성이 증가함에 따라 심리상담사는 더 높은 다문화 역량을 요구받는다. 슈퍼바이저의 다문화 역량은 지식(예. 다문화 치료 역량에 대한 지식, 다문화 슈퍼비전 이론), 자각(예. 성별 정체성, 인종 정체성), 기술(예. 문화적으로 민감한 슈퍼비전 개입)의 3가지 요소를 포함한다. 일반적으로 주요사건은 앞서 말한 것처럼 선형적이지 않고, 다른 사건과 무수히 겹치고 연결될 수 있다. 작업환경은 다문화 지식에 대한 감정 평가, 다문화 인식에 대한 집중, 기술에 대한 집중, 경험 정상화, 슈퍼비전 동맹에 초점을 맞추는 상호작용 순서를 포함한다.

슈퍼바이지가 심리상담 사례를 성공적으로 진행하고 여러 주요사건들이 얽히면서 슈퍼비전 개입의 중요성과 초점을 더 잘 이해하기 위해 사건을 분석하는 것은 슈퍼바이저의 책임이다. 여러 문제를 관리하는 것은 그 자체로 슈퍼비전 기술이다. 역전이 반응을 이해하고 해결하는 것은 충분한 슈퍼비전을 특별한 슈퍼비전으로 만들어 준다. 효율적인 슈퍼바이저는 계속적으로 자기-알아차림을 촉진하는 활동을 수행해야 한다. 따라서 개인적인 발달과 전문가로서 발달의 상호작용에 가치를 두는 일은 매우 중요하게 강조되어야 한다.

표 5-1 주요사건 접근(critical events model)의 슈퍼비전

<table>
<tr><td rowspan="2">핵심 원리</td><td colspan="2">• 5가지 주요 가설
① 범이론적 특성으로 인해 학문의 분야를 교차하여 심리상담을 슈퍼비전 하는 데 적용할 수 있게 함, ② 대인관계적인 초점, ③ 슈퍼비전의 주요 목표로 사례관리 차원을 넘어 슈퍼바이지의 교육과 발달을 강조, ④ 슈퍼비전 과정을 각기 한 회기 혹은 여러 회기에 걸쳐 탐색할 수 있고 정의할 수 있는 시작, 중간, 끝을 가진 '일련의 사건들과 에피소드들'에 비유, ⑤ 탐색하기로 선택된 주요사건은 '슈퍼비전의 성과를 위해 가장 중요함'</td></tr>
<tr><td colspan="2">• 심리상담 슈퍼비전에서 일어나는 주요사건 7가지
① 어려움과 결핍을 상담 기술로 심리상담하기, ② 다문화적인 인식 강조하기, ③ 역할 갈등 협상하기, ④ 역전이를 통해 작업하기, ⑤ 성적인 매력 다루기, ⑥ 성별(gender)과 관련된 오해 교정하기, ⑦ 문제가 되는 태도와 행동 다루기</td></tr>
<tr><td>슈퍼비전 관계</td><td colspan="2">주요사건 접근의 슈퍼비전 단계는 관계적 맥락에 그 뿌리를 두고 있다. 슈퍼바이저와 슈퍼바이지 사이의 작업동맹에 관한 Bordin(1983)의 구성요소, 즉 슈퍼비전 목표에 대한 동의, 과업, 강력한 정서적 유대가 가장 중요하게 고려된다.
이 슈퍼비전에서 작업동맹은 '전경 대 배경'으로 설명된다. 즉, 슈퍼비전 관계에서 가까이 있는 이슈나 적극적으로 발전되거나 다룰 수 있는 것이 '전경'인데 반해, 작업동맹은 평소 슈퍼비전의 다른 측면들을 위한 맥락이나 '배경'을 제공한다. 전경이든 배경이든 슈퍼비전 관계는 항상 존재하고, 효과적인 슈퍼비전과 주요사건들을 성공적으로 해결하는 데 중요한 역할을 한다.</td></tr>
<tr><td rowspan="3">슈퍼비전 방법</td><td colspan="2">[3단계] 표식 확인하기, 작업환경, 해결하기</td></tr>
<tr><td>표식 확인하기</td><td>슈퍼바이지는 의견을 이야기하고, 반복적으로 주장하거나, 또는 행동을 통해 특정한 영역에서 도움이 필요하다는 신호를 보낸다. 이 단계에서 슈퍼바이저가 행동하도록 요청하고, 요구되는 개입의 형태를 표시한다. 표식 확인하기 단계는 슈퍼바이저가 어떤 이슈를 다룰 필요가 있는지 확신할 때 이루어진다.</td></tr>
<tr><td>작업 환경</td><td>슈퍼바이저가 적용하는 개입과 그 결과로써 일어나는 슈퍼바이지의 반응 사이에 생기는 일련의 순차적인 상호작용을 의미하는데, 이에는 탐색, 명료화, 훈습의 반복이 포함된다.
반복되는 순차적인 상호작용에는 다음의 것들이 있다. ① 슈퍼비전 관계에 초점을 맞추는 것, ② 심리상담 과정과 감정의 탐색에 주의를 기울이는 것, ③ 역전이에 집중하는 것, ④ 병렬과정에 주의를 기울이는 것, ⑤ 자기효능감과 경험에 대해 자연스러운 반응으로 수용하는 것에 초점을 두는 것, ⑥ 기술에 집중하는 것, ⑦ 지식을 평가하는 것, ⑧ 다문화적 인식에 초점을 맞추는 것, ⑨ 평가에 주의를 기울이는 것
작업환경은 사건의 종류, 슈퍼바이지의 준비와 발달수준, 맥락적 요인(예. 슈퍼바이지, 슈퍼바이저, 내담자, 환경)의 복잡한 상호작용에 따라 달라질 수 있다.</td></tr>
</table>

해결하기	슈퍼비전 과업을 성공적으로 완수하는 것에는 다음의 것들이 있다. 4가지 범위에서 향상 혹은 퇴보를 할 수 있다. ① 자기 인식(슈퍼바이지의 감정, 행동, 신념체계가 어떻게 심리상담 작업에 영향을 미치는지 이해하는 것), ② 지식(개념적 지식, 이론적 지식, 실천적 지식), ③ 기술(더욱 복잡한 개입에 대한 세부적인 기술), ④ 슈퍼비전 동맹(정서적 유대를 강화하는 것, 목적과 과업의 동의에 이르는 것, 슈퍼비전 관계의 불화나 교착상태에서 회복하는 것)

3. 주요사건 접근의 슈퍼비전 방법

1) 표식 확인하기

표식 확인하기란 구체적인 종류의 도움이 필요함을 알려 주는 슈퍼바이지의 진술이거나 일련의 행동을 말한다. 표식 확인하기는 슈퍼바이저에게 다음에 무엇을 해야 하는지에 대한 정보를 제공하면서, 구체적인 사건의 시작과 슈퍼바이지가 가진 어려움의 특성을 알려 준다.

직접적인 표식 확인하기란 슈퍼바이지가 슈퍼바이저에게 특정 내담자에 대한 도움을 직접 요청하거나 전문적인 우려나 특정 기술 수행과 관련하여 직접 묻기도 한다. 하지만 표식 확인하기가 간접적인 경우에는 슈퍼바이지가 말하거나 행동하는 것보다 하지 않거나 표현하지 않는 것이 더 많다(예. 만성적으로 슈퍼비전에 늦게 도착하거나, 준비 없이 오거나, 특정 내담자에 대해 논의하는 것을 피하는 것 등). 집단 슈퍼비전 상황에서의 표식 확인하기는 일관된 참여 부족이나 다른 슈퍼바이지의 말에 방어적으로 대응하는 행동일 수 있다. 또한 표식 확인하기는 슈퍼바이저가 슈퍼바이지의 심리상담 회기에서 관찰한 것으로 지도나 교정적인 피드백이 필요한 태도나 행동도 될 수 있다.

서로 다른 표식들이 비슷한 문제를 나타내기도 하지만, 서로 다른 문제들이 유사한 표식에 의해 나타날 수도 있다. 예를 들면, 역할 갈등의 표식은 슈퍼비전에서 결함을 가지고 소극적으로 행동하거나, 슈퍼비전 약속에 늦거나, 심리상담 회기를 계속 기록하지 않는 경우로 나타날 수 있다. 그러나 이러한 표식은 슈퍼바이저와 역할 충돌을

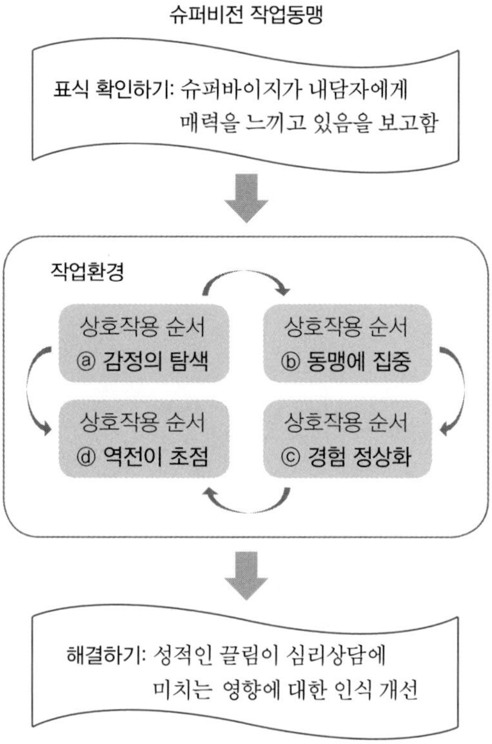

[그림 5-2] 성적 이끌림 사건의 예

출처: Ladany, Friedlander, & Nelson (2016).

나타내는 것이 아니라 슈퍼바이지의 자신감 상실을 반영할 수도 있다. 사건의 표식 확인하기 단계는 슈퍼바이저가 무엇을 다루어야 하는지 명확히 알게 될 때까지 지속된다.

2) 작업환경: 사건을 통한 작업

슈퍼비전에 대한 뚜렷한 관계적 접근 방식을 특징짓는 몇 가지 공통적인 상호작용 순서가 있다(Shaffer & Friedlander, 2015). 예를 들어, 역전이 사건에서 작업환경의 상호작용 순서는 치료관계와 슈퍼바이지의 감정 전달에 대한 탐색, 직접적인 초점, 해석과 병렬과정의 수행이다(Ladany et al., 2005). 상호작용 순서를 사용한 최근의 연구(Shaffar & Friedlander, 2015)에서는 11개 순서 중 5개가 가장 순수한 관계에서 출발한다는 것이 실증적으로 확인되었다. 이에는 ① 반전에 초점을 맞추고, ② 감정을 탐색

표 5-2 주요사건의 작업환경에서 공통 상호작용 단계

단계	설명
작업동맹에 초점 맞추기	• 슈퍼바이저와 슈퍼바이지 사이의 정서적인 결속뿐만 아니라, 슈퍼비전의 목표와 과제에 대한 합의(평가를 포함한)와 관련된 관계적 측면의 논의 • 작업동맹에 대해서 '확인하는 것'이나 관계에 대한 슈퍼바이지 혹은 슈퍼바이저의 감정에 초점을 맞추는 것을 포함하며, 슈퍼비전에서 무엇이 일어나고 있는지 혹은 무엇이 일어나야 하는지에 대한 명백한 논의
심리상담 과정에 초점 맞추기	• 슈퍼바이지와 내담자 사이에서 일어나고 있는 일에 대한 논의 (예. 일어나고 있는 상호작용의 종류, 작업동맹의 정도, 그리고 내담자가 자신과 관련해서 슈퍼바이지를 어떻게 보고 있는지와 슈퍼바이지가 자신과 관련해서 내담자의 행동을 어떻게 보고 있는지)
감정을 탐색하기	• 꼭 그런 것은 아니지만 보통은 지금-여기에 초점 맞추기 • 내담자에 대한, 치료적 관계 혹은 과정에 대한, 그리고 훈련 중인 슈퍼바이지의 성장에 대해서 혹은 개인적인 문제들에 대한 감정이 표현될 수 있음
역전이에 초점 맞추기	• 슈퍼바이지의 감정과 개인적인 문제가 어떻게 그리고 왜 내담자의 행동이나 태도에 의해 '유발되었는지'에 대한 논의
병렬과정에 주의 기울이기	• 특정 심리상담 상호작용과 슈퍼비전 상호작용 사이의 유사성에 주의를 기울이는 논의 • 병렬과정은 둘 중 하나의 상호작용에서 시작되어 다른 쪽으로 반영될 수 있음
자기효능감에 초점 맞추기	• 심리상담 기술에 있어서 슈퍼바이지의 자신감(구체적 부분에서나 전체적으로), 전문가로서의 다양한 역할(예. 심리상담사, 학생, 수련생, 동료)로 기능하는 역량에 대한 논의
경험을 정상화하기	• 슈퍼바이지의 경험(심리상담사, 동료, 수련생)이 전형적이며, 심리상담사로서의 발달단계에서 예상되는 것이고, 적절한 것이라는 논의
기술에 초점 맞추기	• 개념적, 기법적, 대인관계 기술들의 방법, 시간, 장소, 이유에 대한 논의 • 역할극이나 이론을 구체적인 심리상담 개입으로 적용하는 방법에 대한 논의를 포함할 수 있음
지식 평가하기	• 슈퍼바이지가 논의 중인 사례에 관련하여 어느 정도의 지식을 가졌는지를 평가 • 지식은 심리상담 실제에 적용되는 윤리, 연구, 이론을 포함
다문화적인 인식에 초점 맞추기	• 슈퍼바이지가 성, 인종, 민족성, 나이, 성적 경향성, 종교, 장애, 가족 구조, 혹은 사회 경제적 지위에서 타인과 유사하거나 다름에 대한 자기 인식을 논의
평가에 초점 맞추기	• 심리상담과 슈퍼비전 그리고 전문가로서의 슈퍼바이지 수행에 대한 논의 • 중요하고 긍정적인 혹은 종합적이거나 형성적인 피드백에 대한 논의를 포함할 수 있음

출처: Ladany, Friedlander, & Nelson (2016).

하고, ③ 작업동맹에 초점을 맞추고, ④ 병렬과정에 주의를 기울이고, ⑤ 슈퍼바이저 동맹에 초점을 맞추기가 있다. 〈표 5-2〉는 주어진 작업환경에서 다양한 관계를 특징짓는 11개의 상호작용 단계를 열거하고 정의한 것이다. 이 순서들은 상호 간 배타적인 것이 아니며, 모든 단계가 다 기록된 것도 아니다. 작업환경에서 단계나 순서는 완전히 분리되어 있지 않으며, 때때로 그 과정이 되풀이된다는 사실에 주목해야 한다.

3) 해결하기: 주요사건의 종결

해결하기는 슈퍼비전 과제의 결과이다. 성공적으로 해결된 주요사건은 과제가 성취된 것이다. 해결을 4가지 큰 범주로 구분한다면, ① 자기 자신에 대한 알아차림, ② 지식, ③ 기술, ④ 슈퍼비전 동맹의 향상이나 저하이다. 먼저 ① 자기 자신에 대해 알아차림은 자신의 편견, 감정, 행동, 신념이 심리상담에 어떤 영향을 미치는지를 이해하는 슈퍼바이지의 역량을 나타낸다. ② 지식은 훈련과 경험을 통해 얻은 이론적, 경험적, 그리고 실제적 이해를 포함한다. ③ 기술은 대인 관계적, 기법적, 개념적 기술이 될 수 있고, 상담과정 기술(개방형 질문을 하는 것이나 반영이나 직면을 하는 것과 같은 반응 기술)부터 복잡한 치료적 전략(예. 빈 의자 기법)까지를 포함한다. ④ 작업동맹은 정서적인 결속을 향상시키는 것, 목표와 과제의 합의를 협상하는 것, 슈퍼비전 관계의 단절을 회복하는 것을 말한다.

성공적으로 해결된 역전이 주요사건에서 슈퍼바이지는 결국 내담자에 대한 자신의 개인적인 감정, 생각, 반응의 근원을 이해하게 되며 이 새로운 이해 위에서 그 내담자와 작업하는 방법을 계획한다. 부분적으로 해결된 사건과 해결되지 못한 주요사건은 종결이 명확하지 않다. 해결하기를 실패한 경우에는 슈퍼비전 동맹이 단절된 긴장 상태로 끝나게 된다. 예를 들면, 슈퍼바이지가 실제 변화에 대한 결심 없이 슈퍼바이저에게 말로만 순응하거나, 슈퍼바이저가 충고를 하다가 슈퍼바이지의 저항을 감지하고는 갑자기 대화 주제를 바꾸는 형태로 끝나는 것 등이다. 슈퍼비전의 미해결 주요사건은 상담의 미해결 주요사건만큼이나 불안을 유발하고 슈퍼바이지에게 부정적 영향을 줄 수 있다.

4. 주요사건 접근의 슈퍼비전에서 다루는 주된 이슈

1) 슈퍼비전의 이슈

주요사건 접근의 슈퍼비전에서 다루는 10가지의 과제로는 ① 기술의 어려움과 결함 보완하기, ② 다문화 의식 높이기, ③ 역할 갈등 협상하기, ④ 역전이를 통해 작업하기, ⑤ 성적 매력 관리하기, ⑥ 성별과 관련된 오해 회복하기, ⑦ 문제 있는 태도와 행동 해결하기, ⑧ 슈퍼바이지의 통찰력 향상하기, ⑨ 진로 상담 기술 향상 및 올바른 관계 경험 촉진하기, ⑩ 병렬과정에 주의를 기울이기를 통한 작업이다(Ladany & O'shaughnessy, 2015).

기술결함 사건이 역할 갈등 사건으로 바뀔 때나 다문화적 인식 사건이 문제 있는 태도 사건으로 바뀔 때와 같이 때때로 한 사건은 다른 사건 내에서도 일어날 수 있다. 슈퍼바이저가 슈퍼바이지에게 개인적인 사항을 요청하면 역할 갈등으로 바뀔 수도 있다. 슈퍼바이지가 슈퍼바이저의 질문이 사생활 침해라고 생각한다면 슈퍼비전 동맹의 파열을 가져올 수도 있다. 슈퍼바이지가 내담자와 가지고 있던 역전이 문제를 해결하기 위해서는 슈퍼바이저와 먼저 이 문제를 다루어야 한다. 주요사건 접근 슈퍼비전이 상담 현장에서 슈퍼바이지의 역량 강화를 위해 도움이 되기 위해서는 복잡한 역동을 가진 슈퍼바이저와 슈퍼바이지의 특성, 환경, 심리상담과 슈퍼비전의 전체 구성을 다양하게 하여 슈퍼비전 실제의 다양성에 대하여 고려해야 한다. 또한 슈퍼바이지는 최소한 기본 기술, 심리상담 과정에 대한 지식, 어느 정도의 자기 자신에 대한 알아차림뿐만 아니라 슈퍼비전 과정에 대한 개방성을 가지고 슈퍼비전에 참여해야 한다. 그러나 많은 슈퍼바이지가 이러한 기대에 미치지 못하는 경우가 많다. 이에 슈퍼바이저는 슈퍼바이지의 부족한 부분을 인식하고 반응적이고 책임감 있는 태도를 가지고 슈퍼바이지에게 주의를 기울일 필요가 있다.

슈퍼비전에 있어 중요한 것은 역할기대에 대한 사전동의이다(American psychological Association, 2014). 슈퍼비전의 목적은 슈퍼바이지의 성격을 개조하는 것이나 개인적 문제를 해결하는 것이 아니고 내담자와의 작업이나 개인 혹은 집단 슈퍼비전에의 참여를 저해하는 개인적 한계에 대해 작업하는 것이다. 이에 슈퍼바이저는 윤리적인 슈퍼바이저로서의 행동을 위한 윤리 강령과 다양한 지침 등을 고려하여야 한다. 충분히 기능하는 심리상담사라 할지라도 모든 내담자에게 완벽한 심리상담을 제공할 수는 없다. 그러나 좋은 슈퍼비전을 통해 반면교사의 지혜를 얻으려는 노력은 좋은 심리상담사가 되는 데 반드시 필요한 과정이다. 이에 심리상담 과정에서 겪게 되는 주요사건을 중심으로 한 지속적인 슈퍼비전을 통해 심리상담사로서의 역량을 강화하는 데 지속적인 노력을 기울여야 할 것이다.

2) 심리상담 연습 및 훈련

(1) 효과적인 슈퍼비전을 위해서 고려해야 하는 사항

① 슈퍼비전 업무 제휴의 관점에서 슈퍼비전 관계의 힘을 인정한다.
② 다양한 심리상담 및 심리상담 슈퍼비전 접근을 활용한다. 슈퍼비전에서 하나의 심리상담 접근에만 의존해서는 안 된다.
③ 슈퍼비전은 심리상담과 다름을 인정한다.
④ 역할 유도 작업에 참여한다. 이를 통하여 슈퍼바이지가 슈퍼바이저에게 기대하는 바를 명확하게 해야 한다.
⑤ 슈퍼비전(예. 내담자를 더 잘 이해하기 위한 자기 인식)과 심리상담(예. 기능 개선을 위한 자기 인식)을 구분한다.
⑥ 슈퍼바이지 중심 및 내담자 중심 결과에 참여한다.
⑦ 슈퍼비전의 은밀한 과정에 대해 충분히 숙지하도록 한다. 관련 자료를 비공개하는 것은 내담자 관리를 방해할 수 있다.
⑧ 슈퍼비전에 관련된 윤리적 · 법적 문제를 개발하고 이해한다.
⑨ 모범 사례를 사용하여 평가한다. 슈퍼바이저는 평가의 두 요소(목표 설정 및 피드백)가 최대한 신중하게 제공될 수 있도록 최선을 다해야 한다.
⑩ 다문화적 심리상담 역량(다양한 문화적 도전) 향상에 노력한다.
⑪ 병렬과정의 중요성을 인식한다.
⑫ 관리 책임(행정적 책임)을 지도록 한다(예. 각종 서류 작업 등).
⑬ 집단 슈퍼비전 및 동료 슈퍼비전에 대한 중요성을 인식한다.
⑭ 슈퍼비전에 대한 교육 및 슈퍼비전을 받는다.

(2) 효과적인 슈퍼비전 관행을 반영하는 요소와 함께 고려해야 할 사항

① 초보 슈퍼바이지는 독선적(자기 혼자만이 옳다고 믿음)으로 될 수 있고 상급 슈퍼바이지의 지원이 필요하지 않다는 가정은 학습 기회를 놓치는 결과를 가져온다.
② 슈퍼바이저의 평가에 대해 슈퍼바이지는 이의를 제기할 수 있다. 그렇다고 슈퍼바이저가 슈퍼바이지에게 너무 후하게 긍정적인 평가를 제공하는 것은 주의해야 한다.
③ 슈퍼바이지는 슈퍼바이저의 편향된 신념과 성차별, 인종차별, 동성애 혐오와 같은 다문화적 편견을 쉽게 받아들이는 경향이 있기에 주의하여야 한다.
④ 슈퍼바이지는 지식 습득 능력을 갖추어야 한다. 하지만 지식만으로는 유능한 상담사가 되기에는 충분하지 않다.

(3) 슈퍼비전 관리의 비효과적인 요소와 관련된 사항

① 문제가 있는 슈퍼비전 업무 제휴는 슈퍼비전 업무의 문제로 이어지는데, 이는 관련 임상 자료의 비공개, 슈퍼바이저의 권고를 무시하는 것, 슈퍼비전에 소비되는 비생산적인 시간을 포함한 다양한 부정적인 요소와 관련된다.
② 내담자에 대한 상담결과를 전적으로 옹호하는 심리상담사들은 슈퍼비전이 도움이 되지 않거나 슈퍼바이저에게 저항하거나 반응하지 않게 될 수도 있다.
③ 슈퍼비전 세션에서 슈퍼비전의 다른 요인보다는 사례논의를 우선시하는 슈퍼바이저는 부적절할 수 있으며, 잠재적으로 슈퍼바이지에게 유해할 수 있다.

5. 주요사건 접근의 슈퍼비전에 대한 평가

1) 슈퍼비전에 대한 평가

효과적인 슈퍼비전을 위해서는 슈퍼바이저도 전문적 훈련이 필요하다. 그러나 여기에서는 슈퍼바이저의 훈련보다는 슈퍼바이지를 교육하는 방법을 우선으로 다루고 있다. 주요사건 접근의 슈퍼비전에서 강조하는 것이 바로 슈퍼바이지에 대한 교육이기 때문이다. 따라서 주요사건 접근의 슈퍼비전에서는 슈퍼바이저에 대한 전문적인 훈련보다는 슈퍼바이지를 교육하고 훈련하는 방법에 주안점을 둔다. 이에 주요사건 접근의 슈퍼비전에서는 주요사건 접근을 적용하는 슈퍼비전 교육에 참여할 것을 강조한다. 주요사건 접근의 슈퍼비전에서 아쉬운 점은 유능한 주요사건 접근의 슈퍼바이저의 양성을 위한 체계적이고 전문적인 훈련 과정도 더 요청된다는 것이다.

2) 연구 및 향후 방향

전통적으로 과제분석 접근법은 모델의 개발과 검증에 두 가지 접근법을 사용한다 (Greenberg, Heatherington & Friedlander, 1996). 첫째, 이론적 · 경험적 지지가 있는 인식 가능한 과제를 식별하는 접근법이고, 둘째, 현장에서 합리적이고 경험적인 접근법이다. 따라서 주요사건 접근의 슈퍼비전에서도 다른 접근법과 마찬가지로 슈퍼비전 작업의 실제 데이터를 사용하여 연구자들은 주요사건 접근의 슈퍼비전이 얼마나 잘 작동하는지 판단하고 어떤 것들을 추가로 고려해야 하는지 등에 대한 새로운 증거들을 찾아 내는 연구들이 활성화되어야 할 것이다. 한국에서의 주요사건 접근의 슈퍼비전 적용 가능성을 살펴보면, 이 접근은 범이론적으로 적용할 수 있어서 슈퍼바이지들이 가져오는 다양한 슈퍼비전 문제에 유용하게 사용할 수 있을 것이라 생각한다.

제 6 장

역량기반 접근의 심리상담을 위한 슈퍼비전

1. 역량기반 접근의 슈퍼비전 개요
2. 역량기반 접근의 슈퍼비전 핵심 원리와 기술
3. 역량기반 접근의 슈퍼비전 방법
4. 역량기반 접근의 슈퍼비전에서 다루는 주된 이슈
5. 역량기반 접근의 슈퍼비전에 대한 평가

이 장에서는 『Supervision Essentials for the Practice of Competency-Based Supervisions』(Falender & Shafranske, 2017)을 중심으로 역량기반의 슈퍼비전을 소개하고자 한다. 이들은 '역량'을 개발의 한 지점이 아니라 맥락에 따라 성장하고 발달하는 과정으로 설명하고 있다. 역량기반 접근의 슈퍼비전에서는 임상 역량을 구성하는 태도와 가치, 지식, 기술에 대하여 알아본다. 슈퍼비전의 방법으로는 메타역량과 슈퍼비전 관계, 슈퍼비전 계약을 비롯하여 다문화 적용 및 개인적 요소와 법적·윤리적 역량과 전문성 등에 대하여 다룬다. 따라서 이 장에서는 슈퍼바이저와 슈퍼바이지에게 역량기반 접근의 수련 목적을 달성하기 위해 설계된 구조와 과정을 제공한다. 이와 더불어 전문적 역량을 키워야 하는 과업에 대한 방향과 역량기반 슈퍼비전의 접근 방식을 구현하기 위한 실질적인 지침, 슈퍼비전 이슈 및 평가를 다루었다.

1. 역량기반 접근의 슈퍼비전 개요

역량기반 접근의 슈퍼비전은 메타이론적 접근 방법이다. 이는 복잡하지만 포괄적인 초이론적 모델로서 효과적이고 책임감 있는 슈퍼비전에 참여하는 데 필요한 지식, 기술, 태도, 가치관 및 윤리를 강조한다. Falender와 Shafranske(2017)는 이러한 기본 요소들은 슈퍼바이지가 자신들의 상담 역량을 개발하고 향상하는 데 필수적인 것들로, 역량을 개발의 한정된 지점이 아니라 맥락에 따라 진화하는 과정으로 설명하고 있다. 의료 서비스 전문직과 마찬가지로, 임상이나 심리상담 분야에서의 역량도 단순히 학구적이고 수련 경험의 축적만으로 이루어지는 것이 아니고, 실제 상담 장면에서 요구되는 특정 역량들을 끊임없이 수련해야 한다고 강조한다.

역량기반 접근의 슈퍼비전은 임상 역량을 구성하는 지식, 기술 및 태도와 가치를 명시적으로 구별하고 학습 전략 및 평가 절차의 정보를 제공하며, 증거기반 실제와 규정, 그리고 특히 미국 내에서도 각 주에 따라서 다르게 적용되는 지역적 임상 환경과 일치하는 준거를 참조한 역량 표준을 충족시키는 메타이론적 접근 방법이다(APA, 2014). 역량기반 접근의 슈퍼비전은 임상과 슈퍼비전의 역량 평가 및 개발을 위한 체계적이고 포괄적인 접근 방법을 제공한다. 이를 통하여 슈퍼비전의 질과 효과성을 높이고, 관찰, 평가, 피드백, 게이트키퍼로서의 역할 등의 상호 관련 기능을 수행하게 한다. 역량기반 접근의 슈퍼비전은 관찰 가능한 행동으로 표현된 특별한 역량의 구성요소와 슈퍼비전 및 임상 교육 과정의 전반적인 역량에 관한 자문에 초점을 맞추었다(Falender & Shafranske, 2004, 2007).

역량기반 접근의 슈퍼비전에서는 슈퍼바이지의 메타역량을 향상하는 데 중점을 두고, 과학적인 태도를 통합하여 개입의 효과성에 초점을 맞춘 슈퍼비전 유형을 개별적으로 조정할 수 있도록 안내하고 있다. 일반적으로 역량에 대한 개념은 다를 수 있지만, 역량기반 접근의 슈퍼비전에서 '역량'이란 실제로 특정 기술 과제의 수행 이상을 포함한다. 즉, '역량'은 지식의 실천, 비판적 판단, 대인관계 기술, 메타역량과 윤리적 행위와 같은 많은 능력을 포함한다. 의학에서 출발하여 보편적으로 받아들여지는 역량에 대한 정의는 '개인과 지역사회의 이익을 위해 제공되는 일상생활에서의 의사소통, 지식, 기술, 임상적 추론, 감정, 가치 및 성찰을 습관적이고 합리적으로 이용하는 것'으로 기술된다.

슈퍼비전은 상담 전공 학생들의 대학원 진학과 임상 장면에서의 기초로서, 단계적으로 임상 능력 향상과 더불어 공인 심리상담사가 되기 위해 받아야 하는 필수적인 준비 과정이다. 따라서 슈퍼바이지는 임상 기술을 연마하는 것 외에도, 심리상담사라는 직업과 하나가 되어 원칙, 윤리 및 가치를 내면화하여 평생 실무의 기반을 구축해야 한다. 이러한 슈퍼비전은 교육이 주요 목표이지만 슈퍼바이저의 첫 번째 책임은 항상 내담자의 복지에 있다. 즉, 내담자와 슈퍼바이지에 대한 많은 책임과 의무를 고려할 때, 슈퍼바이저는 심리상담 슈퍼비전에 대한 명확한 이해를 바탕으로 역량과 효과를 보장하기 위한 모범 사례를 통합할 수 있는 전반적인 역량을 갖추고 있어야 한다.

1) 역사적 배경

역량기반 슈퍼비전의 역사는, 전통적인 정신분석적 접근의 슈퍼비전들처럼 긴 역사를 가진 것은 아니다. 다만, Carol Falender와 Edward Shafranske가 본인의 심리상담 전문가로서의 성장 경험과 수련 과정 그리고 슈퍼바이저로서의 총체적인 경험들을 슈퍼비전에 접목하면서 정립해 왔다고 볼 수 있다. 먼저 Falender는 아동과 가족 커뮤니티 클리닉에서 20년 이상(1978~2000년)의 경력과 더불어, 미국심리학회(American Psychological Association) 공인 인턴십 프로그램으로 슈퍼비전을 하면서 이 역량기반 접근의 슈퍼비전 기반을 만들기 시작하였다. Falender는 임상 슈퍼비전과 임상 수련을 통해 슈퍼바이지의 학습과 전문성을 개발하는 과정에서 간과되고 있는 슈퍼비전의 측면을 조사하면서, 슈퍼바이지에게 더 적합한 슈퍼비전 모델을 개발해야 할 필요성을 인식하였다. 이를 위해 처음에는 진보적인 성향의 석학인, Bernad와 Goodyear의 영향을 받았다. 이후 Nelson의 역량기반 수련에 관심을 가지고, 자신의 경험과 학문, 공인 인증을 얻기 위해 학문에 정진한 자신의 노력을 바탕으로 역량기반 슈퍼비전과 관련한 틀을 구축하였다. 2001년 심리학회에서 일하던 중 Edward Shafranske를 만나 그와 함께 워크숍을 진행하면서 협력하였는데, 이후 현재까지도 두 사람의 협업은 이루어지고 있다. 이에 두 사람은 대표자로서 역량기반 슈퍼비전을 이끌고 있다. 이들 외에도 역량기반 접근의 슈퍼비전 발전에 기여한 사람들로는 Nadine Kaslow, Robert Hatcher, Nadya Fouad 등이 있다.

2) 주요 학자

(1) Carol Falender

Carol Falender는 Pepperdine University의 외래교수와 UCLA의 심리학과의 임상교수로 일하고 있다. Falender는 APA Division 37과 Society for Child and Family Policy and Practice의 회장을 역임하였으며, 기타 APA에서 슈퍼비전 영역에서 중요한 역할을 담당하고 있다. Edward Shafranske와 더불어 역량기반 슈퍼비전의 대표적인 학자이다.

(2) Edward Shafranske

Edward Sharfranske는 Pepperdine University의 교수진(1988년~현재)이자 임상수련 책임자(1995~1998년), 그리고 PsyD 프로그램 책임자(1998년~현재)로 일하고 있다. Shafranske는 역량을 기반으로 한 슈퍼비전에 관한 지식에 집중하였고, 심리상담에서 종교와 영성의 접점에 관심을 갖고 있다. 특히 슈퍼비전의 목표를 달성하기 위한 방법과 관련하여, 역량을 신중하게 구별하고 평가하는 작업과 협업 과정을 촉진하는 것의 중요성을 강화하였다. Edward Sharfranske는 Falender와의 협업으로 역량기반 접근의 슈퍼비전에서 핵심적인 역할을 하는 대표적인 학자이다.

2. 역량기반 접근의 슈퍼비전 핵심 원리와 기술

역량기반 접근의 슈퍼비전 수련은 역량 함양에 대하여 가정법에 의존하는 것에서 벗어나 실제 역량 시연에 중점을 두고 있다. 여기에는 특정한 역량들을 만들어 내기 위해 끌어 모은 지식과 기술, 태도를 신중하게 구별하고 평가하기 위한 노력이 포함된다. 그러나 역량에 대한 포괄적인 평가(혹은 역량에 대한 인상)보다는 슈퍼바이지(혹은 슈퍼바이저)가 지식이나 기술, 그리고 태도를 관찰 가능한 구체적 행동 언어로 묘사하고 평가하는 데에 주의를 기울일 것을 강조한다. 이 접근 방법을 충족시키기 위해서는 슈퍼바이지뿐만 아니라 슈퍼바이저 부분에 관한 주의 집중도 필요하다. 개별적인 행동을 직접 관찰하려면 각각의 측면들이 어떻게 전문적인 활동 수행에서 사용되는지에 대해 집중적으로 주의를 기울이는 것뿐만 아니라, 정확하게 평가할 수 있는 능력이 필요하기 때문이다. 이에 Epstein과 Hundert(2002)는 역량이란 도덕적 발달은 물론 기본 임상 기술과 과학적 지식에 토대를 구축하는 것으로 설명하고 있다.

이와 같은 관점에서 본 역량은 임상 수련 및 슈퍼비전의 대상인 의료 서비스 및 심리학에 필요한 지식, 기술, 태도, 가치 및 윤리의 복잡한 조합을 보여 준다. 한편, 슈퍼비전은 상담 관계와 심리상담사로서의 자기평가 등과 같은 광범위한 기본 역량과 더불어, 수련목표에 맞는 심리 평가 또는 치료적 개입을 수행하는 데 있어서의 기술과 같은 기능적인 역량에도 초점을 맞추어야 한다(Rodolfa et al., 2005).

그러나 우리 모두가 진정으로 열망하는 역량의 기준은 더 높은 수준의 역량을 사용하거나 우리가 알지 못하는 것에 도전하는 성찰 능력이다. 이러한 열망은 능력 및 제한 사항에 대한 자기평가와 연관되고, 슈퍼바이저나 동료들로부터의 의견을 수렴하고 또 스스로 역량을 유지하고 향상하도록 끊임없이 자극하는 것들을 포함한다. 이를 통하여 역량기반의 슈퍼바이저는 심리상담 전문가인 슈퍼바이지들이 임상적으로 기초가 탄탄한 전문가로서 기본적인 역량을 갖추고, 전문적 책임과 의무를 다하는 것에 초석이 되도록 역량을 촉진해야 한다. 이것이 바로 역량기반의 슈퍼비전 핵심이라고 할 수 있다.

1) 슈퍼비전 특징

먼저 역량기반 접근의 슈퍼비전 특성을 살펴보면 다음과 같다. 슈퍼바이저와 슈퍼바이지의 관계는 슈퍼비전의 시작인 슈퍼비전 계약에서부터 시작된다고 본다. 이에 슈퍼바이저는 슈퍼바이지의 상담 장면에 대한 관찰과 지속적인 평가 및 피드백 제공에 초점을 맞춤으로써, 임상 개입을 계획하는 슈퍼바이지에게 도움을 주게 된다.

역량기반 접근의 슈퍼비전은 책임성을 보장하고, 슈퍼비전의 기술과 과학을 구성하는 다양한 역량의 방향에 있어 이론을 뛰어넘거나 혹은 이론을 넘나드는 체계화된 접근법이다. 이는 모든 형태의 임상 수련에 사용할 수 있으며 인지행동치료 슈퍼비전과 같은 다양한 심리치료 오리엔테이션(Gonsalvez & Calvert, 2014)과 함께 사용하기에 적합하다. 즉, 역량기반 접근의 슈퍼비전은 슈퍼바이저의 독특한 기술과 임상 오리엔테이션의 이론적이고 기술적인 측면을 쉽게 수용할 수 있도록 체계적 접근 방식을 제공한다.

이러한 역량기반 접근의 슈퍼비전 장점 중 6가지 주요 요인을 살펴보면 다음과 같다.

① 역량기반 접근의 슈퍼비전은 수련목표와 학습목표를 명확히 하여 슈퍼비전 작업동맹의 발전을 지원한다. 슈퍼바이저와 슈퍼바이지는 목표와 과제에 대한 혼란을 최소화하고 협업을 강화함으로써 효과적인 업무 관계를 구축하는 데 기여한다.

② 역량기반 접근의 슈퍼비전은 역량을 형성하는 데 필요한 특정 지식, 기술, 태도 및 가치를 구별하여 역량 개발을 지원한다. 슈퍼바이저는 관찰을 통하여 슈퍼바이지에게 필요한 역량에 대한 자기평가 및 메타역량에 초점을 맞추도록 한다.

③ 역량기반 접근의 슈퍼비전은 수련에 중점을 둔 역량을 구성하는 지식, 기술 및 태도를 명확히 함으로써 형성 평가 및 누적 평가를 지원한다. 이러한 접근 방식은 혼란을 최소화하여, 최종 평가에서 '뜻밖의 돌발상황'을 없애고, 슈퍼비전에 대한 안건들을 정할 수 있도록 한다.

④ 역량기반 접근의 슈퍼비전은 개선 영역을 구체적으로 파악하여 학습을 지원한다. 슈퍼바이지에게는 경험과 다른 형태의 학습에 대한 유용한 피드백이 제공된다. 피드백, 평가, 학습 등이 명확하게 연계되어 역량이 발달하도록 슈퍼바이저와 슈퍼바이지의 협업을 강화한다.

⑤ 역량기반 접근의 슈퍼비전은 평생 과정으로서의 역량에 대한 이해를 지원하고 전문성을 지속적으로 발전시킬 수 있도록 직무 역량 강화 학습을 촉진하여, 그 효과성뿐만 아니라 만족도도 높일 수 있도록 한다.

⑥ 위에서 언급한 각 사항이 충실하게 이행되면 역량 개발에 도움이 되고, 그러한 과정들을 통해 슈퍼바이지는 전문성의 개발뿐만 아니라 이를 통하여 내담자의 복지도 보장할 수 있게 된다. 즉, 내담자들이 항상 최고 수준의 심리상담을 받는데 요구되는 역량의 관점에서 생각하고, 슈퍼바이저 또한 내담자 복지를 지원하기 위해 모범이 되는 지식, 기술, 태도 및 가치를 구별하는 것에 중점을 두고 슈퍼비전을 진행하게 된다. 이러한 점에서 슈퍼바이지가 슈퍼비전을 받는 동안 심리상담을 받게 되는 내담자들은 더 나은 서비스를 제공받을 수 있게 된다.

2) 슈퍼비전 핵심 개념

역량기반 접근의 슈퍼비전을 실현하기 위해서는 먼저 약속이 이행되어야 하고, 이러한 접근방법과 일치하기 위해서는 수행에 있어서 태도 및 가치, 특정 지식과 기술이 요구된다.

(1) 태도 및 가치

효과적인 슈퍼비전은 개인적이고 전문적인 가치와 태도의 토대 위에 세워진다. 역량기반 접근의 주된 초점은 슈퍼바이지에게 있지만 슈퍼비전 과정을 크게 형성하는 슈퍼바이저의 태도와 역량도 고려하여야 한다. 먼저, 슈퍼바이지의 배우고자 하는 진정한 열망과 전문성에 대한 책무, 피드백을 받아들이는 열린 자세, 정직 · 진실성 · 존중 · 근면성 등과 같은 개인적 특성, 자기인식, 피드백과 방향성에 대한 대처 능력, 그리고 반복적인 수련에서 임상적 책임을 배우고 수행하기에 충분한 임상적 역량 등이 역량기반 접근의 슈퍼비전 효과에 큰 영향을 미친다. 마찬가지로 슈퍼바이저의 태도와 가치는 슈퍼바이지에게 직접적인 영향을 미치며 슈퍼비전의 과정과 효과에도 영향을 미친다. 슈퍼바이저가 되어 슈퍼비전을 하는 입장에서 본인들의 수련과 발전에 가장 크고 긍정적인 영향을 미쳤던 슈퍼바이저들과 슈퍼비전 경험들은 현재의 슈퍼비전에 큰 도움이 된다.

(2) 지식

슈퍼비전을 효과적으로 수행하기 위해서는 슈퍼비전에 관련된 문헌들에 대하여 높은 식견을 갖추고 있어야 한다. 또한 슈퍼바이저는 그 분야의 최신 연구나 경향성에 대한 정보에서도 뒤떨어지지 않아야 한다. 대부분의 노련한 슈퍼바이저들은 최신의 상담 이론이 대두되기 전에 슈퍼바이저들이 되었기에, 현재의 슈퍼바이지들이 익힌 최신 이론적 접근이나 방법들에 대하여 익숙하지 않을 수 있다. 이에 기존의 슈퍼바이저들은 자신들의 제한된 수련과 경험이 현재의 심리상담 현장에서 슈퍼비전을 수행하기에 여전히 충분한지에 대하여 스스로 점검해 볼 필요가 있다. 예로 슈퍼바이지가 사용한 심리상담 접근이 슈퍼바이저에게 낯선 접근일 경우 슈퍼바이저를 변경할 수 있다는 것을 충분히 슈퍼바이지에게 고지해 주어야 한다. 슈퍼비전을 수행하는 슈퍼바이저들도 깊은 자기반성과 자기평가를 통하여 역량 증진을 끊임없이 추구하여야 한다.

(3) 기술

기술적인 측면에서는 먼저 관계와 질문 그리고 교육 및 학습 구성의 면에서 살펴볼 수 있다.

① 관계

슈퍼바이저의 대인관계와 소통 능력은 슈퍼바이저 가치와 슈퍼비전 고유의 권력 차이에 대한 주의와 함께 효과적인 업무 관계 발전과 슈퍼비전 동맹 형성에 기여한다. 기대, 평가, 피드백, 진단에 대한 명확한 의사소통 외에 슈퍼바이저의 따뜻함, 진실함, 존중을 전달할 수 있는 능력은 슈퍼비전 동맹과 효과에 영향을 미친다. 슈퍼비전 관계는 서로 간에 상호작용을 하지만, 슈퍼바이저에게는 긍정적이고 지지적이며 협력적인 작업 관계를 능숙하게 개시하고 슈퍼비전 동맹의 발전 계기를 마련하는 일차적 책임이 있다.

② 질문

슈퍼비전에서 질문은 중요한 역할을 하는데 다음의 관점에 중점을 두도록 한다.

- 슈퍼비전과 사례 관리를 적절히 보장하는 데 필요한 정보를 도출하는 것에 중점을 둔다.
- 슈퍼바이지가 자기자각, 메타역량, 행동에 대한 반성을 성찰하거나 강화할 수 있는 질문을 한다. 이때 질문을 구조화하고 반영과 정확한 자기평가를 쉽게 할 수 있도록 슈퍼바이저는 관찰한 내용을 슈퍼바이지에게 제공한다. 이를 통하여 슈퍼바이지가 효과적인 자기 모니터링과 메타역량을 이끌어 낼 수 있도록 유도한다. 슈퍼바이지는 또한 슈퍼바이저를 모델 삼아 자신들의 임상 작업을 관찰하고 생각하는 방법을 배워 나갈 수 있다.

③ 교육 및 학습 구성

다양한 학습 과정에 슈퍼바이지를 참여시킴으로써 역량 개발 보장을 목표로 한다. 슈퍼바이저는 단순히 질문에 답하거나 지시를 내리기보다 반영과 경험의 실천인 모델링, 피드백, 직접적 설명, 자율 규제 등을 학습할 수 있도록 구성한다.

3. 역량기반 접근의 슈퍼비전 방법

역량기반 접근의 슈퍼비전 방법에는 ① 메타역량, 자기평가, 반성적 실천, ② 슈퍼비전 관계, ③ 슈퍼비전 계약, ④ 다문화와 다양성, ⑤ 개인적 요인과 민감성 및 반응 다루기, ⑥ 법적·윤리적 역량과 전문성을 비롯하여 기타 다른 방법들이 있지만, 이 절에서는 다음의 요인들을 다루도록 한다.

1) 메타역량, 자기평가, 반성적 실천

메타역량이란 자신이 알고 있거나 모르고 있다는 것을 알 수 있는 능력을 말한다. 그러나 이는 간단하게 설명할 수 있는 역량은 아니고, 면밀한 관찰을 통해 지식이나 기술의 부족, 특히 대인관계 혹은 슈퍼비전 유형이 타인에게 어떻게 영향을 미치는가와 같이 개인적이고 작업의 어려움 등을 알아내는 역량이기도 한다. 우리는 대체로 자신을 과소평가하기에 자신감이 적고, 자신에 대한 만족감도 떨어진다. 그러나 정확한 자기평가는 역량 개발의 기본이며 직업적 전문성에 매우 중요한 역할을 한다. 심리상담 슈퍼비전에서 메타역량은 학습의 영역뿐만 아니라 전문역량 개발 측면으로도 매우 중요하다. 이에 슈퍼바이지는 자신의 임상 성과를 정확하게 평가하기 위해 중요한 역량의 기준인 자기반영을 촉진하고 내담자 복지 보장 등을 위하여 슈퍼비전에서 다루어야 할 영역을 선별할 줄 알아야 한다. 마찬가지로 슈퍼바이저도 자체평가를 통해 효과를 지속적으로 모니터링하고, 슈퍼비전 관계 및 슈퍼비전 효과를 개선할 방법에 주의를 기울여야 한다.

따라서 슈퍼바이저는 역량 벤치마크(예. Fouad et al., 2009; Hatcher et al., 2013)에 기반한 행동 기준을 사용하여 평가, 피드백 및 목표를 정할 수 있고, 목표와 관련된 특별한 역량을 보완할 수 있다. 또한 슈퍼바이저는 자신의 지식, 기술 및 태도를 신중하게 검토하고, 슈퍼바이지와 동료로부터 성과에 대한 피드백을 받아 슈퍼비전 역량에 대한 자체 평가(APA, 2014; 2015)도 진행할 수 있다.

역량기반 접근의 관점에서 슈퍼바이저가 되는 과정은 다음과 같다. 슈퍼바이지는 슈퍼비전에 참여하는 순간, 이는 바로 슈퍼바이저가 되기 위한 훈련을 시작하는 것이지만, 이러한 경험만으로는 충분하지 않다. 따라서 슈퍼바이지가 슈퍼바이저로 성장할 수 있는 역량으로는 다음을 고려하여야 한다(Falender & Shafranske, 2012; Vespia, Heckman-Stone, & Delworth, 2002).

① 슈퍼바이저가 되고자 하는 태도, 준비 및 성장 의지
② 슈퍼비전 과정에 대한 견해(적극적, 수동적, 목표지향적, 협력적)
③ 본인의 어려움을 인정하거나 오류를 토의할 수 있는 능력
④ 슈퍼비전 관계 및 자기비판에 관한 문제를 논의하는 기술

⑤ 피드백에 대한 개방성, 비방어적 수용 및 슈퍼바이저에게 피드백을 제공할 수 있는 용기
⑥ 내담자에 대한 개인적·정서적 반응이 언급될 때, 개인 역동이 심리상담 및 슈퍼비전과 어떤 관련이 있는지에 대해 이해할 수 있는 능력
⑦ 다양한 관점, 내담자의 평가 결과, 윤리적 및 법적 관점에 대하여 솔직하게 개방할 수 있는 능력

이외에 Goodyear 등(2014)은 심리상담사인 슈퍼바이지가 슈퍼바이저가 되면서 가져야 하는 10가지 변화에 대해 다음과 같이 설명하였다.

① 복합적인 반응에 대하여 대처할 기회들을 인식하고 실행할 수 있는 능력 개발
② 슈퍼바이저처럼 생각하는 능력 향상
③ 자기 자신이 될 수 있는 능력 함양
④ 슈퍼바이저로서 자기 자신을 보는 능력 배양
⑤ 자신의 편견과 타인에 대한 영향을 모니터링하는 도구로 반영을 사용할 수 있는 능력 배양
⑥ 효과적인 심리상담을 구성하는 것에 대한 자신의 판단에 자신감과 더불어 신뢰할 수 있는 능력 배양
⑦ 슈퍼바이저로서 자신의 역량에 대한 자신감 함양
⑧ 슈퍼바이지의 개발 과정에 대하여 인내심을 가지고 지켜볼 수 있는 능력 함양
⑨ 심리상담계의 게이트키퍼로서 옳은 일을 하고 있다는 자기신뢰를 바탕으로 이 역할을 할 수 있는 용기 함양
⑩ 자신이 가지고 있는 권력을 이해하고 이를 관리하는 능력 함양

이 외에도 슈퍼바이저가 되는 훈련에는 슈퍼바이저를 위한 세미나를 비롯하여 슈퍼바이지와 슈퍼바이저 역할 훈련 등에 참여하여 슈퍼바이저로서의 역량을 강화할 수 있다.

2) 슈퍼비전 관계

슈퍼비전 동맹은 슈퍼비전 실습의 기본이며 어떤 이론적 접근에 상관없이 임상 슈퍼비전 과정과 결과에 영향을 미치는 기본적이고 핵심적인 요소이다. 즉, 슈퍼비전에서 슈퍼바이저와 슈퍼바이지 사이의 관계가 중요하다는 것이다. 슈퍼비전 관계는 슈퍼바이지의 능력을 향상시키는 동시에 전문적인 발전에 도움을 줄 수 있다. 보편적으로 슈퍼바이저는 관계에 있어서 단지 권력만 가지는 것이 아니라 상당한 특권도 가지고 있다. 임상 슈퍼비전에서 자주 다루지 않는 이러한 특권의 측면은 슈퍼바이지-슈퍼바이저 관계와 내담자에 대해 이루어진 평가, 개입 및 일반적인 가정(假定)에서 주요 요인이 된다.

그러나 슈퍼비전 관계는 슈퍼바이저나 슈퍼바이지에게 부담이 될 수 있다. 슈퍼비전 목표 또는 목표 달성을 위한 방법, 다양성에 대한 부적절한 주의, 부족한 대인관계 능력, 임상 슈퍼비전 역량 부족, 부적절한 슈퍼비전, 제도적 지원 부족, 임상 업무에 내재된 압박감과 좌절감 등과 관련하여 슈퍼바이저와 슈퍼바이지 간의 갈등이 발생할 수 있다. 이런 경우에 발생할 수 있는 균열, 즉 동맹관계를 위태롭게 하거나 깨뜨리는 형태는 윤리를 위반하거나 경계를 무너뜨릴 가능성이 있고, 회복되지 않으면 해가 되는 슈퍼비전이 될 수 있다. 권력 차이를 고려할 때, 슈퍼바이지는 불만족이나 긴장감을 슈퍼바이저에게 대부분 직접 전달하지 않는다. 슈퍼바이저는 부담감의 징후를 염두에 두어, 슈퍼비전 과정 초기에 생길 수 있는 부담감을 어떻게 정상화하고, 슈퍼바이저와 슈퍼바이지 서로 간에 발생할 수 있는 차이와 부조화를 줄이기 위해 어떻게 노력할 것인지에 대해 방법을 제안해야 한다. 만약 부담의 징후가 관찰되면, 슈퍼바이저는 먼저 관계가 스스로 회복되는지 기다려야 한다. 그렇지 않을 경우, 슈퍼바이저는 자신 때문에 슈퍼바이지가 부담을 느낄 수 있다는 점을 반성하고, 이를 인정하여 이유를 탐색해 보는 것이 바람직하다. 그러나 이런 경우에도 다시 권력 차이로 인해 슈퍼바이지는 부담이 있다는 점을 부정하거나 이에 대한 영향('다 괜찮아요')을 최소화할 가능성이 높다. 따라서 슈퍼바이저는 슈퍼바이지에게 이의를 제기하기보다는, 슈퍼비전에 대한 책임에 있어서 적절하게 대처했는지 동료 슈퍼비전을 받거나 객관적인 조치를 위한 대안을 마련해야 한다.

3) 슈퍼비전 계약

슈퍼비전 계약은 슈퍼비전의 핵심이고 슈퍼비전에 영향을 미치는 각 요인과 과정(예. 목표, 슈퍼비전 구조, 슈퍼바이저와 슈퍼바이지의 요구)을 정의하고 기술한다. 슈퍼바이지의 기대, 요구사항, 만일의 사태를 포함하는 계약의 전략적 측면에서도 주의를 기울여야 한다(Thomas, 2010). 역량기반 접근의 슈퍼비전에서 계약은 실시간 또는 비디오 관찰, 비디오 검토 또는 슈퍼비전 토론을 기반으로 슈퍼바이지의 자체 평가와 슈퍼바이저의 계속된 피드백을 기초로 계약을 구성하고, 슈퍼비전에 대한 기대와 과정을 포함하여 효과성도 고려한다. 슈퍼비전 계약에는 목표와 목표 달성을 위한 방법, 슈퍼비전의 구조 및 매개 변수 그리고 슈퍼바이지의 요구사항들이 포함된다. 이를 자세히 살펴보면 다음과 같다.

(1) 목표

목표는 슈퍼바이지의 자체 평가, 피드백 및 슈퍼바이지의 현재 역량과 향후 개발을 위한 계획에 대해 협력적으로 합의한 것에서 도출된다. 목표와 과제는 측정 가능해야 하며, 각 슈퍼비전 회기에서 이 사항들을 검토하여 목표가 달성되는 대로 협의하여 수정한다.

(2) 목표 달성을 위한 방법

목표를 기술하는 것 외에도 슈퍼바이저와 슈퍼바이지가 한 쌍으로 이루어진 슈퍼비전은 계획적인 합의를 통해 목표 달성을 위한 방법을 정한다. 이러한 목표와 목표 달성을 위한 방법은 불변하는 것이 아니라 오히려 진화하며 슈퍼비전 과정에서 수정되거나 변화된다는 점을 강조한다. 이러한 역량의 개발과 평가는 슈퍼비전에서 서로 간에 성과를 확인하는 유사한 과정과 내담자에 대한 작업을 관찰하는 것을 포함한다.

(3) 슈퍼비전의 구조

계약 요소의 포괄적인 개요를 포함한 슈퍼비전 계약서의 내용을 살펴보면 다음과 같다. 공식적인 요소에는 슈퍼바이저의 가장 큰 의무에 대한 설명이 포함된다. 이것은 내담자에 대한 보호, 게이트키퍼로서의 역할에 대한 법적·윤리적 책임을 말하는 데, 이를 통해 슈퍼바이지의 개발 촉진과 역량 강화라는 슈퍼바이저의 의무를 정한다. 계약서에는 또한 연수나 현장에서의 수행 기준, 그리고 기대치가 충족되지 않았을 경우 그에 관한 결과 등 구체적인 요구사항이 포함된다. 이러한 요구사항은 모든 임상 활동의 규범이 되는 슈퍼바이지의 내담자에 대한 개인적 반응과 개인 탐색도 포함된다. 이러한 계약 과정은 미국의 APA에서는 잘 체계화되어 있는 반면에, 한국에서는 슈퍼비전에 대한 역할과 기능이 달라서, 아직 APA에서처럼 구체적인 슈퍼비전 계약서를 작성하고 진행하는 경우가 많지 않다.

(4) 슈퍼바이지의 기대

슈퍼바이지 성과를 위한 요구사항은 명확하고 포괄적으로 설명되어 있고(Fouad et al., 2009; Hatcher et al., 2013), 기준이 포함된 역량 문서, 즉 수련 프로그램 핸드북 또는 현장 인사 관행 등에 연계되어 있다. 요구사항이 이처럼 명확하게 규정된 것은 수련 의제 설정, 투명성 강화, 협업 장려, 요구와 책임의 불일치에서 오는 부담을 없애기 위해서이다.

4) 다문화와 다양성

다문화와 다양성은 역량기반 접근의 슈퍼비전 윤리적 의무이다. 임상 서비스의 성격에 상관없이, 개인차와 상황에 따른 요소를 실무 전반에 걸쳐 고려해야 한다. 심리상담사인 슈퍼바이지는 문화적으로 민감하고 적절한 심리적 서비스를 보장하기 위해 원칙과 지식을 적용하는 기술을 필수적으로 개발해야 한다.

슈퍼바이지 및 슈퍼바이저의 일반적인 생태계 매개 변수에는 ① 이민 및 문화적 적응, ② 생태적 맥락, ③ 가족 형태, ④ 슈퍼바이지 및 슈퍼바이저의 맥락에서 내담자의 가족생활 주기가 포함된다. 즉, 슈퍼바이저와 슈퍼바이지는 문화적 경계 또는 중복되는 생태학적 차원에서 발생하는 이해와 세계관, 편견 및 이해를 고려해야 한다.

다문화 정체성은 슈퍼비전 동맹이 형성되기 시작할 때부터 다루는 것이 바람직하다. 즉, 슈퍼바이저가 먼저 의도적 자기개방 또는 사례평가 및 개념화와 심리상담 계획에 대해 제시하는 세계관과 개인적 관점에 대하여 다룰 수 있다. 부정확한 추론과 그에 따르는 잘못된 가정(假定)은 슈퍼비전 동맹을 긴장시키거나 와해시킬 수 있다.

5) 개인적 요인과 민감성 및 반응 다루기

다문화 정체성과 더불어 많은 개인적인 요인들이 내담자와의 전문적인 관계를 포함하여 관계에 영향을 미친다. 역량기반 접근의 슈퍼비전은 전문적 실무에 영향을 미치는 개인 요인의 역할에 대한 인식을 높이고 그러한 영향에서 발생하는 부적절한 행동으로부터 내담자를 보호하기 위한 관계, 맥락 및 과정을 제공한다. 이에 개인 요인을 다루기 위한 윤리적 요구사항을 다루고, 개인 반응성의 성격(역전이)을 논의하며, 이러한 개인 요인을 탐구하고 관리하기 위한 슈퍼비전 접근법을 살펴보면 다음과 같다.

(1) 슈퍼바이지의 개인적 요인에 대한 방향 설정

개인 요인에 대한 초기 방향은 슈퍼비전 계약의 맥락에서 기대치를 논의하는 슈퍼비전의 시작부터 발생한다.

① 지식

교육의 성격과 이전의 임상 훈련에 따라 슈퍼바이저 사이에 개인 요인(또는 역전이)에 대한 지식에는 상당한 차이가 있다. 예를 들어, 정신분석학적 지향의 훈련을 받은 사람들은 역전이 이론에 익숙하지만, 인지 또는 행동 모델에 집중된 사람들은 그러한 개념에 대한 이해도가 낮을 수 있다. 따라서 슈퍼바이저도 본인이 익숙한 접근보다는 슈퍼바이지의 지식을 객관적으로 평가할 수 있어야 한다. 개인적 요인들은 전통적으로 정신분석 이론에서 파생된 역전이의 개념으로 이해되어 왔지만, 역량기반 접근의 슈퍼비전에서는 현상학적인 접근을 제안한다. 즉, 다문화적 정체성과 가치관을 포함한 다수의 개인적인 요인은 우리 자신을 비롯하여 다른 사람들과 이해하고 관계를 맺는 근본적인 방법에 영향을 미친다. 이러한 관점은 갈등의 중요성을 감소시키기 위한 것이 아니라 심리상담과 슈퍼비전 관계에 영향을 미치는 모든 개인적 요인들을 고려하는 확대된 관점을 제공하기 위한 것이다. 또한 모든 임상적 이해와 행동은 전문적·개인적 요인에 의해 영향을 받으므로 이해와 관련된 관점의 본성에 대한 인식을 갖추는 것은 성장을 위한 중요한 역량이다.

② 기술

개인적 요인의 영향을 인식하고 반응성을 관리하기 위해서는 자기자각과 반영에 관한 기술이 필요하다. 슈퍼비전에서 슈퍼바이지를 자기반영 훈련에 참여시키고 반응성의 징후에 대한 인식과 주의를 모델링을 통하여 기술의 개발을 지원한다. 이러한 반영적 반응에 전념하기 위해서는 슈퍼바이저의 실제적인 반응과 격려가 필요하다. 아마도 슈퍼바이저가 슈퍼바이지의 발전에 기여하는 가장 중요한 지원은 슈퍼바이지의 심리상담 과정에 대한 개인적 영향에 대하여 공감적 관심을 가져 주고, 슈퍼바이지의 자각을 증진하고, 수치심을 유발하지 않도록 하면서, 슈퍼비전과 심리상담 사이의 명확한 경계를 유지하는 것이다.

③ 태도

대부분 역량과 마찬가지로, 개인적 요인의 영향에 대한 인식의 발달과 반응성의 관리는 슈퍼바이지의 개인적, 전문적 태도에 달려 있다. 개인적 태도와 더불어 접근하는 이론적 지향이 서로 다르더라도 전문적인 태도와 기질이 존중되어야 하며, 심리상담에 영향을 마치는 공통 요인과 동맹 등에 대하여 주의를 기울여야 한다.

(2) 슈퍼비전 과정

슈퍼비전은 슈퍼바이지의 역량 발전뿐만 아니라 내담자 복지에 대한 책임도 가진다. 심리적 처치의 과정과 결과에 영향을 미치는 개인적 요인에 대하여 자각하는 것은 모두에게 도움이 된다. 슈퍼바이저는 개발 중인 역량으로서 개인의 요인에 대한 인식을 파악하고 이를 심리상담 실제에도 고려할 수 있어야 한다. 그러나 개인적 요인이나 반응성에 대한 고려가 심리상담의 핵심이 아니라는 것을 슈퍼바이지에게 분명히 상기시키는 것이 중요하다. 슈퍼비전 또한 개인 갈등을 해결하기 위한 해결책은 아니다. 즉, 슈퍼비전과 심리상담 사이의 경계가 뚜렷하다는 것이다. 따라서 개인적 요인과 반응성의 슈퍼비전에 대한 방향과 준비는 다음 사항에 주의해야 한다.

① 동맹

동맹은 슈퍼비전에서 편안함과 개인의 반응성 또는 역전이의 공개 가능성 모두에 있어 필수적인 역할을 하는 것이다. 따라서 개인적 요인의 고려를 시작하기 전에 협력적 작업 관계 및 동맹의 결성에 주의를 기울여야 한다.

② 슈퍼비전 계약

개인적 요인이 슈퍼비전의 구성요소가 될 것이라는 기대는 자기자각 개발, 성찰 연습, 효과적인 슈퍼비전 활용과 개인 민감성 관리를 포함한 슈퍼비전 계약에서 상호 논의되며, 이것들은 전문적 역량으로 설명된다.

③ 개인요인의 명확한 지침

슈퍼바이저는 심리상담 및 기타 전문 활동 수행에 있어 개인적 요인의 역할을 이해하기 위한 개념적 틀을 도입한다. 개인적 요인들이 그들의 전문성에 영향을 미치는 사례에 대한 슈퍼바이저의 자기개방은 슈퍼바이지의 이러한 실무 차원에 대한 개방성을 촉진한다.

④ 슈퍼비전 및 병렬과정의 개인적 요인

슈퍼바이저의 개인적 요인들이 치료적 관계뿐만 아니라 슈퍼비전에도 영향을 미친다. 이러한 요인들(예. 개인 유형 또는 개인차), 즉 다문화 요인들이 슈퍼비전에 어떤 영향을 미치는지 보여 주는 예를 제공해야 한다. 또한 슈퍼바이저는 병렬과정의 특성을 설명하고 슈퍼바이저와 슈퍼바이지가 슈퍼비전에서 그러한 임상 역동을 어떻게 다룰 수 있는지 예를 제시해야 한다.

⑤ 모델링

슈퍼바이저는 다문화 정체성을 포함한 자신의 개인적 요인들이 어떻게 임상 실무와 슈퍼비전에 기여하는지를 간략하게 공유하면서 적절한 자기개방을 통해 슈퍼바이지가 모델링하도록 한다.

이러한 안내에 따라 슈퍼바이저는 슈퍼바이지가 자신의 개인적인 반응성, 즉 '반영하고 행동'하는 개인적 요인이 내담자와의 관계에 어떤 영향을 미치는지에 대해 고려할 것을 권장한다.

(3) 반응성 다루기

내담자에 대한 정서적 반응이 심리상담 관계에 영향을 미칠 때, 슈퍼바이저는 이에 세심하게 주의를 기울일 필요가 있다. 이에 반응성의 4단계를 살펴보면 다음과 같다.

① 민감성과 참여

민감성 및 참여는 슈퍼바이지가 내담자와 심리적 접촉을 유지하고 공감적으로 적절하게 반응하여 치료 과정을 촉진하는 심리상담 과정을 나타낸다. 개인적 요인들은 슈퍼바이지와 치료 과정에 영향을 미치지만, 대부분 명확하게 인식되지 못하고 배경에 숨어 있는 경우가 많다. 슈퍼바이저는 치료에 기여할 수 있는 개인적 요인의 고려에 슈퍼바이지를 참여시키고 가능한 개인적 요인의 영향을 제대로 알아볼 수 있도록 한다.

② 반응성

반응성은 임상적 응급 상황, 외상 노출, 그리고 복잡하고 지속적이며 심각한 정신질환이나 성격장애를 앓는 매우 취약한 내담자들과 작업할 때 나타나게 되는 문제들에 의해 활성화될 수 있다.

③ 표식 확인하기 및 민감성 증가

이 상태는 슈퍼바이지의 특이한 마음 상태나 행동에 대한 자각의 발달에 의해 시작되어, 무언가 특이한(보통과는 다른) 일이 진행되고 있음을 알아내는 과정이다. 슈퍼바이저는 슈퍼바이지의 자기보고에 의해 입증된 슈퍼바이지 반응성의 표식에 초점을 둔다. 정신상태에 대한 미묘한 추적과 임상 관점에서의 행동 일탈 등에 대한 주의를 확인하는 기술을 개발하는 것은 임상 역량에 있어서 중요한 요소이다. 그러나 슈퍼바이저는 슈퍼바이지에게 반응성을 유도하는 개인적 요인과 경험의 고려함에 있어 슈퍼비전과 심리상담 사이의 명확한 경계를 유지하는 것이 중요하다.

④ 계획

마지막 단계인 계획은 반응성의 모습들을 확인하고 슈퍼바이지의 반응성에 기여하는 맥락적, 관계적, 개인적 요인(내담자 요소 포함)을 고려하는 과정을 통해 학습된 내용을 집결시키는 과정이다. 슈퍼바이저와 슈퍼바이지는 동맹을 강화하고 치료적 개입의 진행을 보장하기 위해 어떤 단계에 개입을 해야 하는지에 대해 논의한다. 슈퍼바이저는 슈퍼바이지가 내담자에 대한 정서적 민감성을 재확립함에 따라 슈퍼바이지의 전문적인 태도와 개방성, 지식의 적용, 그리고 반영적 기술 개발을 강화해야 한다. 이를 구체적으로 살펴보면 다음과 같다.

- 슈퍼비전 동맹은 반응성을 의미 있게 다루고 관리하기 전에 확립되어야 한다.
- 반응성을 포함한 개인적 요인의 성격과 영향을 이해하는 것은 임상 역량이므로 임상 슈퍼비전 과정에서 다룬다.
- 반응성(또는 역전이)은 심리상담 과정에 대한 정보로, 내담자의 관계 패턴, 심리상담사의 관계 패턴, 임상 관계에 영향을 미치는 요인 등에 중요한 통찰력을 제공할 수 있다. 객관적이고 주관적인 형태의 역전이는 심리상담 과정에서 발생할 수 있으며, 구별이 필요하다.
- 개인적 반응성이나 개인적 요인의 영향을 다룰 때 슈퍼비전 및 심리상담 사이의 경계를 유지하는 것이 중요하다.
- 슈퍼바이지들이 개인적 반응성을 어떻게 다루고 관리하는지가 그것이 발생한다는 사실보다 더 중요하다.
- 임상 역량은 심리상담 과정에 영향을 미치는 개인적 요인에 대한 자각뿐만 아니라 상담적 개입에 역전이 반응을 효과적으로 사용하는 기술도 포함한다.

6) 법적 · 윤리적 역량과 전문성

역량기반 접근의 슈퍼비전에는 윤리가 필요하고 윤리는 역량이 필요하다. 이는 임상 슈퍼비전 아래 제공되는 서비스에 관한 법과 윤리의 세심한 고려와 적용을 수반해야 하기 때문이다. 그러나 역량기반 접근의 슈퍼비전에서는 법과 윤리의 위반에만 초점을 맞추기보다는, 윤리 및 법의 적용과 이를 통념화할 수 있는 슈퍼바이지와 슈퍼바이저의 윤리적 공동체를 만들고 법과 윤리의 높은 원칙과 기준을 보여 주는 심리상담 문화로 만드는 것을 강조한다.

7) 슈퍼비전 사례

역량기반 접근의 슈퍼비전 DVD(APA, 2016)에 기록된 슈퍼비전 세션의 일부를 발췌하여 소개하고자 한다.

[슈퍼바이지]

녹음 당시 슈퍼바이지인 Traci는 APA 공인 임상심리학 박사과정 학생으로, 대학 외래환자 커뮤니티 클리닉에서 심리상담을 진행하고 있었다. Traci는 인지행동치료(CBT), 변증법적 행동치료(DBT) 교육을 받았으나, 심리역동 치료의 역량 확대를 위해 슈퍼비전을 신청하였다. 슈퍼비전은 2년간 매주 90분씩, 임상관리와 전문교육에 적합한 추가 개별 계약과 함께 집단 슈퍼비전으로 진행되었다.

[슈퍼바이저]

박사 프로그램의 교직원 겸 이사이며, 전이에 중점을 둔 심리치료와 정신분석 치료 모델의 이론적 통합과 경험적 치료법에 관심이 있다.

[슈퍼비전 과정]

역량기반 접근의 원칙들을 적용하였다. 개인요인에 대한 관심 집중, 슈퍼비전의 기대와 사전 동의의 명확성, 훈련 목표와 목표 달성을 위한 방법에 대하여 합의하고 슈퍼비전이 진행되었다. 슈퍼바이저(관리자, 교직원 강사)와 슈퍼바이지(학생, 수련생)의 역할에 대한 긍정적인 효과와 더불어 반대의 영향도 고려하였다.

[슈퍼비전 중의 처치]

내담자는 대인관계에서 오랫동안 심각한 어려움을 겪고 있고, 정서 상태의 조절이 어렵고, 경계선 성격장애 증상이 있다. 이에 개인상담이 진행되었고, 심리상담에 대한 근본적인 접근은 부분적으로 전이 중심 치료의 원칙과 CBT, DBT 및 정신역동적 치료로 접근하였다.

슈퍼비전의 시작

슈퍼바이저: 슈퍼비전에서 도움받고 싶은 것이 있나요?

슈퍼바이지: 특별한 것은 없지만, John(내담자)과의 어려움에 대해 나누고 싶어요.

슈퍼바이저: 특별한 임상관리 이슈가 없다는 것에 동의합니다. 문제의 성격과 처치 계획이 어떻게 진행되고 있는지 잘 알고 있었어요. 상담기록지는 아주 잘 정리하였어요. 무엇부터 시작하는 것이 도움이 될까요?

논의: 슈퍼바이지가 긴급하게 다루어야 할 이슈가 없다는 것에 합의를 하고 나면, 슈퍼바이지의 시급한 욕구에 초점을 맞춰, 회기의 주제가 서로 협력적으로 이루진다.

슈퍼바이지: 지금 가장 마음에 걸리는 것은, John이 회기를 마무리하려고 할 때마다, 저에게 심리상담의 목적을 이해하지 못한다거나, 그것이 도움이 되지 않았다고 계속 말하는 것입니다.

슈퍼바이저: 세션이 끝날 때, John이 심리상담이 도움이 되지 않았다고 하는 말을 당신은 어떻게 이해하나요?

논의: 슈퍼바이저는 지식이 심리상담사의 역량 수행에 필수적이라고 여기기에, 내담자의 역동에 대하여 슈퍼바이지가 이론적 및 과학적으로 지식을 갖추고 있는지 알아보기 위하여 지식 차원에 집중하였다. 슈퍼바이지의 지식과 적용은 전환의 목표이고 최종 종합평가에도 포함된다.

슈퍼바이지: 저는 분명히 그것을 John의 감정 투사로 보고 있습니다. 아마도 저는 그를 도울 수 없을 것 같습니다.

슈파바이저: John이 꼭 마지막에 불평을 내어 놓기 시작하지만, 그것은 아마도 한 개인으로서나 또는 심리상담사로서의 당신 안에 있는 무엇인가를 건드리는 것 같군요?

논의: 슈퍼비전에서는 슈퍼바이저가 지식에만 집중하기보다는, 자신의 개인적인 반응을 탐구하는 쪽으로 관심을 옮겨야 한다고 제안한다.

슈퍼바이지: 제가 뭔가 잘못하고 있는 것 같아요. 이 일에는 어쩌면 제가 놓친 부분이 있을 수 있고, 지금 제 기분도 그런 것 같아요.

슈퍼바이저: 그래서 당신은 John의 삶에서 '뭔가 놓쳤다.'는 경험을 공유하고 있고, John이 회기가 끝난 후에도 매일 아마도 회기마다 계속해서 겪고 있는 어려움들을 알고 있군요.

논의: 슈퍼바이저는 슈퍼바이지가 지신의 반응을 관리하는 데 도움을 주는 한 가지 측면은 내담자의 성격적 기능에 비추어 내담자의 행동을 이해하는 것이라고 기대하면서 지식에 중점을 두었다. 슈퍼바이저는 전이/역전이의 병렬과정으로 이동할 수도 있었지만, 지식에 초점을 두는 것부터 진행하는 것을 선택하였다.

슈퍼바이지: 진단과 관련해서도 이미 이야기했던 것으로 알고 있는데, John은 분명히 자기애적 성격장애와 경계선적 성격장애의 기준을 모두 충족합니다. … (중략) … 저는 너무 혼란스러워요. 이제야 저는 역동적 이론과 방향성에 대해 조금 더 많이 이해하게 되었어요.

슈퍼바이저: 대인관계의 어려움을 겪는 내담자들은 종종 심리상담사의 심리적 반응을 야기시키기도 합니다.

슈퍼바이지: 저는 아무것도 할 수 없는 것 같아요. 막막한 느낌입니다.

논의: 슈퍼바이지는 다시 자신의 개인적인 반응으로 초점을 옮겼고, 슈퍼바이지 자신의 역전이를 염두에 두고 있다.

슈퍼바이저; 그게 사실이라고 생각합니까? 아무것도 안하고 있다는 거?

슈퍼바이지: 음…. John이 그래도 계속 상담에 나온다는 것은 그래도 제가 그를 위해 뭔가를 하고 있다는 것을 기본적인 수준에서 보여 주기는 합니다. 저는 그의 감정을 파악하고 진단명까지 붙이는 능력과 더불어 John의 대인관계 의사소통 능력까지 향상시키는 등의 성과를 이루어 낸 것 같습니다.

논의: 슈퍼바이지는 슈퍼바이저의 질문에 적극적으로 대응하고 하고 있다.

… (후략)

4. 역량기반 접근의 슈퍼비전에서 다루는 주된 이슈

1) 전문역량 기준을 충족하지 못하는 슈퍼바이지 관리

전문역량 기준을 충족하지 못하는 슈퍼바이지는 슈퍼바이저에게 어려운 문제로 다가오는데, 이는 임상 훈련의 '뜨거운 감자'이기도 하다. 슈퍼바이지에 대한 슈퍼바이저의 여러 가지 의무를 감안할 때 상황은 복잡하다. 또한 슈퍼바이저는 슈퍼바이지의 성과에 대한 기대를 명확히 하고 역량 기준을 충족하기 위해 도전과 실패를 구별할 수 있어야 한다.

정신건강 및 심리상담 슈퍼비전 지침(American Psychological Association, 2014)은 전문적 역량 문제를 다루는 슈퍼바이저의 구체적인 역할을 다루는데 아래와 같이 설명하고 있다.

① 슈퍼바이저는 슈퍼비전 계약과 성과 평가에 관련된 프로그램, 제도 및 법적 정책 및 절차를 이해하고 준수한다.
② 슈퍼바이저는 성과 문제를 직접 해결하기 위해 노력한다.
③ 슈퍼바이저는 잠재적 성과 문제를 신속하게 파악하고 이를 슈퍼바이지에게 전달하여야 하며, 이러한 문제를 적시에 해결할 수 있는 조치를 함으로써 변화를 유발할 수 있다.
④ 슈퍼바이저는 성과 문제를 해결하기 위한 계획을 개발하고 이행하는 데 능숙해야 한다.
⑤ 슈퍼바이저는 게이트키퍼로서의 역할을 유념하고 슈퍼바이지 성과 문제에 대하여 적절하고 윤리적인 조치를 취한다.

이외에도 전문적 역량 문제가 있는 슈퍼바이지에 대한 필수적인 조치를 진행하기 전에 공동의 자문을 구하는 것이 바람직하다. 슈퍼바이저가 여러 명일 경우, 다른 슈퍼바이저가 동일한 역량 문제를 인지하는지 확인하거나, 다른 슈퍼바이저와 함께 역량 영역의 문제들을 살펴보도록 한다. 즉, 문제가 제기되는 영역에 대하여 다각적으로 신중하게 재검토해 보아야 한다. 혹시 슈퍼비전 관계와 관련된 문제가 있는지도 고려해 보도록 한다. 특히 슈퍼바이저와의 관계가 문제라면 슈퍼비전 동맹이나 관계 형성에 문제가 있는지 살펴보아야 한다. 이러한 문제는 해결되어야 하며, 이후에 슈퍼바이저는 슈퍼바이지의 역량에 지속적인 문제가 있는지 재평가하고 자문해야 한다.

2) 다중관계

역량기반 접근의 슈퍼비전에서 일부 다중관계는 규범적일 수 있다. 예를 들어, 인턴십에서 슈퍼바이저는 연구 프로젝트 또는 기타 프로젝트에 대해 슈퍼바이지와 협력할 수 있다. 대학원에서 슈퍼바이저는 학위논문 심사위원장 또는 수업에서의 교수가 될 수 있다. 특히 한국에서는 지도교수가 슈퍼바이저로 다중 역할을 하기도 한다. 따라서 슈퍼바이저와 슈퍼바이지 사이의 다중 관계에 대해 가능한 광범위한 영향을 고려하는 것이 현명하다.

Gottlieb, Robinson과 Younggren(2007)은 슈퍼바이저가 슈퍼바이지와 여러 관계를 맺어야 할 때 윤리적 의사 결정 모델을 제공했다. 따라서 피할 수 없는 다중 관계일 경우에는 부정적인 측면보다는, 더 생산적이고 긍정적인 다중관계가 있을 수 있기에, 다음 질문들을 고려해 볼 필요가 있다(Gottlieb et al., 2007).

① 슈퍼비전 외에 관계 맺기가 필요한가, 아니면 슈퍼바이저가 이를 피해야 하는가?
② 추가적인 관계가 잠재적으로 슈퍼바이지에게 해를 끼칠 수 있는가?
③ 고려해야 할 문화적 요소가 있는가?
④ 위해가 있을 것 같지 않거나 피할 수 없는 것처럼 보이는 경우, 추가로 맺는 관계는 유익한 것인가?
⑤ 추가 관계가 슈퍼비전 관계에 지장(방해)을 초래할 위험이 있는가?
⑥ 슈퍼바이저가 문제를 객관적으로 평가할 수 있는가?

3) 원격심리학(온라인 심리상담)의 윤리적 문제와 감독

온라인의 발전이 슈퍼비전 관행에 미치는 영향은 엄청나고 다양하다. 슈퍼바이저나 교육기관은 문화변화에 따른 교육이나 훈련을 얼마나 준비하고 있는지에 대하여 고려해 보아야 한다. 온라인 기술이 원거리 슈퍼비전을 가능하게 하고, 사고 방식 및 생활 방식도 전환하고 있다. 특히 코로나19 이후에는 많은 문화적 양식도 이전에 비해 급격하게 변화되고 있다. 이에 디지털의 발전과 편리함 등은 이제 우리의 일상생활에 깊숙이 자리 잡고 있기에 도리어 원격에 의한 연수나 수업 자체를 선호하는 경향이 있다. 이와 더불어 점점 더 많은 슈퍼바이지들은 다양한 웹사이트의 정보를 통하여 전문성을 추가하기도 한다. 따라서 현대의 중요한 슈퍼비전 전략은 슈퍼바이지의 소셜 미디어와 인터넷을 활용한 역량을 함께 고려해야 한다. 다만 그러한 이용의 전문성과 윤리적 측면도 함께 논의해야 한다. 이러한 논의에는 내담자 접촉이나 검색에서 인터넷을 사용하기 전에 고려해야 하는 온라인 활동에 대한 Clinton, Silverman과 Brendel(2010)의 지침이 있는데, 이를 살펴보면 다음과 같다.

① 인터넷 탐색을 적극적으로 사용할 것인가 아니면 적당한 선에서 그만둘 것인가? 그것이 내담자나 슈퍼비전의 관계에 해를 끼칠까? 아니면 잠재적으로 고객에게 이익이 될 것인가?
② 내담자의 사전동의서를 받아야 하는가? 만약 그렇지 않다면 왜 그렇지 않은가?
③ 탐색 결과를 내담자나 슈퍼바이저와 공유해야 하는가? 정보를 어떻게 사용할 것인가? 만약 그런 일이 생긴다면 경고해야 할 미공개 의무에 어떻게 대처할 것인가?
④ 탐색 결과를 심리상담/의료 기록에 기록해야 하는가?
⑤ 탐색과 관련된 동기 및 진행 중인 위험 또는 혜택 프로파일을 어떻게 모니터링해야 할 것인가?

소셜 미디어, 소셜 네트워킹, 인터넷 사용에 대한 논의는 슈퍼바이지가 슈퍼바이저보다 더 인터넷 사용과 의사소통에 실질적으로 유창하고 유능하여 세대 차이를 드러낼 수 있기 때문에 슈퍼바이저와 슈퍼바이지 간의 협력을 위한 토론의 장이 되기도 한다. 이에 사려 깊고 적절한 대응을 보장하기 위해서 슈퍼바이저는 슈퍼바이지의 이러한 역량을 존중하는 과정이 필수적이다. 최근 이슈가 되고 있는 문제 중에는 청소년 내담자와의 문자메시지 사용, 새로운 기술을 이용한 원격 화상 회기 실시, 원격

관리, 인턴 지원 또는 직업에 대한 내담자나 지원자에 관한 정보를 검색하기 위해 구글을 사용하는 것, 청소년 또는 청소년 내담자와 소셜 네트워크를 통해 내담자와 소통하거나, 검증되지 못한 사진이나 정보 등을 게시하는 것 등이 있다.

비대면 화상회의를 통한 슈퍼비전도 최근에 증가하고 있고 화상을 통한 훈련과 실습에서 개인에 대한 접근성이 제공되기는 하지만, 여전히 슈퍼비전의 직접 구성 요소를 갖추는 것은 엄격한 전문성을 요구하는 것이기에 좀 더 신중하게 접근할 필요가 있다.

원격 슈퍼비전의 효과성에 대한 일부 장벽은 다음과 같다.

- 슈퍼바이지의 정서적 반응성에 대한 대응 능력 부재
- 슈퍼바이지 공개 수준
- 보다 공식적 형식에 대한 가능성 여부
- 슈퍼바이저가 내담자 접촉이 발생하는 사이트의 상황적 또는 새로운 문제에 대한 접근성 결여 등

특히 성장지향 슈퍼비전에 대한 도전은 슈퍼바이지가 임상 과정을 알리는 개인적인 문제에 직면하도록 할 때 불편해하고 도전적으로 나오는 경우가 많다. 이에 APA에서는 이미 『원격심리학 실천지침(the Guidelines for the Practice of Telepsychology (2013)』을 제시하였다. 이에 더 자세한 내용은 APA를 통하여 확인해 볼 수 있다.

5. 역량기반 접근의 슈퍼비전에 대한 평가

1) 슈퍼비전에 대한 평가

기존의 단일 이론적 접근의 슈퍼비전에서 역량기반 접근의 슈퍼비전으로의 전환은 철저한 자기평가와 더불어 적극적인 변화뿐만 아니라 마음의 전환이 필요하다. 단순히 역량기반 접근의 슈퍼비전 모델을 채택하는 것만으로는 충분하지 않기 때문이다. 역량기반 접근 슈퍼비전의 필수적인 요소는 ① 슈퍼비전 동맹 또는 관계 형성, ② 슈퍼비전 계약, ③ 다양성과 개인적 요인, ④ 평가, ⑤ 평가 및 피드백, ⑥ 윤리 및

법률 규제 문제, ⑦ 전문성 등 구성 요소에 대한 체계적인 접근 방식이다. 이 모든 요소가 개별 슈퍼비전 모델에 포함되는 것은 아니지만, 역량기반 접근의 슈퍼비전, 즉 계량적 접근법에서 시스템 구성은 필수적이기에 슈퍼바이지-슈퍼바이저 수준에서 역량기반 접근의 슈퍼비전도 변화가 필요하다. 역량기반 접근의 슈퍼비전은 본질적으로 경험이 풍부하고 상호 작용성이 높기에 역량기반 접근의 슈퍼비전은 개인에 대해 잘 알고 있으면서, 교정 및 지원 피드백을 주저하거나 두려워하지 않는 멘토, 동료들과 더불어 더 큰 역량으로 확장할 수 있는 흥미롭고 광범위한 스펙트럼을 제공한다. 이러한 모든 단계와 문화의 변화에 관여하는 것은 역량기반 접근의 슈퍼비전이 지속적인 성장과 발전, 그리고 자기 도전 및 에너지에 대한 사고 방식의 전환에 도움을 줄 수 있다는 것이다. 따라서 역량기반 접근의 슈퍼비전 모델은 많은 슈퍼바이지 및 슈퍼바이저가 역량을 성장시키고자 열망하고 있는 슈퍼비전 모델이라고 할 수 있다.

2) 연구 및 향후 방향

역량기반 접근의 슈퍼비전으로의 전환에서 암묵적인 것은 슈퍼비전에서 요구되는 실천 요강 및 접근 방법의 효과와 연계된 슈퍼바이저 역량에 관한 체계적인 연구가 필요하다는 점이다. 즉, 어떤 역량의 개입이 슈퍼비전의 효과와 결과에 영향을 미치는지에 대한 연구가 필요하다. 또한, 임상 성과에 대한 모니터링을 포함하여 임상적 역량과 슈퍼바이저 역량에 대한 타당하고 신뢰할 수 있는 측정법의 개발은 역량기반 접근의 임상 과정 및 슈퍼비전의 강화에 도움이 될 것이다. 임상 성과 모니터링을 포함하여 임상적 역량과 슈퍼바이저 역량에 대한 타당하고 신뢰할 수 있는 측정법의 개발은 임상 과정 및 슈퍼비전에 대한 책임성을 강화시키고 역량기반 접근의 슈퍼비전 발전에 지대한 영향을 미칠 것으로 기대된다.

역량기반 접근의 슈퍼비전은 특히 한국의 슈퍼바이지나 슈퍼바이저에게 기본적으로 수용될 수 있는 접근이다. 특히 성실하고 열정적인 특성을 많이 지닌 한국의 심리상담사들은 각자의 역량을 개발하기 위하여 연수 등의 자기계발 세미나에 적극적으로 임하고 있기에 한국의 심리상담 문화에서도 이 역량기반 접근의 슈퍼비전은 적용 가능성이 매우 높다고 할 수 있다.

제 7 장

페미니스트 접근의 심리상담을 위한 슈퍼비전

1. 페미니스트 접근의 슈퍼비전 개요
2. 페미니스트 접근의 슈퍼비전 핵심 원리와 기술
3. 페미니스트 접근의 슈퍼비전 방법
4. 페미니스트 접근의 슈퍼비전에서 다루는 주된 이슈
5. 페미니스트 접근의 슈퍼비전에 대한 평가

Laura S. Brown
Jean B. Miller
Carolyn Z. Enns
Olive M. Espin

페미니스트 접근(Feminist Psychotherapy Model)의 슈퍼비전은 다문화 및 비판 심리학 슈퍼비전 모델(Miville, 2013)을 포함하여, 슈퍼비전과 심리상담 과정에서 만연화된 편견과 고정관념의 영향을 명확하게 구별하는 모델 중 하나이다. 페미니스트 접근의 슈퍼비전은 사회적 측면에 의해 평가절하되거나 무력한 계층이 심리상담사-슈퍼바이저-내담자 간의 관계를 이루었을 때 관계의 역동성에 중점을 두거나 성(性)에 대한 편견과 고정관념에서 비롯되는 정신병리에 대한 가정에 특히 주의를 기울인다.

이에 이 장에서는『Supervision Essentials for the Feminist Psychotherapy Model of Supervision』(Brown, 2016)을 중심으로 다루고자 한다. 이 페미니스트 접근의 슈퍼비전은 페미니스트 심리상담사로서의 권력 강화를 위해 필요한 역량을 증가시킬 수 있는 슈퍼비전 환경이 좀 더 명확한 체계를 가질 수 있도록 지원한다. 이에 이 장에서는 페미니스트 심리상담 이론의 핵심 개념을 바탕으로 슈퍼비전의 특징 및 원리, 페미니스트 정체성 개발을 위한 슈퍼비전 방법과 구조화, 그리고 슈퍼비전에서 다루어지는 주된 이슈 등 슈퍼비전 실천에 대해 살펴보았다.

1. 페미니스트 접근의 슈퍼비전 개요

페미니스트 슈퍼비전은 슈퍼비전 과정에 페미니스트 심리상담의 원리를 적용한 것으로(Poter, 1985), 1993년 페미니스트 실제의 교육 및 훈련에 관한 국제 컨퍼런스 슈퍼비전 실무 그룹에 의해 공식적으로 정의되었다(Worell & Johnson, 1997).

페미니스트 슈퍼비전의 목표는 심리상담사가 내담자에 대한 심리상담을 페미니스트 심리상담의 원리에 입각하도록 돕는 것이다. 이에 페미니스트 슈퍼바이저는 슈퍼바이지로 하여금 내담자의 문제를 심리 내적으로뿐만 아니라 사회문화적 영향의 맥락에서 이해하도록 교육해야 한다. 그리고 심리상담사와 내담자 관계의 평등을 위해 슈퍼바이저는 슈퍼바이지를 존중하며 가능한 한 평등한 관계를 형성하여 평등의 모델을 실천하여야 한다. 또한 슈퍼바이지가 성역할 고정관념으로부터 자유로워지게 도와주고, 심리적으로 양성적으로 되도록 촉진하고, 심리상담사로서 힘을 갖추도록 도와주어야 한다. 이를 통해 페미니스트 접근의 슈퍼비전이 권력 분석을 비롯하여 억압과 지배 경험에 대한 통합된 분석을 통해 심리상담 과정에서 나타나는 억압적 이야기의 붕괴(Kanuha, 1990)에 어떻게 기여하는지 알아본다. 그리고 페미니스트 접근이 평등주의적 관계를 형성하고, 심리상담 및 슈퍼비전에서 긍정적인 심리상담 결과의 가능성을 증가시키기 위한 체계적인 방법론의 개발에 어떻게 적용될 것인지에 대해 중점적으로 살펴본다.

1) 역사적 배경

페미니스트 접근의 심리상담은 1960년대 말 여성운동에 참여하기 전 인본주의 심리상담에 그 임상적 근원을 두고 있다. '인본주의적 심리상담 운동'에서 성차별이 비난받기 시작하였고, 페미니스트 접근의 심리상담 설립자들은 페미니스트 의식향상(Consciousness-Raising: CR)과 연합하였다. 페미니스트 의식향상(CR) 집단을 통해 많은 여성의 경험, 특히 심리상담사 혹은 내담자로서의 경험에서 중요한 패턴을 찾기 시작했다. 사회에 존재하는 성차별주의와 여성혐오에 대한 인식이 높아지면서 심리상담에 만연한 편견과 고정관념을 인식시키기 시작하였다. 여성들은 의식화 집단을 통해 다른 여성들도 유사한 경험을 한다는 사실을 알게 되면서 외로움을 덜 느끼게 되었고 심리상담 분야에서 변화를 만들 힘을 얻게 되었다(Rosewater & Walker, 1985).

1985년 심리상담 전문 분야의 페미니스트 Rosewater와 Walker는 변화를 위한 훈련의 필요성을 깨닫고, 심리상담에서 분리된 페미니스트 접근을 시도하였다. 심리학에서의 페미니스트 치료는 세 가지 문헌, 즉 Chesler의 『Women and Madness』(1972), Kinder의 『Kinder, Kuche, Kirche as Scientific Law: Psychology Constructs the Female』(1968), Broverman 외의 『Sex-Role Stereotypes and Clinical Judgments of Mental Health』(1970)를 통해 심리학에서 내재되어 있는 성차별과 여성혐오를 비롯하여 남성 심리상담사와 그들의 여성 내담자 사이의 권력과 지배계층 구조 사이에서 심리상담을 받은 여성들의 경험이 다르다는 것을 확인할 수 있었다. 즉, 심리상담사들이 여성과 남성 내담자들을 어떻게 차별적으로 대우했는지에 대한 이중적인 기준을 확인하였다. 이에 페미니스트 접근의 심리상담에서는 개인에게 페미니스트 의식을 각성하게 하였으며, 이러한 의식 없이는 페미니스트 실천이 일어날 수 없다고 강조하였다.

Lerner(1993)는 페미니스트 의식을 자신에 대한 학대가 개인의 결함 때문이 아니라 부당하게 종속된 집단의 구성원에 의한 것이라는 '인식의 발달'로 정의하였다. 여성 자신에 대한 외부의 학대가 개인적인 결함 때문이 아니라 부당하게 구분된 집단에 종속되었다는 이유 때문이라고 하였다. 따라서 페미니스트 의식, 즉 인식의 발달을 통해 사회가 모두에게 동등한 권력과 가치를 주기 위해 변화해야 한다고 주장하였다. 특히 심리상담 전문 분야에서의 페미니스트에 관한 의식은 1970년대 이전에 성차별적이고 여성 혐오적인 편견에 의해 왜곡된 심리상담이나 전문적 관계에 대한 개인적인 경험에 대한 인지적 재평가를 수반하였다. 이러한 페미니스트 의식에 대한 인지적 재평가에서 페미니스트 심리학자들은 그들이 직면했던 어려움이 개인적 결핍, 부적절 또는 신경증으로부터 기인된 것이 아니라 오히려 상대방의 수치심 없는 성차별이나 부당하게 벌어진 상황에서 벌어진 반영이었다는 것을 깨달았으며, 이러한 의식이 자신의 행복에 미치는 강력한 영향에 주목하였다.

페미니스트 심리학자들은 20세기 말까지 심리학 분야에서 학문적 직업이나 종신직을 얻을 가능성이 없었기에, 페미니스트 심리상담의 초기 수십 년 동안 페미니스트 심리상담의 이론과 실천은 대부분 공식적인 학문적 환경에서 벗어나 지역사회와 자기 주도적인 페미니스트 심리상담사들과의 연계를 추구하는 실무자들이 소집한 회의와 만남에서 일어났다. 이후 21세기에 들어서면서, 심리학 여성 협회, 페미니스트 치료 학회, 여성 심리학 협회 등의 전문 단체가 페미니스트 심리학, 학문, 규범 개발 등을 지원하면서 페미니스트 심리상담의 심리학적 실천에 관한 풍부한 문헌이 나오기 시작하였다.

2) 주요 학자

페미니스트 접근의 심리상담 창안자는 한 사람이 아니며, 많은 사람의 협동적 노력의 결과이다. 여기서는 페미니스트 접근의 심리상담에 중요한 공헌을 한 사람 중 몇 사람을 대표적으로 소개한다.

(1) Laura S. Brown

Brown 박사는 페미니스트 접근을 지원한 '페미니스트 심리상담 연구소'의 창립 회원이며, 페미니스트 심리상담에서의 교육과 훈련에 대한 국제회의의 회원이다. 그녀는 페미니스트 심리상담에서 중요한 핵심으로 여겨지는 여러 권의 책을 저술하였다. 『Subversive Dialogue: Theory in Feminist Therapy』(1994)는 페미니스트 심리상담에서 이론을 사용하는 방식을 다룬 기본 교재이다. Brown은 우리가 '윤리와 장벽' '작은 공동체들에서의 윤리적 실제의 복잡성'에 대해 생각하도록 하는 데 특히 기여하였다. 현재는 페미니스트 법정 심리학과 외상을 겪은 사람들의 심리상담에 페미니스트 원리를 적용하는 문제에 관심이 있다.

(2) Jean B. Miller

Miller 박사는 University of Boston 의과대학의 정신과 교수이자 Wellesledy College의 Stone Center에 있는 Jean Baker Miller Laboratory의 책임자였다. 그녀는 『Toward a New Psychology of Women』(1986)을 저술했고, 『Healing Connection: How Women Form Relationships in Therapy and in Life and Women's Growth in Connection』(1997)을 공동 저술하였다. Miller 박사는 다양한 학파와 동료들과의 공동작업으로 관계적-문화적 이론을 계속 발전시켰다. 그녀는 이 이론을 심리상담이나 그 외 분야에서의 복잡한 문제에 적용하려고 시도하였는데, 여기에는 이혼, 사회운동, 직장환경 변화 등의 문제가 포함되었다.

(3) Carolyn Z. Enns

Enns 박사는 Cornell University Bern Lowa의 심리학과 교수이며, '여성 연구 프로그램'의 적극 참여자이다. 그녀는 심리상담사의 페미니스트 이론적 관점이 심리상담사가 페미니스트 심리상담 가치관을 이행하는 방법에 큰 영향력을 미칠 수 있다고 확신하며, 이 주제들을 저서 『Feminist Theories and Feminist Psychotherapies: Origins, Themes, and Diversity』(2004)에서 다루었다. 최근에 다문화 페미니스트 심리상담의 중요성을 명확히 밝히고 전 세계, 특히 일본에 페미니스트 심리상담의 중요성을 알리는 노력을 하고 있다.

(4) Olive M. Espin

Espin 박사는 San Diego State University의 여성학과 교수이자 San Diego의 California Department of Psychology 주임교수이다. 그녀는 다양한 문화적 배경을 지닌 여성들을 대상으로 페미니스트 심리상담의 이론과 실제를 실시한 선구자이며 심리학에서 다문화와 관련된 문제에 관하여 광범위한 연구와 교육, 훈련을 하고 있다.

Espin은 『Refugee Women and Their Mental Health: Shattered Societies, Shattered Lives』(1992)를 공동 편집하였고, 『Latina Healers: Lives of Power and Tradition』(2008), 『Latina Realities: Essays on Healing, Sexuality, and Migration』(2018)과 전 세계에서 온 여성 이민자들에 관한 연구에 근거한 『Women Crossing Boundaries: A Psychology of Immigration and the Transformation of Sexuality』(1999)를 저술하였다.

2. 페미니스트 접근의 슈퍼비전 핵심 원리와 기술

1) 슈퍼비전의 특징

페미니스트 접근의 슈퍼비전은 사회적 맥락 속에서 발생하며, 여성의 삶에 대한 다양성과 맥락들을 강조하고, 그 삶에 함께 참여한다. 페미니스트 접근의 슈퍼바이저는 슈퍼바이저와 슈퍼바이지 사이의 권력 역동과 차이점을 능동적으로 분석하고, 슈퍼바이지에게 올바른 권력 사용의 본보기를 보여 주며 권력남용을 경계하고 방지하도록 한다. 페미니스트 접근의 슈퍼비전은 상호 존중으로 정의되는 협력 관계에 기초하며, 슈퍼바이지의 자율성과 다양한 관점을 격려한다(Porter & Vasquez, 1997).

Gentile 등(2009)은 페미니스트 접근의 슈퍼비전 범위를 확대해야 한다고 주장하면서, 내담자, 심리상담사, 슈퍼바이저의 상호작용에 있어서 개인의 권력과 무력함의 경험만을 다루는 게 아닌, 더 큰 사회적 맥락에서 인간의 행동과 경험에 따른 생태학적인 모델을 채택해야 한다고 제안하였다. 이들은 페미니스트 접근의 슈퍼비전 관계가 사회적 정의(justice)에 대해 성찰할 수 있는 장소를 제공하고, 슈퍼비전의 평등한 관계 속에서 이루어진 양질의 공정한 대우의 경험은 더 큰 사회적 맥락에서 양질의 사회적 정의로서 반영되어 나타날 수 있다고 하였다. 페미니스트 슈퍼비전은 사회정의 실현을 촉진할 뿐만 아니라 사회정의 실현이라는 목표를 가진다는 점에서 다른 접근들과 구별된다고 강조하였다. 따라서 페미니스트 접근의 슈퍼비전은 슈퍼바이저와 슈퍼비전을 받는 것에 대한 광범위한 가능성을 수용하며, 강조점은 훈련받는 심리상담사의 경험에 더하여 페미니스트 지식과 권력 강화, 정의 및 사회적 변화의 원칙을 통합하는 데 있다. 페미니스트 접근의 슈퍼비전은 단순히 심리상담이나 심리평가의 시행 방법을 배우는 것만이 아니라, 진단, 윤리, 심리상담의 관행적 규범을 비판적으로 검토하는 법을 배운다. 또한 심리상담뿐만 아니라 해방적인 심리학의 실용적 접근을 개발하는 것을 배운다.

2) 슈퍼비전의 원리

페미니스트 접근의 슈퍼비전 목표는 슈퍼바이저가 슈퍼비전을 통해 슈퍼바이지의 역량을 증가시켜 권력을 강화하기 위한 것이다. Porter(1985)는 페미니스트 슈퍼비전을 4단계로 설명한다.

1단계는 심리상담 사례를 페미니스트적으로 이해하는 단계이다. 내담자의 문제를 전통적 심리상담의 관점에서 이해하는 것과 페미니스트 심리상담의 관점에서 이해하는 것의 유사점과 차이점을 슈퍼바이지와 토론하기도 하고, 페미니스트 접근의 심리상담 관점을 슈퍼바이지에게 교육하기도 한다.

2단계는 내담자에 대한 사회의 영향을 이해하는 단계이다. 즉, 사회에 존재하는 성차별주의와 성역할 고정관념을 슈퍼바이지와 함께 탐색하고 그런 것의 존재가 여성의 삶에 미치는 영향을 탐색한다. 그리고 슈퍼바이지는 내담자의 문제를 보는 초점을 심리 내적이고 비역사적인 관점에서부터 더 넓은 사회문화적 관점으로 바꿔 주는 역할을 한다.

3단계는 슈퍼바이지의 태도를 탐색하는 단계이다. 이것은 가장 어려운 단계로서 가부장제 사회에서 태어나 살면서 성역할 고정관념과 성차별을 내면화해 온 여성 또는 남성 슈퍼바이지의 반여성적인 태도와 행동을 탐색한다. 그리고 이러한 내면화로 인하여 어떤 심리상담사로서 반응이 나오는지, 또 그 반응이 심리상담 과정에 어떤 영향을 미치는지를 탐색한다. 이때 슈퍼바이저는 슈퍼바이지의 태도와 행동이 페미니스트적인 것이 되도록 도와주는 역할을 하는 것이다.

4단계는 심리상담에 대해 집단적 관점을 취하는 단계이다. 이것은 내담자의 문제를 해결하는 데 개인 중심의 심리상담 이외에 사회운동, 자조집단 등이 필요하다는 것을 슈퍼바이지에게 알게 하는 것이다. 슈퍼바이지로 하여금 내담자에게 도움이 되는 지역사회 자원을 탐색하고 접촉하도록 격려하고, 어떤 자원이 내담자에게 이로울 것인지를 결정한다.

3) 심리상담 이론과 핵심 개념

페미니스트 접근의 심리상담 이론은 평등주의 관계, 권력 분석 그리고 내담자의 고통을 이해하는 데 있어서 젠더의 사회적 구조를 이해하는 또 다른 측면을 제시한다.

(1) 평등주의 관계

페미니스트 접근의 심리상담 핵심은 평등주의 관계, 즉 권력 강화가 내재된 심리상담의 대인관계 맥락에 있다(Brown, 1994, 2010; Faunce, 1985; Greenspan, 1982; Smith & Siegel, 1985). 이러한 페미니스트 접근은 동등한 관계가 아니라 '동등한 가치'에 대한 패러다임이며 각 참여자를 기술과 지식을 가져다 주는 협력적 전문가로 바라본다. 페미니스트 접근의 심리상담 이론은 심리상담과 슈퍼비전 관계에서 불가피한 권력의 불균형이 존재한다는 것을 인정한다. 페미니스트 접근에서는 심리상담사나 슈퍼바이저의 권력은 부정하지 않은 채 불균형을 최소화하기 위한 체계적 전략을 제시한다.

(2) 권력의 역동 분석

페미니스트 접근의 심리상담 이론에서 권력은 다른 사람 또는 자원의 통제를 의미하는 일반적인 정의와 달리 젠더(gender), 성(sexuality), 표현형(phenotype), 성 정체성(sexual identity), 나이(age), 능력(ability), 민족성(ethnicity), 종교(religion), 이민 신분(immigration status), 종교적 동일시(religious identification), 또는 다른 동일한 범주에 근거하여 인간에게 차등적 가치를 부여하며 그것이 자신과 다른 사람들에게 영향을 미치는 것들과 지배적인 문화적 밈(dominant cultural memes)으로부터 자유롭게 될 수 있는 능력으로 이해된다.

페미니스트 접근의 슈퍼비전은 슈퍼바이저와 슈퍼바이지 모두 사회적 계층의 지위나 트라우마와 같은 개인적 경험으로 인해 '지배층'의 권력과 '피지배층'의 무력함을 경험한다는 가정에서부터 출발한다. 페미니스트 접근의 슈퍼비전은 이러한 권력과 무력함의 경험이 슈퍼비전 과정과 슈퍼비전에 영향을 미친다고 여긴다.

(3) 협력적 관계

페미니스트 접근의 심리상담 이론은 심리상담에서 주어진 어떤 만남이라도 광범위하고 구체적인 범위에서 상호에게 수혜적인 목표가 있을 것으로 보고 협력을 조언한다. 슈퍼바이저로서 페미니스트 실천가는 이 심리상담 서비스를 제공받는 내담자들의 선택 의지를 훼손하지 않고 강화시키는 방식의 접근으로 유연성(flexibility)과 통합적 사고 방식(integrative mind-set) 및 개방성(openness)을 제시한다.

(4) 심리상담에서 권력의 역동: 상징적 관계

생물 심리 · 사회적 그리고 실존적 접근으로서 페미니스트 심리상담은 관계 속에 있는 개인들은 현실의 지금-여기(here-now)를 대표하며, 개인적이고 사회정치적인 전이 및 역전이가 있다고 주장한다. 19세기 아프리카계 미국인 참정권 운동가 Cooper는 "내가 언제 어떤 곳에 들어간다는 것은, 흑인이라는 인종 전체가 나와 함께 들어가는 것을 의미한다."라고 말했다(Giddings, 1996). 이 격언은 페미니스트 실천가들이 내담자들에게 어떻게 상징적으로 표현되는지 이해를 돕고, 문화적 현상과 사회현실의 관계에서 개인의 권력균형에 영향을 미치는 무의식적 표현을 불러일으키는 방법에 주목하게 한다.

(5) 자기개방의 사용

권력의 불균형을 체계적으로 감소시키고, 심리상담의 성공 요인을 증가시키기 위한 자기개방의 사용은 페미니스트 접근의 심리상담 문헌에서 가장 자주 언급되는 전략 중 하나이다. 페미니스트 접근은 심리상담사의 진정성을 중시하는 인본주의 접근에 뿌리를 두고 있을(Rogers, 1957) 뿐만 아니라, 자기개방의 긍정적 효과도 강조한다(Hill & knox, 2002). 따라서 심리상담사의 자기개방을 내담자의 이익을 위한 임파워먼트 전략으로 지지한다(Brown, 1994, 1997, 2010; Brown & Walker, 1990; Feminist

Therapy Institute, 1990, 1995, 1999).

(6) 비중립성

페미니스트 접근에서는 심리상담사가 자신에게 특정한 관점이나 시각이 있다는 사실을 인정하지 않으면 도리어 문제가 생길 수 있다고 본다. 내담자가 어떤 사람인가에 따라 심리상담사가 받는 영향이 있다는 것을 부인하거나 직면하지 않는 사람은, 자신이 내면에 은밀히 가진 편견을 직접 행동으로 옮길 가능성이 더 높아지고, 그로 인해 권력의 차이가 점점 더 증가하게 될 위험이 있다고 주장한다. 그러나 페미니스트 접근의 실천가는 이러한 중립에서 벗어난 것에 수치심이나 죄책감을 느끼기보다 한 발 더 나아가, 편견을 인정하고 그것을 규정하지 않는 선택을 하려고 노력해야 한다.

(7) 평등주의 사업 실천

페미니스트 심리상담 이론은 다양한 내담자의 접근성을 고려하여 상담실의 위치를 선정하고, 심리상담사의 선호에 따라 심리상담사와 내담자의 호칭 선택부터 상담료 책정 결정을 포함한 사무행정에 관한 세부적인 사항까지 평등주의 전략을 확장해야 한다(Brown, 1991, 1994, 2007, 2010; Luepnitz, 1988). 슈퍼바이저와 슈퍼바이지가 업무 관계를 맺는다면 공정하게 구성해야 하며, 이러한 업무의 실천은 페미니스트 접근의 심리상담 슈퍼바이지를 위한 전문성 발달 측면에서도 포함된다.

(8) 고통, 역기능, 저항: 권력 강화 전략으로서의 페미니스트 진단

많은 페미니스트 접근의 심리상담사들은 공식적인 진단의 사용을 피하지만 내담자의 진단이 필요할 경우 페미니스트 접근의 슈퍼바이저는 내담자와 공식적으로 논의한다. 내담자가 스스로 이해할 수 있고 협력할 수 있는 선에서 그들의 현상학적인 고통 경험을 진단에 반영한다.

페미니스트 접근의 슈퍼비전은 공식적인 진단에 대한 비판적 사고를 장려한다. 다만, 필요하면 설명서와 진단 과정에 접근하는 방식에 대해 권력을 강화할 수 있다. 이러한 측면은 대안적 기반을 제공하는 전략적 수단으로써 사용하길 적극적으로 권장한다. 페미니스트 접근의 심리상담사들은 '정신병리'를 한 사람이 살아가는 삶에 있어 문제가 된다고 판단한 변수가 사실상 그 사람의 내부로부터 기인한 것이 아니라, 권력과 지배의 억압적인 위계질서가 이루어 놓은 전체적인 틀에서 영향을 받는다는 기준에서의 변수로 해석한다. 이에 'Psychopathology(정신병리학)'라는 단어보다 'Distress and behavioral dysfunction(고통과 행동장애)'이라는 용어를 선호하고, 그리고 이를 사용하기를 제안한다(Ballou & Brown, 2000; Brown & Ballou, 1992). 이는 내담자의 문제와 고통의 근원을 스스로 해결할 수 있도록 권력을 강화하여 책임 있는 자리로 설정해 주는 것이다. 그들이 겪고 있는 '고통'을 개념화하기 위한 접근으로서 "당신이 문제가 아니라 당신은 해결책이다(You are not the problem, and you are the solution.)"라는 메시지는 페미니스트 실천의 핵심이며, 페미니스트 슈퍼바이저와 슈퍼바이지가 사례개념화를 논의할 때 전달해야 하는 중요한 구성요소이다.

(9) 젠더 분석과 정체성의 교차성

페미니스트 접근의 심리상담에서 개인이 경험한 젠더 구조에 대한 비판적 분석은 인간 발달 이론에 중심적인 역할을 한다. 페미니스트 심리학은 사회문화 전반에서, 그리고 전문가들 사이에서도 재능과 성격이 남녀 구별화되는 경직된 분석으로 인해 심리적 고통이 발달하는 주요인이 된다고 주장하며 그러한 현상들에 강력하게 도전한다.

(10) 권력의 산물로서의 젠더화 된 행동

페미니스트 접근의 심리상담 특정 기법으로서 성역할 분석(Worell & Remer, 2003)은 페미니스트 실천의 고유 도구 중 하나이다. 최근에는 문화, 사회계층, 성적지향, 장애, 민족성, 나이, 언어, 이민자 신분, 영적 태도 등 다른 정체성 변수에 대한 분석이 이 모델에 통합되었다(Brown, 2010). 이러한 성별과 다른 정체성 변수들이 암묵적으로 내포되어 있기에, 차별, 혐오, 편견, 억압과 불가분 연관성이 있고, 그로 인해 고통과 역기능 발달의 요인이 된다고 본다.

(11) 페미니스트 슈퍼비전 및 심리상담에서 평가의 역할

페미니스트 접근의 슈퍼바이저는 공공의 복지에 대한 책임과 현재의 슈퍼바이지, 그리고 미래의 내담자를 위해 책임을 지고 있다. 모든 슈퍼바이저는 슈퍼바이지의 내담자 가치와 선호를 고려해야 한다. 이에 내담자를 추가적 전문가 및 슈퍼비전 팀의 암묵적 구성원으로 특별하게 정의하고 수용해야 한다. 평등과 권력 강화의 방식으로 내담자를 슈퍼비전에 함께 포함하는 것은 다른 슈퍼비전 모델과 차별화할 수 있는 페미니스트 슈퍼비전의 또 다른 중요한 측면이다. 심리상담의 결과를 평가하기 위해 심리상담 서비스를 받은 사람, 즉 내담자들의 의견과 관점을 신뢰하는 것은 페미니스트 접근의 슈퍼비전에서의 평가가 일방적인 것이 아니라 양 방향적인 과정임을 강조하는 것이다.

(12) 슈퍼비전에서의 가부장제와 무력화

권력 강화 또는 무력화와 관련된 4가지 현상의 권력 모델(Brown, 2010)은 정신적 영역 안에 ① 개인 내적 경험, ② 대인관계 속의 상호작용, ③ 신체와의 관계, ④ 실존적이고 의미 있는 체계로 제시된다. 페미니스트 심리상담은 사회를 지배하는 가부장적 제도가 이러한 변수 중 하나 이상에서 의도적으로 혹은 본의 아니게 많은 사람을 열등한 존재로 만드는 기능을 한다고 주장한다. 가부장제를 무력화하는 하나의 전략은 사람들이 절대 권력을 가질 수 없다는 여러 메시지를 개인적, 문화적으로 전달하는 것이다. 가부장제에 의해 전해지는 계층의 필연성, 진정한 사회 변화의 실현 불가능성, 자원에 대한 접근의 불가능성, 성별화 및 기타 사회적으로 구성된 역할 및 관계의 불변성에 대해, 재고해야 한다는 광범위한 메시지는 심리상담과 슈퍼비전에 대한 담론을 제기한다. 이에 페미니스트 접근의 슈퍼비전은 슈퍼바이저, 슈퍼바이지 그리고 그들의 내담자가 억압하는 권력으로부터 자신을 해방하고, 건강하게 바로 자신의 삶에서 권위와 힘을 향상할 수 있도록 돕는다.

(13) 페미니스트를 실천하고 있는 슈퍼바이지의 권력과 무력함의 양면

페미니스트 접근의 심리상담에서 슈퍼바이지는 고유한 위치를 지키고 있음에도 그들이 참여한 훈련과정에서는 종종 '유능하지 않다.'라는 메시지를 받는다. Brown 박사는 40년 동안 훈련한 대학원 교육은 종종 학생들 개인의 권위를 수치스럽고, 단순화하며, 깎아내리기도 하는 과정이었음을 상기한다. 일반적으로 슈퍼바이지는 교육적 상황에서 무력화를 느끼고 권위 있는 사람과의 관계에서 한 단계 아래에 있는 것 같은 느낌이 들게 된다. 그러나 슈퍼바이지가 막상 심리상담사 또는 심리평가자의 역할에 들어가는 순간, 그들은 내담자와 마주하는 상호작용에서 더 강력한 사람이 된다. 페미니스트 접근의 슈퍼비전에서 슈퍼바이지는 다른 심리상담에 비해 공식적으로 적은 권력을 가지고 있지만, 아마도 훈련 세계에서는 다른 이론적 접근의 슈퍼비전에서보다 더 많은 권력을 부여받을 수 있다. 페미니스트 접근의 슈퍼바이저는 슈퍼바이지들이 교육 환경에서 더 많이 권력을 강화할 수 있는 효과적인 방법을 탐구하도록 지도할 수 있고, 교수진의 의식을 높이거나 사회정의에 대한 염려를 공유하는 학생들 간의 연대적 행동을 증가시킬 수 있는 전략을 제안할 수 있다. 슈퍼바이지들에게 무력화 경험과 그러한 환경 대처를 위한 내담자 전략을 깊이 공감하고, 내담자가 견딜 수 없는 상황에 대처하는 방법에 대해 심리상담사가 어떻게 대처하는지 주목하게 만들고, 권력 강화를 위한 유사한 학습 과정에 노출하는 것은 페미니스트 접근의 슈퍼비전 구성요소이다.

3. 페미니스트 접근의 슈퍼비전 방법

1) 슈퍼비전의 인식론과 방법론

(1) 슈퍼바이지 권력 강화를 위한 특정 전략

페미니스트 접근의 슈퍼비전 목표는 슈퍼바이지가 슈퍼비전을 통해 페미니스트 심리상담사로서 역량을 증가시켜 권력을 강화하는 것이다. 따라서 슈퍼비전 후에는 실제로 슈퍼바이지가 페미니스트 심리상담사로서 권력 강화를 경험해야 한다. 페미니스트 접근의 슈퍼비전에서 권력 강화 원칙에 대해 Porter와 Vasquez(1997)는 슈퍼바이저에게 필요한 권력 강화의 원칙으로, ① 권력 문제에 관한 관심, ② 협력 관계의 개발, ③ 슈퍼바이저 간의 반영 능력, ④ 슈퍼바이저의 진실성과 개방성을 언급하였다.

이 네 가지 목표를 달성하기 위한 페미니스트 접근의 슈퍼바이저 과제는 페미니스트 토대를 전달하는 슈퍼비전 관계의 분위기를 조성하는 것이다. 슈퍼바이저의 슈퍼바이지에 대한 평가는 존중, 권한 부여, 협업의 기반 위에 이루어져야 한다. 지배적인 문화적 틀에서 고려될 때 평등과 평가라는 두 목표가 상반되는 것처럼 보이기 때문에 어려운 작업이 될 수 있지만, 슈퍼바이지의 역량과 개발 수준을 정확하게 평가하고 성장할 수 있도록 지원하는 것은 슈퍼바이저의 의무이다. 슈퍼바이지는 평등하고 권한을 부여하는 심리상담 관계를 발전시키는 방법을 이해하기 위해서는, 먼저 평등한 슈퍼비전 관계를 맺은 경험이 있어야 하므로 슈퍼바이저로부터 권한을 부여받고 자신의 목소리를 개발할 수 있어야 한다. 페미니스트 접근의 슈퍼바이저는 슈퍼비전 단계에서도 자신의 실수와 투쟁을 본보기로 보여 주며 투명성을 모델링한다.

(2) 페미니스트 접근의 슈퍼비전 교육 및 훈련 목표

① 페미니스트 접근의 심리상담 관점에서의 교훈 소개

페미니스트의 실제는 널리 활용되는 주류가 아니므로 슈퍼바이지는 페미니스트 실습에 대해 거의 지식이 없거나 잘못 알고 있을 가능성이 더 크다. 슈퍼바이저는 페미니스트에 관한 잘못된 정보와 실천법을 가진 심리상담사인 슈퍼바이지를 광범위한 지식으로 슈퍼비전을 해야 한다. 이에 슈퍼바이저가 어떤 정보를 입수해야 하는지에 대한 명확한 표준은 없으나, 페미니스트 접근의 슈퍼비전에 관한 문헌을 검토하며 페미니스트 의식개발, 페미니스트 치료 구조에 대해 슈퍼바이지를 교육할 수 있도록 준비해야 한다.

② 전문성 개발의 구성요소로서 페미니스트 정체성 개발 탐구

• 자기성찰의 사용

페미니스트 정체성 개발에 대한 자기성찰을 장려하는 데 유용한 연습은 슈퍼바이지들에게 매주 지침에 일기를 쓰도록 요청하는 것이다. "매주마다 일상생활에서 성별, 권력 및 사회적 위치의 주제를 알게 된 경험에 관해 쓰고 이러한 사회적·환경적 현상이 심리상담사로서 당신에게 어떻게 영향을 미치는지 토론하십시오." 이 연습은 슈퍼바이지에게 특정한 페미니스트적 관점을 강요하지 않고 의식을 고양하는 기능을 하며 페미니스트와 페미니스트 심리상담의 가치에 대한 호기심을 불러일으킬 수 있다.

• 훈련 비디오의 사용

페미니스트 접근의 감독 논평과 함께 슈퍼바이지들에게 미국심리학회(American

Psychological Association: APA)에서 제작한 다양한 비디오를 훈련용으로 제공한다. 이를 통하여 슈퍼바이지들은 증상을 대처 전략으로 재구성하거나 성별에 대한 지배적인 문화적 개념을 가진 내담자에 대한 성역할 분석을 적용하는 것과 같은 개입의 페미니스트적 측면을 알 수 있게 된다.

(3) 더 큰 사회적 · 문화적 문제

Porter(2009)는 페미니스트 슈퍼바이저가 권력, 특권 및 억압, 암묵적인 편견, 불이익, 내재화된 억압 및 지배에 대한 슈퍼바이지의 자각을 인식시키기 위해서는, 슈퍼비전 환경 내에서 이러한 더 큰 사회적 이슈를 실용적이고 경험적으로 볼 수 있도록 다양한 전략을 사용해야 한다고 하였다. 페미니스트 접근의 슈퍼바이저가 슈퍼바이지의 인식을 넓히기 위한 목표를 구현하는 가장 효과적인 방법의 하나는 ① 슈퍼바이지가 교육 경험에 참여하는 방식에 대한 자신의 특권 또는 불이익의 영향을 인식하는 훈련 경험을 구성하는 것이다. 또 다른 하나는 ② 슈퍼바이저와 슈퍼바이지가 과거와 현재의 권력, 특권, 억압에 관한 자각을 인식하면서, 초보 심리상담사들이 내담자에게 무심코 한 말이나 행동을 통해, 심리상담사와의 공감대를 방해하고 관계 해체로 이어지는 불안을 줄이는 것이 페미니스트 슈퍼비전의 목표를 효과적으로 충족시키는 핵심이 된다.

(4) 슈퍼비전에 대한 기대 설정: 규범과 평가

페미니스트 관점에서 볼 때 매우 중요한 것은 슈퍼바이지가 슈퍼비전 과정에 완전히 동의하고 슈퍼비전의 위험과 이점을 사전에 알 수 있는 권한을 부여하는 것이다. 슈퍼비전 경험에 대한 행동 기대와 규범은 권리와 책임의 틀을 사용하여, 서면으로 양쪽의 당사자에 대해 명확하게 설명되어야 한다. 페미니스트 접근의 슈퍼바이저는 슈퍼비전의 목표와 관련하여 끝없이 유연할 것으로 기대하기는 어려운 일일 수 있지만, 슈퍼바이지의 요구와 발달수준에 따라 교훈적이고 과정-지향적으로 결합하는 것에 적극적이고 개방적이어야 한다.

(5) 심리상담 관계의 증거기반 소개

페미니스트 실천의 모든 구성요소인 동맹, 공감, 협력, 목표 합의, 긍정적인 관심 및 내담자 피드백 수집은 증거 기반이 강한 특정 심리상담 관계 변수에 속하며, 페미니스트 접근의 슈퍼비전은 내담자 권력 강화라는 개념체계 내에서 이를 강조한다. 페미니스트 심리상담은 Rogers(1957, p. 11)의 말을 되풀이한다. 그는 "무엇이 아프고, 어떤 방향으로 가야 하는지, 어떤 문제가 중요한지, 어떤 경험이 깊이 내재하여 있는지를 아는 것은 내담자이다."라고 말했다. 페미니스트 접근의 심리상담에서 '두 전문가' 관계의 구성은 페미니스트 접근의 슈퍼비전에서 가르치고 있는 관계 모델의 핵심 구성요소로서 권력 강화 교육의 중요성을 강조한다.

(6) 맥락/설정

슈퍼비전이 발생하는 설정은 페미니스트 접근의 슈퍼바이저가 수행하는 방법을 알려 준다. 이것은 모든 이론의 슈퍼바이저에게 해당하지만 페미니스트 접근의 슈퍼바이저는 여전히 잘못된 정보 또는 설정에 따라 슈퍼바이지 또는 동료 슈퍼바이저의 적대감과 싸워야 한다. 페미니스트 실천을 지지하지 않거나 적대적으로 보는 특정 문화, 종교 또는 기타 규범과 가치에 의해 정보를 받은 맥락에서, 활동하는 페미니스트 접근의 슈퍼바이저는 이에 대해 슈퍼비전할지 여부가 아니라 어떻게 슈퍼비전해야 하는지 탐색해야 한다. 페미니스트 접근의 슈퍼바이저는 사람들이 억압에 저항하기 위해 사용하는 효과적인 전략을 개발할 수 있도록 권력을 부여하는 페미니스트 접근의 심리상담 구조를 사용하여, 유사한 사고 방식으로 이러한 도전에 접근한 후 이를 슈퍼바이지에게 전수할 수 있다.

(7) 슈퍼바이지 행동 관찰하기

페미니스트 접근의 슈퍼바이저는 상황에 맞는 요구사항이 있는지 여부를 판단한 후, 자신의 작업에서 슈퍼바이지를 이해하고 권력 강화를 위한 수단과 슈퍼바이지의 작업에 대한 접근이 상호 요구와 이론적 접근에 가장 적합한지를 검토해야 한다. 그 다음으로 페미니스트 접근의 슈퍼바이저는 슈퍼바이지와 협력하여 슈퍼비전 회기를 관찰하고 슈퍼바이지와 공유하는 방법에 대한 계획을 개발한다. 또한 내담자와 미리 슈퍼비전에서 어떻게 심리상담 회기 내용이 노출될지에 대해서도 토론이 이루어져야 하며, 더욱 적극적인 개입 전략(예. 오디오 또는 비디오 녹화)에 대한 이론적 근거가 심리상담 목표와 슈퍼바이지 교육목표에도 통합되어야 한다.

(8) 문서화: 페미니스트로서 기록 보관

심리상담 서비스의 문서화를 위한 페미니스트 접근을 가르치는 것은 흔한 일은 아니지만, 페미니스트 접근의 슈퍼비전에서 중요한 구성요소이다. 심리상담 서비스는 상담기록지가 법적 문서이기 때문에 문서로 만들어야 한다. 상담기록지는 내담자 기록의 개인정보와 기밀성에 관한 법에 따라 보호되어야 한다.

(9) 슈퍼바이지의 성장, 설정과 클라이언트에 대한 슈퍼비전 강화

페미니스트 접근의 슈퍼비전에서는 내담자에 대하여 슈퍼바이지가 표준 교정 렌즈가 아닌 페미니스트 렌즈를 통해 내담자를 보고, 페미니스트 실천의 통찰력과 관점을 통합하면서 교정 환경에서 문화적으로 유능하도록 촉진한다.

(10) 개인 및 집단 슈퍼비전

일반적으로 슈퍼바이지에게는 슈퍼비전 방법에 대한 선택권이 제공되지 않는다. 페미니스트 접근의 슈퍼바이저는 개인 및 집단 슈퍼비전에 대한 슈퍼바이지의 선호도를 최대한 고려하여, 페미니스트 원칙의 평등주의에 충실하고 성별과 권력에 대한 분석이 포함된 슈퍼비전을 구성하는 방법을 고려할 의무가 있다.

2) 슈퍼비전의 구조와 과정

(1) 프레임 설정

페미니스트 접근의 슈퍼비전 관계는 슈퍼비전 대상자의 목표, 권력 강화, 수치심 감소, 상호 취약성의 가능성 증대를 위한 체계적 전략이 명확히 명시된 서면 합의로 시작된다. 확인된 문제행동에 대해 알 수 있는 결과가 있는 평가 환경에서 슈퍼비전을 수행하면 그러한 행동의 성격과 결과의 구체성을 명확하게 설명해야 한다. 페미니스트 접근의 슈퍼비전에서 슈퍼바이지를 평가하는 구체적인 기준은 의심의 여지가 없어야 하며, 슈퍼바이지가 협업할 준비가 잘 되어 있지 않은 경우에도 평등주의 전략을 모델링하면서 협업과 권력 강화의 약속을 지켜야 한다.

(2) 발달 정보에 입각한 권력 강화

슈퍼바이저는 슈퍼바이지인 심리상담사가 슈퍼비전의 목표를 식별하는 데 도움이 되는 권력 강화 방법론을 모델링한다. 이것은 슈퍼바이지가 자기 자신의 권위에 의존하도록 적극적으로 독려하고 슈퍼바이저가 잘못했다고 생각하는 경우에는, 단순히 슈퍼바이저를 따르지 않고 단호하게 반대할 수 있는 권력 강화를 하는 것을 목표로 하는 의도적인 페미니스트 기법이다.

(3) 자기개방 사용: 슈퍼바이지와 슈퍼바이저

① 슈퍼바이지의 자기개방 사용

슈퍼바이지의 문제가 있는 역전이 역동을 다룰 때 슈퍼바이지의 개인 자료 공개를 통해 핵심에 더 가까이 다가갈 수 있도록, 슈퍼바이지에게 의미하는 것들을 슈퍼바이저와 함께 처리하도록 한다. 슈퍼바이지의 개인 자료 공개는 합의된 과정으로, 페미니스트 접근의 슈퍼바이저들은 슈퍼바이지들이 공개하는 것을 승낙한 후에도 거절할 수 있는 권리를 존중한다.

② 슈퍼바이저의 자기개방 사용

슈퍼바이저가 자신의 경험을 공유하는 것은 슈퍼바이지가 가장 취약하고 힘이 없다고 느낄 수 있는 순간에 권력을 재조정하고, 더 평등한 역할로 나아가는 것을 목표로 사용되는 의도적인 권력 강화 도구이다.

(4) 나는 네가 알고 있는 것을 안다: 슈퍼바이지의 취약성 적정화

페미니스트 접근의 슈퍼바이저 임무는 슈퍼바이지의 사생활 존중 개념과 개인정보에 대한 의사 결정권을 가능한 한 빨리 확립함으로써 슈퍼바이지의 경계를 침해하는 것을 예방하는 것이다. 페미니스트 접근의 슈퍼바이저는 수치심이 무력한 경험임을 이해하고, 슈퍼바이지에게 의도적으로 수치심을 유발하지 않는 규범에 근거하여, 슈퍼바이지가 무엇을 어떻게 공유할 것인지를 사전에 논의한다. 슈퍼바이지의 잠재적인 손상이 우려되는 경우에는 페미니스트 접근의 슈퍼바이저는 슈퍼바이지와 내담자에 관한 보호와 복지 사이에서 균형을 유지해야 한다. 이를 위해 훈련 목표와 모든 관련 당사자의 복지와 관련된 개인정보만을 슈퍼바이지에게 요청하고, 내담자 복지가 명백하게 위험한 경우에만 슈퍼바이지에게 내담자의 치료 정보를 요청하도록 한다.

(5) 목표 설정

① 목표 달성

페미니스트 접근의 슈퍼비전에 있는 슈퍼바이지는 가능하면 현재 슈퍼비전 회기의 초점을 결정할 책임이 있기에, 자신의 작업에 대한 더 나은 관찰자가 될 수 있는 권력을 부여받는다. 이는 슈퍼바이지 스스로 자신의 일에 대해 비판적으로 분석하고 생각할 수 있는 능력과 자아를 관찰하는 능력을 심화시키는 전략인데, 이는 시간이 지나갈수록 계속 요구되는 매우 필수적인 연습이다. 슈퍼바이지 스스로 어떠한 방향이 자신에게 더 보람 있고 도움이 되리라는 것이 명백해지면, 슈퍼비전 방향 수정에 대해 자율성을 가진다.

② 따르는 것으로 이끄는 것(leading by following)

페미니스트 접근의 슈퍼바이저로서, 슈퍼비전 회기에서 선행적으로 특정 틀을 제시하지 않는다. 대신 따르는 것으로 이끈다. 슈퍼비전을 받는 대상자는 페미니스트 접근의 심리상담사로서 자신이 나아가고자 하는 방향을 알고 있다. 슈퍼바이저는 면밀히 관찰하고, 주의 깊게 들으면서, '슈퍼바이지들이 더 성장할 수 있는 심리상담사가 될 수 있도록, 어떻게 권력, 즉 힘을 키워 줄 수 있을까?'를 고민한다.

(6) 어려운 대화와 차이점

페미니스트 접근의 슈퍼비전에 관련된 것은 정체성, 문화 그리고 슈퍼비전에 참여한 구성원(슈퍼바이저-심리상담사/슈퍼바이지-내담자)의 각자의 정체성이 심리상담 과정에 미치는 영향에 관한 것들이며, 이는 때때로 매우 어려운 대화들이다. 슈퍼바이저는 이전의 기존 슈퍼비전 접근보다는 이제는 문화적 관점에서 바라보고 권력을 강화하는 새로운 정체성으로의 접근을 숙지해야 한다.

(7) 교육생을 초청하여 실무에서 문화적 역량을 높이도록 함

문화적 역량에 대한 이해에 있어 모든 슈퍼바이지가 예민하거나 페미니스트 실습에 적극적으로 전념하는 것은 아니다. 또한 적극적으로 전념하는 슈퍼바이지라도 저항은 일어날 수 있다. 그러나 경우에 따라 페미니스트 실습 외의 요소가 있을 수 있는데, 배정된 슈퍼바이저가 갖는 독특한 접근과 기술들 때문일 수 있다. 슈퍼바이지들은 문화적 역량을 높이는 연습과 개입이 심리상담 실무에 얼마나 탁월한 적용이 되는지 이해하지 못할 수 있다. 슈퍼바이저가 슈퍼바이지들에게 권한을 부여하는 도전은 교육생들에게 한 사람에 대한 자아의식을 위협하거나 평가절하하지 않도록, 즉 수치스럽게 하지 않는 방식을 통해 문화적 관점에서의 능숙함에 친근감을 느끼게 하는 것이다.

(8) 권력 강화: 목표물에 대한 우리의 관심 유지

① 통찰력의 균형 조정

모든 과정에 걸쳐 슈퍼비전의 중요한 목표는 슈퍼바이지의 권력 강화이며 이는 페미니스트 접근의 슈퍼비전 중심이기 때문에 반복된다. 페미니스트 접근의 슈퍼바이저는 슈퍼바이지에게 통찰력을 제공하는 것과 슈퍼바이지 자신으로부터 통찰력을 끌어내는 것 사이에서 균형을 이루어야 한다. 슈퍼바이지가 자신의 작업에서 일어나는 일을 이해하기 위한 기술을 개발할 수 있도록 권력을 강화하는 것은 이미 잘 개발된 사람들과 함께 슈퍼비전 회기를 할 수 있다는 것을 의미한다. 페미니스트 접근의 슈퍼바이저도 특정 슈퍼바이지보다 문화적 역량의 측면에 대해 덜 세련되고 지식이 부족할 수 있다. 페미니스트 실천의 평등주의 슈퍼비전 관계에서, 슈퍼바이저는 자신의 성장 영역에 대한 의식의 제고를 촉진하고, 슈퍼바이지의 지혜와 기여를 적극적으로 존중하고 중시해야 한다.

② 고위험 내담자와 함께 작업하는 슈퍼바이지

페미니스트 접근의 슈퍼바이저는 자살, 폭력, 자기 파괴적인 행동 등 위험에 처한 내담자를 상대하는 슈퍼바이지에게 이런 종류의 높은 불안 상황에서 자기진정 및 자기관리 전략을 논의하고, 슈퍼바이지가 이러한 기술을 사용하도록 지원함으로써 심리상담사 권력 강화를 모델링할 수 있다.

4. 페미니스트 접근의 슈퍼비전에서 다루는 주된 이슈

1) 어려운 슈퍼바이지를 대처하는 법

슈퍼바이저들에게 수치심과 좌절감을 느낀 경험을 가진 슈퍼바이지는 다른 슈퍼비전에서도 다른 사람의 동기와 의도를 잘못 해석하고 수치심과 굴욕을 당할 것이라 예상한다. 페미니스트 접근의 슈퍼바이저 과제는 이러한 슈퍼바이지의 수치심과 무력함을 다루거나, 트라우마에 대한 개인적 경험에서 가능한 한 가장 강력한 방식으로 이 문제들을 치료적으로 접근함으로써, 이익을 얻을 수 있는 문제라는 것에 주목하면서 교육을 지속하는 것이다.

(1) 저항하는 반응

문제가 있는 모든 슈퍼바이지가 페미니스트 개입에 잘 반응하는 것은 아니다. 특히 슈퍼바이지가 장애 문제로 어려움을 겪고 있거나 권력 강화 전략을 훼손하는 경직된 성격 구조가 나타나는 경우가 이에 해당한다.

> 아시아계 미국인 Risa는 중상위층 혼혈 여성으로, 대학원 과정에서 다른 슈퍼바이저와 교수진으로부터 추천서를 받고 인턴 면접에서도 좋은 성적을 거두었다. 그러나 슈퍼비전을 시작하면서 슈퍼바이저에게 적대적인 감정과 의존도가 비정상적으로 높았다. 그녀는 만성적인 자살 충동을 느끼는 5명의 내담자가 자신의 개입에 응하지 않을 때 그들에게 분노와 거부감을 느낀다고 표현하였다. 실제 그녀의 내담자들은 중도 포기가 많았고, 그중 두 명의 내담자는 슈퍼바이저에게 전화를 걸어 그녀가 그들에게 주는 보살핌에 대한 우려를 표명했다.
>
> 이에 슈퍼바이저는 보조 감독관과 함께 그녀와 그녀의 내담자들이 함께할 수 있도록 지원하기 위해 수치심을 줄이고 인턴십에서 성공할 힘을 실어 주기 위한 다양한 전략을 시도하였다. 그러나 Risa는 이러한 제안은 자신을 처벌하는 것이고 어린애 취급

하는 행동으로 선언하고 이를 거절하였다. 일주일 후 그녀는 슈퍼바이저가 인종차별주의자이며 자신을 좋아하지 않는다고 결정했기에 인턴십에서 사임할 것이라고 발표했다. 또한 다른 슈퍼바이지들에게 이 훈련 경험이 얼마나 끔찍하게 실망스러웠는지 말해 줄 것이라고 말했다.

이후 Risa의 훈련 감독관과 논의한 결과, Risa는 대학원 과정에서도 이런 종류의 문제를 겪었음을 밝혀졌다. 그녀는 면접에서는 좋은 모습을 보였지만 심리상담 장면에서의 성과는 미미했다. 교직원과 슈퍼바이저에 대한 개인적 혐오감과 인종차별주의적 편견에 대한 비난은 흔했다. Risa처럼 만성적으로 해결되지 않은 어려운 과정에서 있는 경우에는 슈퍼바이저가 슈퍼바이지에게 힘을 실어 주기는 어려울 수도 있다.

(2) 슈퍼바이지 장애 또는 기술 부족

정서적으로 기능적일 수 있는 슈퍼바이지 장애, 또는 기술이 부족한 슈퍼바이지는 심각한 스트레스가 많은 생활환경에서 약물의 남용, 질병, 처방된 약물의 부작용 또는 자기관리의 어려움으로 인해 때때로 손상될 수 있다. 슈퍼바이지 장애의 경우 페미니스트 접근의 슈퍼바이저가 사용해야 하는 것은 훈련 경험과 가능한 전문적 결과를 얻을 수 있도록 권력을 강화하는 것이다. 이들에서 징계 경험보다는 학습 경험을 가질 수 있도록 하는 것이 가장 바람직한 접근이다.

2) 페미니스트 슈퍼비전에서의 권력과 평가

슈퍼바이지가 일상적으로 다루는 무력함과 무례함의 부정적인 영향에 대응하기 위해, 슈퍼비전 면담에서 슈퍼바이지 성과에 대한 긍정적인 평가가 먼저 이루어져야 한다. 이러한 긍정적인 평가는 구체적이고 집중적이어야 하며 슈퍼바이지에게 도움이 되는 피드백과 관련되어야 한다. 슈퍼바이저는 슈퍼바이지에게 긍정적인 피드백과 평가가 더 큰 힘을 발휘한다는 사실을 인식하고 슈퍼비전이 도움이 되는지, 슈퍼바이지에게 적극적으로 피드백을 요청해야 한다. 또한 페미니스트 접근의 슈퍼바이저는 슈퍼바이지의 수치심을 줄이고 문제의 본질을 정상화하기 위해 비판적 피드백을 제공하기도 한다. 페미니스트 접근의 슈퍼바이저는 비판적 피드백이 힘의 차이를 악화시키는 과정임을 명시하고, 슈퍼바이지 및 가능한 다른 페미니스트 슈퍼바이저와 협력하여 비판적이고 교정적인 피드백이 무력감의 경험이 되지 않도록 힘의 왜곡을 최소화하는 방법을 탐구해야 한다. 피드백은 행동에 따라 구체적이고 설명적이어야 하며, 심리상담 단계도 유사하게 구성되어야 하며, 슈퍼바이지 권력과 사회적 맥락의 현실 및 교육환경을 고려한 명확한 일정도 포함되어야 한다.

3) 다문화와 다양성 문제

페미니스트 접근의 슈퍼바이저는 대학원 교육에서 경험한 다문화와 다양성의 문제가 슈퍼바이저-슈퍼바이지 및 심리상담사-내담자 관계에 미치는 영향과 심리상담에서 발생하는 자료의 처리 방법을 미리 파악할 수 있도록 준비해야 한다. 또한 페미니스트 접근의 슈퍼바이저는 전이와 역전이의 문제를 중심으로 문화적 역량 수준도 높여야 한다(Brown, 2012).

4) 법적 · 윤리적 문제: 페미니스트 심리상담 윤리 실천

페미니스트 접근의 슈퍼바이저는 현장에서 현재 진행 중인 논쟁의 사례를 사용하여, 신중하게 정의된 규칙 준수를 통해 권력 강화의 페미니스트 윤리와 위험 관리의 주류 심리상담 윤리 사이의 역동적인 긴장을 설명하고 적용할 수 있어야 한다.

(1) 역할 중복 처리

슈퍼바이저는 사회적, 개인적, 전문적 영역에서 역할 중복이 예상될 경우 슈퍼바이지와 협력하여 양쪽 당사자의 복지를 지원하는 전략을 개발해야 한다. 슈퍼바이저는 이러한 문제에 더욱 취약한 당사자의 복지를 우선시하고 역할이 중복될 경우, 슈퍼바이지의 복지를 위험에 빠뜨릴 수 있는 것으로 보일 때, 필요에 따라 어떤 선택권이 있는지 탐구할 책임이 있다. 또한 슈퍼바이저는 역할 중복의 일부 영역에 대한 참여가 자신의 최대 관심사인지도 평가해 볼 필요가 있다.

(2) 심리상담사 자기관리

페미니스트 접근의 슈퍼바이저는 슈퍼바이지에 대한 자기관리를 슈퍼비전 과정에 통합하고, 슈퍼바이지나 슈퍼바이저의 삶에서 얼마나 필수적인지를 보여 주며, 슈퍼바이지가 자기관리 전략을 적절하게 사용할 수 있도록 지원해야 한다. 또한 슈퍼바이저는 스트레스를 받는 슈퍼바이지에게 휴가를 권유할 수도 있다. 페미니스트 접근의 슈퍼바이저는 자기관리를 모범으로 삼아야 하며, 이를 위해 고군분투하는 슈퍼바이지들과 솔직하게 상의해야 한다.

(3) 사회정의 윤리

페미니스트 윤리가 포함된 사회정의 윤리적 전략은 '사람들을 억압하고 해방하는 것은 무엇인가?'라는 더 큰 질문에 일반적인 심리 기법과 심리적 평가를 위치시킴으로써 전문 윤리강령과 교차하도록 한다. 슈퍼바이지들이 각자의 직업적 결정이 어떻게 사회정의 의미를 가질 수 있는지 확인하도록 하는 것은 페미니스트 윤리가 페미니스트 접근의 슈퍼비전 설정에 통합되는 방법의 구성요소이다. 여기서 정의의 개념을 법률적 의미를 넘어 관계적 영역으로 확장하고 결정에 더 큰 힘을 실어 줄 때 더 정의로워지는 방법을 탐구하는 것이 윤리적 문제에 대한 페미니스트 접근의 슈퍼비전을 위한 구체적인 구성요소이다. 페미니스트 접근의 슈퍼바이지들은 권력 강화에 중점을 두면서 슈퍼비전의 정의를 넓히는 페미니스트 접근의 슈퍼비전이 제공된 사회정의 요원이 되는 공식적인 훈련을 받을 수 있다.

(4) 슈퍼비전 갈등 다루기

슈퍼바이저와 슈퍼바이지 간의 갈등에 접근하기 위한 구체적인 페미니스트 방법론은 없지만, 페미니스트 접근의 슈퍼바이저는 학습 경험 현장에 대한 슈퍼바이지와의 갈등과 이러한 갈등이 슈퍼바이지 자신의 치료 작업에서 일어나는 일에 어떻게 영향을 미치는지 탐구하게 한다. 이러한 과정을 통하여 슈퍼바이저는 슈퍼바이지가 어떻게 갈등에 대처하고 해결해 나가는지 등에 대한 자료를 제공할 수 있도록 한다.

5. 페미니스트 접근의 슈퍼비전에 대한 평가

1) 슈퍼비전에 대한 평가

(1) 페미니스트 심리상담의 공헌

페미니스트가 심리상담 분야에 한 중요한 공헌은 남녀평등과 문화적 맥락이나 다양한 억압의 영향을 염두에 둔 심리상담을 열어 둔 것이다. 사회 변화에 관한 관심도 페미니스트 심리상담의 중요한 공헌에 해당한다. 페미니스트 관점을 가진 심리상담사들은 내담자가 자라면서 가진 전형적인 성역할 메시지를 완전하게 인식하는 것이 얼마나 중요한지를 알고 있으며, 내담자가 이 메시지를 확인하여 도전하도록 돕는 데 매우 유능하다(Philpot, Brooks, Lusterman, & Nutt, 1997). Gilbert와 Rader(2007)에 따르면 페미니스트 접근의 심리상담사들은 심리상담 실제에서 상당한 이론적, 전문적 진보를 가져왔다. 이러한 기여에는 내담자의 힘의 공유, 평가와 심리상담에서의 문화적 고려, 그리고 여성과 여성의 규범적 경험의 타당화 등을 포함하고 있다. 페미니스트 접근의 심리상담사들은 전통적인 심리상담 이론과 인간발달 모형에 의문을 제기한다. 대부분 이론에서는 문제의 원인을 외부적인 상황이나 환경보다 개인에 두고, 문제를 일으킨 사회정치적 현실에 대해서 거의 인식하지 못한 채 개인이 그들의 문제에 대한 책임을 지도록 한다. 그러나 페미니스트들의 핵심적인 기여는 기대되는 역할 행동을 단지 따라 하는 것보다, 심리상담이 사회의 압박하는 요소를 다루는 것에 적절히 관심을 가져야 함을 계속 상기시키는 것이다. 이러한 사회 변화에 지속적으로 관심을 가짐으로써 심리상담사의 역할이 사회정의를 구현하고, 내담자를 옹호하는 것으로 확대될 수 있었다. 페미니스트 운동의 중요한 공헌은 심리학과 심리상담 실제에서 윤리(Brabeck, 2000)와 심리상담에서의 윤리적인 결정을 하는 것(Rave & Larsen, 1995)이다. 통일된 페미니스트 목소리는 아동 학대, 근친상간, 강간, 성적 학대, 가정폭력 등의 광범위한 영역에 관심을 끌게 하였다. 페미니스트들은 아동과 여성이 신체적 학대, 성적 학대, 심리적 학대를 당하는 사례들을 인식하지 못하여 행동을 취하지 못했을 경우의 결과에 주목하고 홍보하기도 하였다.

페미니스트 접근의 치료 원리는 심리상담 실제뿐 아니라 슈퍼비전, 교육, 자문, 윤리, 연구, 이론 설정에도 적용된다. 공동체 구축, 진실한 상호 공감 관계 제공, 사회의식의 고양, 사회 변화의 강조는 이 페미니스트 접근 슈퍼비전의 강점이라고 할 수 있다.

(2) 페미니스트 접근의 슈퍼비전 한계와 비판

페미니스트 접근의 심리상담 및 슈퍼비전은 중도적 입장보다는 심리상담을 가치지향적 과정으로 본다. 따라서 심리상담사인 슈퍼바이지나 슈퍼바이저는 자신의 개인적 · 전문가적 가치를 분명히 알고, 이 가치관이 내담자에 미칠 영향을 알고 있어야 함을 강조한다. 그러나 심리상담사의 가치관이 내담자에게 부당하게 영향을 줄 가능성은 여전히 존재하며, 심리상담사가 자신의 가치관을 인식하지 못했을 때는 더욱 그럴 가능성이 크다. 페미니스트 접근의 심리상담사는 자신의 가치에 대해 인식하고 있어야 하며 내담자를 존중하는 마음과 더불어 명백하게 이러한 가치관에 대해 심리상담과 슈퍼비전에서 다루어야 한다. 페미니스트 접근의 심리상담사들은 내담자들이 현재 삶의 선택에서 손해와 이익을 검토하도록 하지만, 준비되지 않은 내담자를 너무 빨리 변화하도록 몰아붙일 수도 있기 때문이다.

페미니스트 접근이 여성의 문제에 기여한 환경 요인들을 조사하고 심리 내적 영역을 조사하는 것에서 벗어나는 것은 강점일 수도 있지만 한계일 수도 있다. 여성의 우울증에 대해 비난하지 않고, 내담자가 억압받는 외적 현실을 이해할 수 있다. 그러나 내담자의 문제의 원천을 환경에서 찾는 것은 불공정한 세상에 맞서서 행동할 책임이 없다는 것으로 내담자가 받아들일 수 있기 때문이다.

또한 페미니스트 접근의 심리상담이나 슈퍼비전에서는 중립적인 태도를 가정하지 않기 때문에, 모든 편견의 근원을 찾고 자신이 사용하는 이론이나 기술에서의 편향된 부분을 재구성하거나 배제해야 한다. 이는 페미니스트 접근의 슈퍼비전에서 실제로 당연히 요구되는 노력이며 지속적으로 노력해야 하는 과제이다.

2) 연구 및 향후 방향

1970년대 초에 페미니스트 접근의 심리상담 실천에 관한 문헌이 발표되기 시작하였고, 최근 연구에서는 다문화 문제와 페미니스트 접근의 심리상담사로서의 남성들에 대한 논의가 포함되면서, 이러한 경향은 페미니스트 접근의 심리상담 이론에 변화를 일으켰다. 하지만 페미니스트 접근의 슈퍼비전에 대한 공식적인 문헌이나 연구는 매우 부족한 실정이다.

페미니스트 접근의 심리상담 원칙을 슈퍼비전에 통합하기 위한 공식적인 연구는 찾아보기 어렵다. 슈퍼비전에 관한 문헌이 많은 다른 심리상담 접근과 달리, 페미니스트 접근의 심리상담은 페미니스트 접근의 슈퍼바이저에 대한 연구로 대부분은 개념적이거나 이론적인 간행물이다. 이에 지속적인 개발을 지원하기 위해 페미니스트 접근의 슈퍼비전에서 탐색해야 할 과제들은 다음과 같다. 첫째, 슈퍼바이저와 슈퍼바이지 모두의 관점에서 페미니스트 접근의 슈퍼비전에 경험에 대한 풍부한 질적 정보의 탐구가 필요하다. 둘째, 여성이 여성에게 슈퍼비전을 하는 것과 페미니스트적 가치관으로 슈퍼비전을 하는 것이 혼동되어서는 안 된다는 것이다. 셋째, 페미니스트의 가치만큼 성별이 중요한가에 관한 질문에 대해선 가치가 성별을 훨씬 능가한다는 것이다. 현재까지 남성 페미니스트 접근의 심리상담사가 적은 수이지만, 남성 슈퍼바이지는 기존의 지배적인 문화적 담론을 뒤집으면서 심리상담 분야의 중요한 역할을 하고 있다. 넷째, 페미니스트 실습의 분야에서 가장 큰 어려움 중 하나는 다른 이론적 접근의 슈퍼비전 훈련과 같은 공식적인 훈련 프로그램의 부족하다는 것이다. 이에 페미니스트 실무에서 과정 작업과 페미니스트 접근의 슈퍼비전 경험을 포함한 페미니스트 실천에 대한 보다 공식적인 훈련 프로그램의 개발이 필요하다.

한국에서의 페미니스트 접근의 슈퍼비전 적용 가능성은 매우 커 보인다. 과거 한국 사회는 가부장적 사회와 더불어 남아선호 사상 등으로 성차별적 문화가 만연하였다. 그러나 남아선호 사상에 기인하여 태아 성별 검사를 통하여 여아인 경우에는 낙태를 하고 남아이면 출산까지 유지하는 경향성으로 이를 법으로 금지까지 하였으나, 오늘날은 도리어 저출산 문제로 이 태아감별검사를 금지했던 법도 현재 폐기되었다. 그러나 강화길(2020) 작가의 「음복(飮福)」이라는 단편 소설을 보면 한국 여인들의 성차별 문화에 대한 애환이 서려 있기도 하다. 아직 한국 문화의 곳곳에 성차별에 기인한 문화의 잔재들이 남아 있다. 따라서 심리상담과 슈퍼비전의 현장에서 페미니스트 접근의 슈퍼비전은 한국 문화에 남아 있는 성차별 문화를 극복할 수 있는 바람직한 접근으로 심리상담사들 개인뿐만 아니라 심리상담 문화계에서도 뿌리를 내려야 할 패러다임이라고 전망할 수 있다.

제 8 장

체계적 접근의 심리상담을 위한 슈퍼비전

1. 체계적 접근의 슈퍼비전 개요
2. 체계적 접근의 슈퍼비전 핵심 원리와 기술
3. 체계적 접근의 슈퍼비전 방법
4. 체계적 접근의 슈퍼비전에서 다루는 주된 이슈
5. 체계적 접근의 슈퍼비전에 대한 평가

SUPERVISION

08

Elizabeth L. Holloway

체계적 접근(systems approach to supervision)의 슈퍼비전은 초보 슈퍼바이저 혹은 슈퍼바이지가 다양한 슈퍼비전 이론, 심리상담 기술 및 아이디어를 슈퍼비전 실무에 적용하는 방법에 대해 사례를 통하여 소개하고 자신들의 슈퍼비전에 적용할 수 있도록 설명한다. 이에 각 절에서는 체계적 접근의 슈퍼비전 원리와 기술을 통해 슈퍼비전 관계의 구축, 슈퍼바이지의 발달 단계에 따른 슈퍼비전 관계의 힘과 개입의 변화와 이에 따른 슈퍼비전 과업 및 기능의 변화 등 슈퍼비전 과정에서 슈퍼바이저가 고려해야 할 사항을 구체적 예시와 사례를 통해 살펴보고자 하였다.

특히, 체계적 접근의 슈퍼비전 방식은 슈퍼비전에서 슈퍼바이저와 슈퍼바이지 간의 관계를 초점화하여 슈퍼바이저가 교육 및 학습에 영향을 미칠 수 있는 여러 요소를 의도적이고 전략적으로 고려할 수 있도록 시각적 로드맵을 활용하도록 제안하였다. 이러한 과정을 통해 슈퍼바이저의 관점에서 슈퍼비전에서 무엇을 생각하고, 무엇을 해야 하는지에 대한 문제를 해결하기 위한 단서를 제공받을 수 있을 것으로 기대한다. 따라서 이 장에서는 APA에서 출간한 『Supervision Essentials for a Systems Approach to Supervision』(Holloway, 2016)을 중심으로 체계적 접근 모델의 슈퍼비전 내용을 요약하고 재구성하였다.

1. 체계적 접근의 슈퍼비전 개요

체계적 접근의 슈퍼비전은 슈퍼바이지를 조력하는 과정에서 슈퍼바이저로서 무엇을 언제, 왜 해야 하는가에 대한 많은 측면을 이해할 수 있도록 도와주고 슈퍼비전을 어떻게 해야 하는지에 대한 방향성을 제시해 주는 틀로서 역할을 한다. 만일 명확한 슈퍼비전 이론을 갖지 않고 슈퍼바이지의 변화를 돕기 위한 슈퍼비전을 시도한다면 슈퍼바이저 스스로 허둥지둥할 수밖에 없을 것이다. 반대로 많은 슈퍼비전 이론을 알고 있다고 하여 임상 실무에 적절히 사용할 수 있는 것 역시 아니다. 이러한 관점에서 체계적 접근의 주요 슈퍼비전 목적은 초보 슈퍼바이저 혹은 슈퍼바이지들이 다양한 슈퍼비전 이론과 기술 및 아이디어를 슈퍼비전 실무에 적용하는 방법에 대해 스스로 성찰하도록 격려하는 것이다. 숙련된 슈퍼바이저가 되는 것은 슈퍼비전 이론과 기술이 그들의 인간적 성격과 슈퍼비전 유형에 어떻게 맞아 들어가는지를 배워 나가는 전문적 과정이라고 볼 수 있다. 이에 여기에서는 체계적 접근의 탄생 배경을 살펴보고 이를 적용하기 위한 원리와 실천 방안 등을 살펴본다.

1) 역사적 배경

지난 70년 동안 슈퍼비전의 이론적 모델은 정신분석 심리상담 이론으로부터 시작되었다. 1960년대 초반 슈퍼비전은 심리상담과 구별되는 교육 활동으로 보였지만, 거의 심리상담에 대한 이론적 접근 방식과 동일하게 적용되었다. 그 결과 슈퍼비전 접근들은 일반적으로 그들의 심리상담 이론의 이름을 따서 명명되었다. 이러한 심리상담 기반의 이론적 접근 방식이 두드러졌음에도 불구하고 1980년대 초반, 슈퍼비전은 심리상담과는 다른 역량과 기술을 포함하는 실습으로 간주하여야 한다는 주장이 제기되기 시작하였다. Holloway와 동료들 그리고 다수의 연구자는 이 주장을 뒷받침하는 연구 결과를 1980년대와 1990년대에 지속적으로 발표하였고, 이후 사회적 역할 이론이 슈퍼비전 모델에 도입되면서 변화를 이끌었다(Holloway, 1992; Holloway, Freund, Gardner, Nelson, & Walker, 1989; Holloway & Poulin, 1995; Holloway & Wolleat, 1981; Ladany & Friedlander, 1995; Ladany & Lehrman-Waterman, 1999; Stoltenberg, McNeill, & Crethar, 1994; Stoltenberg, McNeill, & Delworth, 1998). 사회적 역할 이론은 슈퍼바이저가 심리상담사의 발달 단계에 따라 역할을 선택하도록 하는 것을 의미한다. 즉, 초심 심리상담사와 숙련 심리상담사는 슈퍼비전에서의 기대가 각각 다를 수 있으므로 심리상담사의 발달 단계에 따라 슈퍼바이저의 역할도 변화될 필요가 있다. 이러한 슈퍼바이지의 발달 단계 변화에 따라 슈퍼바이저의 슈퍼비전 교육 영역과 관련된 잠재적 역할, 즉 평가자, 조언자, 역할모델, 자문가 등의 역할도 슈퍼바이저가 선택하도록 하는 것이다.

슈퍼비전이란 두 참가자가 각자 역할의 테두리 안에서 항해하면서 서로 완전하게 관여하도록 요구하는 격렬하고도 까다로운 관계이다. 이러한 측면에서 체계적 접근은 슈퍼비전에 대한 사회적 역할 접근 방식으로 설명되기도 하지만, 슈퍼비전 실무에서 이 접근은 매우 복잡한 심리상담의 실무 기술을 가르치기 위한 관계적 접근 방식에 기초하기도 한다. 슈퍼비전 관계의 핵심은 인간의 상태와 학습 경험을 개선하기 위한 관계의 중요성에 대한 강조로 이 관점은 관계 문화이론의 기초를 이룬다. Milller와 Stiver(1997)는 임상적 맥락에서 슈퍼바이저와 슈퍼바이지 간의 건강한 성장-촉진의 관계를 강조하며 서로의 성장을 촉진하는 다섯 가지 핵심 요소로 열정, 행동, 지식, 가치 및 욕망을 제안하였다. 이러한 관계 개념과 문화적 이해의 중요성은 체계적 접근관점에서 슈퍼바이저, 슈퍼바이지, 그리고 내담자 간의 강력한 상호연결을 통해 긍정적인 전문적 성장, 성찰, 지식, 기술 및 회복의 기회를 제공하는 관계 중심 환경을 구축하는 데 중요한 요인으로 다루어지고 있다(Schwartz & Holloway, 2012, 2014). 따라서 체계적 접근은 이론적으로 사회적 역할론(Blumer & Morrione, 2004), 상징적 상호작용주의(Calhoun, Gerteis, Moody, Pfaff, & Virk, 2022), 관계문화 이론(Jordan & Walker, 2004)의 원리를 기반으로 하는 동시에 실천을 지도할 목적으로 실용적인 휴리스틱(heuristics)으로의 통합을 시도한다. 휴리스틱은 의사결정 과정을 간소화하고 빠르게 진행하기 위해 사용되는 지침이나 규칙으로 이것은 완벽한 의사결정을 내리려는 것이 아니라 사용 가능한 정보를 기반으로 현실적이고 실용적인 의사결정을 내리기 위한 목적으로 사용된다. 휴리스틱은 일상생활에서 자주 사용되며, 논리적 추론보다는 직관적이고 경험적 사고를 기반으로 빠르게 의사결정을 내리는 데 도움이 된다.

2) 주요 학자

(1) Elizabeth L. Holloway

체계적 접근(Systems Approach to Supervision: SAS)은 경험적, 개념적, 실무적 지식에 기초한 틀을 개발하여 슈퍼비전 교육과 실습에 대한 보다 구체적인 지침을 제공하고자 Holloway(1995)에 의해 발전되었다.

Holloway 박사는 University of Wisconsin에서 상담심리학 박사학위를 받았으며 현재 미국 Antioch University의 명예교수로 활동하고 있다. 그녀는 심리학자 면허를 소지하고 있으며 정신의학 전문가로 활동하며 미국심리학회와 국제리더십협회의 고문으로서 활약하고 있다. 또한 30년 이상의 교육 경험을 가진 전문가로서 고등교육 및 의료 기관에서 교육자 및 고문으로 활동하며 7권의 책과 약 75편의 논문을 출판하였다.

Holloway 박사는 심리상담사로서의 첫 10년을 슈퍼비전에 관한 이야기를 기록하고 분석하는 일에 전념하는 과정을 통해 슈퍼비전에 대한 지속적인 관심을 키우게 되었다고 밝히고 있다(Holloway, 2016). 그녀는 이 과정에서 슈퍼비전에 대해 갖고 있던 기존의 가정을 깨뜨리는 새로운 발견을 하게 되었다. 즉, '슈퍼비전 중 발생하는 슈퍼바이지와 격렬한 상호작용에 대해 슈퍼바이저는 어떻게 대처할 수 있는가?'와 같은 질문에 대해 기존의 슈퍼비전에 대한 가정으로는 설명할 수 없다는 사실을 깨닫게 되었다. 이에 그녀는 슈퍼비전에 관한 이야기를 밝혀낼 방법을 모색하였다. 그녀는 슈퍼비전에 대해 '슈퍼비전은 건설적으로 즉시 구축되며, 장기적으로 책임감 있게 구축되는 대인관계 구조'라고 주장하며 기존의 슈퍼비전에서 한 가지 접근 방식에만 국한된 것에서 벗어나 슈퍼비전에 대한 다양한 이론적 접근 방식을 수용하기 위한 새로운 슈퍼비전 접근을 제시하였다. 이러한 관심에서 출발한 그녀의 최근 저서는 이 장에서 소개하는 슈퍼비전에 대한 체계적 접근 방식으로 2016년에 출판되었으며, 현재까지도 슈퍼바이저와 슈퍼바이지 간의 의미 있는 상호작용을 계속 탐구하고 있다. 즉, Holloway 박사는 슈퍼비전에서 일어나는 특성을 내담자와 심리상담사 간의 관계에 국한하지 않고 내담자와 심리상담사뿐만 아니라 슈퍼바이지, 슈퍼바이저, 그리고 조직과 같은 다양한 체계적 맥락에서 이해할 것을 주장하였다.

2. 체계적 접근의 슈퍼비전 핵심 원리와 기술

심리상담은 종종 심리상담사와 내담자가 함께 하는 여정으로 비유된다. 즉, 내담자가 인식하고 경험하는 세계 속으로 심리상담사와 내담자가 함께 깊이 파고드는 여행이다. 이 여행은 심리상담 장면에서 얼마나 좋은 관계를 맺고 있는가에 따른 영향을 받는다. 이러한 측면이 슈퍼바이저와 슈퍼바이지의 슈퍼비전 과정에서도 예외는 아니다. 효과적인 심리상담 결과와 관련하여 다수의 이론에서 심리상담사와 내담자의 관계에 대한 중요성을 인식하고 있으나, 몇몇 접근법들은 심리상담의 치유적 요인으로서 관계를 더 중요하게 다루어야 한다고 강조한다. 이러한 관점에서 관계지향적 접근 방법은 내담자, 심리상담사, 슈퍼바이지, 슈퍼바이저 간의 관계가 그 무엇보다 중요하게 다루어지는 것을 강조한다.

다음에서는 SAS 접근에서 강조하는 슈퍼비전 관계를 살펴보고, 관계에서 직접 드러나고 있지 않으나 맥락적으로 상호 연결되어 영향을 미치는 슈퍼비전 요인과 슈퍼비전 과정 차원에서 슈퍼비전 기능과 학습과업은 무엇인지 살펴본다.

1) 슈퍼비전의 관계

SAS 접근은 슈퍼바이지가 전문가로서 성장하고 성찰하기 위해 슈퍼바이저와 슈퍼바이지 간의 슈퍼비전 관계를 강조한다. 심리상담가가 되기 위해 배우는 것은 슈퍼바이지 자신의 대인관계 태도와 행동에 대한 책임뿐만 아니라 자신과 다른 내담자 혹은 타인에 대한 새로운 인식도 요구받으므로 관계적 맥락 안에서 정서적 성찰은 슈퍼비전의 중요한 목표가 될 수 있다. 이에 SAS 접근에서 제시한 관계의 형성과 질에서 3가지 필수요소인 관계의 대인관계 구조, 관계의 발달 단계, 슈퍼비전에 대한 학습계약에 대해 살펴보면 다음과 같다.

(1) 관계의 대인관계 구조

힘과 개입은 슈퍼비전 관계의 구조를 이해하는 데 도움이 되는 구성요소로 이 2가지 구성은 서로 개입하는 수준뿐만 아니라 슈퍼비전 양자 관계에서 각 구성원이 가진 대인관계적인 힘이 얼마나 큰가에 따라 특징지어진다. 슈퍼비전이라는 관계 구조는 임상 경험이 더 많은 전문가로부터 슈퍼바이지가 수행한 심리상담 사례를 평가받게 되므로 수직적일 수 있다. 이러한 과정에서 슈퍼바이지는 슈퍼바이저에게 자신의 능력이 어떻게 보일까 하는 두려움, 불안 등을 내재하고 있다. 슈퍼바이저 역시 슈퍼비전 과정에서 슈퍼바이지의 발달 단계에 따라 수직적이었던 관계 구조에서 수평적 관계 구조로 변화하게 되는데, 이 과정에서 서로 영향을 주고받게 된다. 이로 인해 슈퍼비전 관계는 쉽게 갈등이 유발될 수도 있으나 이러한 갈등을 건강하고 유연하게 해결하는 과정을 통해 슈퍼비전의 효율성을 높일 수 있다.

힘은 인간의 상호작용에 있어서 끊임없이 진화하는 과정을 나타내는 다차원적이고 역동적인 개념으로 힘의 근간은 심리상담 및 슈퍼비전의 이념과도 일치하는데, 이는 통제하는 것이 아니라 개인의 선택과 자기 결정력을 행사할 수 있도록 촉진하는 것이다(Follett, 1941). 개입은 슈퍼바이저와 슈퍼바이지 간의 친밀한 관계에서 연결과 상호작용을 의미한다(Miller, 1976).

힘과 개입에 따른 관계에서의 지위는 종종 관계 내의 권한 및 책임과 연관되어 있는데, 특히 슈퍼바이저와 슈퍼바이지의 관계에서는 더욱 명확하게 드러난다. 슈퍼바이저는 전문적인 지식과 조언을 전달하고 슈퍼바이지의 성과를 판단하며 전문가로서 가이드 역할을 수행한다. 이는 슈퍼바이지와의 관계에서 일종의 권한과 책임을 갖는 것으로 볼 수 있다.

슈퍼바이저의 역할에서 평가 및 전문가 측면은 권력에 의존하는 위계적 관계 구조를 창출할 수 있다. 한편으로는 투명성, 취약성 및 신뢰를 장려하는 학습 동맹은 관계의 방향을 지닌 힘이 필요하다. 슈퍼비전 관계의 특성으로 인한 힘과 힘의 존재는 수련생의 성장을 지원하면서, 내담자의 안전을 보장하기 위해 수련생의 역량을 모니터링해야 하고, 이 과정에서 생기는 보이지 않는 긴장감은 슈퍼바이저에게도 상당한 영향을 미친다.

슈퍼바이지를 훈련시키는 과정에서 슈퍼바이저는 모니터, 조언자, 역할 모델, 자문가 또는 멘토의 다중적 역할에 따른 힘의 변화를 인식하고, 관계적인 장을 열어 슈퍼바이지를 지도하는 데 있어서 섬세하면서도 확고한 지침을 사용할 필요가 있다.

(2) 관계의 발달 단계

Holloway(1995)는 관계의 발달 단계를 슈퍼바이저와 슈퍼바이지가 슈퍼바이지의 전문적 성장을 조율하는 힘과 개입의 구조를 실행하는 역동적 과정을 담는 그릇이라고 설명하였다. SAS 접근은 슈퍼바이지의 특별한 요구를 충분히 조정할 수 있을 만큼 유연한 관계 구조를 만드는 데 있어 슈퍼바이저와 슈퍼바이지 양쪽 모두의 책임을 강조한다. 〈표 8-1〉은 관계구조인 힘과 개입의 구조 속에서 슈퍼비전 관계가 발달하게 되는데 이러한 발달 단계를 시작 단계, 성숙 단계, 종결 단계로 구분하였다.

① 시작 단계는 슈퍼비전 관계의 특성을 명료화하고 슈퍼비전 계약을 수립하게 되는 단계로 슈퍼바이저는 교육적 개입을 사용하여 슈퍼바이지를 지지한다. 이 단계는 슈퍼비전 계약이 매우 중요하게 다루어지며 슈퍼비전에 대한 참여자 간의 기대를 확인하고 슈퍼비전 관계의 성격에 대해 논의하고 슈퍼비전에서 다루

표 8-1 슈퍼비전 발달 단계

발달 단계	특성
시작 단계	• 슈퍼비전 관계의 특성을 명료화하고 슈퍼비전 계약을 수립하게 됨 • 슈퍼바이저는 교육적 개입을 사용하여 슈퍼바이지를 지지함 • 초기에는 슈퍼비전 계약의 중요성을 강조함 • 슈퍼비전에 대한 참여자 간의 기대를 확인하고 슈퍼비전 관계의 성격에 대해 논의하고 슈퍼비전에 다루고 싶어 하는 요구를 확인하여 슈퍼비전의 목적과 관계에 대한 기대를 재정립함
성숙 단계	• 슈퍼비전 관계에서 개인적 성향이 증가하고 역할 중심의 관계 성향은 감소하게 됨 • 슈퍼바이지는 사회적 유대감이 증가하며 안정된 관계 속에서 심리상담에 대한 자신감과 효능감을 증가시키고 자신의 임상 실제와 관련된 개인적 이슈들도 다룰 수 있게 됨
종결 단계	• 슈퍼바이지는 슈퍼바이저에게 의존하는 성향이 줄어들고 내담자의 사례개념화에 능숙해짐 • 슈퍼비전 관계에서 힘의 구조가 변화하게 되어 슈퍼바이지는 점차 독립적인 수행을 하게 됨. 이에 따라 필요한 경우에만 슈퍼비전을 요청함

출처: Mueller & Kell (1972).

고 싶어 하는 요구를 확인하여 슈퍼비전의 목적과 관계에 대한 기대를 재정립한다.

② 성숙 단계는 슈퍼비전 관계에서 개인적 성향이 증가하고 역할 중심의 관계 성향은 감소하게 된다. 슈퍼바이지는 사회적 유대감이 증가하며 안정된 관계 속에서 심리상담에 대한 자신감과 효능감을 증가시키고 자신의 임상 실제와 관련된 개인적 이슈들도 다룰 수 있게 된다.

③ 종결 단계는 슈퍼바이지가 슈퍼바이저에게 의존하는 성향이 줄어들고 내담자의 사례개념화에 능숙해진다. 따라서 슈퍼비전 관계에서 힘의 구조가 변화하게 되어 슈퍼바이지는 점차 독립적인 수행을 하게 되며 필요한 경우에만 슈퍼비전을 요청한다(Mueller & Kell, 1972).

서로의 성장을 촉진하는 슈퍼비전 관계를 구축하는 데 있어서 시작 단계뿐만 아니라 종결 단계에 이르기까지 진정성, 공감, 그리고 무조건적인 긍정은 똑같이 중요하다. 슈퍼바이지도 내담자와 마찬가지로 교육을 받는 수련생으로 위험을 감수하고 자기를 성찰하고 새로운 행동을 연습하며 적극적으로 피드백을 얻으려고 시도하고 있기에, 슈퍼비전 관계에 있어 자신의 환경이 안전하고 지지받고 있는 것에 대하여 충분한 신뢰가 필요하다.

(3) 슈퍼비전 계약

슈퍼바이저 및 슈퍼바이지는 슈퍼비전의 역할과 기능에 대한 독특한 학습을 기대한다. 어떠한 협력 관계에서나 마찬가지로 이러한 기대에 대한 명확성은 특정 학습 목표의 설정과 관계에 직접적으로 영향을 미친다. 따라서 슈퍼비전을 시작하는 단계에서 규범, 규칙, 약속에 대한 교섭은 슈퍼바이지의 불안을 줄이고 이에 따른 개입을 내담자의 심리상담을 수행하는 데 필요한 신뢰로 받아들일 수 있다. 슈퍼바이저는 슈퍼바이지가 슈퍼비전의 기대 구조와 목표, 평가 기준, 슈퍼비전의 비밀유지의 한계 등을 명확하게 알 수 있도록 해야 할 책임이 있다. 또한 슈퍼바이저는 변화하는 슈퍼비전 관계의 특성에 주의를 기울여야 하며 변화의 단계에 따라 새로운 목표와 역할기대에 대한 논의를 새롭게 시작해야 한다.

2) 슈퍼비전의 맥락적 차원

슈퍼비전의 맥락적 요인은 슈퍼바이저와 슈퍼바이지가 슈퍼비전에서 과업과 기능에 대한 선택과 관계를 형성하는 것에 실질적으로 영향을 미치는 조건이다. 슈퍼비전에서 과업과 기능은 의사소통 과정으로부터 유추할 수 있지만, 심리상담 관계에서 발생하는 억양, 목소리 크기, 어조나 표정, 행동 등 비언어적 표현과 같은 맥락적 요인은 관찰자에게 명백하게 드러나지 않을 수 있다. 따라서 슈퍼바이저는 슈퍼비전에서 맥락적 요인에 대한 특성을 밝혀내는 과정이 필요하다. 이를 위해 SAS 접근은 슈퍼바이저 스스로 자신이 무엇을 해야 하는가에 관해 스스로 검토할 수 있도록 시각적 로드맵을 제공한다.

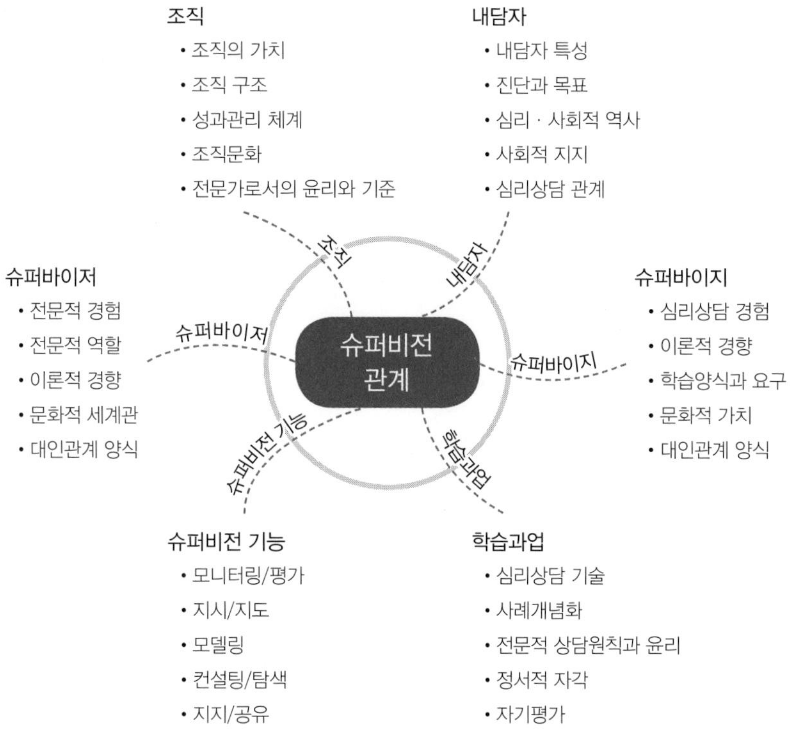

[그림 8-1] 체계적 접근 모델

출처: Watkins Jr & Milne (Eds.). (2014).

[그림 8-1]을 살펴보면 슈퍼바이저가 자신의 교육과 학습에 영향을 줄 수 있는 7가지 요인을 제시하였다. [그림 8-1]에서 볼 수 있듯이 슈퍼비전 관계를 핵심으로 6가지 요인이 원의 주변에 표시된다. 원의 하단에는 슈퍼바이지의 학습과업과 슈퍼비전을 위한 슈퍼바이저의 기능이 나타나 있다. 또한 원의 상단에는 슈퍼비전을 수행하는 과정에서 영향을 미칠 수 있는 맥락적 요인, 즉 내담자와 조직이 포함되어 있다. SAS 접근의 주요 구성 요인은 서로 상호 관련되어 있으며 역동적으로 작동된다. SAS 접근의 맥락적 차원인 슈퍼바이저 및 슈퍼바이지 요인, 내담자 요인과 수련생이 서비스를 제공하는 기관 또는 조직 요인에 대해 살펴보면 다음과 같다.

(1) 슈퍼바이저 요인

슈퍼바이저는 슈퍼비전 관계에 인간의 행동, 대인관계, 사회제도를 바라보는 독립적인 방식을 가져온다. 이 모든 것은 문화와 사회화 때문에 크게 영향을 받는다. 슈퍼바이저의 견해와 경험은 전문적 경험, 전문적 역할, 심리상담에 대한 이론적 경향, 문화적 세계관, 대인관계 양식 등 5가지 요인으로 설명된다.

① 전문가로서 전문적 경험의 양은 슈퍼바이저의 자기 계발, 슈퍼바이지의 수행과 슈퍼비전 접근에 대한 슈퍼바이저의 판단 방식에 영향을 미친다.
② 슈퍼바이저로서 자주 수행하는 전문적 역할은 교사, 심리상담사, 자문가이지만 슈퍼바이저의 이전 경험(예. 평가자, 교육자, 심리상담사)은 슈퍼비전을 수행할 때 행동과 태도에 영향을 미칠 수 있다.
③ 슈퍼바이저는 슈퍼바이지에게 슈퍼바이지가 직면한 사례에 대해 심리상담의 이론적 원리를 어떻게 적용할지 가르치게 되는데, 이때 슈퍼바이저는 무엇을 어떻게 가르칠지 결정할 때 자신의 이론적 경향성을 유지하며 슈퍼바이지의 기대를 고려하지 않을 수도 있다. 또한 특정한 이론적 선호를 가진 슈퍼바이저가 자신의 이론적 선호를 따르는 수련생만을 슈퍼바이지로 선택하기도 한다. 그러나 SAS 접근은 특정 이론을 지향하지 않고 서로 다른 이론적 지향을 가진 슈퍼바이저와 슈퍼바이지의 슈퍼비전 관계를 수용해야 한다고 본다.
④ 성별, 민족, 인종, 성적 지향, 종교적 신념, 개인적 가치관을 포함하는 문화적 세계관은 개인의 사회적, 도덕적 판단에 강하게 영향을 미친다. 이에 따라 SAS 접근은 슈퍼바이저가 슈퍼비전에서 문화적 요인의 중요성을 인식하도록 유도하고 이러한 문제가 다른 상황별 요인과 어떻게 상호작용하는지 주목한다. 예를 들어, '문화적 차이는 내담자와 심리상담 과정에서 어떻게 다루어지는가?' '조직은 전문성 개발의 목적으로 문화적 민감성을 포함하는가?' 등에 관한 질문을 던진다.
⑤ 슈퍼바이지가 슈퍼비전 관계에서 인식하는 슈퍼바이저의 대인관계 양식은 슈퍼비전 관계의 질적 측면을 확인하는 데 중요한 요소가 될 수 있다. 이를 위해 슈퍼비전 과정에서 나타난 슈퍼바이저의 의사소통 방식, 슈퍼바이저와 슈퍼바이지 간 신뢰 수준, 대인관계 민감성, 슈퍼바이지를 평가하는 과정 및 절차, 슈퍼바이저의 자기성찰 등을 활용하여 슈퍼비전 관계에서 슈퍼바이저의 대인관계 양식을 탐색하고 이에 대한 슈퍼바이지의 인식을 살펴보아야 한다.

(2) 슈퍼바이지 요인

SAS 접근에서 확인된 슈퍼바이지 요인으로는 심리상담 경험, 상담에서의 이론적 지향, 학습양식과 요구, 문화적 가치, 대인관계 양식의 5가지 요인이 있다.

① 슈퍼바이지의 심리상담 경험은 슈퍼비전에 대한 지각된 요구와 슈퍼비전에 대한 만족도와 관련되어 있다. 초급 수련생의 요구와 숙련된 인턴 수련생의 요구에는 차이가 있다. 예를 들어, 초급 수련생은 슈퍼비전에 있어 더 많은 지원, 격려 및 슈퍼비전 구조를 필요로 한다(Hill, Charles, & Reed, 1981; McNeill, Stoltenberg, & Pierce, 1985; Reising & Daniels, 1983; Wiley & Ray, 1986; Worthington, 1984; Worthington & Stern, 1985). 반면에 숙련된 수련생은 슈퍼바이저로부터 독립성이 증가하고 심리상담에 영향을 미치는 상위 수준의 기술과 개인 문제를 탐구하는 데 더 많은 관심을 쏟는다(Heppner & Roehlke, 1984; Hill et al., 1981; McNeill et al., 1985; Stoltenberg et al., 1994; Worthington & Stern, 1985). 즉, 슈퍼바이지의 심리상담 경험 수준이 진화됨에 따라 슈퍼비전 구조에 대한 필요성이 감소하게 된다. 그럼에도 불구하고 슈퍼비전 구조에 대한 필요성은 슈퍼비전의 상황적 결정요인(내담자의 위기 대 비위기)과 수련생의 심리적 반응에 따라 적절하게 조절되어야 한다.

② 슈퍼바이지의 이론적 경향은 최근까지 중요하게 다루어지지 않았으나 SAS 접근은 슈퍼비전에서 슈퍼바이지가 인식하고 있는 인간 행동과 변화에 대한 관점이 반영될 필요가 있음을 인식하게 되었다.

③ 슈퍼바이지의 학습양식과 요구는 슈퍼비전 기능과 과제를 결정하는 데 있어서 중요한 역할을 제공한다.

④ 슈퍼비전을 포함한 다양한 상담심리학의 이론적 모델들은 다문화적 민감성과 기술의 중요성을 강조한다. 특히, SAS 접근은 성별, 인종, 성적 취향 및 종교적 신념, 개인이 속해있는 집단의 정체성과 같은 문화적 가치가 심리상담 및 슈퍼비전 관계에서 힘과 개입의 구조 속에서 복합적으로 나타나 슈퍼바이지의 태도 및 내담자, 슈퍼바이저에 대한 행동에서 드러난다.

⑤ 슈퍼바이지의 대인관계 양식은 슈퍼비전 관계를 형성하는 과정에서 슈퍼바이저와 슈퍼바이지가 고유한 자신만의 대인관계 양식을 갖고 슈퍼비전 관계에 대

해 기대를 하게 만든다. 대인관계 양식은 개인이 갖게 되는 특정 관계에 대한 인식 구조로 슈퍼바이지의 성격, 이전의 대인관계 경험, 성별, 문화적 요소, 환경 등 다양한 요인들이 이러한 관계 인식 구조에 영향을 미칠 수 있다.

(3) 내담자 요인

심리상담 관계에서 펼쳐지는 역학관계는 종종 슈퍼비전 관계에서 재연되는 경우가 많다. 따라서 적절한 교육 목표와 전략을 설계하기 위한 발판으로 내담자의 자료를 사용하는 것은 매우 중요하다. SAS 접근에서는 내담자 요인으로 사회적·심리적·생물학적 특성으로 설명되는 내담자 특성, 호소문제에 대한 진단과 목표, 내담자의 심리·사회적 역사, 내담자의 사회적, 가족적 맥락에서의 사회적 지지체계, 그리고 심리상담 관계로 5가지를 설명한다.

(4) 조직 요인

슈퍼비전은 교육프로그램 일부이든 계속되는 전문성 개발이든 간에, 학교와 교육청, 대학 상담센터, 병원 또는 지역 정신건강센터 등과 같은 정신건강 서비스를 제공하는 기관의 맥락에서 주로 이루어진다. 슈퍼비전에 있어 이런 것들은 잠재적으로 내담자의 선택, 치료적 양식, 슈퍼비전 계약과 수련생에 대한 평가에 영향을 미친다. 이에 따라 조직의 서비스 요구에 대한 슈퍼비전의 역할은 슈퍼비전의 목표와 기능을 수립하는 데 있어 중요한 고려사항이 될 수 있다. 또한 조직의 서비스 요구는 어떠한 목표를 우선순위를 매겨야 하는지와 슈퍼비전을 어떻게 준비할지에 영향을 미치지만, 현재까지는 거의 다루어지지 않는 실정이다(Inman et al., 2014). 그러나 슈퍼바이저는 조직의 가치, 조직 구조, 성과관리 체계, 조직 문화, 전문가로서의 윤리와 기준의 5가지 요인에 대해 보다 자세히 습득하고 있어야 한다. 이 모든 요인은 잠재적으로 슈퍼비전에서의 범위, 내담자의 선택이나 치료적 양식, 슈퍼비전 계약, 수련생 평가에 대해 영향을 미칠 수 있다.

3) 슈퍼비전의 과정 차원

슈퍼바이저의 슈퍼비전 과제는 슈퍼바이지가 내담자와의 작업에서 효과적인 전략을 고안할 수 있는 참조 틀을 구성할 수 있도록 슈퍼바이저의 기술을 향상할 수 있는 학습전략을 만드는 것이다. 이러한 측면에서 SAS 접근의 슈퍼비전 과정은 구조적으로 슈퍼바이저의 슈퍼비전 기능과 슈퍼바이지의 학습과업으로 구성된다. 이것은 무엇(what)을 어떻게(how) 전달할 것인가에 대한 질문을 해결해 나가는 과정에 비유할 수 있다. 먼저 SAS 접근의 슈퍼바이저 슈퍼비전 기능은 모델링, 지시/지도, 모니터링/평가, 컨설팅/탐색, 지지/공유의 5가지 기능을 활용할 수 있다. 또한 슈퍼바이지의 학습과업은 심리상담 기술, 사례개념화, 전문적 상담 원칙과 윤리, 정서적 자각, 자기평가의 5가지로 슈퍼비전 기능과 학습과업을 통해서 5×5 매트릭스가 생성되어 25가지 슈퍼비전 과정적 특징이 나타난다.

슈퍼비전에서 슈퍼비전 기능과 학습과업은 슈퍼바이저와 슈퍼바이지가 특정 학습과업에 함께 협력하여 상호작용 과정을 만드는 조합으로 이 과정에서 각 하위역할과 연계된 다양한 기능이나 전략의 선택은 슈퍼바이지의 학습 필요뿐만 아니라, SAS 접근에 소개된 다른 맥락적 요소들에 의해서도 영향을 받는다. 예를 들면, 심리상담사의 발달 단계 중 시작 단계에 있는 초심 심리상담사가 새로운 내담자와 첫 시작을 하는 경우 슈퍼바이지의 학습과업은 사례개념화로 이때 슈퍼바이저의 기능으로 지시/지도 기능을 사용할 수 있다. 또한 내담자의 저항 경험이 있는 심리상담사는 슈퍼바이저의 기능 중 컨설팅/탐색 기능을 활용할 수 있다. 그러나 안타깝게도 어떠한 전략이 특정한 슈퍼비전 상황에 가장 잘 맞을지 결정하는 정답이나 규칙은 없다. 즉, 학습과업에 대한 슈퍼비전 전략의 정확한 일치는 없다. 다만, 슈퍼비전에서 슈퍼비전 과업과 선택되는 기능의 상호작용은 SAS 접근의 전체적인 맥락적 요인 및 관계구조에 대한 슈퍼바이저의 인식에 따라 향상될 수 있다. 예를 들어, 내담자에 대한 정서적 반응으로 고심하고 있는 초급 심리상담사가 심리상담에 어떻게 접근해야 할지 슈퍼비전에서 다루고자 할 때, 슈퍼바이저는 심리상담사 역할에 있는 심리상담사의 감정에 대한 인식을 뒷받침하는 동시에, 그것이 내담자와의 심리상담 관계에 어떠한 영향을 미치고 있는지를 더 깊이 이해하도록 지도하는 것으로 시작할 수 있다. 반면에 숙련된 슈퍼바이지는 내담자에 대한 자신의 감정 반응과 그 관계에 완전히 개입하는 데 있어 그것이 하는 역할을 상당히 완곡해서 표현할 수 있다. 이 경우 슈퍼바이저는 감정적 반응을 유발하는 관계적 성질과 내담자 특성에 대한 더 깊은 정서적 및 개념적 이해를 밝히고 슈퍼바이지와 협력하여, 그러한 이해가 더욱더 생산적인 방법으로 이어질 수 있도록 더 많은 컨설팅 역할을 할 수 있다.

3. 체계적 접근의 슈퍼비전 방법

많은 슈퍼바이지는 심리상담실에서 다양한 호소문제를 가진 내담자 중 진전을 보이지 않는 내담자를 돕기 위해 슈퍼바이저를 찾아 나선다. 이에 사례를 통해 이러한 고민을 하는 슈퍼바이지가 경험이 많은 슈퍼바이저를 만나 자신의 심리상담 과정을 어떻게 바로 잡고 해결해 나가는지에 관한 과정을 살펴보면 다음과 같다.

1) 슈퍼비전 방법

다음은 이 교재를 읽고 있는 슈퍼바이지 혹은 미래의 심리상담사가 SAS 접근을 이해하고 활용하는 데 도움이 될 수 있도록 Holloway(2016)가 SAS 접근을 활용하여 지도한 사례를 한국적 상황에 적합하게 각색하였다.

사례 소개

김윤아(가명: 심리상담사)는 심리상담사 2급 자격증을 취득한 지 얼마 되지 않은 초심 심리상담사로 현재 대학 상담센터에서 근무하고 있다. 그녀는 자신이 일하고 있는 대학의 기숙사에 거주하고 있는 내담자 박건우와 4번째 만남을 갖고 있다.

박건우(가명: 내담자)는 현재 대학교 1학년 남학생으로 상담 약속 시각에 자주 지각하거나 노쇼(no show) 행동 패턴을 갖고 있다. 내담자는 다문화 가족으로 어머니가 필리핀 국적을 갖고 있으며 부모의 부부 사이는 썩 좋지 않아 건우가 유치원 시절에 부모는 이혼하였고 양육은 어머니에게 맡겨졌다. 이혼 당시 어머니는 한국어나 한국문화에 익숙하지 못하였고 어머니를 도와줄 주변의 가족 구성원도 거의 없었다. 그는 현재 재학 중인 대학의 학생상담센터의 심리상담사 외에도 청소년기부터 박건우와 만난 심리상담사가 따로 있었다. 그는 자신에게 위험 경고가 울릴 때면 재학 중인 대학의 학생상담센터에 예고 없이 갑자기 방문하여 자신의 내부에서 발생하고 있는 위기 경보를 알리며 자신의 심리상담사인 김윤아가 아닌 센터의 다른 심리상담사들에게 도움을 요청하였다. 또한 경우에 따라서는 청소년기 동안 자신을 지지해 준 이전 심리상담사에게 연락을 취해 즉각적인 도움을 받기도 하였다. 즉, 박건우는 자신이 필요하다고 여길 때면 현재 진행 중인 심리상담사와 상담 관계를 맺지 않아도 즉각적인 도움을 받을 수 있었다. 이러한 내담자의 대인관계에 대한 관계 장악 방식과 심리상담사와 약속을 지키지 않고도 다른 심리상담사들(예. 과거의 심리상담사, 대학 학생상담센터의 다른 심리상담사들)에게 접촉함으로써 현재의 심리상담사와 일종의 경쟁 구도를 만드는 것처럼 보였다.

(1) 사례개념화

슈퍼비전에서 슈퍼바이저의 개입은 순간순간 상황에 대한 슈퍼바이지의 이해를 바꿀 수 있다. 이러한 개입은 슈퍼바이지가 알고 있지만 스스로 발견하기 어려워하는 암묵적 지식을 발견할 수 있도록 조력할 수 있다. 앞서 소개된 사례의 심리상담사 김윤아는 일관성은 없으나 대학의 학생상담센터에 불쑥불쑥 나타나는 내담자 박건우와 어떻게 상담 관계를 형성해 나가야 할지 고민하고 있다. 이에 슈퍼바이저는 슈퍼바이지의 관점에서 벗어나 내담자의 생애 초기의 관계 경험을 포착하도록 지도하고 있다.

사례 예시: 슈퍼비전

슈퍼바이저: 우리가 이전 회기에서도 계속해서 이야기했듯이 건우의 모습은 모순적이고 일관성이 없다는 사실이죠. 혹시 그러한 그의 행동 패턴이 그의 형제들과 경쟁하고 있기 때문일지도 몰라요. 그래서 심리상담사인 당신과도 경쟁하는 것일 수도 있겠구나 하는 생각이 들어요.

슈퍼바이지: 음…. 예…. 제 생각에 건우와 상담에서 나눈 이야기를 생각해 보면 건우의 삶의 여러 면에서 매우 경쟁적인 성격이 형성되었을 것이고…. 또 다른 가설로는 그가 심리상담에 일관성 없는 태도를 보이는 것은 건우의 예전 심

리상담사에 대한 충성심일지도 모른다는 생각이 들어요. 그래서 현재 저와 진행하는 상담 관계에 대해 완전히 전념하려 들지 않는 것일 수도 있겠다는 생각이 들어요.

절차적 관점에서 슈퍼바이저는 자신의 관점을 제시했고 심리상담사는 슈퍼바이저를 심리상담 관계에 참여시키는 동시에 슈퍼비전 내용을 고려할 수 있었으며 이를 통해 내담자의 행동을 더 잘 이해할 수 있는 다른 조건들이 무엇인가에 대해 고려할 수 있게 되었다. 다음 단계에서 현재의 심리상담 관계가 어떻게 일반적인 내담자의 행동 패턴으로 공명할 수 있는지에 대해 심리상담사의 사례개념화에 대해 살펴보면 다음과 같다.

사례 예시: 슈퍼비전

슈퍼바이저: 맞아요. 당신이 생각하기에 그가 다른 사람들과 관계에서의 행동 패턴과 당신과 상담 관계에서의 행동 패턴과 관련이 있는 것이 있을까요? 음…. 예를 들어 친구나 여자친구, 혹은 가족… 어느 쪽인가요?

슈퍼바이지: 음…. 예. 관련이 있는 것 같아요. 건우는 예전에 자신이 만났던 심리상담사와의 관계가 여전히 마무리되지 않고 있는 것 같아요. 왜냐하면 그는 저를 만나러 오기 전에 컨디션이 상당히 안 좋았던 때가 있었다고 했어요. 그때 엄마에게 전화했지만, 연결이 되지 않아 이전 심리상담사에게 연락했다고 했었어요. 그래서 저는 우리의 상담 관계에서 이전 심리상담사가 여전히 내담자의 심리상담사 역할을 하고 있다는 것을 깨닫게 되었어요. 그리고 아직도 건우에 대해 그리고 이전 상담관계 경험에 대해 잘 알지 못하고 있다는 사실도요. 그러한 고민 끝에 이전 심리상담사와 통화를 했었는데 그분은 정말 건우에게 엄마 같은 역할을 잘해주셨더라고요.

앞서 살펴보았듯이 슈퍼비전의 학습과업인 사례개념화와 슈퍼비전 전략인 컨설팅/탐색 기능을 사용하여 본 사례의 슈퍼비전이 진행되고 있으며 이때 슈퍼바이저는 슈퍼바이지가 선호하는 관계중심의 이론적 관점에 따라 사례개념화를 시도하도록 하고 있다.

(2) 심리상담사의 정서적 인식

본 회기는 내담자-심리상담사 관계에서 심리상담사의 느낌에 대한 탐색이다. 이 회기에서 슈퍼비전이 진행함에 따라 앞서 살펴본 내담자-심리상담사의 관계에서 심리상담사는 자신이 내담자의 심리상담사가 아니라 이전 심리상담사가 심리상담사로서 역할을 수행하고 있는 것을 느낀다고 설명했다. 내담자가 이전 심리상담사와 현재 심리상담사 사이에 설정해 놓은 역동적 관계 때문에 제2의 위치에 있다고 느끼는 심리상담사의 정서적 경험을 탐구하는 것은 슈퍼비전에서 매우 중요하다. 이는 내담자에 대한 심리상담사 자신의 감정과 내담자-슈퍼바이지 간 심리상담 관계에 대한 깊은 통찰력을 제공해 줄 수 있다.

사례 예시: 슈퍼비전

슈퍼바이저: 2인자 역할 혹은 2인자 위치에 있다는 것은 당신에게 어떠한 의미인가요?

슈퍼바이지: 건우와 여러 번 만나는 동안 이전 심리상담사와 얼마나 좋았는지, 얼마나 많은 변화가 있었는지를 계속 이야기했고 그 결과로 이 학교에 올 수 있다고 했어요. 그런 순간에 제 기분은 '와, 그래 옛날 심리상담사와 아주 잘 맞는구나! 예전 심리상담사와의 좋은 경험으로 대학까지 올 수 있게 되었으니 잘되었다. 그런데 나는 이전 심리상담사와 비교해서 나는 어떻지?'라고 자꾸 생각하게 돼요.

슈퍼바이저: 맞아요. 저라도 그럴 것 같아요. 건우는 지금 당신과 이전 심리상담사 간의 경쟁을 만들고 있어요. 아마도 건우는 자신이 편안하게 느끼는 관계 역동을 만드는 것으로 보여요. 그런데 당신은 어떤가요? 제가 생각하기에 당신은 이제까지 자신이 원하는 바를 모두 이루어 왔고 대부분 잘하는 편이어서 첫 번째 자리에 있는 것이 더 익숙할 것에요. 그리고 건우는 당신을 위해 이런 역동성을 만들어 내고 있어요. 당신이 받아들이든 안 받아들이든

간에…. 그게 당신이 상담을 진행하는 데 어떠한 영향을 미치고 있죠?

슈퍼바이지: 저는 어떤 시점에 와서 좌절감을 느꼈어요. 건우의 일관성 없는 행동을 변화시킬 수 있을지에 대해 제가 할 수 있는 일이 무엇인지 모르겠어요. 그리고 저와 내담자와의 관계에 대해서도요. 건우는 저와 심리상담에 참여할 의지가 없는 것처럼 보이는 느낌…. 그리고 여전히 예전 심리상담사와 붙어 있는 느낌을 지울 수가 없어요.

(3) 삼각관계

삼각관계란 세 명의 사람 혹은 세 집단 사이의 관계로 두 사람 혹은 두 집단 사이에 스트레스 상황으로 인한 긴장이 높아지거나 균형이 와해되는 불안감에 휩싸일 때 제삼자를 끌어들여 안정감을 찾으려 하는 체계를 의미한다.

이후의 슈퍼비전 회기에서 내담자의 관계에 대한 행동 패턴이 이전 심리상담사, 현재 상담센터, 그리고 현재의 심리상담사 모든 관계를 통해 공명하고 있다는 것을 드러났다. 이에 슈퍼바이저는 이 과정에서 내담자의 삼각관계 패턴이 어떻게 반복하여 나타나는가에 대해 탐색하고 있다.

사례 예시: 슈퍼비전

슈퍼바이지: 건우는 최근에 자신에게 위기가 닥쳐온 것을 느껴 센터를 방문했어요. 물론 약속하지도 않았고 우리가 상담하기로 한 날짜에 방문하지도 않았어요. 그 과정에서 상담센터의 다른 심리상담사가 건우의 호소에 따라 급하게 상담을 진행하게 되었어요.

슈퍼바이저: 다른 심리상담사는 당신에게 의논하지 않고 상담이 진행된 건가요? 그때 당신은 어디에 있었나요?

슈퍼바이지: 저는 그날 휴가였어요. 상담센터에 건우가 왔을 때 다른 심리상담사가 상담을 마치고 막 나왔을 때였고요. 그 심리상담사는 매우 지쳐 있었던 상태라고 이야기하더군요. 건우의 행동 패턴을 이미 알고 있던 심리상담사는 제 내담자에게 다음에 올 것을 설명했지만, 건우는 자신이 얼마나 긴급하고 위급한 상황인지 호소하여서 할 수 없이 상담하게 되었다고 하더군요.

슈퍼바이저: 당신은 다른 심리상담사의 이야기를 들으면서 어떤 생각을 하게 되었나요?

슈퍼바이지: 음…. 저는 이 과정이 필요한 과정이었구나 싶었어요. 제가 휴가에서 돌아오고 약속된 상담일에 건우를 만났을 때, 우리는 처음으로 생산적인 대화를 나눌 수 있었어요. 만약 다른 심리상담사가 제 상담일지를 본다면, 우리가 상담을 어떻게 진행했는지, 상담에서 무슨 이야기를 나누었는지. 전혀 알 수 없을 정도예요. 우리는 정말 아무것도 하지 않았으니까요.

슈퍼바이저: 네…. 마치 건우가 당신을 두 번째 자리에 앉히는 것 같네요. 당신이 있지만 존재하지 않는 것처럼, 당신의 등 뒤에 손을 묶어 두는 느낌을 주고…. 그리고 내담자와 당신의 관계가 상담센터에는 계속해서 노출되고 있고요.

심리상담사: 네, 맞아요.

슈퍼비전은 슈퍼바이지에 의해 표현된 내담자의 심리상담 과정의 본질을 포착하고 심리상담 관계에서 어떻게 재현되고 있는가를 확인할 기회를 제공한다. [그림 8-2]는 내담자의 대인관계 패턴이 현재의 심리상담 관계에 어떻게 반영되는가에 대해 잘 드러내 준다. 점선으로 표시된 두 가지 고유한 반복 패턴이 나타났는데, 첫 번째 삼각관계는 내담자는 이전 심리상담사 및 현재 심리상담사와 내담자의 가족 패턴을 재연하고 있다. 내담자는 위기가 찾아올 때면 그의 이전 심리상담사와 현재 심리상담사와 삼각관계로 만들고 있다. 두 번째 삼각관계는 내담자가 심리상담사와의 약속에 나타나지 않아 심리상담사는 자신의 소속되어 있는 조직에서 자신의 전문적 능력에 대해 의심받고 있다. 슈퍼비전은 삼각관계의 패턴을 깨야 하며 내담자에 의해 새롭게 생성되는 관계 패턴의 재발을 막아야 하므로, 슈퍼비전에서 이 삼각관계를 살펴보는 것은 매우 중요한 차원으로 다루어야 한다. 심리상담 관계에 대한 심리상담사의 정서적 인식이 이 삼각관계를 깰 수 있는 첫걸음이 될 수 있다.

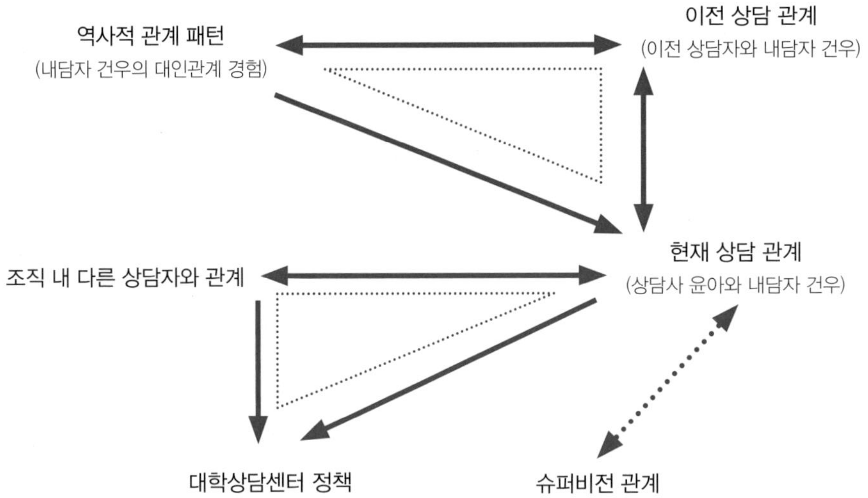

[그림 8-2] 삼각관계

(4) 문화적 정체성

'문화적 정체성'은 다른 말로 '문화적 식별' 또는 '문화적 신분'으로 표현될 수 있다. 이 용어들은 개인 또는 집단이 속한 문화나 사회적 집단과 관련된 자아 인식 및 식별을 나타낸다. 문화적 정체성은 언어, 종교, 국적, 민족, 성별, 성격, 가치관, 습관, 관습 등과 관련이 있을 수 있으며 이러한 요소들이 개인이나 집단의 정체성과 연결되어 있다.

앞서 살펴 본 사례의 심리상담사와 내담자는 모두 다문화가족 구성원이다. 이러한 관점에서 공통의 경험을 공유함으로써 공감과 이해를 증진할 기회가 관계 내에 존재한다. 중요한 것은 문화적 유대감을 갖는 것뿐만 아니라 개인의 차이를 인식하는 것이다.

사례 예시: 슈퍼비전

심리상담사는 내담자와 유사한 자신의 문화적 정체성을 내담자에게 드러내지 않았다. 심리상담사는 내담자가 자신의 이야기를 많이 하고 싶어 하였기 때문에 자기 노출을 하지 않았다고 답변하였다. 심리상담사의 이러한 대답에 계속해서 같은 이슈를 갖고 슈퍼비전을 진행하였다.

슈퍼바이저: 당신의 문화적 정체성에 대해 궁금했어요. 제가 생각하기에 당신이 가진 문화적 역사와 내담자의 역사가 유사한 부분이 많다고 보이는데요…. 건우가 당신과 자신의 문화적 정체성에 관해 이야기한 적이 있나요?

심리상담사: 음…. 아니요. 제가 먼저 최근 다문화 가족에 대한 뉴스를 본 이야기를 하며 그 주제를 꺼냈어요. 저는 건우에게 심층적으로 접근하기 위해 강조하면서 이야기를 한 것 같아요.

슈퍼바이저: 당신은 당신의 문화적 정체성에 대해 자기 노출을 했나요?

심리상담사: 아니요. 건우는 저의 질문 한 가지에 30분 이상 답변을 해요. 그래서 저는 저에 대해 알고 싶어 하는 것은 아니라고 여겼어요. 그리고 다문화 가족에 대한 자신만의 정형화된 생각이 있더라고요.

슈퍼바이저: 네. 그렇군요. 그 이야기는 건우가 가족 관계에 대한 고정관념을 만들고 이러한 일반화를 만들고 있다는 이야기네요. 그럼 당신의 문화적 정체성을 적절히 드러내면서 어떻게 이야기를 이끌어 나갈 수 있을까요?

… (중략) …

다음 내용은 슈퍼바이저가 위 슈퍼비전 진행 후 동료 슈퍼비전을 받는 경험 중 나타난 자기성찰적 대화이다.

슈퍼바이저: 제가 생각하기에 저는 슈퍼바이지가 자신의 문화적 정체성을 공개할 기회가 있었다고 봐요. 그래서 그 문제를 다루지 않은 것에 관해 이야기를 했고 슈퍼바이지는 그것에 대해 매우 난처해하는 것으로 보였어요. 그 모습을 보면서 저는 슈퍼바이지를 조금 더 압박해서 '무엇 때문에 멈췄지?'라고 질문했어요. 저는 슈퍼바이지가 다문화가족 구성원으로 성장해 온 경험을 내담자에게 투사하고 있을지도 모른다고 생각했으며 그리고 이것을 다루었는지 궁금해 했어요. 저는 슈퍼바이지의 경험의 영역에서는 없었을지도 모르는 저 자신만의 가설하고 있었어요. 제 생각에 이 가설은 슈퍼바이저인 저와 슈퍼바이지인 윤아에게만 해당하는 것이 아니라 여기 이 자리에 있지 않은 내담자에게도 해당하는 가설을 설정하고 있었어요.
내담자가 노쇼 행동을 하는 것은 얻을 수 있는 다른 무언가가 있을 수도 있는데도 불구하고, 저는 저 자신도 모르게 잠재적인 가설에 집중하고 있었어요. 그래서 저는 저 자신에 대해 들여다보기 시작했어요. 저는 이민자의 가족 구성원으로 한국에서 유년기를 보내고 미국에서 성인이 될 때까지 살아오면서 한국인이면서 미국 시민권자로서의 저 자신의 문화 정체성이 이 슈퍼비전에 반영되어 나타나고 있구나… 하고 깨달았죠.

앞의 사례는 슈퍼바이저의 문화적 세계관과 슈퍼바이지의 문화적 가치관이 심리상담 관계와 어떠한 관련이 있는가에 관해 설명하고 있다. 내담자 자신의 문화적 이해에 대한 고정관념을 깨는 데 도움이 될 수 있는 부분을 심리상담 관계에서 다루어야 하며 슈퍼비전에서 이 과정에서 누가 그러한 인식과 역할을 갖고 다룰 것인가에 대한 고려가 필요하다. 이러한 성찰은 SAS 접근의 역할을 설명함으로써 슈퍼바이저, 슈퍼바이지, 그리고 내담자 등 세 가지 주요 주체에 대한 이해를 차별화하고 통합할 수 있다. 또한 각각의 관계를 가로질러 흐르는 역할 및 감정 공명과 그 이해가 어떻게 내담자의 복지 증진을 위한 치유와 슈퍼바이저와 슈퍼바이지의 상호 전문적 성장을 위해 사용될 수 있는지를 이해하는 데 중요한 역할을 한다.

(5) 이론적 정의 대 조직의 정책

조직과 심리상담사 간의 계약 관계, 그리고 내담자와 심리상담사 간의 계약 관계는 내담자의 목표 설정과 이를 실현하기 위한 전략에 직접적인 영향을 미치고 있다. 특히 짧은 기간 동안 심리상담을 진행하는 경우 조직의 정책과 심리상담사의 이론적 방향 사이에서 가치 충돌이 발생할 수 있다. 현재 소속된 조직의 재정적 요구, 즉 수입 창출에 대한 조직의 기대와 상담센터에 찾아오는 내담자 수를 고려할 때, 이러한 딜레마는 흔한 문제가 아니다. 예를 들어, 상담센터를 운영하는 조직은 정해진 회기에 따라 진행하는 것을 원칙으로 하지만, 심리상담사가 추가 회기가 필요하다고 판단하는 경우 어떻게 대처해야 할지에 대한 문제가 발생할 수 있다. 특히 슈퍼바이지가 초심 심리상담사일 경우 이러한 권한을 얻는 것이 더 어려울 수 있다. 슈퍼바이저는 이러한 슈퍼바이지의 딜레마를 인식하고 내담자에게 초점화하는 역할을 수행해야 한다. 즉, 슈퍼비전 회기가 얼마 남지 않았을 때 심리상담 목표를 고려할 때 내담자와 무엇을 함께 하여 달성할 수 있을 것인지 그리고 그 목표들을 고려할 때 다음 단계는 무엇을 수행해야 하는지 슈퍼바이지가 명확하게 생각하도록 안내하는 것이다.

2) 슈퍼바이저를 위한 슈퍼비전 교육

SAS 접근의 슈퍼바이저는 슈퍼비전에서 다음 세 가지 업무를 수행해야 한다.

- 무엇(what)을 가르쳐야 하는가?
- 어떻게(how) 하면 슈퍼바이지가 교육 목표를 학습할 수 있게 도울 수 있는가?
- 내담자의 복지가 위험에 처해 있지는 않은가?

SAS 접근은 슈퍼바이저가 관계에서 겪는 고민, 어려움 또는 난관을 파악하는 것으로 시작한다. 슈퍼바이저와 슈퍼바이지 간 관계의 정서적 연결의 변화나 슈퍼바이저가 슈퍼바이지로부터 받는 피드백에 대한 개방성, 관계의 이중성을 경험하는 경우가 종종 있을 수 있다. 이러한 신호는 종종 학습이나 슈퍼바이저와 슈퍼바이지의 관계적 연결에 문제가 있을 수 있음을 시사한다. 그 결과 심리상담 관계로 전이되면 내담자의 상담 진행 및 효과에 영향을 미칠 수 있다. SAS 접근을 적용할 때 슈퍼바이저는 현재 딜레마의 원인과 출처를 구별하고 이러한 요인들의 상호작용방식을 확인하고, 그 요인들의 세 가지 관계적 맥락이 어떻게 영향을 미치는지를 파악해야 한다. 이러한 과정을 통해 SAS 접근은 슈퍼바이저와 슈퍼바이지 간의 관계를 더 잘 이해하고 심리상담 과정을 개선하는 데 도움을 줄 수 있다.

이상적인 슈퍼바이저는 높은 수준의 공감, 무조건적 이해, 무조건적 긍정적 배려, 유연성, 관심, 호기심, 개방성을 보이는 사람으로 묘사된다(Carifio & Hess, 1987). 이러한 개인적 자질은 슈퍼바이저, 슈퍼바이지, 내담자 등 그들 자신의 대인관계 안에서 독특하게 표현된다. 다만, 슈퍼바이저는 그들의 전문적인 직업적 역할에 있어서 대인관계 기술과 임상적 지식을 활용하여 그들 자신의 대인관계 양식을 향상할 수 있다. 이를 위해 초급 슈퍼바이저가 슈퍼비전을 하게 되면 그들이 슈퍼비전 관계에 가져오는 특성과 기술에 대해 생각하게 하는 것이 중요하다. 슈퍼바이저가 더욱 발전함에 따라 이 특성 및 역량은 슈퍼비전 관계에 어려움이 있을 때 고려할 수 있는 좋은 참고자료가 될 수 있다. 예를 들어, 슈퍼바이저의 대인관계 양식은 문화적 및 가족적 역사를 고려할 때 지시적일 경우 슈퍼바이지는 이러한 행동을 압도적이고 요구가 많은 것으로 경험할 수 있다. 슈퍼비전에 대한 슈퍼바이저의 태도와 속성이 슈퍼비전에 대한 학습 동맹에 영향을 미치는지에 관한 인식은 슈퍼비전을 더 유연하게 대처하고 교육할 수 있는 좋은 자원이 될 수 있다.

4. 체계적 접근의 슈퍼비전에서 다루는 주된 이슈

슈퍼비전에서 슈퍼바이지의 개인적 취약성과 전문적인 도전은 종종 딜레마를 일으킨다. 이러한 딜레마는 슈퍼비전의 5가지 주요 영역 중 하나에서 나타나는 것으로 이 5가지 영역에는 슈퍼바이지 및 내담자와의 가치 충돌, 내담자 요구에 대한 슈퍼바이지의 불안, 심리상담 관계에서의 슈퍼바이지의 저항, 슈퍼바이저의 교육 및 심리상담 딜레마 등이 포함된다.

1) 심리상담과 슈퍼비전

슈퍼비전은 가르치는 것인가? 아니면 심리상담인가? 혹은 행정인가? 진정한 슈퍼바이저는 임상가, 행정가와는 분명히 구별된다. 슈퍼비전을 받는 슈퍼바이지뿐만 아니라 내담자의 호소문제와 상담 목표에 따라 슈퍼바이저는 교육자이며 조언자이며 격려자로서 역할을 수행한다. 슈퍼바이저는 슈퍼비전을 통해 내담자의 상담 과정에 참여하고 있으나 그 초점은 슈퍼바이지를 위한 학습에 있다. 이러한 관점에 따라 SAS 접근에서 슈퍼바이저의 역할은 슈퍼바이지와 깊은 관련성이 있음에도 불구하고, 슈퍼비전을 제공하고 교육하는 슈퍼바이저로서의 역할에 국한한다. 즉, 수련생 개인에게 심리적 어려움이 발견되었을 때, 슈퍼바이저는 개인 상담을 수행하지 않으며 슈퍼비전은 슈퍼바이지의 개인적 역사가 심리상담 관계 및 상담 효과에 영향을 미친다는 것을 인식하도록 돕는 것을 목적으로 한다. 심리상담사가 건강한 상담 관계를 맺기 위해서는 심리상담에 의한 긍정적 경험이 필요한 경우가 많으나, 그것은 슈퍼비전 관계 밖에서 발생해야 하며 슈퍼바이저가 심리상담을 수행하는 것을 지양하고 있다. 슈퍼바이저는 수련생의 개인적 문제가 심리상담사의 역할에 영향을 미치고 내담자의 복지를 위협할 때 슈퍼바이지에게 심리상담을 받도록 권고하고 필요한 경우 임상 작업을 중단하거나 종료하도록 지시하도록 권장하고 있다.

2) 슈퍼바이지의 슈퍼비전 목표 및 유형

슈퍼비전에서는 슈퍼바이지의 슈퍼비전에 대한 기대, 필요성, 목표뿐만 아니라 슈퍼바이저의 역할과 심리상담에 대한 슈퍼바이지의 이론적 경향에 대해서도 초점을 둔다.

3) 슈퍼비전을 위한 계약

평가 절차 및 평가 기준을 결정하는 것은 대체로 두 번째 슈퍼비전 회기에서 결정된다. 평가에 관한 명시적 계약 협정은 신뢰 관계를 확립하기 위해 매우 중요하게 다루어져야 한다. 먼저, 슈퍼바이저와 슈퍼바이지는 첫 번째 회의 이후 언제 슈퍼바이지를 평가할 것인지를 함께 결정한다. 구체적인 피드백을 제공하기 위해 슈퍼바이지는 슈퍼비전에 개발된 척도를 활용할 수 있다. 평가의 모든 경우에 슈퍼바이저와 슈퍼바이지는 슈퍼바이지의 평가 기준과 의미, 수행에 대한 슈퍼바이저의 판단에 대해 공동으로 논의한다. 또한 슈퍼바이지의 학습 촉진을 위해 심리상담 과정에서 사용하고 있는 강점이나 약점, 다음 상담 수행을 위한 목표, 슈퍼바이저로서 수행에 대한 슈퍼바이지의 판단 등도 공동으로 논의한다. 슈퍼비전 과정에서 명시적으로 슈퍼바이저를 교체하거나 유지할지 결정하는 과정도 중요하다. 이것은 수련생과 슈퍼바이저 관계의 균형을 조절하기 위해 논의되어야 한다.

4) 슈퍼바이지의 개인적 특성

슈퍼바이저는 슈퍼바이지의 특성을 인식할 필요가 있다. 이러한 특성은 심리상담 관계에 영향을 미친다. 슈퍼바이지가 가진 가치관, 태도, 내담자의 특별한 행동 양식에 대한 심리상담사의 인식을 알아차리도록 돕는 것은 중요한 슈퍼비전 목표가 된다. 또한 심리상담사로서 슈퍼바이지의 역할에 대한 초점과 함께 개인적인 의미를 슈퍼바이지 스스로 탐구할 수 있도록 조력한다. 이를 통해 슈퍼바이지는 심리상담 관계에서 자신의 감정적인 인식과 이것이 대인관계 양식과 어떻게 관련이 있는지를 이해하는 데 도움을 받을 수 있다.

5. 체계적 접근의 슈퍼비전에 대한 평가

1) 슈퍼비전에 대한 평가

SAS 접근에서는 슈퍼비전은 무엇이고 어떻게 이루어져야 하는가에 관한 관심에서 더 나아가 슈퍼바이저가 슈퍼비전 관계를 바탕으로 슈퍼비전을 가르치고 실제에 대한 보다 구체적인 지침을 안내할 수 있도록 개발되었다. 특히 SAS 접근은 슈퍼바이지의 학습 기대와 슈퍼바이저의 지도 방식을 체계적으로 평가하기 위한 역동적 접근을 제시하여 슈퍼바이저가 슈퍼비전 교육이나 사례 자문 과정에서 딜레마를 겪을 때 성찰을 위한 틀로 활용될 수 있다. 또한 SAS 접근은 그동안의 슈퍼비전 접근들에서 제시한 핵심적인 내용을 통합하여 슈퍼비전에서 이루어져야 할 과제와 슈퍼바이저가 이를 달성하기 위해 활용할 수 있는 기능을 제시하였다. 더불어 다양한 슈퍼비전 상황에서 슈퍼바이저의 효율적인 개입을 돕는 구체적인 지침을 제시하여 슈퍼바이저를 위한 구체적인 교육에 활용될 수 있도록 구성되었다.

SAS 접근은 슈퍼비전에서 실무자와 교육자에게 자신의 행동을 성찰하고 슈퍼비전 작업의 의미에 대해 질문을 던지며 자신만의 직관적인 지식을 발견하고 이를 다른 사람들에게 전달하기 위한 공통의 언어를 사용하도록 권장한다. 이를 위해 Holloway(1995)는 슈퍼비전의 복잡성을 이해하고 적용하기 쉽도록 SAS 접근에서 그래픽을 활용하도록 제안하였다. 그래픽을 활용한 시각적 표현은 여러 언어와 문화에 걸쳐 이 접근을 가르치기 위한 메커니즘으로 슈퍼비전 과정에서 진단적, 개념적, 역동적으로 사례를 분석하기 위한 좋은 재료가 될 수 있다고 보았다. 따라서 효과적인 슈퍼비전을 위해서는 슈퍼비전에 대한 슈퍼바이지의 기대, 즉 심리상담사로서의 성장에 대한 기대, 슈퍼바이저 역할에 대한 기대, 슈퍼비전 관계에 대한 기대를 파악해야 한다는 것을 SAS 접근은 잘 보여 준다. 그럼에도 불구하고 여전히 SAS 접근에서도 슈퍼비전에서 일어나는 대화, 의도, 대화 분위기에서 오는 미묘한 정서적 반응 등을 포착하여 그 효과를 검증하는 것에는 한계가 있다.

2) 연구 및 향후 방향

앞서 살펴본 바와 같이 SAS 접근은 슈퍼비전 분야에서 많은 기여를 하였다. 따라서 앞으로의 발전 가능성은 단일한 이론적 접근의 슈퍼비전에 머물지 않고, 끊임없이 다양한 이론적 접근과 통합하면서 슈퍼비전의 효과성을 검증해 나가는 것이다. 이러한 과정을 통해 SAS 접근의 슈퍼비전이 한국의 임상 장면에 적용될 가능성은 매우 긍정적으로 열려 있다고 볼 수 있다. 그러나 이러한 목적을 위해서는 몇 가지 탐구를 요구하는 과제가 남겨져 있다. 이를 정리해 보면 다음과 같다.

첫째, SAS 접근은 슈퍼비전 관계를 중요시하며 슈퍼바이저와 슈퍼바이지 간 유연한 관계 구조 형성에 초점을 둔다. 그러나 한국의 슈퍼비전 관계는 미국의 슈퍼비전 관계 형성 및 교육, 평가 방식과 다소 차이가 있다. 미국의 수련생 교육 방식은 주로 수평적이고 자율성과 독립성을 중요시하지만(Holloway, 2016), 한국의 심리상담 전문가로 성장하기 위한 교육 체계는 수직적이고 계층적일 수 있다. 특히 스승으로부터 관련 이론과 기술을 전수하는 도제식 교육을 기반으로 발달해 온 한국의 심리상담 교육 체계에서 슈퍼비전 관계는 여전히 슈퍼바이저 중심의 슈퍼비전 관계를 형성할 가능성을 갖고 있다. 슈퍼비전 관계의 중요성을 인식하고 슈퍼바이저와 슈퍼바이지 간의 협의에 따른 슈퍼비전 관계 발달에 대한 논의가 이루어질 때, 심리상담의 효과에 이바지할 수 있는 슈퍼비전으로 성장할 수 있을 것이다.

둘째, SAS 접근에서는 슈퍼바이저와 지도교수는 분리되어야 하며 개인 상담이 필요한 슈퍼바이지는 자신을 지도·훈련하는 슈퍼바이저가 아닌 다른 슈퍼바이저를 찾아 심리상담을 받을 것을 권유한다. 그러나 한국에서는 한국상담학회, 한국상담심리학회의 전문가 자격 취득을 위한 슈퍼바이지의 입장에서 현실적으로 그러한 대안에 대한 선택의 폭이 충분한가에 대한 의문점이 있다. 또한 비난받기를 두려워하는 한국의 사회문화적 관점을 고려할 때, 슈퍼바이저와 지도교수를 분리하여 교육받고자 하는 것은 슈퍼바이지 입장에서 도전이 될 수도 있다. 따라서 한국의 심리상담이 한 단계 성장하기 위해서는 다양한 이론과 임상 실무를 겸비한 슈퍼바이저 양성과 슈퍼바이지의 발달 단계에 따라 힘과 개입, 관계의 구조 변화가 유연하게 이루어져야 할 과제가 남아 있다.

제 9 장

통합발달 접근의 심리상담을 위한 슈퍼비전

1. 통합발달 접근의 슈퍼비전 개요
2. 통합발달 접근의 슈퍼비전 핵심 원리와 기술
3. 통합발달 접근의 슈퍼비전 방법
4. 통합발달 접근의 슈퍼비전에서 다루는 주된 이슈
5. 통합발달 접근의 슈퍼비전에 대한 평가

슈퍼비전은 크게 심리상담 이론 중심 접근(counseling and psychotherapy-based supervision models), 통합적 접근(integrative models), 발달 접근(developmental model)으로 구분될 수 있다(Bradley & Ladany, 2000). 심리상담 이론 중심 접근들은 슈퍼비전 과정을 심리상담 과정과 유사하게 이해하고, 심리상담 이론, 가정(假定), 기법에 기반한다. 통합적 접근은 슈퍼바이저의 각 이론적 접근에 대한 통합적 역할과 개별적 전략에 중점을 두는 반면에, 발달 접근은 심리상담사의 발달 과정과 단계에 맞추어 슈퍼비전을 실시하는 데 초점을 둔다. 슈퍼비전을 위한 이론적 접근은 심리상담 이론을 바탕으로 한 접근들과는 차별적 특성이 있는데, 특히 발달 접근(developmental model)은 가장 먼저 제안되어, 최근까지 경험적 연구가 가장 많이 이루어진 슈퍼비전 접근이다(Bernard & Goodyear, 2014). 그중에서도 통합발달 접근(Integrative Developmental Model: IDM)은 발달 접근(developmental model)으로, 가장 많이 알려지고 활용되는 심리상담사의 발달 단계를 중심으로 하는 슈퍼비전 접근이다(유영권 외, 2019). 따라서 이 장에서는『Supervision Essentials for the Integrative Developmental Model』(McNeil & Stoltenberg, 2016)를 중심으로 통합발달 접근의 개요, 핵심원리와 기술, 방법, 슈퍼비전에서 다루는 주요 이슈를 설명하고 평가하였다.

1. 통합발달 접근의 슈퍼비전 개요

통합발달 접근(Integrative Developmental Model: IDM)은 발달심리학의 이론과 가정(假定)에서 많은 영향을 받아 형성된 접근으로, 심리상담사의 성장을 발단 단계로 보고, 슈퍼비전도 이러한 심리상담사인 슈퍼바이지의 발달 단계에 맞추어 진행해야 한다고 본다. 심리상담사의 성장은 3가지 발달 단계/수준(수준 1, 수준 2, 수준 3)을 통해 진행하는 것으로 본다. 추가로 네 번째 수준인 3i는 모든 영역과 구조에서 통합된 기술 달성 수준을 보이는 발달 단계이다. 따라서 통합발달 접근은 슈퍼바이지의 이러한 발달 단계(수준 1, 수준 2, 수준 3, 수준 3i)에 따라서 슈퍼비전을 한다. 통합발달 접근 슈퍼비전의 구조는 ① 유능한 심리상담사가 되기 위한 동기(motivation), ② 심리상담 시행에서의 자율성(autonomy), ③ 자기 및 타인(즉, 내담자)에 대한 알아차림(self/other awareness)을 중심으로 이루어져 있다. 통합발달 접근에서는 다음의 8가지 영역의 임상 실제, 즉 ① 개입 기술력(intervention skills competence), ② 사정 기법(assessment techniques), ③ 대인관계 사정(interpersonal assessment), ④ 내담자 사례개념화/진단(client conceptualization/diagnosis), ⑤ 내담자 작업에서 개인차 고려, ⑥ 이론 지향, ⑦ 상담 계획과 목표, ⑧ 전문직업적(상담) 윤리(professional ethics)에서 심리상담사의 발달수준을 사정한다. 이러한 통합발달 접근의 슈퍼비전에서는 슈퍼바이지가 각 수준을 거치며 발달해 나가도록 다양하고 유연한 촉진적 슈퍼비전 환경과 개입을 제공한다.

1) 역사적 배경

통합발달 접근은 발달 접근(developmental model)으로 가장 많이 알려지고 널리 활용되는 것으로 심리상담사의 발달 단계에 초점을 두는 발달 접근이다(유영권 외, 2019). 발달 접근(developmental model)은 1950년대에 Fleming(1953), Hogan(1964), Littrell, Lee-Borden과 Lorenz(1979)에 의해 발표되었고, 1980년대에 와서 주목을 받게 되었다. 특히 통합발달 접근은 Stoltenberg(1981)의 연구를 시작으로 알려지게 되었다. 통합발달 접근은 Stoltenberg(1981)의 네 단계 심리상담사 발달 접근에 Loganbill, Hardy와 Delworth(1982)의 접근 요소를 더한 것이다(방기연, 2021). 통합발달 접근은 1980년대 초 University of Iowa의 상담심리학 프로그램과 대학교 상담 서비스 연구소를 중심으로, Ursula Delworth, Emily Hardy, Carol Loganbill, Gerry Stone과 같은 슈퍼비전 학자들과 실무자들을 중심으로 연구가 활성화되었다. 이와 더불어 Worthington(1987), Watkins(1995), Stoltenberg와 Delworth(1987), Stoltenberg와 McNeil(2010), Stoltenberg와 McNeill(2011) 등의 실증 연구와 관련 분야 연구를 통해 확장 및 발달해 왔으며, 최근에는 APA에서 기획 발간한 슈퍼비전 시리즈 저술인 McNeill과 Stoltenberg(2016)에서 최신 버전으로 제시되었다.

2) 주요 학자

(1) Cal D. Stoltenberg

Stoltenberg 박사는 Delworth 교수의 지도하에 1981년 University of Iowa에서 박사학위를 받았다. 이후 University of Oklahoma의 교수로 20년 이상 재직하였다. Stoltenberg 박사는 McNeill 박사와 더불어 『Supervision Essentials for the Integrative Developmental Model』(McNeil & Stoltenberg, 2016)를 저술하였고, 통합발달 접근의 슈퍼비전의 대표적인 역할을 하고 있다.

(2) Brian W. McNeill

McNeil 박사는 지도교수인 Stoltenberg 밑에서 1984년 Texas Tech University에서 박사학위를 받았다. 이후 Pacific Northwest Center for Mestizo와 Washington State University 교수와 센터장 등으로 일하고 있다. McNeill 박사는 Stoltenberg 박사와 더불어 『Supervision Essentials for the Integrative Developmental Model』(McNeil & Stoltenberg, 2016)를 저술하였고, Stoltenberg 박사를 이어 통합발달 접근 슈퍼비전의 대표적인 역할을 이어 가고 있다.

(3) U. Delworth

Delworth 박사는 Texas Tech University와 University of Oklahoma에서 교수직으로 재직하며, 심리상담에 관한 APA 인증프로그램의 교육 책임자로 재직하였다.

2. 통합발달 접근의 슈퍼비전 핵심 원리와 기술

APA(the Board of Educational Affairs Task Force on Supervision Guidelines(American Psychological Association)가 채택한 정의에 따르면, 슈퍼비전은 촉진적, 평가적 요소를 모두 가지고 있고, 협동적 관계를 기반으로 하는 뚜렷이 구별되는 전문적 실천이다. 시간이 지남에 따라 슈퍼바이지의 전문적 능력을 향상시키고, 과학에 근거한 심리상담을 강화하며, 슈퍼바이지가 제공하는 서비스의 질을 모니터링하고, 게이트키퍼 역할을 한다. 그리고 슈퍼비전은 임상적 슈퍼비전을 지칭하며, 임상, 상담, 학교 심리 등에 걸친 모든 보건 서비스 분야에서 수행되는 슈퍼비전을 포함한다. 이러한 일반적인 정의에 따라서 슈퍼비전을 고려할 때, 슈퍼바이지의 발달 측면에서 전문적 발달과 개인적 발달을 통합적으로 바라보는 것은 매우 중요하다. 이에 마스터 심리상담사의 특징을 이해하는 것은 심리상담사의 발달 과정 및 수준과 지향점을 이해하는데 유의미한 개념을 제공해 준다. Jennings와 Skovholt(2004)는 마스터 심리상담사(master therapist)의 특징을 다음과 같이 기술하였다.

- 마스터 심리상담사는 열정적인 학습자이다.
- 마스터 심리상담사의 축적된 경험은 중요한 자원이다.
- 마스터 심리상담사는 인지적 복잡성과 인간 상태의 모호성을 소중히 여긴다.
- 마스터 심리상담사는 자기인식 반영, 비방어, 피드백에 대한 개방성으로 정의되는 정서적 수용력을 지니고 있다.
- 마스터 심리상담사는 자신의 정서적 안녕을 돌보는 정신적으로 건강하고 성숙한 개인으로 보인다.
- 마스터 심리상담사는 자신의 정서적 건강이 심리상담 작업에 어떤 영향을 미치는지 알고 있다.
- 마스터 심리상담사는 강력한 관계 기술을 보유하고 있다.
- 마스터 심리상담사는 강한 작업동맹을 구축하는 데 도움이 되는 인간 본성에 대한 신념을 지니고 있다.
- 마스터 심리상담사는 심리상담에서 그들의 뛰어난 관계 기술을 활용하는 전문가로 보인다.

통합발달 접근의 기본 목표는 심리상담사의 임상적 기능 측면에서 낮은 수준으로부터 높은 수준으로 발달을 장려하고 촉진하는 것이다. 이런 목표와 관련하여 통합발달 접근의 핵심 원리로서 슈퍼바이지의 성찰 능력, 주요 슈퍼비전 구조, 슈퍼비전을 위한 기대 설정, 슈퍼비전 관계, 심리상담사 발달수준 사정 및 평가, 슈퍼바이지 발달의 일반적 지표, 슈퍼바이지 사정을 위한 추가자료, 슈퍼비전 환경과 맥락을 살펴보면 다음과 같다.

1) 슈퍼바이지의 성찰 능력

슈퍼비전에서 슈퍼바이지의 실제 수행에는 능력 특성의 차이가 있다. 슈퍼바이지의 자기성찰 수준을 통해 슈퍼바이지 성장이 어떻게 촉진되는지 다루는 것은 중요하다. Bernard와 Goodyear(2014)는 슈퍼바이지의 성찰 능력을 심리상담 회기 내에서 일어나는 '실행 중 성찰(reflection-in-action)'과 슈퍼비전 회기에서 발생하는 '실행에 대한 성찰(reflection-on-practice)'로 구분하였고, 이와 같은 과정에 참여하도록 장려하는 것이 통합발달 접근의 슈퍼비전 특징이다. Schon(1987)은 행동이 실제로 알고 있는 것을 나타내는 과정으로 보고 설명하는 'Knowing-In-Action(KIA)', 실행 중에 일어나는 성찰인 'Reflection-In-Action(RIA)', 실행에 대한 성찰인 'Reflection-On-Action(ROA)'로 구분하여 설명하였다. 우리의 행동을 반영하고, 우리가 사용한 과정과 배운 것들을 평가할 때, ROA를 한다. 즉, ROA를 통해서 우리는 KIA에서 어떤 예기치 않은 결과를 낳았는지, 그리고 RIA가 새로운 과제를 얼마나 효과적으로 해결할 수 있었는지 더 잘 이해하게 된다. 슈퍼비전에서 이루어지는 상호작용을 통한 성찰(RIA 혹은 ROA)은 심리상담 기술을 평가하고 개선하는 과정으로서 통합발달 접근의 슈퍼비전에서는 장려하고 있다.

2) 주요 슈퍼비전 구조

슈퍼바이지인 심리상담사의 발달수준에 따라, 준거 개념이 되는 주요 슈퍼비전 구조를 살펴보면 〈표 9-1〉과 같다. 동기(motivation)는 임상 훈련과 실제에서 확장된 슈퍼바이지의 흥미, 투자, 노력을 반영한다. 시간이 지남에 따라 동기 수준의 변화는 높았다가 변동을 거쳐 안정화되는 경향이 있다. 자율성(autonomy)은 슈퍼바이지가 보여 주는 독립도이다. 슈퍼바이지의 발달에 따라 보여 주는 자율성의 변화는 다른 구조적 변화를 수반한다. 초보자는 슈퍼바이저나 다른 권위자에 의존하는 경향을 보이다가, 의존과 자율 간의 갈등을 거치며, 전문적 발달을 이루어 간다. 자기/타인 알아차림(self/other awareness)은 자기와 타인에 대한 알아차림으로, 인지적 요소와 정서적 요소를 모두 포함한다. 자기집중, 내담자 세계에 대한 인식 등은 자기인식이라는 측면에서 개인이 어디에 있는지를 나타낸다. 인지적 구성요소는 여러 단계에 걸친 특징적인 사고 과정 내용을 설명하고, 정서적 구성요소는 불안과 같은 감정의 변화를 설명한다.

① 수준 1에서 동기부여 측면은 높은 수준이며, 자율성 측면은 의존적이고 구조화가 필요하고, 자기/타인 인식 측면은 인지적으로 자기중심의 제한적인 자기인식 수준을 보이며, 정의적으로 수행 불안을 보인다.

② 수준 2에서 동기 수준은 높은 수준과 낮은 수준에서 변동을 보이며, 자신감이 충만하거나 부족한 모습을 보인다. 자율성 측면에서도 의존과 자율 간의 갈등의 양상을 보이고 적극적인 모습과 순응적인 모습을 모두 보인다. 자기/타인 알아차림에서도 인지적으로는 내담자 중심으로 관점을 이해하며, 정의적으로는 공감할 수 있지만 과잉 동일시하기도 한다.

③ 수준 3의 심리상담사는 동기 측면에서 안정적이며, 멈추지 않고 문제를 제기하며, 전문적 정체성에 주 관심을 둔다. 자율성 측면은 조건적인 의존성을 보이며

표 9-1 주요 슈퍼비전 구조와 심리상담사 발달수준

심리상담사 발달수준	동기	자율성	자기/타인 알아차림
수준 1	• 높은 수준으로 동기부여	• 의존적 • 구조화 필요	• 인지: 자기중심의 제한된 자기인식 • 정의: 수행 불안
수준 2	• 높은 수준과 낮은 수준 사이에서의 변동 • 자신감과 자신감 결여 사이에서 변동	• 의존과 자율 간의 갈등 • 적극성과 순응 사이 갈등	• 인지: 내담자 중심, 관점 이해 • 정의: 공감 가능, 과잉 동일시
수준 3	• 안정적 • 전문적, 직업적 정체성이 주 관심	• 조건적 의존성 • 대부분 자율적	• 인지: 자신과 내담자의 강점 및 약점의 수용과 인식 • 정의: 자신의 반응 인식과 공감
수준 3i	• 영역을 넘나드는 안정성 • 전문가적 정체성의 완성	• 영역을 넘나드는 자율성	• 개인화된 이해가 영역을 넘나듦 • 경험과 나이에 맞춰짐

출처: McNeill & Stoltenberg (2016).

대부분은 자율적으로 기능한다. 자기/타인 알아차림 측면에서 인지적으로는 자신과 내담자의 강점 및 약점을 수용하고 인식하며, 정의적으로는 자신의 반응을 인식하고 공감한다.

④ 수준 3i의 동기 측면은 영역을 넘나드는 안정성을 보이며, 전문가적 정체성을 완성한다. 자율성 측면은 전 영역에 걸쳐 자율성을 보인다. 자기/타인 알아차림 측면은 전 영역에 걸쳐 개인화된 이해를 보이며, 경험과 나이에 맞춤화된다.

3) 슈퍼비전을 위한 기대 설정

통합발달 접근 슈퍼비전을 위한 기대 설정(setting expectations)은 긍정적인 작업 관계를 위해 필요하다. 초기에 슈퍼바이저, 슈퍼바이지 모두 직업적 경험과 배경을 이해하는 것이 중요하다. 슈퍼바이저들이 제공하는 평가와 피드백 과정에 대한 윤리적 지침이 있어야 하며, 평가 기준을 공유해야 한다. 슈퍼바이지도 슈퍼비전에 대한 평가와 피드백을 제공해야 하며, 슈퍼바이지의 진행 사례와 임상적 책임에 대한 문서(사례보고서)를 통한 광범위한 검토가 이루어져야 한다. 이렇게 슈퍼바이지의 기대를 사정하고 슈퍼비전을 구조화하는 것은 중요하다. 기대 설정의 명료화를 통하여 슈퍼비전 경험이 기대와 다를 경우 발생할 수 있는 실망과 분노를 피할 수 있다.

4) 슈퍼비전 관계

임상 수련과 슈퍼비전에 대한 도제식 접근은 시간이 지남에 따라 발전하고 진화하는 슈퍼비전 관계에 중요한 역할을 한다. 슈퍼비전 관계는 교육, 멘토링, 자문, 평가의 역할을 하고, 개인적 · 전문적 측면을 포함한다. 슈퍼비전 참여자들의 순간순간 상호작용은 슈퍼바이지의 자기인식 향상에 기여하고, 심리상담 기술에 대하여 심화 학습을 장려하는 의미 있고 친밀한 대인관계를 형성하게 만든다. Stoltenberg와 McNeill(2011)은 슈퍼비전 관계가 모든 효과적인 교육과 훈련의 기초가 된다고 하였다. 발달수준에 따른 슈퍼비전 관계에서는 다른 기대 설정과 다양한 방법이 적용된다. 수준 1의 슈퍼바이지는 슈퍼비전 관계에서 무엇을 기대할지 잘 모르고, 의존도가 높다. 슈퍼바이저는 슈퍼바이지의 발달 과정에 대한 이해와 공감을 전달하는 것이 중요하고, 기대를 명료화하고, 신뢰를 형성하는 것이 중요하다. 수준 2의 슈퍼바이지는 능력에 대한 지각과 관련하여 의존과 자율 사이에서 갈등한다. 슈퍼비전 관계와 상담 관계의 병렬과정(parallel process)은 수준 2 슈퍼바이지의 자기/타인 알아차림의 발달 기능으로 분명하게 나타난다. 수준 3 혹은 수준 3i의 심리상담사는 수많은 슈퍼비전 경험에 따른 영역 확장으로 일시적 회귀를 보이기도 한다. 그리고 그들은 내담자와의 작업에 영향을 미칠 수 있는 개인 역동을 탐구하고, 병렬과정에 개입하고 점검한다.

5) 심리상담사 발달수준 사정 및 평가

심리상담사 발달수준의 사정(assessment) 및 평가(evaluation)는 통합발달 접근 슈퍼비전 과정에서 지속적이고 기본적인 역할을 한다. 슈퍼바이지들의 발달수준과 상황에 따라 변화하는 요구를 충족시키고, 슈퍼비전 접근 방식을 변경하며, 성장을 장려하고 촉진하기 위해 적절한 슈퍼비전 환경을 제공해야 한다. 특정 발달수준의 슈퍼바이지를 정확하게 사정하기 위해서는 3가지 주요 슈퍼비전 구조에서 여러 발달 영역을 살펴볼 필요가 있다. 전문적 성장을 사정하는 지표를 제공하고, 슈퍼바이지 발달의 준거 개념이 되는 세 가지 주요 구조(동기, 자율성, 자기/타인 알아차림)는 8가지 임상 실제 영역에서 심리상담사인 슈퍼바이지의 현재 기능하고 있는 발달수준을 반영한다.

심리상담사의 발달수준을 사정하는 임상 실제 8가지 영역은 다음과 같다.

① 개입 기술 역량(intervention skills competence)은 심리상담사의 상담 및 치료 개입에 대한 자신감과 능력을 다룬다.
② 사정 기법(assessment techniques)은 심리상담사의 심리평가 수행 능력에 관한 것이다.
③ 대인관계 사정(interpersonal assessment)은 내담자의 대인관계 역동을 개념화할 때 심리상담사 자신의 인지적 · 정서적 반응 사용에 관한 것이다.
④ 내담자 개념화, 혹은 사례개념화(client conceptualization)는 내담자 진단, 특성, 이력 및 생활환경, 심리상담사 세계관과 이론적 지향에 관련한 것이다.

⑤ 개인차(individual differences)는 개인에 대한 성, 인종/민족, 사회경제적 상태, 개인에게 미치는 문화적 영향, 개인의 성격을 형성하는 독특성에 대한 이해에 관련한 것이다.
⑥ 이론적 지향(theoretical orientation)은 심리학과 심리상담에 대한 공식적인 이론뿐만 아니라 통합적 접근과 개인적 관점까지 포함하는 영역이다.
⑦ 심리상담 계획 및 목표(treatment plans and goals)는 심리상담사가 심리상담 상황에서 내담자와 함께 작업하기 위한 노력을 계획하거나 조직하는 방법과 관련된 영역이다.
⑧ 직업적 윤리(professional ethics)는 실무에 대한 전문적인 직업윤리이면서도, 개인적 윤리와도 관련이 있다.

6) 슈퍼바이지 발달의 일반적 지표

슈퍼바이지들은 다양한 영역에서 각 발달수준의 일반적인 지표(general markers)를 보인다.

① 발달수준 1의 심리상담사들은 일반적으로 자기에게 집중하며, 학습동기 수준이 높고, 의존성 수준이 높다.
② 발달수준 2의 심리상담사는 자기 자신에게서 내담자로 초점이 변화하고, 동기 수준은 높아지기도 하고 낮아지기도 하며, 의존성-자율성 간의 갈등을 경험한다.
③ 발달수준 3의 심리상담사는 발달한 자기 및 타인(내담자) 인식 수준을 보이며, 대인관계 사정이 가능하다. 동기부여 수준은 안정적이며, 상대적으로 높기도 하다. 발달수준 3의 심리상담사에게는 상당한 자율성이 허용된다.
④ 발달수준 3i 심리상담사는 관련 영역에서 완전히 기능하며, 발달수준 3i로 이동하는 성장 경험은 수직적 상승은 적고, 영역 전체에 이해를 확산시키고 관련 스키마(schema)들을 연결하는 데 있어 더 수평적이다.

각 영역 내의 발달은 외부(다른 사람)의 입력에 의한 학습뿐만 아니라 스키마타(schemata)의 통합과 연계를 통해 새로운 인식을 창출하는 데 활용된다. 초보 심리상

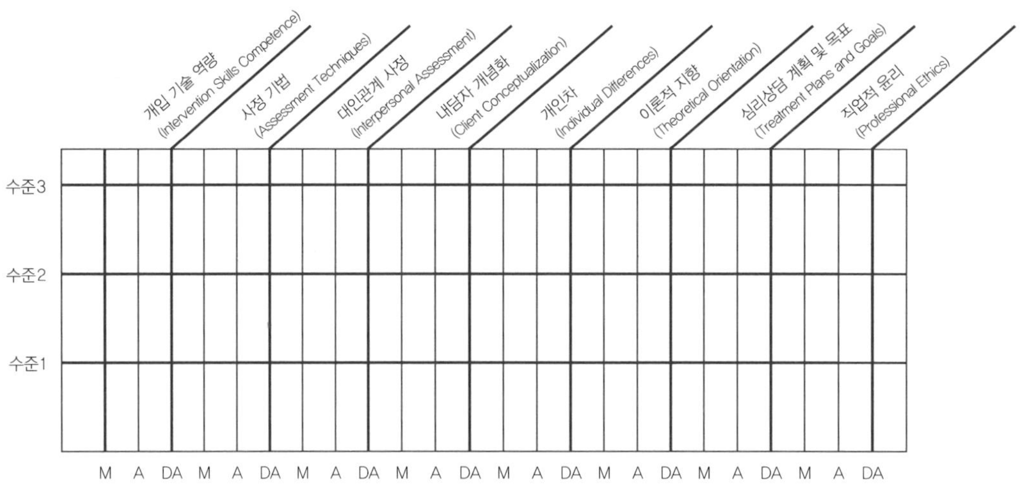

Note: M(motivation) = 동기, A(awareness) = 알아차림, DA(dependency/autonomy) = 의존성/자율성

[그림 9-1] 통합발달 접근의 심리상담사 발달 프로파일

출처: McNeill & Stoltenberg (2016).

담사는 대부분 수준 1에서 기능하며, 슈퍼비전 경험이 많거나 발달 영역과 관련성이 높은 심리상담사일수록 수준 3에서 기능할 것으로 예상한다. 그러나 모든 숙련된 심리상담사가 발달 영역 전체에서 수준 3으로 기능할 것으로 가정하는 것은 오류이다. [그림 9-1]은 Stoltenberg와 McNeil(2010)이 통합발달 접근을 기반으로 제시한 심리상담사 발달 프로파일이다. 슈퍼바이저는 심리상담사의 발달수준을 8가지 영역에서 체크할 수 있다.

7) 슈퍼바이지 사정을 위한 추가자료

슈퍼바이지 발달수준의 정확한 사정(assessment)을 위한 추가자료로 작업 샘플(work samples)과 심리상담사의 피드백을 활용할 수 있다. 슈퍼바이지의 발달수준은 회기 비디오나 오디오 등의 회기 기록물이나 사례보고서와 축어록 등의 서면 작업 샘플을 활용하여 사정한다. 지속적인 사정과 피드백을 위한 맥락(context) 설정을 위해 슈퍼바이저는 슈퍼바이지의 개괄적인 발달 과정과 특정 수준에서의 발달 기술 및 발달 과업을 개념화할 필요가 있으며, 지속적인 피드백을 슈퍼바이지에게 제공해야 한다.

8) 슈퍼비전 환경과 맥락

Stoltenberg와 Delworth(1987)는 슈퍼비전에서 환경(settings)을 설명하는 접근을 처음 제시하였고, Stoltenberg와 McNeill(2010)은 맥락(context)을 고려한 슈퍼비전 접근(Supervision-In-Context model: SIC)으로 정교화하였다. SIC에서는 훈련 기관, 슈퍼바이저, 훈련 프로그램 등이 맥락으로 슈퍼바이지에게 영향을 준다. 슈퍼비전에서 이러한 맥락에서의 영향, 책임, 상호작용을 논할 때 SIC 접근은 유용하다. 슈퍼바이지는 슈퍼비전 환경의 개방성과 구조화 정도 등에도 영향을 받는다. 슈퍼바이지에게 필요한 촉진적 성장발달을 창출하는 슈퍼비전 환경의 제공은 다양한 발달수준의 슈퍼바이지를 위한 최적의 개입을 가능하게 한다.

3. 통합발달 접근의 슈퍼비전 방법

통합발달 접근의 슈퍼비전 방법에서는 각 발달수준의 슈퍼바이지와 작업하기 위한 다양한 개입 유형과 고려 사항을 살펴보고, 각 수준에 따른 발달을 촉진 · 강화하기 위한 슈퍼비전 환경 조성에 대하여 알아본다.

1) 슈퍼비전 개입의 유형

Loganbill, Hardy와 Delworth(1982)는 슈퍼비전 개입 기술을 촉진적(facilitative), 처방적(prescriptive), 개념적(conceptual), 직면적(confrontive), 촉매적(catalytic) 개입으로 유형화하였다. 촉진적 개입은 슈퍼바이지에게 지지를 제공하고 발달을 촉진하기 위한 것으로 칭찬, 시연, 경청, 어떤 형태든 슈퍼바이지에 대한 감사와 배려를 표시하는 형태의 개입이다. 처방적 개입은 내담자의 복지를 위해 구체적인 행동계획을 제시하는 것으로 치료 및 상담 목표와 계획을 제공하거나 슈퍼비전 회기에서 특정 행동을 자제하도록 지시하는 형태를 취할 수 있다. 개념적 개입은 슈퍼바이지가 이론과 실제 사이에서 개념화를 가능하게 하고, 인지적이고 분석적인 사고를 하도록 장려한다. 직면적 개입은 상담 및 치료 기능을 손상시키는 슈퍼바이지의 정서와 행동의 불일치를 강조하며 자기이해와 통찰력을 높이는 데 이용한다. 촉매적 개입은 심리상담사의 알아차림(awareness)을 증진시키기 위해 질문, 조사, 탐구, 문제 제기 등의 기법을 사용한다.

2) 발달수준별 개입

통합발달 접근 슈퍼비전의 기본 원칙 중 하나는 슈퍼바이지의 발달수준에 따라 다른 요구, 문제, 인식에 맞추어 슈퍼비전 환경을 조정하는 것이다. 모든 상황에 일괄적으로 적합한 기술이나 방법이 있는 것은 아니다. 개입 기술이나 방법이 어떤 목적을 위해 얼마나 효과적으로 사용되었는지가 중요하다. 숙련된 슈퍼바이저는 슈퍼바이지의 성장발달을 위해 광범위한 방법을 사용하며, 선택하는 방법들은 가용자원, 현재 상황의 필요 및 요구, 슈퍼바이저와 슈퍼바이지의 개인 속성에 따라 달라진다. 〈표 9-2〉는 McNeill과 Stoltenberg(2016)가 제시한 각 수준의 심리상담사들에게 적용할 수 있는 슈퍼비전 방법과 기법들이다.

① 발달수준 1 심리상담사의 슈퍼바이저는 구조화된 슈퍼비전을 제공하여 슈퍼비전 과정에서 경험하는 불확실성과 불안감을 경감시킬 수 있다. 일관성 있고 기초적인 틀을 제공함으로써 슈퍼바이지의 자신감을 증진할 수 있다. 슈퍼바이저는 슈퍼바이지의 임상 실제와 관련된 인지 도식을 발달시키며, 슈퍼바이지에게 가벼운 호소문제를 지닌 내담자나 유지관리 사례(maintenance case) 내담자를 배정하는 것이 유익할 것이다. 초기 단계에서는 슈퍼바이지가 내담자나 자신에게 일어나는 과정에 대해 무지할 가능성이 크기 때문에 비디오 영상물, 녹음, 축어록 등을 관찰하는 것이 중요하다. 상담 및 치료 관계(therapeutic relationship)와 심리상담사 자질(therapist qualities) 등과 관련된 기술을 훈련해야 한다. 발달수준 1 심리상담사의 적용 가능성을 고려하여 초기에는 한두 가지 이론과 일반적인 공통요인 틀(common factors framework)을 제공하다가 점차 정보와 자원을 확대해 나가는 것이 유용할 것이다. 동일한 발달수준의 동질 집단에는 집단 슈퍼비전이 도움이 된다. 모호함과 명료함, 갈등과 편안함 사이의 균형을 위한 노력이 필요하다. 지나친 모호성, 불안, 불안정은 슈퍼바이지들의 성장발달을 억

표 9-2 심리상담사 발달수준에 따른 슈퍼비전에서 사용되는 방법과 기법

심리상담사 발달수준	슈퍼비전 목표	내담자 배정	개입	방법
1. 초보 심리상담사 (Beginner)	• 구조화된 슈퍼비전 • 불안 관리	• 가벼운 호소문제를 지닌 내담자, 혹은 유지관리 사례 배정	• 촉진적 • 처방적 • 개념적 • 촉매적	• 관찰(비디오, 실연) • 기능 훈련 • 역할극 • 역동 해석(제한적, 내담자/슈퍼바이지) • 읽을거리 • 집단 슈퍼비전 • 모호함과 명료함, 갈등과 편안함 사이 적절한 균형 • 강점과 약점 다루기 • 면밀한 내담자 모니터링
2. 중간 수준 심리상담사 (Intermediate)	• 자율성 장려 (특히 일시적 회귀나 스트레스 기간)	• 더욱 심각한 호소문제를 지닌 내담자 (예, 성격장애 등)	• 촉진적: 과정 정상화 • 처방적: 드물게 사용 • 직면적 • 개념적: 대안적 관점 도입 • 촉매적: 과정 언급, 역설적인 강조, 내담자나 슈퍼바이저에 대한 정의적 반응	• 관찰(비디오, 실연) • 역할극 • 역동 해석 • 병렬과정 • 집단 슈퍼비전
3. 숙련 심리상담사 (Advanced)	• 개인적·직업적 통합과 진로 결정에 초점	• 내담자 유형이나 경험이 적은 문제들과 관련된 이슈 초점은 적어짐 • 다른 문화 배경, 진단적 분류에 초점	• 필요하면 촉진적·직면적 개입 • 개념적: 개인적 지향 • 촉매적: 방해나 정체에 개입	• 동료 슈퍼비전 • 집단 슈퍼비전 • 통합을 위한 노력

출처: McNeill & Stoltenberg (2016).

제하고, 지나친 명료함, 편안함, 자신감은 성장발달을 정체시킬 수 있다. 슈퍼바이저는 슈퍼바이지들의 진보에 대해 지속적으로 피드백을 주어야 한다.

② 발달수준 2의 심리상담사를 대상으로 슈퍼비전을 실시할 때는 슈퍼바이지의 의존성과 자율성의 균형을 위해 지도와 지지를 정교하게 조정하고, 점차 슈퍼바이지의 자율성을 높이며 구조화를 줄여 간다. 지나치게 구조화하거나 지시적이

면 발달수준 2의 슈퍼바이지는 저항할 가능성이 있다. 슈퍼바이지의 저항에 비방어적이고 촉진적으로 대응한다. 발달수준 2 슈퍼바이지는 익숙하지 않은 새로운 개념이나 개입을 본인의 전문성 발달에 도움이 되는 지식이나 기술이라고 생각하기보다는 슈퍼바이저의 선호라고 생각한다. 실제 임상 현장에서는 영역에 따라 발달수준이 혼재되어 있을 수 있다. 슈퍼바이지가 자신감과 독립성을 가지면서도 미발달 기술을 가지고 있기에, 이 수준의 슈퍼바이지에서는 도전적으로 수행해야 하는 어려움이 혼재해 있는 내담자/사례를 배정한다. 촉진적 개입은 모든 발달 단계에서 필요하고, 때때로 적절한 처방적 개입이 필요하다. 성장발달을 강화하기 위해서는 다양한 내담자 이슈에 대응할 수 있는 근거(rationales)를 제시해야 한다. 슈퍼바이저의 개념적 개입은 슈퍼바이지 자신의 개입 계획이나 대안적 개입을 명확하게 하고, 동일한 내담자에게 다른 접근 방식을 소개함으로써 슈퍼바이지의 사례에 대한 이해력을 확장하게 한다. 촉매적 개입은 슈퍼바이지가 내담자의 관점에만 얽매여 있을 때 자각 수준을 높일 수 있다. 슈퍼바이지가 내담자에 대한 감정적 반응(예. 공감, 특이한 감정 반응, 일반적 감정 반응)을 분류하도록 돕고, 내담자 중심에서 내담자와 심리상담사 관계, 내담자의 대인관계에 대한 고려까지 가능하도록 돕는다. 슈퍼바이지는 직면적 개입으로 인해 자율성이 침해된다고 생각하고 방어적으로 반응할 수 있다. 일부 슈퍼바이지는 덜 민감하거나 반응이 적기도 하다. 직면적 개입을 할 경우에는 슈퍼바이지의 반응성에 맞춰서 성장을 촉진시킨다.

③ 발달수준 3/3i 심리상담사는 슈퍼비전에서 얻고자 하는 것이 명확하다. 이들은 슈퍼바이저를 난공불락의 전문가라기보다는 선임 동료로 본다. 이 단계에서도 새로운 환경에 진입할 때는 일시적 회귀에서 이전 수준으로 재정립하도록 개입한다. 촉진적 개입은 여전히 유용하며, 처방적 개입은 거의 사용하지 않지만, 미발달 영역에서는 사용할 수 있다. 직면적 개입도 때때로 유용하다. 촉매적 개입은 방해나 정체에 대응하여 사용한다.

3) 슈퍼비전 구조와 과정

통합발달 접근에서는 슈퍼바이지의 발달수준을 사정하는 것이 중요한 활동이다. 슈퍼바이지가 사례개념화한 사례보고서, 녹음 및 영상 파일, 축어록 등과 슈퍼바이지의 상담 및 수련 경력 일체가 담긴 슈퍼바이지 정보 문서(supervisee information form)를 바탕으로 사정한 후 발달수준에 맞추어 슈퍼비전을 실시한다.

슈퍼비전 세션에서는 슈퍼바이지의 최근 실습에 대한 점검과 평가, 논의가 이루어지고, 슈퍼바이저는 슈퍼바이지의 전문성과 관련된 약점과 강점을 파악한다. 슈퍼비전의 목표는 슈퍼바이지의 적극적 참여와 협력적 슈퍼비전 관계를 형성하고, 슈퍼바이지의 슈퍼비전 요청 영역에 대한 자기평가 및 성찰과 통찰을 촉진하는 것이다.

슈퍼비전의 과정은 도입 단계에서는 주로 지지적인 진술 형태의 촉진적 개입을 통해 긍정적인 슈퍼비전 관계를 구축한다. 구체적으로 안부 등의 인사 후에 슈퍼바이지가 경험해 온 내담자 특성(나이, 종교, 인종, 문제 유형, 진단명 등) 및 수련 시간을 파악하고, 슈퍼바이지의 학력, 수련 경력을 토대로 발달수준을 확인하고, 슈퍼바이지 스스로 약점과 강점 평가를 통한 자기인식을 촉진한다.

슈퍼비전 단계는 크게 사례개념화 및 개입과 내담자 이해, 두 가지 측면에서 다룬다. 사례개념화 및 개입 관련해서는 슈퍼바이지가 경험하는 개인적 성장과 전문적 성장 사이의 갈등 양상이 나타난다. 슈퍼바이지의 발달, 성장과 관련하여 치료적 경험을 탐색하고, 슈퍼비전 목적과 슈퍼바이지의 기대, 욕구를 논의하고 구체화한다. 상담장면에서 나타났던 슈퍼바이지의 개인적 전이 반응을 검토하고 치료적 개입의 적절성을 검토한다. 즉, 전이나 갈등요인 같은 슈퍼바이지의 내면화된 고정관념을 인식하고, 슈퍼바이지가 이론적 배경을 바탕으로 적절한 개입 방안을 공식화하는지 슈퍼비전한다. 내담자의 이해 관련하여서는 DSM-5, ICD-10 등 국제적 분류 및 진단 기준을 참조하고 슈퍼바이지의 내담자 개념화 및 진술, 그리고 내담자와의 회기 기록을 함께 살펴보며 진단 가능성을 검토한다.

슈퍼비전 사례

슈퍼바이저와 슈퍼바이지는 슈퍼바이지 정보를 통해 파악된 과거 경험과 최근 실습 경험에 대한 점검과 평가를 논의하며 첫 회기를 시작한다. 슈퍼바이지의 발달수준에 대한 평가의 목적으로 슈퍼바이저는 슈퍼바이지에게 심리상담사로서의 강점과 약점을 설명해 달라고 하였다. 슈퍼바이저는 두 가지 목표를 염두에 두고 있는데, 첫째, 슈퍼바이지가 스스로 요청하고 있는 슈퍼비전 영역에 대해 정보를 제공함으로써 평가에 함께 참여하기를 원했다. 둘째, 슈퍼바이지의 발달수준에 대한 평가를 바탕으로 슈퍼바이지 스스로 자신의 강점과 약점에 대해 통찰하고 성찰할 수 있는 감각을 기를 수 있기를 원했다.

… (도입 생략) …

슈퍼바이저: 당신은 한 해 동안 첫 번째 박사과정을 밟아 왔지요. 하지만 그 이전에 이미 당신이 수많은 임상 경력을 쌓아 왔다는 것을 알아요. 여기 내가 가지고 있는 당신의 슈퍼비전 사례보고서를 보면, 이미 4년 동안 대략 500시간 정도의 심리상담 경험이 있네요…. 자 그럼, 당신이 이제껏 심리상담해왔던 내담자들의 인구학적 특징들을 이야기해 주시겠어요? 나이, 종교, 인종 배경, 다양한 유형의 문제들, 진단명 등등이요.

슈퍼바이지: (대답한다)

슈퍼바이저: 제 생각에 당신과 비슷한 수준의 발달 단계에 있는 집단 내에서 당신은 분명 더 다양하고 좋은 경험들을 많이 가지고 있다고 생각해요. … (중략) … 심리상담사로서 당신의 강점과 약점을 스스로 평가해 주셨으면 합니다. 그리고 스스로 개선이 필요하다고 생각되는 영역도 말씀해 주세요.

슈퍼바이지: 네, 저는 통합발달 접근(IDM)에서 발달수준 2 정도인 것 같습니다. 다양한 개입 기술을 내담자에 맞춰 활용하려고 합니다. … (중략) … 제가 말하고 싶은 저의 성장 영역(약점)은 제가 배운 IBT(Interactive Behavioral Therapy) 틀에서 사례개념화한다고 말하지만, 사실 전 지금 IBT 관점에서 사례개념화하고 개입하는 데 강하지 않은 것 같아요. … (중략) …

슈퍼바이저: 당신이 개선이 필요한 영역에 대해서 명확하게 설명해 주었다고 생각해요. 강점은 어떤가요?

슈퍼바이지: 저는 제가 정말 체계적이고, 과정에 대해서도 많이 생각하고, 회기 사이에 내담자에 대해서도 정말 많이 생각해요. 그리고 전 심리상담사로서 성장

하고 발전하는 것에 대해 정말 열정적이고요. 그리고 아시다시피, 때때로 피드백을 받아들인다는 게 어렵긴 하지만, 긍정적인 성장을 위해서 피드백들을 활용하는 것에 대해서는 꽤 솔직한 편이라고 생각해요.

슈퍼바이저: 좋습니다! 자신의 약점이 무엇인가에 대해 과하게 집중하지만 않는다면, 약점이 무엇인지에 대해 잘 아는 것은 매우 중요하죠. 누구나 개선할 부분들은 가지고 있으니까요.

슈퍼바이저는 개입 기술 역량, 대인관계 사정, 개인차, 치료 계획 및 목표, 직업적 윤리 영역에서 동기, 의존성-자율성, 알아차림에 대해서는 발달수준 2에 해당하는 심리상담사로 평가하였다. 사정 기법, 내담자 개념화, 이론적 지향의 영역에서는 동기와 알아차림은 2 수준으로, 의존성-자율성과 관련해서는 1 수준으로 보았다. 슈퍼바이저는 슈퍼바이지를 고급 2 수준의 슈퍼바이지로 평가하였으며, 이번 회기에서 높은 수준의 지지를 제공하면서 ROA(reflection-on action)를 촉진하며, 개념적(conceptual), 직면적(confrontive), 촉매적(catalytic) 개입을 혼합적으로 사용하며, 덜 구조화되며, 더 자율성이 부여된 적절한 슈퍼비전 환경을 제공하려고 하였다.

출처: McNeill & Stoltenberg (2016)의 슈퍼비전 회기 축어록 중 일부 발췌하여 재구성.

4. 통합발달 접근의 슈퍼비전에서 다루는 주된 이슈

슈퍼비전 내 갈등은 슈퍼바이저 또는 슈퍼바이지의 방어, 저항, 성격 차이, 어려움, 기술 부족 등의 형태로 나타날 수 있다. 슈퍼바이저의 슈퍼비전 접근에 따라 다양하게 발생하는 보편적 문제들은 비협조적이거나 어려움을 가진 슈퍼바이지와의 슈퍼비전 관계 악화와 슈퍼비전 내 충돌과 분열로 이어질 수 있다. 다음에서는 통합발달 접근 맥락에서 슈퍼비전 관계 내 권력, 부정적인 피드백과 같은 평가, 다문화 이슈, 법률 및 윤리적 문제 등을 어떻게 처리하는지 살펴보았다.

1) 슈퍼비전에서 발생하는 어려운 이슈들

통합발달 접근 관점에서는 슈퍼비전 내 갈등을 일반적인 심리상담사의 발달 과정으로 개념화하고 있으며, 특정 유형의 갈등이 발달수준에 따라 다르게 나타난다고 본다. 슈퍼비전 내 갈등의 가능성을 줄이기 위한 슈퍼바이저의 전문성은 슈퍼바이지에 대한 정확한 사정 및 평가, 적절한 슈퍼비전 환경 조성 및 제공, 지속적인 피드백 제공, 슈퍼비전 관계 준수를 통해 드러난다. 슈퍼바이저가 슈퍼비전에서 당면할 수 있는 어려움을 다룰 때는 내담자 이익을 최우선으로 해야 한다. 발달수준 1의 슈퍼바이지에게는 슈퍼바이저의 권위적 개입이 요구되는 부분이 많으므로 부정적으로 해석될 수도 있다. 그러나 슈퍼바이저는 임상적 경험이 거의 없는 초보 슈퍼바이지에게 구체적인 방법과 예시를 제공함으로써 조언을 제공하는 전문가 역할을 수행해야 한다. 발달수준 2와 발달수준 3 슈퍼바이지에게는 알아차림 과정을 깨달을 수 있도록, 발달수준에 맞는 개념적 · 촉진적 개입을 해야 한다.

Worthen과 McNeill(1996)의 연구에 따르면, 실제로 발달수준 2와 발달수준 3에 있는 슈퍼바이지들은 자신의 상담 · 치료적 개입 능력에 대해 취약함과 사기 저하를 경험한다. 따라서 슈퍼바이저는 슈퍼바이지가 경험하는 역경에 대하여 지속적인 발달 과정의 일부분으로 지각할 수 있도록 일반화를 도와야 한다. 중급 및 상급 슈퍼바이지는 공통으로 자신감 저하를 경험하기도 한다. 따라서 슈퍼바이저는 슈퍼바이지의 실험과 탐구를 격려할 수 있는 공감, 비판단적 태도, 인정 등을 제공하여 슈퍼바이지의 자신감을 강화한다. 이는 결과적으로 슈퍼비전 내 슈퍼바이지의 방어를 줄이게 되며, 통찰력을 증진하고, 사례개념화 및 개입 능력의 향상, 긍정적인 기대, 슈퍼비전 관계 내 동맹 강화, 만족감 경험 등 긍정적인 효과가 있게 한다. 통찰력과 알아차림의 수준이 점차 높아짐에 따라 슈퍼바이지들은 개방성을 나타내며, 당면한 문제를 더욱 쉽게 인정하고 직면하는 것을 선호하며, 명시적인 평가에 대한 거부감과 가치 있는 슈퍼비전에 대한 욕구를 표현한다. 슈퍼바이저의 역량에 따라 슈퍼바이지들은 슈퍼비전 내에서 갈등 상황이 생산적인 학습으로 전환되는 경험을 하며, 전문성을 키우고자 하는 추진력을 강화한다.

Nelson 등(2008)과 Grant, Schofield와 Crawford(2012)의 질적 연구에서는 슈퍼비전 맥락과 슈퍼비전 관계에서 숙련된 슈퍼바이저의 관점과 어떻게 갈등을 다루는지 살펴보았다. 숙련된 슈퍼바이저들은 어려움을 규명 · 검증 · 정상화하며, 갈등을 처리한다. 슈퍼바이지의 발달과 관계 요구에 적절히 대응하고, 지원을 제공하고, 잠재적인 어려움을 예측한다. 병렬과정(parallel process)을 탐색하고, 슈퍼바이저와 슈퍼바이지의 성찰(reflectivity)을 촉진하며, 슈퍼비전에 대한 슈퍼비전 및 자문을 구한다. 이러한 연구 결과는 갈등, 특히 권력, 평가 및 부정적인 피드백 문제를 다루는 데 중요한 의미가 있다. 이러한 문제를 처리할 때 슈퍼바이저는 다음과 같은 것들을 고려해 볼 수 있다.

- 슈퍼바이지의 발달수준에 대한 평가(시간에 따른 변화 여부, 재평가의 필요성)
- 슈퍼바이지의 발달수준에 적합하고 촉진적인 슈퍼비전 환경을 제공하고 있는지(수정 및 보완 필요성의 검토)
- 슈퍼비전 관계에서 현재 상태 검토(슈퍼바이저가 더 많은 권력을 가지고 있으므로 보다 적극적으로 슈퍼비전 관계를 탐색해야 하며, 그에 따른 책임을 갖는다)
- 내담자 복지와 관련하여 최우선으로 고려해야 하는 부분

2) 다문화 이슈

슈퍼바이저는 성, 민족성, 사회경제적 지위 및 문화적 배경과 관련된 개인차 영역 전반에 걸친 슈퍼바이지의 발달을 추적 관찰해야 한다. 이에는 성별(gender), 성 정체성(gender identity), 문화, 민족성(ethnicity), 인종(race), 나이, 가족 배경, 종교적 신념, 성적 지향 등 개별적인 내담자의 특성과 이러한 변인들이 심리상담 과정, 심리상담 관계, 그리고 심리상담 결과에 미치는 영향을 모두 포함한다.

① 발달수준 1에서 슈퍼바이지의 문화적 배경은 배정된 내담자를 이해하는 바탕이 된다. 많은 슈퍼바이지는 다문화적 차이의 중요성을 인정하지 않고, 대부분 내담자와 비슷한 세계관을 공유하고 있다고 가정한다. 반면, 다문화적 측면과 개인차에 대해 배우려는 동기 수준이 높은 슈퍼바이지들도 있다. 이들은 다문화 교육과정에서 배운 것을 상담 장면에서 적용하려고 시도하기도 하고, 보통 긍정적이긴 하지만 상당히 경직된 고정관념들을 적용하기도 한다. 다양한 내담자 유형의 개인상담 및 집단상담 사례를 경험함으로써 이러한 경직성에 도전하게 된다.

② 발달수준 2에서는 다문화 이슈 인식과 관련해서, 사회문화 및 환경 변수가 행동에 미치는 영향과 다양한 내담자와 작업할 때 기존 상담 양식의 한계를 더욱 쉽

게 인정한다. 그래서 문화차와 개인차에 대해 더 큰 개방성과 관심이 있으며, 다양성이 상담 과정에 미치는 영향을 이해하고자 노력한다. 그러나 여전히 모든 개인에게 적용될 수 있다고 믿는 일반적인 문화 특성과 내담자 독특성 사이에서 혼란과 과중한 부담을 느끼기도 한다. 이러한 과정은 발달수준 2 슈퍼바이지들의 특성이자 필연적인 단계이다. 하지만 발달수준 2에서 중요하고 생산적인 작업은 바로 이 영역에서 일어난다. 즉, 해당 발달수준의 슈퍼바이지는 자신이 겪는 갈등을 스스로 이해하고 해결하기 위하여 지식 등을 쌓고자 노력하는 과정에서 발전할 수 있다.

③ 발달수준 3의 슈퍼바이지들은 개인의 특성 및 환경이 개인에 미치는 영향력에 대한 이해를 발전시켜 나간다. 고정관념은 점차 다양한 요소들이 개별 내담자의 행동과 발달에 미치는 영향에 관한 폭넓은 지식으로 대체된다. 상황이나 맥락이 진단과 심리상담 및 치료를 어떻게 변화시키는지 이해할 수 있게 되며, 관찰된 내담자의 행동에 대해 하나 이상의 해석을 가지고 자신의 문화적 가설을 검증하기 위한 임상 데이터를 수집한다. 이러한 영역에서 고군분투한다는 것은 슈퍼바이저와 개방적으로 논의하고 성장 지향적 태도로 주의를 기울일 만큼 자기인식 수준이 높다는 것이다.

3) 다양한 심리상담사와의 슈퍼비전 관계

다양한 배경과 관계없이 모든 슈퍼바이지는 문화적으로 즉각적인 반응의 슈퍼비전을 받을 때 지지를 받고 있다고 느끼며, 이는 슈퍼비전 관계 및 내담자의 예후에 긍정적인 영향을 미치고, 슈퍼비전에 대한 만족감을 증진시킨다. 슈퍼바이저는 슈퍼비전 관계에서 슈퍼바이지의 힘이 부족하다는 것을 인정해야 한다. 다양한 배경을 가진 슈퍼바이지의 요구를 해결하기 위해서 슈퍼바이저는 슈퍼바이지의 개인적 · 전문적 발달수준을 고려하여 공개적으로 처리하고, 슈퍼비전 관계 및 환경을 조성하는 데 책임과 의무를 갖는다. 학교나 실무 현장 등 슈퍼비전 이외에서도 존재하는 편견이나 차별을 해소하기 위해 슈퍼바이지의 입장에서 옹호할 필요가 있다. 전통 상담 이론에 영향을 미치고 있는 문화 배경에 대한 이해, 다문화 이론, 다문화 역량 및 개입, 다문화 임상 슈퍼비전 관련 역량에 대해서도 인식해야 한다.

4) 법적 · 윤리적 문제

상담 윤리와 법은 임상 실제 영역 중 중요한 고려 사항이다. 심리상담사의 발달수준에 따라 직업윤리와 개인윤리의 관계 이해, 윤리강령이 슈퍼바이지의 작업에 미치는 영향에 대해 특히 관심을 둔다.

① 발달수준 1의 심리상담사는 관련 윤리강령과 실천기준을 알고는 있지만, 개인적 · 전문적 가치 및 정체성을 통합하는 데 필요한 경험이 부족하다. 슈퍼바이지의 모든 윤리적 이슈 및 내담자의 복지와 관련해 슈퍼바이저는 법적 책임을 지게 될 수 있다. 따라서 지속적으로 모니터링하고, 윤리지침을 교육하며, 윤리적 문제들을 보고할 수 있도록 환경을 조성하고 장려함으로써 잠재적 윤리 갈등을 지속적으로 경계해야 한다.

② 발달수준 2의 심리상담사는 내담자, 치료자, 슈퍼바이저의 복지가 위협받는 상황에서 내담자의 복지에 중점을 두게 된다. 윤리적 고려에 있어 예외적 사항이 있을 수 있다. 제한적인 부분에 있어 이의를 제기할 수도 있다. 이때 슈퍼바이저는 슈퍼바이지의 도전을 견뎌낼 수 있어야 하고, 슈퍼바이지의 잠재적인 윤리적, 법적 문제와 윤리강령의 이행을 지속적으로 면밀히 모니터링하면서 윤리적 의사결정에 있어 어느 정도의 자율성을 제공한다. 또한 발달수준 2의 슈퍼바이지는 내담자와의 관계맥락 안에서 지나친 동일시나 과대한 수용적 성향으로 자신과 내담자 문제 사이에 경계가 모호해지면서 소진이 올 수 있다. 이 지점에서 슈퍼바이저는 슈퍼바이지의 적절한 자기 돌봄을 장려해야 한다.

③ 발달수준 3의 심리상담사는 개인의 권리와 직업적 책임에 대한 폭넓은 관점을 반영하여 점차 윤리적 규범과 의사결정에 있어 빈틈없는 지식과 복합적인 이해가 가능해진다. 이를 바탕으로 새롭거나 낯선 상황에서 언제 조언을 요청하고 슈퍼비전을 받아야 하는지를 안다. 이 과정에서 슈퍼바이지는 임상적으로 보지 못하는 부분이 생기기도 하는데, 슈퍼바이저는 이러한 슈퍼바이지의 임상적 사각지대를 다루어야 한다.

슈퍼바이저의 윤리적 위반은 슈퍼바이지, 슈퍼비전 관계, 윤리강령에 대한 슈퍼바이지 이해 증진에 부정적 영향을 준다. 슈퍼바이저의 행동은 모든 발달수준의 슈퍼바이지에게 모델 역할이 되기 때문에 윤리적 고려는 슈퍼바이저의 핵심적 자질 중 하나이기도 하다.

5. 통합발달 접근의 슈퍼비전에 대한 평가

1) 슈퍼비전에 대한 평가

통합발달 접근은 발달심리학의 이론과 가정(假定)에서 영향을 받아 형성된 발달적 접근의 슈퍼비전 중 가장 많이 활용되는 접근이다. 슈퍼바이지가 전문가로 발달해 나가는 단계를 4가지 수준으로 나누고, 각 단계에서 슈퍼바이지의 발달수준을 평가하는 준거 개념을 동기, 자율성, 자신/타인 알아차림의 3가지 구조로 제시하였다. 발달수준에 따른 구조를 개입 기술 역량, 사정 기법, 대인관계 사정, 내담자 개념화, 개인차, 이론적 지향, 심리상담 계획 및 목표, 직업적 윤리의 8가지의 임상 실제 영역에서 사정하여, 슈퍼바이지의 발달수준에 따라 슈퍼비전 관계 설정 및 슈퍼비전 방향을 조정하여 각 단계에 최적의 슈퍼비전을 제공한다는 것이다.

이러한 통합발달 접근에 대한 긍정적 측면을 살펴보면 다음과 같다. 첫째, 슈퍼바이저가 슈퍼바이지의 성장과 발달을 최적으로 촉진하는 개입 형태와 슈퍼비전 관계의 성격을 규명하는 지침을 제공할 수 있다. 둘째, 슈퍼바이지 개인별 맞춤 슈퍼비전을 가능하게 한다. 셋째, 다양한 이론적 배경을 가진 슈퍼바이저들이 공통으로 사용할 수 있는 범이론적 접근이 가능한 슈퍼비전 접근이다. 넷째, 유능한 심리상담사로 발달하여 가는 과정에 대한 개념적 틀을 구조적으로 보여 준다.

이러한 통합발달 접근의 긍정적인 평가와 더불어 고려해 보아야 할 사항은 다음과 같다. 첫째, 슈퍼바이지의 발달을 측정하기 위해 사정 및 평가가 이루어져야 하는데, 평가자의 평가 기준과 방법에 따라 발달평가 결과가 달라질 가능성이 있다. 둘째, 슈퍼비전 구조와 영역에서 다른 준거 개념이나 요인이 있을 수 있다. 셋째, 슈퍼비전은 슈퍼비전 관계를 기반으로 형성되기에, 슈퍼바이저의 발달수준이 슈퍼비전에 미치는 영향에 대한 고려와 반영이 필요하다. 넷째, 다문화적인 맥락과 다양성을 배제해서는 안 될 것이다.

2) 연구 및 향후 방향

통합발달 접근과 심리상담사 발달에 관한 실증·경험 연구는 현재까지 가장 많이 수행되고 있다(McNeill & Stoltenberg, 2016). 슈퍼비전 영역에서 발달과 관련된 연구들은 공통으로 일반적인 발달 접근에 기반하고 있다. 그러나 일부 연구자들은 연구방법론적으로 문제를 제기하며, 실증 연구의 보강을 제언하며 비판하기도 한다. 후속 연구 및 향후 방향으로서 슈퍼바이저의 발달수준과 상호작용하는 다른 준거 개념이나 요인이 반영된 입체적 매트릭스가 제시되기를 기대해 본다. 또한 발달수준과 과정에 따른 종단적 연구가 후속될 필요가 있다. 슈퍼비전 접근과 이론 접근에는 실제적 측면, 즉 슈퍼비전 실제를 위한 세미나와 워크숍을 통해 슈퍼바이저 훈련도 활발히 이루어져야 한다. 마지막으로 일반적인 발달 접근에 기반하는 것뿐만 아니라 한국 문화와 한국 슈퍼비전 맥락이 반영된 문화 특수적 적용도 필요하다.

제 10 장

통합적 접근의 심리상담을 위한 슈퍼비전

1. 통합적 접근의 슈퍼비전 개요
2. 통합적 접근의 슈퍼비전 핵심 원리와 기술
3. 통합적 접근의 슈퍼비전 방법
4. 통합적 접근의 슈퍼비전에서 다루는 주된 이슈
5. 통합적 접근의 슈퍼비전에 대한 평가

이 장에서는 『Supervision Essentials for Integrative Psychotherapy』(Norcross & Popple, 2017)의 내용을 중심으로 통합적 접근의 심리상담을 위한 슈퍼비전에 대하여 다루었다. 먼저 통합적 접근의 슈퍼비전은 내담자의 복지에 도움이 될 수 있는 각 이론적 접근을 사례별로 통합하여 적용하는 접근법이다. 이에 통합적 접근의 역사적 배경을 살펴보고, 주요 학자들에 대해서도 알아보고자 한다. 이후 내담자에 따라 개별 맞춤식으로 적용되는 통합적 접근의 슈퍼비전 핵심 원리 및 기술에 대하여 살펴보고, 슈퍼바이지의 특정한 요구와 상황에 맞는 슈퍼비전에 어떻게 접근하는지에 대하여 다루었다. 이와 더불어 통합적 접근의 슈퍼비전에서 다루는 주된 이슈와 통합적 접근의 슈퍼비전에 대하여 평가했다. 통합적 접근의 슈퍼비전은 개별 내담자에게 필요한 심리상담을 위하여 슈퍼바이지가 각 이론적 접근의 효용성과 유능성을 충분히 활용할 수 있도록 돕는다. 따라서 이 통합적 접근은 특정 단일 이론보다 접근하기가 어려울 수도 있으나, 심리상담의 임상 현장에서 심리상담 전문가들이 가장 선호하거나, 시행하고 있는 접근법으로 확장되고 있다.

1. 통합적 접근의 슈퍼비전 개요

통합적 접근의 슈퍼비전은 먼저 통합적 접근을 심리상담에 접목해 왔던 통합적 접근에서부터 유래를 찾아볼 수 있다. 특히 한국에서는 Corey(2004, 2012, 2016)가 상담이론에서 절충적, 통합적 접근을 강조하는 것이 소개되면서 더 많이 알려지기도 하였다. 이런 흐름 속에서 심리상담사들은 이론에 맞추어진 내담자가 있기보다는 이 내담자를 가장 적절하게 돕기 위한 다양한 이론적 접근이 필요하다는 것에 관심을 기울이게 되었다. 이에 내담자에게 필요한 다양한 이론을 통합하여 적용할 수 있는 통합적 접근은 매우 유용하다. 김춘경 등(2016)의 상담학 사전에서 통합적 슈퍼비전에 대한 정리를 보면 다음과 같다. "통합적 슈퍼비전은 슈퍼비전의 수행에서 가장 빈번하게 사용되는 형태로, 통합적 슈퍼비전을 위한 방법은 매우 다양하지만, 가장 일반적으로는 기법절충과 이론통합으로 나누고 있다. 기법절충이란 다양한 심리상담 접근의 이론적 견해 차이에 집중하지 않고, 다양한 기법을 내담자에 따라서 맞춤형으로 사용하는 것을 의미한다. 또한 이론통합은 단순히 기법을 가져다가 적용하는 것을 넘어서, 통합을 위한 새로운 개념이나 이론을 만드는 것이다."

통합적 접근의 슈퍼비전 특징은 먼저 다양한 이론적 전통에 맞추어 조정된 슈퍼비전의 방법과 개념들을 반영하여 통합한다는 것과 증거를 기반으로 하는 연구들을 바탕으로 슈퍼바이지의 특성에 맞춘 슈퍼비전을 실시한다는 것이다. 슈퍼비전의 효용성은 슈퍼바이지로부터 요청되는 피드백을 받아서 적용한다는 점과, 단일 이론을 적용하는 슈퍼비전보다 통합 자체의 실용적인 유연성과 가능성을 추구한다는 점이다. 슈퍼비전은 기본적으로 복잡하고 어려운 전문 작업이다. 더구나 통합적으로 접근하는 것은 슈퍼바이저와 슈퍼바이지에게 단일 학파의 슈퍼비전보다 더 많은 것을 요구한다. 통합적 접근의 슈퍼비전은 유능한 심리상담사의 양성과 내담자에게 더 나은 심리상담 서비스를 제공해야 한다는 것과 특히 슈퍼바이지가 통합적 심리상담을 적극적으로 수련하여 개별 내담자들의 요구에 맞게 심리상담에 적용하는 것에 도움이 되는 것에 주안점을 두고 있다. 따라서 통합적 접근은 슈퍼바이저나 슈퍼바이지에게 도전적인 과업이 되기도 하지만, 한편으로는 효과적인 심리상담을 위한 슈퍼비전 접근으로서 단일 체계 이론적 접근의 슈퍼비전보다는 권장되는 접근법이기도 하다. 한국에서는 Corey(2004, 2012, 2016)의 저서들을 통하여 심리상담에서의 통합적 접근이 소개되었기에, 이를 통하여 상담이론을 접한 심리상담사들은 심리상담에서의 통합적 접근이 낯설지 않다. 이에 이 장에서는 주로 슈퍼비전에서의 통합적 접근을 대표적으로 연구해 온 Norcross와 Popple(2022)를 중심으로 통합적 접근의 슈퍼비전을 소개하였다.

1) 역사적 배경

심리상담 및 슈퍼비전의 접근에는 매우 다양한 이론이 있다. 그러나 모든 심리상담 전문가가 이 이론들을 다 능숙하게 배울 수도 없고, 또 실제 임상 현장에서 각 내담자에게 유용한 이론을 찾아서 적용하는 것 또한 결코 쉬운 일이 아니다. 이러한 배경으로 볼 때, 통합적 접근은 많은 심리상담 전문가들이 오랜 세월 동안 고민해 온 과정이라고 할 수 있다. 통합적 접근이 심리상담에 적용된 역사적 배경을 살펴보면 다음과 같다. 먼저 철학에서의 통합적 접근은 3세기로 거슬러 올라갈 수 있지만, 심리상담에서는 Freud로부터 언급할 수 있다. 그는 1919년 일부 사람들만이 사용하는 접근의 보편적 적용 가능성에 의문을 품고, 정신분석의 대안을 연구하였다. 심리상담에 관한 통합적 연구들은 1930년대에 등장한다(Norcross & Popple, 2022에서 재인용). French(1933)는 1932년 APA 회의에서 Freud와 Pavlov의 유사점들을 도출하기도 했다. 그러나 이 시기에는 주로 이론적 관점에서의 유사점과 공통점들에 관한 이론적 연구에 머물러 있었다. 1950~1960년대에는 Frederick과 Lazarus에 의해 시도되었는데, 이들은 절충주의의 시조로 평가받고 있다. 특히 Lazarus의 다중양식치료(Multimodal therapy)는 그 시기에 심리상담 전문가들에게는 매우 인기가 높은 접근이었다(Norcross & Popple, 2022에서 재인용).

1970년대 후반에 Wachtel은 『Psychoanalysis and Behavior Therapy: Toward an Integration(1977)』을 저술하였고, Prochaska와 DiClemente는 『Systems of Psychotherapy: Transtheoretical Analysis』(1979)를 출판하면서 초(超) 이론적 분석을 소개하였다. 이 연구는 일반적인 초 이론적 접근과 변화 단계에 대하여 광범위하게 분석된 통합적 심리상담에 관한 연구로 꼽힌다. 이후 통합적 접근에 관한 연구들은 1980년대부터 현재까지 활발하게 진행되고 있다(Norcross & Popple, 2022에서 재인용). 1980년대 이후로는 Beutler 등(1987)을 비롯하여 Norcross(1988)과 Norcross 등(1986)의 연구들에서 주로 다루어지고 있다.

따라서 1980년대 초반 이후는 이러한 이론들을 통합하여 효과적인 심리상담을 개발하는 것이 주된 연구였다. 이에 통합적 모형을 개발하려는 '심리치료통합회(The Society for the Exploration of Psychotherapy Integration)'가 1983년 결성되기도 하였다. 이 통합적 접근에 대한 임상적 증거들은 Beutler & Harwood(2000)와 Norcross(2011)에서 다루어지고 있다(Norcross & Popple, 2022에서 재인용). Norcross와 Popple은 『Supervision Essentials for Integrative Psychotherapy』(2017)을 통하여 통합적 접근의 슈퍼비전의 핵심들을 정리하였다.

2) 주요 학자

(1) John C. Norcross

통합적 슈퍼비전의 대가로서 Norcross는 북동부지역 도시 출신의 아버지와 Smoky

Mountains 시골 지역의 어머니 사이에 태어났다. 부모님들의 문화적 배경은 유대인과 비유대인 그리고 화이트칼라와 블루칼라의 문화로 Norcross는 태어나면서 다양한 문화적 배경 속에서 자라났다. 교육적 배경으로는 유대인을 위한 어린이집과 유치원을 다녔지만, 초·중·고등학교는 루터교 재단의 학교에 다녔고, 대학은 Dutch Reform 대학을 다녔으며, 대학원 과정은 주립대학교에서 수학했다. Rutgers 대학에서는 절충주의의 시조인 Arnie Lazarus를 만났다. Rhode Island 대학(URI)에서 임상심리학 박사과정을 통하여 통합적인 접근에 확고한 초석을 다졌다. 현재는 Scranton 대학의 심리학 석좌교수이며, Psychiatry at State University of New York Upstate Medical University의 겸임교수이자 임상심리학자로 활동하고 있다. Norcross는 공동저자 Popple와 더불어 『Supervision Essentials for Integrative Psychotherapy』(2017)을 집필하였다. 이는 양명숙과 천세영에 의하여 2022년 한국어로 번역되어 출간되었다.

(2) Leah M. Popple

Norcross와 공동 연구자로서의 Popple은 4남매 중에 둘째로 태어났으며, 노동 계급의 부모 밑에서 태어났다. 가톨릭 초등학교, 공립고등학교, 그리고 Pennsylvania 주립대학교를 졸업하였다. Popple은 집안에서 최초로 대학을 졸업한 인물이자, Pennsylvania 주립대학교를 우수한 성적으로 졸업하였다. 이후 Marywood 대학에서 임상심리학으로 석사와 박사를 졸업하였고, 예수회 대학에서 교수로 재직하고 있다.

Popple은 Norcross에게 슈퍼바이지로서의 훈련을 받았고, Norcross와 공동저서로 『Supervision Essentials for Integrative Psychotherapy』(2017)을 집필하였고, 이는 한국어로 번역(양명숙, 천세영, 2022)되어 출간되었다.

2. 통합적 접근의 슈퍼비전 핵심 원리 및 기술

통합적 접근의 슈퍼비전은 슈퍼바이지의 임상 기술을 향상하고, 내담자의 복지 증진을 위하여 슈퍼바이지에게 맞춤식의 슈퍼비전을 제공한다. 이를 위하여 다양한 이론적 접근과 증거를 기반으로 축적된 연구 결과들을 활용하기에 의도적으로 병렬과정이 수반된다. 슈퍼비전에서의 병렬과정이란 슈퍼바이저는 먼저 슈퍼비전을 슈퍼바이지에게 맞춤화하고, 이와 같은 방법으로 슈퍼바이지는 자신들의 개별 내담자들의 특징에 맞게 그들의 다양한 요구에 맞춤화하는 과정을 의미한다. 따라서 통합적 접근의 슈퍼비전은 슈퍼바이지가 통합적으로, 즉 개방적이고 창의적이며 종합적으로 사고하고 행동하도록 조력하는 것이다.

1) 슈퍼비전의 목표

(1) 목표

먼저 APA(2015)의 지침에 의한 슈퍼비전의 정의는 "슈퍼바이지의 전문적 역량과 과학 및 정보에 기반하여 실제를 향상하고, 제공되는 서비스의 질을 모니터링하고, 대중을 보호하며, 심리상담계의 문지기 역할을 하는 것"으로 규정하고 있다. 이러한 APA의 규정에 입각한 통합적 접근의 심리상담을 위한 슈퍼비전의 목표는 임상 서비스의 효과를 증가시키는 방법으로 통합적으로 생각하고 실행할 수 있는 심리상담사로 성장시키는 것이다. 이를 위하여 4가지 관점에서의 목표를 살펴보면 다음과 같다.

① 단일 이론 체계 능력 증진 및 체계적 의뢰하기

슈퍼바이저는 슈퍼바이지가 단일 심리상담 이론적 접근의 체계에서 충분히 능력을 발휘할 수 있도록 훈련을 하고, 이를 통하여 슈퍼바이지가 내담자들의 문제를 위해 다양한 다른 접근들도 적용할 수 있도록 이론적 경계를 확장해 준다. 임상 현장에서 보면, 어떤 내담자들은 단일 이론 체계의 접근에서 임상적 효과가 있을 수 있지만 그렇지 못한 내담자도 있다. 통합적 접근의 슈퍼바이저 역할은 다른 이론적 접근 방식에 더 적합한 내담자에게, 슈퍼바이지가 자신들이 선호하거나 익숙한 단일 이론 체계를 조정하여, 어떻게 접근할 것인가에 대해 훈련하는 것이다. 편협한 단일 이론의 신봉자들은 그들이 지향하는 이론이 모든 내담자의 문제에 적합한 최적의 해결책이 된다고 확신을 하기도 한다. 이러한 심리상담사들의 편협함은 그 개인의 문제를 넘어 임상적이고 윤리적인 딜레마를 초래할 수 있다. 심리상담사들의 편협함은 그대로 그들의 내담자들에게 적용될 가능성이 크기 때문에 궁극적으로 내담자들의 복지를 저해할 가능성이 크다.

따라서 단일 체계의 이론에 익숙한 심리상담사들, 즉 슈퍼바이지는 그들의 한계를 인식하여 다양한 이론적 접근을 배우고, 이를 적절하게 내담자에게 적용할 수 있는 능력을 함양시켜야 한다.

② 통합의 실제

심리상담사로 수련 중인 일부 슈퍼바이지는 그들이 신봉하는 단일 체계의 이론에 익숙해져 있기에 다른 이론적 접근들과 통합시키는 훈련은 결코 쉬운 일이 아니다. 그러나 많은 슈퍼바이지는 특정 이론보다는 수련 과정에서 이미 다양한 이론적 접근을 배우고 있기에, 이들을 통합적 접근의 심리상담사로 성장시킬 수 있는 가능성은 높다. 한국에서도 학회의 연수나 수련 과정을 통하여 슈퍼바이지들이 비교적 다양한 접근을 접할 기회가 열려 있다. 그러나 아직 심리상담사를 양성하는 대학원의 교과과정들이 이론과 임상을 겸비한 과정이라기보다는 많은 경우에 이론 중심의 교육과정들로 운영되고 있다. 수업에 따라서 임상과 실습이 포함되기도 하지만, 정규적인 대학원 과정을 통해서라기보다는 많은 경우에 특정 이론적 접근에 대한 연수나 개별 훈련을 통하여 다양성을 겸비하고 있다. 따라서 유능한 통합적 접근의 심리상담사로 성장하기 위해서는 다양한 이론과 임상을 통하여 통합적으로 접근할 수 있도록 준비하는 과정이 필요하다.

③ 통합적 슈퍼비전을 위한 최적의 시기

통합적 슈퍼비전을 위한 최적의 시기는 슈퍼바이지의 전문가로서의 발달 시기에 따라서 조정되어야 한다. 초보 슈퍼바이지에게는 아직 상담 이론이나 기법들이 제대로 익숙하지 않기 때문에, 우선은 단일 이론적 접근이라도 제대로 배워서 적용할 수 있도록 지도하는 것이 필요하다. 그러나 초보 수준을 지나, 심리상담사로서 전문성이 더해지면, 자연스럽게 단일 체계 이론의 추종자에서 벗어나 다양한 이론적 접근을 장착하게 되면서 통합적 접근의 슈퍼비전도 수용하고 적용할 수 있을 만큼 성장하게 된다. 전문적인 심리상담사로 성장하는 것에는 단순히 다양한 이론적 접근을 알고 있다거나 임상에 적용할 수 있는 차원보다는 좀 더 깊은 차원에서 자신의 영적이나 심층 통합을 이루기 위한 깊은 성찰이 필요하다. 즉, 능숙한 임상적 적용과 처지, 그리고 창의적인 메타인지 사고와 기술이 필요하다. 이러한 임상적 적용은 슈퍼바이지의 수준에서는 쉽게 일어나기가 어렵지만, 통합적 접근의 슈퍼바이저는 슈퍼바이지가 끊임없이 이러한 창의적인 사고의 전환과 변환 등을 통한, 즉 메타인지 기술들을 임상 현장에서 적용할 수 있도록 슈퍼바이지를 고무시키고 격려시켜야 한다.

④ 무엇이 통합되는가

통합적 접근의 슈퍼비전에서는 무엇이 통합되는지 명료화할 필요가 있다. 이에 고려해야 할 사항들을 살펴보면 다음과 같다.

- 심리상담의 진행 여부에 관한 결정
- 어떻게 심리상담을 세팅할 것인가에 관한 결정
- 심리상담의 강도는 어느 정도로 할 것인가에 관한 결정
- 어떻게 임상적으로 구조화할 것인가에 관한 결정
- 관계의 질은 어느 정도를 유지할 것인가에 관한 결정
- 약물치료의 진행 여부와 이와 관련된 결정
- 이외의 다양한 전략과 기법들의 선택에 관한 결정

그러나 한국의 경우에 약물치료에 대해서는 심리상담사들의 권한이 없기에 병원으로 의뢰하여 약물치료와 심리상담을 병행할 것인지 등에 대하여 고려해야 한다. 이러한 과정들은 특정 내담자들을 위해 최선의 심리상담이 무엇인지에 대해 탐색해 나가는 통합적 과정이라고 볼 수 있다. Mindell(2011)은 이를 위하여 내담자들에게 최단의 시간과 최소의 비용으로 최적의 심리상담을 제공하는 것이 내담자들을 위한 최선의 경로라고 주장하였다.

2) 슈퍼비전의 과업과 기능

통합적 접근의 슈퍼바이저는 일반적인 슈퍼바이저의 역할 외에도 특정적이고 다양한 역할도 수행해야 한다. 이에 통합적 접근의 슈퍼바이저에게 요구되는 과업과 기능들을 살펴보면 다음과 같다.

(1) 연구에 대한 존중 함양시키기

통합적 접근의 슈퍼비전에서는 성과에 관한 철저한 연구를 바탕으로 하는 증거-기반 평가자료들을 바탕으로 심리상담사를 양성한다. 즉, 내담자에게 열린 마음과 경험적인 성향을 중시하고, 인간 행동의 필연적인 복잡성에 대하여 이해하면서 그들이 가진 문제들에 대한 개입을 개별적으로 맞춤화하기 위해, 끊임없이 헌신할 수 있는 열정과 지식을 갖춘 심리상담사로 성장시키고자 한다. 이를 위해 '무엇이 특정 내담자들에게 효과가 있는지'에 대하여 미리 참고문헌들을 읽을 것을 권장하고 소개하기도 한다. 이를 통하여 증거를 기반으로 한 효과적인 심리상담 방법들을 찾아내고 이를 연마하도록 지도한다.

(2) 초(超)진단적 내담자 특성 평가하기

통합적인 접근의 슈퍼비전에서는 슈퍼바이지가 효과적인 심리상담을 할 수 있도록 임상적 평가를 매우 중시하고 있다. 이러한 평가는 먼저 심리상담의 초기에는 심리상담 접근 방법과 심리상담의 관계를 선택하기 위해 이루어지고, 심리상담 중에는 내담자의 반응을 관찰하고 필요하다면 조정하기 위해 이루어진다. 심리상담이 종결 부분에 이르게 되면 전체 심리상담에 대한 성과를 알기 위하여 다시 평가한다. 따라서 이러한 평가는 통합적 접근의 슈퍼비전에 있어 슈퍼바이저와 슈퍼바이지 사이에 지속적이고 협력적으로 이루어져야 한다.

슈퍼비전은 내담자에 대한 임상 평가가 가장 보편적이므로 인터뷰는 다음과 같은 것에 초점을 두고 진행한다.

① 제시되는 문제들과 관련된 내담자의 역사와 심리상담에 대한 기대와 목표에 대하여 질문한다.
② 작업동맹 형성에 대한 정보를 수집한다.
③ 전형적인 추가 정보를 위하여 심리검사를 사용한다.

통합적 접근의 슈퍼비전에서는 상담사인 슈퍼바이지가 특정 내담자에게 가장 적합한 심리상담을 제공하기 위하여 내담자에 대하여 다양한 정보를 수집할 것을 권장한다. 따라서 통합적 접근의 슈퍼비전에서는 심리상담의 초기 진단평가에 대하여 초(超)진단적 접근을 사용하여, 메타분석에 의한 내담자의 최소한의 7가지 특징을 적용하는데, 이에는 ① 일차 진단, ② 치료 목표, ③ 반응성 수준, ④ 변화 단계, ⑤ 대처 유형, ⑥ 선호, ⑦ 문화가 있다.

(3) 통합적 접근의 슈퍼비전 시행하기

통합적 접근의 슈퍼비전은 어떻게 시행되는지 구체적으로 살펴보면 다음과 같다.

① 반응성 수준

반응성이란 쉽게 도발되고, 외부 요구에 반응하는 것을 일컫는 비교적 안정적인 성격 특성에 해당한다. 반응성 수준은 순응(낮음)에서 저항(높음)까지 정규적으로 분산된 연속체 상에 있다. 이에 내담자의 반응성은 심리상담사의 지시성과 관련이 있다. 높은 수준의 반응성을 가진 내담자는, 즉 저항이 높아 보이는 내담자에게는 자기통제 방법을 활용하면서, 최소의 지시성과 더불어 역설적으로 개입할 때 상담의 효과가 더 있다. 반면에, 낮은 수준의 반응성을 가진 내담자는, 즉 수동적이고 순응적인 내담자는 적극적으로 개입하는 것을 통하여 더 도움을 받는 것으로 나타났다. 이처럼 내담자의 반응성 수준에 따라서 상담의 성과는 다르게 나타날 수 있다. 따라서 슈퍼비전에서는 내담자의 반응성 수준에 따라서 심리상담의 접근 방법을 조정하는 것을 훈련할 필요가 있다.

② 변화 단계

내담자들의 심리상담에서의 진도는 변화의 전처리 단계(숙고 전, 숙고, 준비, 실행, 유지)의 직접적인 기능에 따라서 나타날 경향성이 높다. 그러나 많은 경우에 슈퍼바이지는 내담자들의 심리상담 진도에 대하여 불안해한다. 따라서 상담사인 슈퍼바이지가 내담자의 변화 단계가 심리상담의 성과를 안정적으로 예측함을 알고 따라갈 수 있도록 지도한다. 이를 통하여 슈퍼바이지의 심리상담의 성과에 대한 지나친 불안을 예방할 수 있도록 한다.

③ 대처 유형

대처 유형은 외현화 및 내면화의 대처 유형을 중심으로 연구된 결과들로부터 나온 경향성을 의미한다. 심리상담의 접근 방법을 내담자의 대처 유형에 맞추는 것이 심리상담의 성과가 더 높은 것으로 나타났다. 즉, 대인관계 및 통찰력을 중심으로 하는 심리상담 접근은 내면화를 잘하는 내담자들에게는 효과가 있는 반면에, 증상 중심의 심리상담 접근은 외현화하는 내담자들에게 더 효과가 있는 것으로 나타났다. 그러나 이러한 경향은 상대적으로 나이가 낮은 아동 중심의 내담자들에게는 잘 나타났으나, 성인에서는 명료하게 잘 나타나지 않았다.

④ 선호

심리상담에서의 목표는 달성될 수 있는 것을 구체적으로 명시하는 반면에, 선호는 그러한 목표가 어떻게 가장 잘 달성될 수 있는지를 구체적으로 알려 준다. 즉, 내담자들의 선호는 그들에게 최적의 심리상담 방법과 치유 관계에 대하여 알려 준다. 내담자들의 선호에 맞춘 심리상담이 더 긍정적인 효과가 있는 것으로 나타났고, 심리상담을 중단할 가능성도 1/3로 줄어든 것으로 나타났다. 따라서 슈퍼바이저는 심리상담사가 아무리 좋은 심리상담 기법으로 내담자에게 접근한다고 하더라고, 내담자의 선호에 따라 심리상담의 성과가 다를 수 있다는 것을 슈퍼바이지가 충분히 숙지할 수 있도록 돕는다.

⑤ 문화

내담자들이 가지고 있는 문화적 특성에 맞춘 심리상담은 효과가 더 있는 것으로 나타났다. 문화적으로 맞추어 나가는 것은 윤리적 책임뿐만 아니라 증거-기반 실제(Evidence-based Practice)로도 심리상담의 효과가 있는 것으로 나타났다. 즉, 문화적으로 조정한다는 것은 심리상담에 있어 문화적 내용과 가치를 통합하고, 내담자가 선호하는 언어를 사용하며, 유사한 민족의 심리상담사가 심리상담을 할 수 있도록 조치하는 것 등이다.

(4) 관계 촉진하기와 추적하기

심리상담에서의 관계는 심리상담 효과에 매우 큰 영향을 미친다. 특히 통합적 접근의 슈퍼바이저는 슈퍼바이지와 매우 좋은 슈퍼비전 관계를 유지하려고 한다. 이러한 관계를 바탕으로 무엇이 심리상담에 효과적인지 구체적으로 확인하고, 이와 같은 증거를 기반으로 추적하고, 특별히 슈퍼바이지에게 맞추도록 한다. 또한 통합적 접근의 슈퍼비전에서는 슈퍼바이지가 그들의 내담자로부터 피드백을 수집하도록 한다. 내담자의 피드백 수집하고 모니터링 등을 함께 적용했을 때, 내담자와 긍정적인 협업이 더 잘 이루어지는 것으로 나타났다. 즉, 통합적 접근의 슈퍼비전은 슈퍼비전 관계를 슈퍼바이지의 특성에 맞게 맞춤화하는 것이다.

통합적 접근의 슈퍼바이저가 고려하는 슈퍼바이지의 특징으로는 ① 내담자의 진단/문제 목록, ② 슈퍼바이지의 경험 수준, ③ 슈퍼바이지의 변화 단계, ④ 슈퍼바이지의 반응성 수준, ⑤ 슈퍼바이지의 문화 등이다. 통합적 슈퍼비전의 궁극적인 목표는 내담자와 슈퍼바이지의 역량을 모두 향상하기 위해 개별 슈퍼바이지에 대한 접근을 맞춤화하는 것임을 강조하고 있다.

(5) 슈퍼바이지의 실망을 이해하고 관리하기

통합적 슈퍼비전에서는 슈퍼비전의 초기에 미리 슈퍼바이지가 가질 만한 실망을 미리 제거한다. 슈퍼바이지의 고충들을 보면 다음과 같다.

① 어느 한 지점에서 이 많은 길 중에 어떤 것을 선택해야 하는가?
② 행동을 촉진해야 하는가, 아니면 정신적 내용을 탐구해야 하는가?
③ 비합리적인 인식에 도전해야 하는가, 아니면 이해해야 하는가?
④ 실제 관계에 관해 연구해야 하는가, 아니면 예상되는 관계에 관해 연구해야 하는가?

초보 심리상담사일수록 많은 이론적 접근을 배웠지만 제대로 할 수 있는 이론적 접근이 없는 것 같은 정체성의 혼돈에 빠질 수 있다. 이러한 경험들은 슈퍼비전에서 불안함과 불확실한 감정적 소모를 경험할 수 있다. 따라서 임상적 경험이 최소 2년 이상인 심리상담사에게 통합적 접근을 적용해 보는 것이 바람직할 수 있다.

3) 슈퍼비전의 기대 설정

통합적 접근의 슈퍼비전은 슈퍼바이지에게 공식적인 준비와 슈퍼비전을 위한 구조화된 오리엔테이션을 요구한다. 오리엔테이션에서는 먼저 ① 슈퍼바이지의 목표와 기대 사항, ② 슈퍼비전의 실행 계획(세팅, 형식, 경계, 법적 관계), ③ 일반적인 평가 구성 요소(채점 기준, 학점 이수, 추천서) 등을 다룬다.

통합적 접근에서는 슈퍼비전에 대한 서면 계약을 하는 것을 추천한다. 계약서에는 대인관계 역할, 예상 출석률, 계약서 개정 조항 등에 관한 일반적이고 명시적인 부분이 수록되어 있다. 슈퍼바이저와 슈퍼바이지는 서로 내용을 확인하고, 수정이 필요하면 조정도 하면서 작성을 한다. 그리고 슈퍼바이저는 지난 주의 심리상담에 대한 상담기록지를 요청한다. 그리고 평가 피드백은 슈퍼바이저-슈퍼바이지 양방향으로 일어나고, 슈퍼비전 관계에서 발생할 수 있는 슈퍼바이저-슈퍼바이지 간의 의견 불일치나 어떤 갈등이라도 논의한다는 것을 합의 문장에 넣어 두도록 한다. 그러나 한국에서는 아직 슈퍼비전에 대한 서면 계약이 보편화되어 있지 않다. 이는 미국의 APA에서 규정하는 슈퍼비전과 한국에서의 슈퍼비전 역할과 기능이 다르기 때문으로 보이나, 한국에서도 슈퍼비전에 대한 서면 계약도 보편화될 필요가 있다.

4) 슈퍼비전의 관계 역할

통합적 접근의 슈퍼비전에 있어 관계는 특별히 강조되는 부분이다. Hanna Levenson은 “슈퍼비전은 다른 관계들에 관한 관계에 관한 관계이다(Supervision is a relationship about a relationship about other relationship).”라고 정의하기도 하였다. 통합적 접근의 슈퍼비전에서도 슈퍼비전의 성공 여부는 관계 안에서, 즉 슈퍼비전의 동맹에 달려 있다. 통합적 접근의 슈퍼바이저는 공감적이고 협력적인 관계를 얻기 위해서 최선을 다한다. 슈퍼바이저는 슈퍼바이지가 일시적으로 불편해하거나, 불안한 것을 표현할 수 있도록 분위기를 조성해 주고, 서로 동의가 되지 않을 때는 자유롭게 대안을 제시하도록 하는 등, 슈퍼바이지를 배려해 주어야 한다. 슈퍼비전에서 작업동맹이 견고할 경우, 슈퍼바이지는 비록 실패한 사례라도 슈퍼비전에 올려 놓을 수 있다. 바람직한 슈퍼바이저는 적절한 교육과 목표를 설정하고 진솔한 피드백을 제공한다. 이러한 슈퍼바이저는 슈퍼바이지를 존중하고, 지지적이고 비판적이지 않다. 또한 윤리적으로 온전하고 매우 수용적으로 경청한다. 슈퍼바이저의 자기개방은 슈퍼비전에서의 작업동맹을 높여 준다.

슈퍼바이지에게 부정적인 피드백을 받는 슈퍼바이저의 특성으로는 제약적이고, 비정형적이며, 지지적이지 않으면서 치료에 더 치중하는 경우이다. 특히 슈퍼바이지에게 해로운 유형으로는 냉담한 슈퍼바이저와 권위주의적인 슈퍼바이저이다. 실제로 슈퍼비전의 임상 현장에서 병렬과정을 경험하게 된다. 이는 슈퍼바이지 또한 그들의 내담자가 심리상담에서 행동하는 유사한 방식으로 슈퍼비전에서도 유사한 행동 패턴을 나타낸다. 이런 현상은 필연적으로 일어나는 것은 아니지만, 자주 관찰되기도 한다. 이러한 병렬과정은 슈퍼바이저와 슈퍼바이지의 역학 관계가 또한 슈퍼바이지와 내담자와의 심리상담에서도 재현될 수 있다. 즉, 병렬과정은 양방향에서 일어날 수 있기 때문에, 슈퍼바이저는 이러한 과정이 슈퍼바이지와 그의 내담자에게도 영향을 미칠 수 있다는 것을 명심해야 한다.

5) 슈퍼비전의 평가

통합적 접근의 심리상담에 대한 슈퍼비전에 대한 평가는 4가지 차원으로 구성된다. 이에는 슈퍼바이지의 심리상담을 받는 내담자의 성과 평가, 슈퍼바이지의 수행 평가, 슈퍼바이저 자신의 평가, 슈퍼비전 평가로 구분하여 살펴볼 수 있다.

(1) 내담자의 성과 평가

통합적 접근의 슈퍼비전에서는 슈퍼바이지에게 내담자의 평가를 받아오도록 강력하게 요구한다. 슈퍼바이지는 대부분 척도를 활용하여 내담자로부터 심리상담에 대한 성과에 대한 피드백을 받는다. 슈퍼바이지는 이러한 내담자들의 평가를 통하여, 내담자들의 선호에 맞춤화하고 명시적으로 접근함으로써, 작업동맹을 강화하고 조기 종결을 예방할 수 있다. 특히 통합적 접근의 슈퍼비전에서는 슈퍼바이지에게 다음의 것들을 확인하도록 요청한다.

① 무엇이 심리상담에서 가장 효과적으로 나타났는가?
② 무엇이 심리상담에서 작용할 것 같았는가?
③ 무엇이 심리상담에서 계속적으로 작업해야 하는 것으로 남겨졌는가?
④ 어떻게 하면 심리상담에서 더 유능할 수 있었을까?

(2) 슈퍼바이지 평가

일반적으로 슈퍼바이지의 능력을 평가하는 부분들은 대부분 매뉴얼화되어 있다. 특히 통합적 접근에서는 상담 중 내담자의 표시를 슈퍼바이지가 잘 알아차리는지는 다양한 방법을 통하여 평가한다.

(3) 슈퍼바이저 평가

슈퍼비전에서 슈퍼바이저 자신도 뭔가 불편함이 있다는 것을 경험하지만, 이에 대한 해결책은 쉽지 않다. 슈퍼바이저가 슈퍼바이지와 조화를 이루지 못하는 근거에는, 처음부터 슈퍼비전에 관한 기대와 목표를 충분하게 설명하지 못하거나, 또는 구조화를 충분히 하지 못하거나. 슈퍼비전의 전반에 걸친 불충분한 평가로 인한 슈퍼비전의 관계에 어려움이 있을 수 있다. 통합적 접근의 슈퍼바이저는 슈퍼바이지에게 이러한 불편함을 측정도구를 사용하여 평가하도록 한다. 즉, 권력·힘의 불균형이 있다고 하더라도 슈퍼바이지가 슈퍼바이저에게 피드백을 함으로써 슈퍼비전의 효과성을 높일 수 있도록 해야 한다. 슈퍼바이저에 대한 평가에는 슈퍼바이저의 접근법에 대한 평가, 슈퍼비전 관계에 대한 평가, 그리고 슈퍼바이지 본인의 요구 만족에 대하여 피드백을 주도록 구조화되어 있다. 이후에 무엇이 효과가 있고, 무엇이 가치 있고, 무엇이 향상될 수 있는지에 대한 공개적인 대화를 한다. 따라서 슈퍼비전의 기술을 향상하는 것은 다른 사람들의 지속적인 피드백과 더불어 더 성장하여 나아지려는 성장 욕구이다.

(4) 슈퍼비전 평가

슈퍼바이저도 슈퍼바이지의 욕구와 느낌들에 대한 피드백을 통하여 성장할 수 있기에 피드백 순환이 잘 이루어지도록 구조화하는 것이 필요하다. 슈퍼바이저는 어떤 임상적 환경에서든 유연하고 체계적이며 풍부한 경험을 바탕으로 접근해야 한다. 이를 위하여 슈퍼바이저는 ① 슈퍼비전 자체가 슈퍼바이지에게 좋은 내담자 성과를 얻을 수 있도록 돕고 있는가? ② 특정 슈퍼바이저(또는 슈퍼바이지)에 대한 긍정적이거나 부정적인 감정들과 별도로, 슈퍼비전은 슈퍼바이지의 능력을 향상하고 있는가? ③ 슈퍼비전의 유용성과 더불어 무능하거나 비효율적인 서비스로부터 일반 내담자들을 보호하고 있는가? 등에 대하여 슈퍼비전을 평가하는 것이 필요하다.

3. 통합적 접근의 슈퍼비전 방법

통합적 접근의 슈퍼비전이란 슈퍼바이지의 특정한 요구들과 상황적 요구들에 상응할 수 있도록 맞추어야 한다. 이러한 통합적 슈퍼비전을 위한 구체적인 방법에는 이론적 근거 창출하기, 슈퍼비전 방법 선택하기, 그리고 모델링과 지도 및 문서화 등이 있다.

1) 이론적 근거 창출하기

통합적 접근의 슈퍼비전에 대한 이론은 인간은 모두 다르며 제각기 다른 특성들을 가지고 있다는 것이다. 이에 슈퍼비전 또한 각 개별적 내담자와 슈퍼바이지에 맞도록 맞춤화되어야 하는데, 이는 개별적인 문화적 차이에 체계적으로 적응할 때 인간은 더 안정적으로 성장할 수 있기 때문이다. 따라서 단일 이론 체계가 모든 사람에게 적용될 수 없다는 이론적 근거와 더불어 각 개인에게 알맞은 이론들로 맞춤화하는 통합적 접근의 이론적 근거도 충분한지 살펴보아야 한다.

(1) 요구 사정

통합적 접근의 슈퍼비전에서 요구 사정에는 다음과 같은 질문을 한다.

① 슈퍼비전 경험으로부터 무엇을 원하고 무엇을 필요로 하는가?
② 개인적인 성장을 촉진하기 위한 것인가?
③ 심리상담의 좌절에 대해 말하기 위한 것인가?
④ 이론적 충성을 검증하기 위해서인가?
⑤ 기술적 약점을 평가하기 위해서인가?
⑥ 역전이 반응을 분석하기 위해서인가?
⑦ 이 모든 것을 성취하기 위해서인가?
⑧ 또는 이 중 어느 것도 해당이 되지 않는가?

(2) 체계적 모델 연구

대부분 통합적 접근이라고 하면, 슈퍼바이지가 아는 것들을 이것저것 섞어서 한 번씩 해 보는 것으로 이해하는 경우가 많다. 이에 심지어 학위논문에서도 이론적인 체계나 근거 없이, 연구대상자에게 한번은 미술치료 그다음은 음악치료를 하는 등 여러 가지 치료법을 번갈아 가면서 하는 것을 통합적 치료라고 주장하기도 한다. 이처럼 이론적인 개념 없는, 즉 비체계적인 통합은 그 자체에 큰 그림이나 이론적 지향이 없다. 이에 체계적 접근이란 사례의 개념을 조직화하고, 이를 바탕으로 임상개입의 우선순위를 매기고 전체적인 조망 능력으로 접근하는 것을 의미한다. 통합적 접근의 슈퍼비전에서는 주로 다중양식 치료, 공통요인 접근, 초(超)이론적 모델, 인지-대인관계 치료, 체계적 접근 등이 선호되고 있다. 이에 슈퍼바이저는 다양한 이론과 방법들이 통합적인 이해로 체계화될 수 있는 일관성과 지침을 슈퍼바이지에게 제공해야 한다.

(3) 둘 모두(Both/And)의 틀

통합적 접근의 슈퍼비전 틀은 둘 중 하나(either/or)에서 선택하기보다는 둘 모두(both/and)를 수용한다. 통합적 슈퍼비전에서 슈퍼바이저는 슈퍼바이지가 각 내담자에 대한 최상의 관계 입장과 기술적 방법을 고안하는 것에 초점을 맞추고 있다. 따라서 통합적 슈퍼비전에서는 특수 사례와 보편적 법칙을 융합하는 것과 특정적인 것과 일반적인 것을 융합하는 것을 목표로 한다.

2) 슈퍼비전 방법 선택하기

슈퍼비전 방법의 선택은 검토 중인 심리상담 사례의 목표와 방법 그리고 슈퍼바이지에 맞는 반응 적합성과 상대적 효용성에 관한 경험적 연구 결과에 따라 주로 추진된다. 심리상담 사례의 목표에 대한 명확한 감각을 가지는 것이 중요한데 이는 슈퍼비전 방법에 영향을 미친다. 슈퍼비전 목표는 슈퍼바이지에게 내담자-심리상담사 상호작용의 기술적 측면을 가르치는 것부터 내담자에 대한 심리상담사의 정서적 관련성에 초점을 맞추는 것까지 다양하다. 슈퍼비전의 목표는 대개 심리상담의 목표를 반영하며, 심리상담의 목표는 전형적으로 이론적인 관점에 뿌리를 두고 있다. 슈퍼비전 방법은 실현 가능성과 창의성의 범위 내에서, 어떻게 슈퍼비전을 하는지와 무엇을 슈퍼비전 해야 하는지와 일치해야 한다. 따라서 슈퍼비전 방법에 대하여 비디오테이프 시청과 슈퍼비전의 통합적 방법을 알아보면 다음과 같다.

(1) 비디오테이프 시청

슈퍼바이지가 자신의 심리상담에 대하여 녹화해 온 비디오를 슈퍼비전을 진행할 때 같이 시청하면서 분석을 시도한다. 테이프 시청 시에 제시하는 질문들은 다음과 같다.

① 무슨 일이 일어났고, 그것에 관해 설명할 수 있는 것은 무엇인가? 아니면 B보다 A를 하게 된 계기는 무엇이었는가?
② 다른 접근 방식으로 진행했다면 무슨 일이 일어났을까?
③ 효과가 있는 것은 무엇이고, 그렇지 않은 것은 무엇인가?

요즘은 비디오테이프보다는 핸드폰으로 바로 찍은 동영상이나 녹음본이 주로 슈퍼비전에 이용되기도 한다. 축어록을 필사하는 과정은 많은 시간과 노력을 요구하는 노동의 과정이나 이러한 과정이 또한 값비싼 성장의 알아차림의 시간이 될 수도 있다. 요즘에는 AI를 이용한 필사 프로그램이 이용되기도 하지만, 이는 개인정보 노출이나 오용 등 부작용이 우려되고 있기에, 철저한 내담자 보호를 위한 개인정보 보호조치가 필요하다.

(2) 통합적 방법

통합적 접근의 슈퍼비전을 위한 방법들을 살펴보면 다음과 같다.

① 사례에서 적용할 치료적 접근법에 대한 필요한 조치와 금기들을 검토하도록 한다.
② 심리상담 접근에서 여러 통합적 관점을 통하여 사례에 적합하고 정교한 접근법을 시도한다.
③ 사고실험을 통하여 최적의 접근법을 탐색해 본다.
④ 상담장면이 녹화된 비디오에 대한 세션을, 다른 접근의 매뉴얼화된 심리상담의 표준화된 형태로 평가해 본다.

⑤ 동료 슈퍼비전을 실시한다.

3) 모델링과 지도

(1) 모델링

통합적 슈퍼비전에서 정보에 입각한 다원주의와 종합적 사고를 모델링하는 것은 매우 중요하다. 통합적 슈퍼바이저는 심리상담의 성공과 심리상담의 통합에 있어 중심이 되는 호기심과 민감성을 슈퍼바이지가 모델링할 수 있도록 솔선수범해야 한다.

(2) 지도

통합적 슈퍼비전에서는 회기 중에 관련된 참고문헌들을 제공하기, 전문가로서의 모델링이 되는 비디오 보여 주기, 새로운 기술을 훈련하고 연습하기 등, 슈퍼바이지가 세션을 통하여 배우고, 연습하고, 때로는 고군분투할 수 있는 안전한 학습의 장을 제공하도록 한다. 이에 슈퍼바이저는 슈퍼바이지에게 자신이 관찰한 것을 공유하고, 슈퍼바이지 내면에 있는 잠재적 자원을 탐구하여, 특히 역전이를 관리할 수 있도록 슈퍼비전을 진행한다.

4) 문서화

통합적 슈퍼비전에 있어 슈퍼바이저는 슈퍼비전 회기에서 서면 메모를 하고, 필요에 따라 서면 평가를 작성하며, 슈퍼바이지의 상담 기록지, 접수면접 보고서, 그리고 퇴원 보고서 등을 검토한다. 그러나 한국에서는 슈퍼바이저의 역할이 다르므로 슈퍼비전 현장에서 요구되는 문서화 과정은 다를 수 있다.

5) 슈퍼비전 조정하기

통합적 심리상담의 가장 효과적인 특징 중 하나는 개별화된 심리상담 방법이 각 내담자에 맞춰질 수 있다는 것이다. 통합적 슈퍼비전에서도 각각의 슈퍼바이지들을 위해, 유형, 단계, 선호 그리고 경험, 복잡성 및 기타 고려 사항을 기반으로 개별화된 슈퍼비전 계획을 수립할 수 있다. 따라서 통합적 슈퍼비전에서는 슈퍼바이지가 자신의 목소리를 개발하고 발견하는 데 도움이 되도록 이러한 특성을 고려한 슈퍼비전 전략을 세운다. 다음과 같이 슈퍼바이지의 특성에 맞춤으로써 통합적 슈퍼비전의 성과를 높일 수 있다.

(1) 슈퍼바이지 선호

슈퍼바이저는 다음과 같은 요령 있는 질문과 민감한 질문들을 통하여 슈퍼바이지가 선호하는 인지 및 대인관계 유형을 알아낼 수 있다.

① 다른 사람의 피드백을 어떻게 잘 참는가?
② 최악의 슈퍼비전 경험은 어땠는가?
③ 어떻게 하면 심리상담에 대해 가장 효과적으로 배울 수 있는가?
④ 어떤 종류의 슈퍼비전 관계가 당신에게 효과가 있는가?
⑤ 슈퍼비전 회기를 통해 무엇을 성취하기를 바라는가?

(2) 발달 단계

슈퍼바이지의 발달 단계를 추적해 보면 다음과 같다. 초보 슈퍼바이지는 지지를 추구하고, 중간 단계 슈퍼바이지는 그들의 개념적 기술과 이론적 지식을 확장하기를 원하며, 고급 단계 슈퍼바이지는 심리상담을 제공하는 능력에 영향을 미칠 수 있는 개인적인 문제를 탐구하고 싶어 한다. 이는 단계 접근과 마찬가지로, 이러한 발달 단계들은 중복되고 상대적이다. 슈퍼바이지는 초기의 불안감으로부터 점차 시간이 지나감에 따라 통합감을 얻을 수 있다. 이런 훈련 과정을 통하여 유연성, 안정감, 이해도가 증진된다. 따라서 슈퍼바이지가 훈련 초기임에도 통합을 이루기를 초조하게 기대하는 슈퍼바이저도 역시 실망, 좌절뿐만 아니라 슈퍼바이저 자신의 자존감도 낮아질 가능성이 있다. 따라서 슈퍼바이지는 일련의 단계를 거치며 발달한다는 것을 명심하면서 각자의 경험 수준에 따라 다르게 반응할 필요가 있다.

(3) 심리상담 접근

심리상담의 접근에 있어서 슈퍼바이지가 내담자마다 다른 이론적 접근의 심리상담을 하다 보면, 슈퍼바이지나 슈퍼바이저 모두 더 많은 에너지와 유연성 그리고 능력이 요구된다. 따라서 통합적 슈퍼바이저는 풍부한 이론적 접근에 대한 지식과 임상 경험을 통하여 각 사례에 알맞은 심리상담의 접근을 지도할 필요가 있다.

(4) 인지 유형과 반응성 수준

슈퍼비전에 있어 슈퍼바이지의 대인관계 특성인 반응성은 인지 유형과 유사한 것으로 이 반응성은 외부 지시와 인식된 권위에 반대로 반응하는 경향을 의미한다. 심리상담에서처럼 반응성이 높은 슈퍼바이지는 지시적인 슈퍼바이저에게 저항하기 쉽다. 이런 슈퍼바이지는 자기 자신의 경험에 초점을 맞추면서, 기술적 절차를 권할 때 덜 직접적이고, 성찰적이며, 좋은 생각을 떠올리게 하는 슈퍼바이저를 선호할 것이다. 따라서 슈퍼바이저가 어느 정도로 지시적이어야 할지는 상황이나 슈퍼바이지에 따라서 다르다. 이것은 슈퍼바이지의 선호, 인지 유형, 반응성 수준, 문화 정체성에 따라 달라진다.

(5) 문화 정체성

보통 우리는 문화적인 것으로 실제 나이, 장애 상태, 인종과 민족, 성적 취향, 성별, 종교, 토착 유산과 같은 정체성의 모든 중요한 차원을 언급한다. 문화적으로 슈퍼비전을 조정하는 방법은 잠재적으로 무한하지만, 자세히 살펴보면 다음과 같다. 먼저 빈번한 방법들로는 ① 언어 선택에 주의를 기울이기, ② 심리상담에서 문화에 따른 역사적 배경 인정하기, ③ 토착 심리상담사와 협력하기, ④ 문화 적응에 따른 문제 다루기, 그리고 ⑤ 슈퍼비전에서 권력-억압 역학 추적하기 등이다. 슈퍼비전에서 문화적 역량의 목표에 접근하는 것은 슈퍼바이지의 문화적 인식에 대한 이해와 배우려는 의지 그리고, 문화적 겸손 등을 겸비하는 것이다.

(6) 임상 환경

통합적 접근의 슈퍼비전은 6가지의 슈퍼바이지 특성, ① 슈퍼바이지 선호, ② 발달단계, ③ 심리상담 접근, ④ 인지 유형/반응성 수준, ⑤ 문화적 정체성, ⑥ 임상 환경에 반응하여 주의를 기울이는 것을 통하여, 통합적 슈퍼비전을 체계적이고 효과적으로 슈퍼바이지 개인의 필요에 상응하여 맞추는 것을 가능하게 한다. 따라서 첫 번째는 슈퍼바이지의 특징들이 주어진 어느 시점에 관련이 되는지, 어떤 것들이 중요하지 않은지 등에 대하여 아는 것이다. 두 번째는 슈퍼바이지를 인위적으로 판에 박힌 틀에 넣지 않는 것이다. 지속적인 요구 사정과 솔직한 토론은 유일하고 고유한 슈퍼바이지-슈퍼바이저 양자 관계에 맞는 것들을 찾아낸다. 각 슈퍼바이지는 개별적 유형이 있으므로 슈퍼바이저가 각 슈퍼바이지의 개별적 선호와 특성에 맞추어 나갈 때, 슈퍼비전의 성과가 높아질 수 있다.

6) 슈퍼비전 형식 혼합하기

통합적 슈퍼비전은 개인과 집단 형식으로 실시된다. 개인 슈퍼비전은 개별 사례의 슈퍼비전에 집중하며 한 슈퍼바이지에게만 전념하지만, 집단 슈퍼비전에서는 수직적 슈퍼비전과 수평적 슈퍼비전을 동시에 실행할 수 있다. 즉, 동료나 상급생으로부터의 피드백도 공유할 수 있고, 집단의 지성을 통하여 슈퍼비전을 다양하게 이끌 수 있다. 따라서 개인이나 집단 모두 통합적 틀에 따라, 각각의 강점을 활용하기 위해 개인 슈퍼비전과 집단 슈퍼비전을 혼합한다.

7) 갈등 다루기

슈퍼비전에서 갈등이 일어날 때는 즉시 공개적으로 다루어야 한다. 갈등을 간과하거나 잘못 관리하는 것은 슈퍼비전 과정에 위협적인 요인이 된다. 슈퍼바이지와 슈퍼바이저 사이의 대부분 갈등은 슈퍼비전 회기에서 해결될 수 있고 또 해결되어야 한다. 갈등을 해결하는데 시간은 가능한 단축 될수록 좋다. 통합적 접근의 슈퍼비전에서는 슈퍼바이지가 심리상담에서 내담자들과의 갈등이나 상담 결렬에 방어적이지 않은 방식으로 접근하도록 가르치는 것과 같이 슈퍼비전에서도 갈등을 다루는 것이 바람직하다. 즉, 통합적 접근의 슈퍼비전에서는 슈퍼바이지가 심리상담에서 침착하고 호기심 있게 유지하고, 방어적이지 않도록 반응하도록 한다. 또한 내담자의 솔직함에도 감사를 표하고, 관계를 직접 다루고, 지시된 대로 행동을 조정하며, 해당 회기와 향후 회기의 과정에 대한 피드백을 수집하도록 지도한다. 이러한 갈등 해결 접근을 슈퍼바이지에게 훈련하는 것은 그들의 내담자의 심리상담 결과에 긍정적인 영향을 미치기 때문이다. 슈퍼바이저는 슈퍼바이지가 경험하는 갈등을 학습의 경험으로 바꾸고, 갈등 해결 능력을 모델링할 수 있도록 지도한다. 관계 갈등을 회복할 수 있는 슈퍼비전 능력은 슈퍼비전 동맹과 슈퍼비전 경험을 긍정적으로 강화해 준다. 슈퍼비전에서 성공적인 갈등 해결 경험은 슈퍼바이지에게 건강하고 효과적인 방식으로 자신의 내담자들과의 갈등을 해결하는 학습의 장을 제공해 주는 것이다.

8) 슈퍼바이저 훈련

이러한 통합적 접근의 슈퍼비전을 위한 슈퍼바이저의 훈련 과정은 다음과 같다.

(1) 슈퍼바이저 훈련

통합적 접근의 심리상담을 위한 슈퍼바이저를 어떻게 이상적으로 성장시킬 것인가? 우선 통합적 접근의 슈퍼바이저가 되고자 한다면 다음의 요건들이 필요하다.

① 학문적 요건과 대인관계의 질 모두를 바탕으로 한 경쟁력 있는 대학원에 입학한다.
② 여러 이론적 전통에 능통하고, 충분히 적합한 슈퍼바이저와의 수년간의 슈퍼비전을 경험한다.
③ 초기 슈퍼비전에서 적어도 두 번 이상의 슈퍼비전 동맹을 경험한 적이 있어야 한다. 왜냐하면 이 동맹 경험은 슈퍼바이지가 다시 슈퍼바이저의 역할로 성장하는 것에 필요한 방법과 관계를 모델링할 수 있기 때문이다.
④ 요구되는 인턴십이나 수련요건을 훨씬 넘어선, 다양한 내담자와 다양한 임상 환경에서 작업하고 경험할 수 있는, 충분한 범위의 임상을 경험한다.
⑤ 다른 학생들(상·하의 수직 관계에서의 슈퍼비전 팀)을 슈퍼비전하는 경험이 포함된, 임상 슈퍼비전에 집중하는 전문 대학원 과정에 소속되거나 슈퍼비전을 경험한다.
⑥ 초기 슈퍼비전 활동에 대하여 원활하게 또는 지속적으로 슈퍼비전을 받는다.
⑦ 개인상담 임상에서 적어도 하나의 성공적인 사례가 있다.
⑧ 슈퍼비전 성과를 향상하는 것으로 증명된 즉 인정된 핵심 슈퍼비전 과업들을 훈

련받는다. 이 과업들에는 균형 회복하기, 역전이 관리하기, 슈퍼비전 동맹 촉진하기, 내담자의 성과 모니터링하기 등이 포함된다.

⑨ 임상 슈퍼비전과 그들이 슈퍼비전하는 모든 임상 서비스에 관한 연구를 수행할 수 있는 능력을 갖춘다.

⑩ 임상 슈퍼비전에서 지속적인 평생 학습을 통하여 이에 헌신하고자 하는 마음가짐이 필요하다.

(2) 전문성 개발

통합적 접근의 슈퍼비전에 있어, 슈퍼바이저의 전문성 발달은 다른 이론적 접근의 일반적인 슈퍼바이저의 경로와 비슷하다. 즉, 슈퍼비전 문헌을 읽고, 슈퍼바이저 연구에 참여하며, 때때로 동료 슈퍼바이저에게 자문하는 것이다. 따라서 슈퍼비전을 수행하는 것은 가장 보람 있는 전문적 활동 중 하나로 꼽힌다. 슈퍼비전은 배움, 참여 그리고 놀라움이 끊임없는 원천이 된다. 이에 성숙하고 전문적인 자기실현으로 향하는 길에 있는 슈퍼바이지에게 진정한 선택들을 제공하는 것, 독립적으로 잘 성장하고 도전할 수 있도록 도와주는 것 등을 돕는 전문가로 성장하는 것이 바로 슈퍼바이저가 되는 것이다. 심리상담에서의 최상의 전문가인 슈퍼바이저가 되기 위한 것들을 살펴보면 다음과 같다.

① 자기돌봄과 개인상담 받기

통합적 접근의 슈퍼바이저 또한 자기돌봄에 주의를 기울여야 한다. 왜냐하면 다른 사람들을 돌보는 동안에, 자신을 돌보는 것에 대한 윤리적 의무와 전문적 책임을 인식하는 것도 중요하기 때문이다. 슈퍼바이저로서 자기돌봄을 할 때, 슈퍼바이지에게도 모델링이 되면서 진정하게 도움을 줄 수 있다.

• 통합적 접근의 슈퍼바이저의 자기돌봄 전략

– 심리상담사로 일하는 것을 가치 있게 생각하라.
– 보상에 대해 다시 집중하라.
– 위험을 인식하라.
– 신체적 건강에 신경 써라.

– 인간관계를 활성화하라.
– 경계를 설정하라.
– 인지를 재구성하라.
– 건강한 탈출을 계속하라.
– 팽창하는 주변 환경을 만들라.
– 개인상담을 받아라.
– 영성과 사명을 함양하라.
– 창의성과 성장을 촉진하라.

• 개인상담 받기

심리상담 전문가로서 감독이 되고자 하는 슈퍼바이지는 지속해서 자신을 위한 개인상담을 받아볼 필요가 있다. 개인 심리상담은 사람의 개인적 기능을 향상하는 것과 전문적인 수행을 향상하는 것 둘 다를 위해 받아야 한다.

• 개인 발달 활동

개인상담뿐만 아니라, 개인 발달 활동에는 휴가, 지지 그룹, 자조 활동, 명상, 등 기타 활동들이 포함된다. 따라서 계속되는 학습과 자문 활동으로 개인적 건강과 전문성을 강화하도록 한다. 실제 슈퍼바이저로 슈퍼비전을 실행하는 것에 필요한 긍정적인 자원들은 다음과 같다.

– 따뜻하고 신뢰할 수 있는 슈퍼비전 작업동맹 구축하기
– 직업동맹 균열을 다루고 역전이 관리하기
– 사전동의서 및 서면계약서를 사용하기
– 슈퍼바이지가 세션에서 실제로 수행하는 것을 관찰하기
– 슈퍼바이지 역량에 초점을 맞추고, 그러한 역량의 최소 수준을 달성하기
– 풍부한 형성적 피드백을 제공하고, 때때로 종합 피드백을 제공하기
– 학습되어야 할 기술들을 모델링하거나 시연하기
– 슈퍼바이지에게 기술적, 관계적 및 개념적 기술을 가르치기
– 슈퍼바이지의 내담자 경과를 모니터링하기

– 적절한 경계 유지하기와 윤리적 행위 모델링하기
– 슈퍼비전에서 있었던 일 문서화하기
– 슈퍼비전의 3자(내담자, 슈퍼바이지, 슈퍼바이저)에 참여하는 모든 참가자의 문화 정체성 다루기
– 특정 상황에 대한 슈퍼비전을 개별화하기

9) 슈퍼비전 사례

통합적 접근 슈퍼비전의 한 예를 소개하면 다음과 같다.

사례 예시: 다양한 가설

이 사례는 Norcross와 Popple가 슈퍼바이저와 슈퍼바이지로 한 사례를 『통합적 심리상담에 대한 슈퍼비전 핵심 가이드』(2022)에서 제시한 일부분을 소개한다. 여기서 Norcross는 슈퍼바이저이고, Popple은 슈퍼바이지이다.

이 사례를 통하여 슈퍼바이저와 슈퍼바이지는 슈퍼비전의 동맹관계를 통하여, 슈퍼바이지가 본인이 사례에서 놓친 부분도 기꺼이 슈퍼바이저에게 나타내 보일 수 있다는 것과 슈퍼비이저 또한 슈퍼바이지가 자신이 내담자로부터 놓친 부분을 자율적으로 찾아갈 수 있도록 촉진해 가는 부분을 확인할 수 있다.

슈퍼바이저: 음, 나는 지금이 멋진 순간이라고 생각해요. 내담자가 갈등을 겪고 있네요. 그럼 당신이 세운 몇 가지 가설을 봅시다.

슈퍼바이지: 예.

슈퍼바이저: 내담자의 진단 프로파일부터 시작해 봅시다.

슈퍼바이지: 예.

슈퍼바이저: 내담자는 회피적이고, 우울하고, 의존적인 성격과 마조히즘(masochistic)에서 꽤 높은 점수(98/99)이군요.

슈퍼바이지: (고개를 끄덕인다.)

슈퍼바이저: 이 검사 결과가 내담자에게 적용될 수 있는 것으로 보이나요?

슈퍼바이지: 예. 당연히 그럴 것이라고 생각합니다.

슈퍼바이저: 그런데 만약에 내담자가 이러한 검사 결과를 믿을 수 없다고 하면, 이 내담자의 상태는 어떨까요?

슈퍼바이지: 죄책감.

슈퍼바이저: 죄책감, 그래요. 버림받는 것에 대한 두려움. 그녀가 또한 당신도 해치고 있어요.

슈퍼바이지: 예, 그렇네요.

슈퍼바이저: 지금 이 내담자는 몸으로 이야기하는 것과 말로 이야기하는 것이 전혀 다른 것 같네요.

슈퍼바이지: 예, 그렇네요. 저는 검사 결과지를 보느라, 내담자의 몸이 그렇게 말하는 것을 미처 알아차리지 못했어요.

슈퍼바이저: 맞아요. 하지만 그런 일들은 현장에서 불가피하게 일어나기도 하지요. 그래요. 그것 중 일부는 불가피하지요.

슈퍼바이지: 예.

슈퍼바이저: 당신은 지금, 이 순간이 본인에게 꽤 힘든 시간인 것 같군요.

슈퍼바이지: 예. 왜냐하면, 저 스스로 '좀 제대로 봐! 제대로 봐! 넌 지금 이런 것들을 놓치고 있잖아! 라고 말하면서 비디오테이프를 보고 있기 때문이에요.

슈퍼바이저: 맞아요. (웃는다.)

슈퍼바이지: 만일 제가 이 비디오테이프를 가지고 있지 않았다면 어떠했을지 상상이 되네요!

슈퍼바이저: 그래요. 그래서 회피하고 의존적인 사람은 이런 끊임없는 불안의 순환고리에 갇혀 있는 것 같아요. 호감 받고 사랑받으면서 배려받기를 원하지요. 그래서 때때로 지각된 거절을 피하고자 무슨 말이든지 하는 것 같아요. 이것 또한 하나의 가설이에요.

슈퍼바이지: 예. 그런 것 같습니다.

슈퍼바이저: 당신은 이것을 설명할 수 있는 다른 가설이나 대안을 생각할 수 있나요?

슈퍼바이지: 예, 그녀는 또한 본인 자신과도 사이가 좋지 않다고 생각해요.

슈퍼바이저: 와우~ 훌륭한 표현이네요~.

4. 통합적 접근의 슈퍼비전에서 다루는 주된 이슈

통합적 접근의 슈퍼비전에서 직면하게 되는 이슈들과 어려운 도전 과제들에 대하여 살펴보면 다음과 같다.

1) 어려운 슈퍼바이지 대하기

통합적 접근의 슈퍼비전에서 만나게 되는 어려운 유형의 슈퍼바이지는 ① 말로는 통합적 작업에 관심을 표현하지만, 행동적으로는 슈퍼비전에 저항하는 슈퍼바이지, ② 다양한 내담자들에 따라 '다르게' 될 수 없는 슈퍼바이지, ③ 끊임없는 완벽주의로 고통을 받으면서도, 단일 특정 이론을 고수하는 슈퍼바이지이다. 이들은 통합적 접근의 슈퍼비전을 단일 이론에서의 탈선이나 배신 또는 혼란이나 취약성으로 간주하기도 한다. 이런 경우에는 슈퍼바이지의 불안감이 사라질 때까지 통합적 접근의 도입을 미루고, 슈퍼바이지가 선호하는 이론적 전통 내에서 슈퍼비전을 실행하거나, 다른 접근의 슈퍼바이저에게 의뢰해야 한다.

2) 수련하는 데 어려움이 있는 슈퍼바이지

슈퍼바이지들의 기술 결함은 ① 대인관계, ② 기술, ③ 개념의 3가지 주요 범주로 나눌 수 있다. 여기서 기술 유지의 결함은 인지 과정을 통하여 대인관계 기술보다는 극복하기가 쉽다. 대부분 기술적 및 개념적 결함은 보통 대인관계 결함보다 극복하기 쉽기 때문이다. 그러나 대인관계 기술, 즉 인간관계와 관련된 기술들은 극복하기가 쉽지 않기에 도전이 요구된다.

3) 힘과 평가

슈퍼비전 관계에서의 힘은 훈련과 성장 전반에 걸쳐 슈퍼바이지를 평가하고, 등급을 매기고, 안내하고, 강화하는 책임을 필연적으로 부여한다. 상호 존중과 공유된 책임을 근거로 한 슈퍼비전은 권력 싸움을 줄이고 평가 불안을 완화한다.

4) 문화적 다양성

통합적 슈퍼바이저는 다문화주의를 열정적으로 수용한다. 그것은 개인차에서 더 넓은 문화적 차이의 통합적인 획득에서 자연스럽고 필요한 확장이다.

5) 법적·윤리적 문제

통합적 슈퍼바이저는 동료들과 마찬가지로 똑같은 법적·윤리적 책임을 진다. 연구에 기반한 통합적 입장에서 슈퍼바이저는 합의에 따라, 경험적으로 신뢰할 수 없는 기법들은 임상적으로 제공되어서는 안 된다. 또한 특정 내담자를 위해 효과가 더 좋은 방법들이 있다면 이런 정보들은 임상적으로 제공되어야 하고, 또한 요구되어야 한다.

5. 통합적 접근의 심리상담 슈퍼비전에 대한 평가

1) 슈퍼비전에 대한 평가

통합적 접근의 슈퍼비전에 대한 평가를 알아보면 다음과 같다.

먼저 초기의 슈퍼바이저는 공식적인 훈련이나 슈퍼비전을 받지 않았다. 그러나 앞으로 통합적 접근의 슈퍼바이저는 슈퍼비전에 관한 정식 과정을 이수하고 슈퍼비전에 대한 슈퍼비전을 받게 될 것이며 더 높은 수준의 검증을 요구받게 될 것으로 예상된다. 이에 슈퍼바이저를 위한 다양한 지침서(APA, 2015)와 역량 벤치마킹을 통하여 통합적 접근의 슈퍼비전 영역이 성장하고 확대될 것으로 기대된다. 따라서 통합적 접근의 슈퍼비전은 전통적인 단일 이론보다 덜 편협하고, 더 다원적이며, 더 효과적인 통합적인 과정과 산물을 제공하는 미래를 기대하고 있다. 또한 통합적 접근의 슈퍼비전에 있어서 성장 가능성은 기술의 정점에도 있다. 즉, 코로나19 이후에 일상적으로 사용하게 된 비대면 슈퍼비전의 가능성이 또한 무한하게 열려 있다. 이에 거리나 장소에 한계 없이 슈퍼비전이 활성화될 수 있기에 통합적 접근의 슈퍼비전에 대한 활성화도 기대된다. 그러나 비대면 상담과 원거리 슈퍼비전은 수반되는 법적 · 윤리적 및 규범적 얽힘도 함께 있다는 것을 명심할 필요가 있다.

2) 연구 및 향후 방향

통합적 접근의 슈퍼비전에서는 다문화적 접근을 강조하고 있다. 따라서 다문화 관점에서의 연구가 활성화될 것으로 기대된다. 앞으로는 이런 개인적, 문화적 차이가 장애물이 아니라 심리상담의 효과와 적용 가능성을 향상하는 매개 역할을 할 것으로 예상된다. 이러한 문화적인 차이점들은 통합적 슈퍼비전에 있어 힘과 지지의 자원이 될 것이다. 통합적 접근의 슈퍼비전을 받은 슈퍼바이지의 내담자의 만족도가 높다는 연구가 많아지고 있다. 따라서 통합적 접근의 슈퍼비전에 관한 성과 연구도 활성화될 것으로 전망된다.

한국의 많은 심리상담 전문가들도 임상 현장에서 단일 이론적 접근보다는 다양한 이론적 접근을 통하여 내담자를 돕고 있다. 이에 한국인의 정서와 문화에 부합되는 통합적 접근의 심리상담 슈퍼비전 접근이 개발될 필요가 있다. 그러나 아직 슈퍼비전에 대한 체계적인 훈련 과정이 정립되어 있지 않아 좀 더 시간이 요구될 것으로 보인다. 그럼에도 불구하고 한국에도 다양한 역량을 가진 심리상담사들과 슈퍼바이저들이 적극적으로 활동하고 있기에 한국인에게 가장 적합한 통합적 심리상담이 이루어지고, 이에 대한 통합적 접근의 슈퍼비전도 활성화될 것으로 기대한다.

참고문헌

국립국어원(nd). 실재. 국립국어원 표준국어대사전에서. https://stdict.korean.go.kr/search/searchResult.do?pageSize=10&searchKeyword=%EC%8B%A4%EC%9E%AC

강화길(2020). 음복(飮福). **제11회 젊은 작가상 수상작품집**. 문학동네.

권석만(2014). **현대 심리치료와 상담이론**. 학지사.

김민예숙(2013). **여성주의상담 구조화 모델 워크북**. 한울아카데미.

김춘경, 이수연, 이윤주, 정종진, 최운용(2016). **상담학 사전**. 학지사.

로라 브라운 저, 정애경, 김은하, 윤은희, 이지연 공역(2020). **여성주의 상담 이론과 적용**. 학이시습.

방기연(2021). **상담 수퍼비전의 이론과 실제(3판)**. 양서원.

심수명(2008). 심리상담사 발달수준에 따른 수퍼비전의 통합 접근에 관한 연구. **국제신학, 10**, 187-233.

유영권, 김계현, 김미경, 문영주, 손은정, 손지희, 심홍섭, 연문희, 천성문, 최의헌, 최한나, 최해림(2019). **한국상담학회 상담학 총서 13. 상담 수퍼비전의 이론과 실제(2판)**. 학지사.

정유진(2014). 수퍼비전 모델의 구안 과정. **연세상담코칭연구, 2**, 213-235.

조계화, 김명자(1999). "함께 있음(Presence)"에 대한 개념분석. **기본간호학회지, 6(2)**, 320-330.

조현춘, 조현재, 문지혜, 이근배, 홍영근(2012). **심리상담과 치료의 이론과 실제(개정판)**. 학지사.

Alford, B. A., & Beck, A. T. (1997). *The integrative power of cognitive therapy*. Guilford Press.

American Psychological Association. (2013). *Guidelines for the practivce of telepsychology.* http://www.apa.org/practice/guidelines/telepssychology.aspx

American Psychological Association. (2014). *Guidelines for clinical supervision in health service psychology.* http://www.apa.org/about/policy/guidelines-supervision.pdf

American Psychological Association. (2015). Guidelines for clinical supervision in health service psychology. *American Psychologist, 70*, 33-46.

American Psychological Association. (2016). *Competency-based supervision* [DVD]. http://www.apa.org/pubs/videos/4310954.aspx

American Psychological Association. (2016). *Ethical principles of psychologists and code of conduct*. APA

Angus, L., Watson, J. C., Elliott, R., Schneider, K., & Timulak, L. (2015). Humanistic psychotherapy research 1990-2015: From methodological innovation to evidence-supported treatment outcomes and beyond. *Psychotherapy Research, 25*(3), 330-347.

APA. (2015). *Guidelines for Psychological Practice With Transgender and Gender Nonconforming People*. APA. https://www.apa.org/practice/guidelines/transgender.pdf

Aron, L. (2013). *A meeting of minds: Mutuality in psychoanalysis*. Routledge.

Auszra, L., & Greenberg, L. S. (2008). Client emotional productivity. *European Psychotherapy, 7*, 137-152.

Auszra, L., Greenberg, L. S., & Herrmann, I. (2013). Client emotional productivity-optimal client in-session emotional processing in experiential therapy. *Psychotherapy Research, 23*, 732-746.

Ballou, M., & Brown, L. (Eds.). (2000). *Rethinking mental health and disorder: Feminist perspectives*. Guilford.

Beck, A. T. (1964). Thinking and depression: II. Theory and therapy. *Archives of General Psychiatry, 10*, 561-571.

Beck, J. S. (2011). *Cognitive behavior therapy: Basics and beyond* (2nd ed). Guilford.

Beck, J. S. (2017). **인지행동치료 이론과 실제**(2판)(*Cognitive behavior therapy*). (최영희, 최상유, 이정흠, 김지원 공역). 하나의학사. (원전은 2011년에 출판).

Beck, J. S. (2023). **인지행동치료 이론과 실제**(3판)(*Cognitive behavior therapy*). (최영희, 신승민, 최상유, 조소리 공역). 하나의학사. (원전은 2020년에 출판).

Bennett-Levy, J. (2006). Therapist skills: A cognitive model of their acquisition and refinement. *Behavioral and Cognitive Psychotherapy, 34*, 57-78.

Bergmann, M. S. (2003). A contribution to the supervisory panel. *Psychoanalytic Dialogues, 13*(3), 327-339.

Bergmann, M. S. (2004). Understanding dissidence and controversy in the history of psychoanalysis. In Understanding Dissidence and Controversy in the History of

Psychoanalysis, Feb, 2003, New York, NY, US; This book presents proceedings from the aforementioned conference. Other Press.

Bernard, J. M. (1997). The discrimination model. In C. E. Watkins (Ed.), *Handbook of psychotherapy supervision* (pp. 310-327). Wiley.

Bernard, J. M., & Goodyear, R. K. (2014). *Fundamentals of clinical supervision* (5th ed.). Pearson.

Bertsch, K. N., Bermer-Landau, J. D., Inman, A. G., DeeBoer Kreider, E. R., Price, T. A., & DeCarlo, A. L. (2014). Evaluation of the critical events in supervision model using gender related events. *Training and Education in Professional Psychology, 8,* 174-181.

Beutler, L. E., & Harwood, T. M. (2000). *Prescriptive psychoterapy: A practical guide to systematic treatment selection.* Oxford University Press.

Beutler, L. E., Scogin, F., Kirkish, P., Schretlen, D., Corbishley, A., Hamblin, D., Meredith, K., Potter, R., Bamford, C. R., & Levenson, A. I. (1987). Group cognitive therapy and alprazolam in the treatment of depression in older adults. *Journal of Consulting and Clinical Psychology, 55*(4), 550-556.

Blumer, H. (2004). *George Herbert Mead and human conduct.* Rowman & Littlefield.

Bollas, C. (1987). The shadow of the object: Psychoanalysis of the unthought known. *Columbia University Press.*

Bordin, E. S. (1983). A Working Alliance Based Model of Supervision. *The Counseling Psychologist, 11*(1), 35-42.

Brabeck, M. M. (Ed.). (2000). *Practicing feminist thics in psychology.* American Psychological Association.

Bradley, L. J., & Ladany, N. (2000). *Counselor supervision: Principles, process, and practice* (3rd ed.). Pearson.

Bradley, L., Gould, L., & Parr, G. (2001). Supervision-based integrative models of counselor supervision. *Counselor supervision: Principles, process, and practice.* Brunner-Routledge.

Broverman, I. K., Broverman, D. M., Clarkson, F. E., Rosenkrantz, P. S., & Vogel, S. R. (1970). Sex-role stereotypes and clinical judgments of mental health. *Journal of Consulting and Clinical Psychology, 34*(1), 1-7.

Brown, L. S. (1991). Ethical issues in feminist therapy: Selected topics. *Psychology of Woment Quarterly, 15,* 323-336.

Brown, L. S. (1994). *Subversive dialogues: Theory in feminist therapy*. Basic Books.

Brown, L. S. (1997). Ethics in psychology: Cui Bono? In D. Fox & I. Prilleltenksy (Eds.), *The handbook of critical psychology* (pp. 51-67). Sage Publications.

Brown, L. S. (2007). Empathy, genuineness-and the dynamics of power: A feminist responds to Rogers. *Psychotherapy: Theory, Research, Practice, Training, 44*, 257-259.

Brown, L. S. (2010). *Feminist therapy*. American Psychological Association.

Brown, L. S. (2012) Compassion amidst oppression: Increasing cultural competence for managing difficult dialogues in therapy. In M. Goldfried, A. Wolf & J. C. Muran (Eds.), *Transforming negative reactions to clients: From frustration to compassion* (pp. 139-158). American Psychological Association.

Brown, L. S., & Ballou, M. (Eds.). (1992). *Personality and psychopathology: Feminist reappraisals*. Guilford Publications.

Brown, L. S., & Walker, L. E. A. (1990). Feminist therapy perspectives on self-disclosure. In G. Stricker & M. Fisher (Eds.), *Self-disclosure in the therapeutic relationship* (pp. 135-154). Plenum.

Bugental, J. F. (1965). *The search for authenticity: An existential-analytic approach to psychotherapy*. Holt, Rinehart & Winston.

Bugental, J. F. (1999). *Psychotherapy isn't what you think: Bringing the psychotherapeutic engagement into the living moment*. Zeig Tucker & Theisen Publishers.

Bugental, J. F. T. (1976). *The search for existential identity*. Jossey-Bass.

Burns, D. D. (1990). *The feeling good handbook*. Plume.

Cabaniss, D. L. (2012). Teaching psychodynamics in the twenty-first century. *Journal of the American Psychoanalytic Association*, *60*(3), 483-492.

Calhoun, C., Gerteis, J., Moody, J., Pfaff, S., & Virk, I. (Eds.). (2022). *Contemporary sociological theory*. John Wiley & Sons.

Carifio, M. S., & Hess, A. K. (1987). Who is the ideal supervisor?. *Professional Psychology: Research and Practice*, *18*(3), 244-255.

Chesler, P. (1972). *Women and madness*. Doubleday.

Clinton, B. K., Silverman, B. C., & Brendel, D. H. (2010). Patient-targeted Googling: The ethics of searching online for patient information. *Harvard Review of Psychiatry*, *18*(2), 103-112.

Cooper, M. (2007). Experiential and phenomenological foundations. In M. Cooper,

M. O'Hara, P. F. Schmid, & G. Wyatt (Eds.), *The handbook of person-centred psychotherapy and counselling* (pp. 64-76). Palgrave Macmillan.

Corey, G. (2004). **상담 및 심리치료의 통합적 접근**(*The art integrative counseling*). (현명호, 유제민 공역). 시그마프레스. (원전은 2001년에 출판).

Corey, G. (2012). **심리상담과 치료의 이론과 실제(8판)**(*Theory and practice of counseling and psychotherapy*). (조현춘, 조현재, 문지혜, 이근배. 홍영근 공역). 센게이지 러닝. (원전은 2009년에 출판).

Corey, G.(2016). **통합적 상담: 사례중심의 접근**(*Case approach to counseling and psychotherapy*). (현명호, 유제민, 이정아, 박지선 공역). 센게이지러닝. (원전은 2012년에 출판).

Corrie, S., & Lane, D. A. (2015). *CBT supervision.* Sage.

Davies, J. M., & Frawley, M. G. (1994). *Treating the adult survivor of childhood sexual abuse (Vol. 1)*. Basic Books.

DeRubeis, R. J., & Beck, A. T. (1988). *Handbook of cognitive-behavioral therapies*. The Guilford Press.

Doehrman, M. J. (1976). Parallel Processes In Supervision And Psychotherapy. *Bulletin Of The Menninger Clinic*, *40*, 1-104.

Eells, T. D. (2011). What is an evidence-based psychotherapy case formulation?. *Psychotherapy Bulletin, 46*, 17-21.

Efstation, J. F., Patton, M, J.. & Kardash, C. M. (1990). Measuring the Working Alliance in Counselor Supervision. *Journal of Counseling Psychology. 37*(3), 322-329.

Elliott, R., Watson, J. C., Goldman, R. N., & Greenberg, L. S. (2004). *Learning emotion-focused therapy: The process-experiential approach to change*. American Psychological Association.

Epstein, R. M., & Hundert, E. M. (2002). Defining and assessing professional competence. *JAMA, 287*(2), 226-235.

Falender, C. A., & Shafranske, E. P. (2004). *Clinical supervision: A compentency-besed approach.* American Psychological Association.

Falender, C. A., & Shafranske, E. P. (2007). Competence in competency-besed supervision practice: Construct and appliication. *Professional Psychology: Research and practice, 38*, 232-240.

Falender, C. A., & Shafranske, E. P. (2008). Best practices of supervision. In C. A. Falender & E. P. Shafranske (Eds.), *Casebook for clinical supervision: A competency-based approach* (pp. 3-15). American Psychological Association.

Falender, C. A., & Shafranske, E. P. (2012). *Getting the most out of clinical training and supervision: A guide for practicum students and interns*. American Psychological Association.

Falender, C. A., & Shafranske, E. P. (2017). *Supervision Essentials for the Practice of Competency-Based Supervision*. American Psychological Association.

Falender, C. A., & Shafranske, E. P. (Eds). (2012). *Getting the most out of clinical training and supervision: A guide for practicum students and interns*. American Psychological Association.

Fama, L. D. (2003). Vicarious traumatization: A concern for pre- and post-doctoral level psychology trainees? (Unpublished doctoral dissertation). State University of New York.

Farber, E. W. (2014). Supervising humanistic and existential psychotherapies. *The Wiley international handbook of clinical supervision*, 530-551.

Faunce, P. S. (1985). A Feminist philosophy of treatment. In L. B. Rosewater & L. E. A. Walker (Eds.), *Handbook of feminist therapy: Women's issues in psycho-therapy* (pp. 1-5). Springer.

Fauth, J., Gates, S., Vinca, M. A., Boles, S., & Hayes, J. A. (2007). Big ideas for psychotherapy training. *Psychotherapy: Theory, Research, Practice, Training, 44*(4), 384.

Feminist Therapy Institute. (1990). Feminist Therapy Institute code of ethics. In H. Lerman & N. Porter (Eds.), *Feminist ethics in psychotherapy* (pp. 37-40). Springer.

Feminist Therapy Institute. (1995). Feminist Therapy Institute code of ethics (Revised). In E. J. Reve & C. C. Larsen (Eds.), *Ethical decision-making in therapy: Feminist perspectives* (pp. 38-41). Guilford.

Feminist Therapy Institute. (1999). *Feminist Therapy Institute code of ethics*. Author.

Fleming, I., Gone, R., Diver, A., & Fowler, B. (2007). Risk supervision in Rochdale. *Clinical Psychology Forum, 176*, 22-25.

Fleming, J. (1953). The role of supervision in psychiatric training. *Bulletin of the Menninger Clinic, 17*(5), 157.

Fleming, J., & Benedek, T. (1964). Supervision. A method of teaching psychoanalysis: preliminary report. *The Psychoanalytic Quarterly, 33*(1), 71-96.

Forrest, L., Elman, N., Gizara, S., & Vacha-Haase, T. (1999). Trainee Impairment: A

Review of Identification, Remediation, Dismissal, and Legal Issue. *The Counseling Psychologist, 27*(5), 627-686.

Fouad, N. A., Grus, C. L., Hatcher, R. L., Kaslow, N. J., Hutchings, P. S., Madson, M. B., … & Crossman, R. E. (2009). Competency benchmarks: A model for understanding and measuring competence in professional psychology across training levels. *Training and Education in Professional Psychology, 3*(4, Suppl.), S5-S26.

Frawley-O'Dea, M. G., & Sarnat, J. E. (2001). *The supervisory relationship: A contemporary psychodynamic approach.* Guilfford Press.

Frawley-O'Dea, M. G. (2003). Supervision is a relationship too: A contemporary approach to psychoanalytic supervision. *Psychoanalytic Dialogues, 13*(3), 355-366.

Frawley-O'Dea, M. G., & Sarnat, J. E. (2001). *The supervisory relationship: A contemporary psychodynamic approach*. Guilford Press.

French, T. M. (1933). Interrelations between psychoanalysis and te experimental work of Pavlov. *Amerixan Journal of Psychiatry, 89*, 1165-1203.

Friedlander, M. L. (2015). Use of relational strategies to repair alliance ruptures: How responsive supervisors train responsive psychotherapists. *Psychotherapy 52*(2), 174-179.

Friedlander, M. L., & Ward, L. G. (1984). Development and validation of the Supervisory Styles Inventory. *Journal of Counseling Psychology, 31*(4), 541-557.

Friedlander, M. L., Skowron, E. A., Heatherington, L., & Johnson, B. (1994). Sustaining Engagement: A Change Event in Family Therapy. *Journal of Counseling Psychology, 41*(4), 438-448.

Gay, P. (1988). *Freud*. Doubleday.

Geller, S. M., & Greenberg, L. S. (2011). *Therapeutic presence: A mindful approach to effective therapy*. American Psychological Association.

Gendlin, E. T. (1996). *Focusing-oriented psychotherapy: A manual of the experiential method.* Guilford Press.

Gentile, L., Ballou, M., Roffman, E., & Ritchie, J. (2009). *Supervision for social change: A feminist ecological perspective. Women & Therapy, 33*, 140-151.

Gibert, L. A., & Rader, J. (2007). Feminist counseling. In A. B. Rochlen (Ed.), *Applying counseling theories: An online case-based approach* (pp. 225-238). Pearson Prentice-Hall.

Giddings, P. (1996). *When and where I enter: The impact of race and sex on Black women's lives*. Amistad.

Gill, S. (Ed.). (2001). *The supervisory alliance: Facilitating the psychotherapist's learning experience*. Jason Aronson.

Goldman, R. N., & Greenberg, L. S. (2015). *Case formulation in emotion-focused therapy: Co-creating clinical maps for change*. American Psychological Association.

Gonsalvez, C. J., & Calvert, F. L. (2014). Competency-based models of supervision: Principles and applications, promiss and challenges. *Australian Psychologist, 49*, 200-208.

Goodyear, R., Lichtenberg, J. W., Bang, K., & Gragg, J. B. (2014). Ten changes psychotherapists typically make as the mature into the role of supervisor. *Journal of Clinical Psychology, 70*, 1042-1050.

Gottlieb, M. C., Robinson, K., & Younggren, J. N. (2007). Multiple relations in supervision: Guidance for administrators, supervisors, and students. *Professional Psychology: Research and Practice, 38*(3), 241-247.

Grant, J., Schofield, M. J., & Crawford, S. (2012). Managing difficulties in supervision: Supervisors' perspectives. *Journal of counseling psychology, 59*(4), 528-541.

Gray, L. A., Ladany, N., Walker, J. A., & Ancis, J. R. (2001). Psychotherapy trainees' experience of counterproductive events in supervision. *Journal of Counseling Psychology, 48*(4), 371-383.

Greenberg, L. S. (1983). Toward a task analysis of conflict resolution in Gestalt therapy. *Psychotherapy, 20*(2), 190-201.

Greenberg, L. S. (1986). Research strategies. In L. S. Greenberg, W. M. Pinsof, & L. S. Greenberg, W, M. Pinsof (Eds.), *The psychotherrapeutic process: A research handbook* (pp. 707-734). Guilford Press.

Greenberg, L. S. (2010). Emotion-focused therapy: A clinical synthesis. *Focus: The Journal of Lifelong Learning in Psychiatry, 8*(1), 32-42.

Greenberg, L. S., & Elliott. R. (1997). Varieties of empathic responding. In A. C. Bohart & L. S. Greenberg (Eds.), *Empathy reconsidered: New directions in psychotherapy* (pp. 167-186). American Psychological Association.

Greenberg, L. S., & Foerster, F. S. (1996). Task analysis exemplified: The process of resolving unfinished business. *Journal of Consulting and Clinical Psychology, 64*(3), 439-446.

Greenberg, L. S., & Paivio, S. C. (1997). *Working with Emotions in Psychotherapy*.

Guilford Press.

Greenberg, L. S., & Pascual-Leone, J. (2001). A Dialectical constructivist view of the creation of personal meaning. *Journal of Constructivist Psychology*, *14*(3), 165-186.

Greenberg, L. S., & Tomescu, L. R. (2017). *Supervision Essentials for Emotion-Focused Therapy*. American Psychological Association.

Greenberg, L. S., Heathreington, L., & Friedlander, M. L. (1996). The events based approach to couple and family therapy research. In D. H. Sprenkle & S. M. Moon (Eds.), *Research methods in family therapy* (pp. 411-428), Gilford Press.

Greenberg, L. S., Rice, L.N., & Elliott, R. (1993). *Facilitating emotional change: The moment by moment process*. Guilford Press.

Greenspan, M. (1982). *A new approach to women and therapy*. McGraw Hill.

Hatcher, R. L., Fouad, N. A., Grus, C. L., Campbell, L. F., McCutcheon, S. R., & Leahy, K. L. (2013). Competency benchmarks: Practical steps toward a culture of competence. *Training and Education in Professional Psychology, 7,* 84-91.

Hayes, J. A. (2002). Playing with fire: Countertransference and clinical epistemology. *Journal of Contemporary Psychotherapy, 32,* 93-100.

Haynes, R., Corey, G., & Moulton, P. (2003). Models of supervision. *Clinical supervision in the helping professions: a practical guide*. Brooks, Cole-Thomson Learning.

Henderson, P., Millar, A., & Holloway, J. (2014). *Practical supervision: How to become a supervisor for the helping professions* (Vol. 20140421). Jessica Kingsley Publishers.

Heppner, P. P., & Roehlke, H. J. (1984). Differences among supervisees at different levelsof training: Implications for a developmental model of supervision. *Journal of Counseling Psychology*, *31*(1), 76-90.

Hill, C. E., Charles, C., & Reed, K. G. (1981). A longitudinal analysis of changes in counseling skills during doctoral training in counseling psychology. *Journal of Counseling Psychology*, *28*(5), 428-436.

Hill, C., & Knox, S. (2002). Self-disclosure. In J. C. Norcross (Ed.), *Psychotherapy relationships that work: Therapist contributions and responsiveness to patients* (pp. 255-266). Oxford University Press.

Hoffman, L., Granger, N., & Mansilla, M. (2016). Multiculturalism and meaning in existential and positive psychology. *Clinical perspectives on meaning: Positive and existential psychotherapy*, 111-130.

Hogan, R. A. (1964). Issues and approaches in supervision. *Psychotherapy: Theory,*

Research & Practice, 1(3), 139-141.

Holloway, E. L. (1992). Supervision: A way of teaching and learning. In S. D. Brown & R.W. Lent (Eds.), *Handbook of counseling psychology* (pp. 177-214). John Wiley & Sons.

Holloway, E. L. (1995). *Clinical supervision: A systems approach*. Sage.

Holloway, E. L. (2016). *Supervision essentials for a systems approach to supervision*. American Psychological Association.

Holloway, E. L., & Poulin, K. L. (1995). Discourse in supervision. In J. Siegfried (Ed.), *Therapeutic and everyday discourse as behavior change: Towards amicro-analysis in psychotherapy process research* (pp. 245-273). Ablex.

Holloway, E. L., & Wolleat, P. L. (1981). Style differences of beginning supervisors: Aninteractional analysis. *Journal of Counseling Psychology*, *28*(4), 373-376.

Holloway, E. L., Freund, R. D., Gardner, S. L., Nelson, M. L., & Walker, B. R. (1989). Relation of power and involvement to theoretical orientation in supervision: Ananalysis of discourse. *Journal of Counseling Psychology*, *36*(1), 88-102.

Inman, A. G., Hutman, H., Pendse, A., Devdas, L., Luu, L., & Ellis, M. V. (2014). Current trends concerning supervisors, supervisees, and clients in clinical supervision. *The Wiley international handbook of clinical supervision*, 61-102. Wiley-Blackwell.

Ivancevich, J. M., & Matteson, M. T. (1980). *Stress and work*. Glenville, Scott Foresman.

Iwamasa, G. Y., Pai, S. M., & Sorocco, K. H. (2006). Multicultural Cognitive-Behavioral Therapy Supervision. In P. A. Hays & G. Y. Iwamasa (Eds.), *Culturally responsive cognitive-behavioral therapy: Assessment, practice, and supervision* (pp. 267-281). American Psychological Association.

James, I. A., Blackburn, I. M,, & Reichelt, F. K. (2001). *Manual of the Revised Cognitive Therapy Scale (CTR-S)*. Unpublished manuscript, Newcastle Cognitive and Behavioral Therapies Centre and University of Newcastle-upon-Tyne.

Jennings, L., & Skovholt, T. (2004). The cognitive, emotional, and relational characteristics of master therapists. *Master therapists: Exploring expertise in therapy and counseling*, 31-52.

Jordan, J. V., Hartling, L. M., & Walker, M. (Eds.). (2004). *The complexity of connection: Writings from the Stone Center's Jean Baker Miller training institute*. Guilford Press.

Kanuha, V. K. (1990). An integrated analysis of oppression in feminist therapy. In H. Lerman & N. Porter (Eds.), *Feminist ethics in psychotherapy* (pp. 24-36). Springer

Publishing Company.

Kaslow, N. J., Forrest, L., Elman, N. S., Van Horne, B. A., Jacobs, S. C., … Thorn, B. E. (2007). Recognizing, assessing, and intervening with problems of professional competence. *Professional Psychology: Research and Practice, 38*, 479-492.

Kindsvatter, A., Granello, D. H., & Duba, Dr. J. D. (2008). Cognitive Techniques as a Means for Facilitating Supervisee Development. *Counselor Education & Supervision, 47,* 179-192.

Krug, O. T. (2009). James Bugental and Irvin Yalom: Two masters of existential therapy cultivate presence in the therapeutic encounter. *Journal of Humanistic Psychology, 49*(3), 329-354.

Krug, O. T. (2019). Existential-Humanistic and Existential-Integrative Therapy: Method and Practice. *The Wiley world handbook of existential therapy*, 257-266.

Krug, O. T., & Schneider, K. J. (2016). *Supervision essentials for existential-humanistic therapy*. American Psychological Association.

Kuyken, W., & Tsivrikos, D. (2009). Therapist competence, comorbidity and cognitive-behavioral therapy for depression. *Psychotherapy and Psychosomatics, 78*, 42-48.

Ladany, N. (2004). Psychotherapy supervision: What lies beneath. *Psychotherapy Research, 14,* 1-19.

Ladany, N., & Friedlander, M. L. (1995). The relationship between the supervisory working alliance and trainee's experience of role conflict and role ambiguity. *Counselor Education and Supervision, 34,* 220-231.

Ladany, N., & O'Shaughnessy, T. (2015). Training and supervision in career counseling. In P. J. Hartung, M. L. Savickas, & W. B . Walsh (Eds.), *APA handbook of career intervention, Volume: Foundation* (pp. 375-387). Psychological Association.

Ladany, N., & Walker, J. A. (2003). Supervisor self-disclosure: Balancing the uncontrollable narcissist with the indomitable altruist. *Journal of Clinical Psychology*, *59*(5), 611-621.

Ladany, N., Brittan-Powell, C. S., & Pannu, R. K. (1997). The influence of supervisory racial identity interaction and racial matching on the supervisory working alliance and supervisee multicultural competence. *Counselor Education and Supervision, 36*(4), 284-304.

Ladany, N., Friedlander, M. L., & Nelson, M. L. (2005). *Critical event in psychotherapysupervision: An interpersonal apporoach*. American Psychological Association.

Ladany, N., Friedlander, M. l., & Nelson, M. L.(2016). *Supervision Essentials for the Critical event in psychotherapy supervision Model.* American Psychological Association.

Ladany, N., Hill, C. E., Corbett, M. M., & Nutt, E. A. (1996). Nature, Extent, and Importance ofWhat Psychotherapy Trainees Do Not Disclose to Their Supervisors. *Journal of Counseling Psychology, 43*(1), 10-24.

Ladany, N., Lehrman-Waterman, D. E. (1999). The content and frequency of supervisorself-disclosures and their relationship to supervisor style and the supervisory working alliance. *Counselor Education and Supervision*, *38*(3), 143-160.

Lane, R. (2008). Neural substrates of implicit and explicit emotional processes: A unifying framework for psychosomatic medicine. Presidental address to the American Psychosomatic Society. *Psychosomatic Medicine, 70*(2), 214-230.

Laura, S. B. (2016). *Supervision Essentials for the Feminist Psychotherapy Model of Supervision*. American Psychological Association.

Lehrman-Waterman, D., & Ladany, N. (2001). Development and validation of the evaluation process within supervision inventory. *Journal of Counseling Psychology, 8*(2), 168-177.

Lerner, G. (1993). *The creation of feminist consciousness*. Oxford University Press.

Littrell, J. M., Lee-Borden, N., & Lorenz, J. (1976). A developmental framework for counseling supervision. *Counselor education and supervision, 19*(2), 129-136.

Livni, D., Crowe, T. P., & Gonsalvez, C. J. (2012). Effects of supervision modality and intensity on alliance and outcomes for the supervisee. *Rehabilitation Psychology, 57*, 178-186.

Loganbill, C., Hardy, E., & Delworth, U. (1982). Supervision: A conceptual model. *The counseling psychologist, 10*(1), 3-42.

Luepnitz, D. A. (1988). *The family interpreted*. Basic Books.

Maslach, C. (2003). *Burnout: The cost of caring*. Ishk.

Maslach, C., Schaufeli, W. B., & Leiter, M. P. (2001). Job burnout. *Annual Reviews of Psychchology, 52*, 397-422.

McKinney, M. (2000). Relational perspective and the supervisory triad. *Psychoanalytic, 17*, 565-584.

McNeill, B. W., & Stoltenberg, C. D. (2016). *Supervision essentials for the integrative developmental model*. American Psychological Association.

McNeill, B. W., Stoltenberg, C. D., & Pierce, R. A. (1985). Supervisees' perceptions of theirdevelopment: A test of the counselor complexity model. *Journal of counselingpsychology, 32*(4), 630-633.

Mehr, K. E., Ladany, N., & Caskie, G. L. (2015). Factors influencing trainee will ingness to disclose in supervision. *Training and education in Professional Psychology, 9,* 44-51.

Melincoff, D. S. (2001). Counselor trainees' sexual attraction toward their supervisors: A qualitative study. *Dissertation Abstracts International, 62*(4-B), 2069.

Melincoff, D. S., Ladany, N., Walker, J. A., Tyson, A., & Muse-Burke, J. (2023). *Trainees' sexual attraction toward their supervisors.* Manuscript submitted for publication.

Miller, G. R. (1976). *Explorations in interpersonal communication*. Newbury Park, Sage.

Miller, J. B., & Stiver, I. P. (1997). *The healing connection: How women form relationships in therapy and life.* Beacon Press.

Milne, D. (2007). An empirical definition of clinical supervision. *British Journal of Clinical Psychology, 46*, 437-447.

Milne, D. L., Reiser, R. P., Cliffe T., & Raine, R. (2011). SAGE: Preliminary evaluation of an instrument for observing competence in CBT supervision. *The Cognitive Behaviour Therapist, 4,* 123-138.

Mindell, A. (2011). **양자심리학: 심리학과 물리학의 경계**(*Quantum mind*). (양명숙, 이규환 공역). 학지사. (원전은 2000년에 출판).

Miville, M. (2013). Multicultural feminist trainging, supervision and continuing education: Concepts, competencies, and challenges. In C. Z. Enns & E. N. Willianms (Eds.), *The Oxford handbook of feminist multicultural counseling psychology* (pp. 432-450). Oxford University Press.

Moskowitz, S. A., & Rupert, P. A. (1983). Conflict resolution within the supervisory relationship. *Professional Psychology: Research and Practice*, *14*(5), 632.

Mueller, W. J., & Kell, B. L. (1972). *Coping with conflict: Supervising counselors and psychotherapists.* Prentice-Hall.

Murphy, M. J., & Wright, D.W. (2005). Supervisee' perspectives of power use in supervision. *Journal of Marital and Family Therapy, 31,* 283-295.

Muse, K., & McManus, F. (2013). A systematic review of methods for assessing competence in cognitive behavioural therapy. *Clinical Psychology Review, 33*, 484-499.

Nagel, C. (2023). **정신역동 코칭: 30가지 고유한 특징**(*Psychodynamic coaching: Distinctive features).* (김상복 역). 한국코칭수퍼비전아카데미. (원전은 2019년에 출판).

Nagell, W., Steinmetzer, L., Fissabre, U., & Spilski, J. (2014). Research into the relationship experience in supervision and its influence on the psychoanalytical identity formation of candidate trainees. *Psychoanalytic Inquiry*, *34*(6), 554-583.

Nelson, M. L., Barnes, K. L., Evans, A. L., & Triggiano, P. J. (2008). Working with conflict in clinical supervision: Wise supervisors' perspectives. *Journal of Counseling Psychology, 55*(2), 172.

Neufeldt, S. A., Beutler, L. E., & Banchero, R. (1997). Research on supervisor variables in psychotherapy supervision. In C. E. Watkins Jr. (Ed.), *Handbook of psychotherapy supervision* (pp. 508-524). John Wiley & Sons.

Newman, C. F. (2010). Competency in conducting cognitive-behavioral therapy: Foundational, functional. and supervisory aspects. *Psychotherapy: Theory, Research, Practice, Training, 47*, 12-19.

Newman, C. F. (2012). *Core competencies in cognitive in cognitive-behavioral therapy: Becoming a highly effective and competent cognitive-behavioral therapist*. Routledge.

Newman, C. F,, & Kaplan, D, A, (2016). *Supervision essentials for cognitive-behavioral therapy.* American Psychological Association.

Nicholas L., & Loretta J. B. (2013). **상담 수퍼비전**(*Counselor supervision*). (유영권, 안유숙, 이정선, 은인애, 류경숙, 최주희 공역). 학지사. (원전은 2011년에 출판).

Nicholas L., Myrna L. F., & Mary L. N. (2007). **상담수퍼비전의 주요사건**(*Critical events in psychotherapy supervision*). (방기연, 김만지 공역). 시그마프레스. (원전은 2005년에 출판).

Norcross, J. C. & Popple, L. M. (2022). **통합적 심리상담에 대한 수퍼비전 핵심 가이드** (*Supervision essentials for integrative psychotherapy*). (양명숙, 천세영 공역). 학지사. (원전은 2016년에 출판).

Norcross, J. C. (1988). Supervision of integrative psychoterapy. *Journal of Integrative & Eclectic Psychotherapy, 7*, 157-166.

Norcross, J. C. (Ed.). (2011). *Psychotherapy relationsips that work* (2nd ed.). Oxford University Press.

Norcross, J. C., & Wampold, B. E. (2011). Evidence-based therapy relationships: Research conclusions and clinical practices. *Psychotherapy, 48*(1), 98.

Norcross, J. C., Beutler, L. E., Clarkin, J. F., DiClemente, C. C., Halgin, R. P., Frances, A.,… & Suedfeld, P. (1986). Training integrative/eclectic psychotherapists. *Journal of Integrative & Eclectic Psychotherapy, 5*, 71-94.

Peltier, B. (2017). **경영자 코칭 심리학**[*The psychology of executive coaching: Theory and* *application (2nd ed.)*]. (김정근 역). 학지사. (원전은 2010년에 출판).

Philpot, C. L., Brooks, G. R., Lusterman, D. D., & Nutt, R. L. (1997). *Bridging separate gender worlds: Why men and women clash and how therapists can bring them together*. American Psychological Association.

Porter, N. (1985). New perspectives on therapy supervision. In L. B. Rosewater & L. E. A. Walker (Eds), *Handbook of feminist therapy: Women's issues in psycho-therapy* (pp. 332-343). Springer Publishing.

Porter, N. (2009). Feminist and multicultural underpinnings to supervision: An overview. *Women & Therapy, 33*, 1-6.

Porter, N., & Vasquez, M. (1997). Convision: Feminist supervision, process, and collaboration. In J. Worell & N. Johnson (Eds.), *Shaping the future of feminist psychology: Education, research, and practice* (pp. 155-171). American Psychological Association.

Rabinowitz, F. E., Heppner, P. P., & Roehlke, H. J. (1986). Descriptive study of process and outcome variables of supervision over time. *Journal of Counseling Psychology, 33*, 292-300.

Raver, E. J., & Larsen, C. C. (Eds.). (1995). *Ethical decision making in therapy: Feminist perspectives*. Guilford Press.

Reising, G. N., & Daniels, M. H. (1983). A study of Hogan's model of counselor development and supervision. *Journal of Counseling Psychology*, *30*(2), 235-244.

Rice, D. L. (2015). Humanistic psychology and social action. *The handbook of humanistic psychology: Theory, research, and practice* (2nd ed., pp. 707-721). Sage publications, Inc.

Rice, L. N., & Greenberg, L. (Eds.). (1984). *Patterns of change: Intensive analysis of psychotherapy process*. Guilford Press.

Rice, L. N., & Kerr, G. P. (1986). Measures of client and therapist vocal quality. In L. S. Greenberg & W. M. Pinsof (Eds.), *The psychotherapeutic process: A research handbook* (pp. 73-105). Guilford Press.

Rice, L. N., & Wagstaff, A. K. (1967). Client voice quality and expressive style as indexes of productive psychotherapy. *Journal of Consulting Psychology, 31*(6), 557-563.

Riggs, S. A. & Bretz, K. M. (2006). Attachment processes in the supervisory relationship: An exploratory investigation. *Professional Psychology: Research and Practice, 37*(5), 558-566.

Rodolfa, E., Bent, R., Eisman, E., Nelson, P., Rehm, L., & Ritchie, P. (2005). A cube model for competency development: Implications for psychology educators and regulators. *Professional Psychology: Research and Practice, 36*, 347-354.

Rogers, C. R. (1957). The necessary and sufficient conditions of therapeutic personality change. *Journal of Consulting Psychology, 21*, 95-103.

Rønnestad, M. H., & Skovholt, T. M. (2003). The journey of the counselor and therapist: Research findings and perspectives on professional development. *Journal of career development, 30*, 5-44.

Rosewater, L. B., & Walker, L. E. A. (Eds.). (1985). *Handbook of feminist therapy: Women's ussues in psycholtherapy*. Springer Publishing.

Safran, J. D., & Muran, J. C. (1996). The resolution of ruptures in the therapeutic alliance. *Journal of Counsulting and Clinical Psychology, 64*, 447-458.

Safran, J. D., & Muran, J. C. (2001). A relational approach to training and supervision in cognitive psychotherapy. *Journal of Cognitive Psychotherapy, 15*, 3-16.

Safran, J. D., Crocker, P., McMain, S., & Murray, P. (1990). Therapeutic alliance rupture as a therapy event for empirical investigation. *Psychotherapy: Theory, Research, Practice, and Training, 27*, 154-165.

Sarnat, J. E. (2012). Supervising psychoanalytic psychotherapy: Present knowledge, pressing needs, future possibilities. *Journal of Contemporary Psychotherapy*, *42*(3), 151-160.

Sarnat, J. E. (2016). *Supervision essentials for psychodynamic psychotherapies*. American Psychological Association.

Schneider, K. J. (1998). Existential processes. In L. S. Greenberg, J. C. Watson, & G. Lietaer (Eds.), *Handbook of experiential psychotherapy* (pp. 103-120). Guilford Press.

Schneider, K. J. (2016). Existential-integrative therapy: Foundational implications for integrative practice. *Journal of Psychotherapy Integration, 26*(1), 49.

Schneider, K. J. (2019). Existential-Humanistic and Existential-Integrative Therapy: Philosophy and Theory. *The Wiley world handbook of existential therapy*, 247-256.

Schneider, K. J., & Krug, O. T. (2010). *Existential-humanistic therapy* (pp. x-164). American Psychological Association.

Schneider, K. J., & Krug, O. T. (2017). **실존적 인간 중심 치료**(*Existential–humanistic therapy*). (신성만, 황인식 공역). 유원북스. (원전은 2010년에 출판).

Schneider, K. J., & May, R. (1995). *The psychology of existence: An integrative, clinical perspective*. McGraw-Hill.

Schön, D. A. (1987). *Educating the reflective practitioner: Toward a new design for teaching and learning in the professions*. Jossey-Bass.

Schwartz, H. L., & Holloway, E. L. (2012). Partners in learning: A grounded theory study of relational practice between master's students and professors. *Mentoring & Tutoring: Partnership in Learning*, *20*(1), 115-135.

Schwartz, H. L., & Holloway, E. L. (2014). "I become a part of the learning process": Mentoring episodes and individualized attention in graduate education. *Mentoring &Tutoring: Partnership in Learning*, *22*(1), 38-55.

Shaffer, K. S., & Friedlander, M. L. (2015). What do "interpersonally sensitive" supervisors do and how do supervisees experience a relational approach to supervision? *Psychotherapy Research, 14*, 1-12.

Smith, A. J., & Siegel, R. F. (1985). Feminist therapy: Redefining power for the powerless. In L. B. Rosewater & L. E. A. Walker (Eds.), *Handbook of feminist therapy: Women's issues in psychotherapy* (pp. 13-21). Springer Publishing.

Sterling, M. M. (1993). The meld experience in psychotherapy supervision. *Journal of Humanistic Psychology, 33*(2), 38-48.

Stern, D. B. (2013). *Unformulated experience: From dissociation to imagination in psychoanalysis*. Routledge.

Stoltenberg, C. D. (1981). Approaching supervision from a developmental perspective: The counselor complexity model. *Journal of Counseling Psychology, 28*(1), 59-65.

Stoltenberg, C. D., & Delworth, U. (1987). *Supervising counselors and therapists: A developmental approach*. Jossey-Bass.

Stoltenberg, C. D., & McNeill, B. W. (2010). *IDM supervision: An integrative developmental model for supervising counselors and therapists* (3rd ed.). Routledge/ Taylor & Francis Group.

Stoltenberg, C. D., & McNeill, B. W. (2012). Supervision: Research, models, and competence. In N. A. Fouad, J. A. Carter, & L. M. Subich (Eds.), *APA handbook of counseling psychology, 1. Theories, research, and methods* (pp. 295-327).

Stoltenberg, C. D., McNeill, B. W., & Crethar, H. C. (1994). Changes in supervision as counselors and therapists gain experience: A review. *Professional Psychology: Research and Practice*, *25*(4), 416-449.

Stoltenberg, C. D., McNeill, B. W., & Delworth, U. (1998). *IDM Supervision: An Integrated Developmental Model for Supervising Counselors and Therapists.* Jossey-Bass.

Stoltenberg, C. D., McNeill, B. W., & Delworth, U. (2011). *IDM supervision: An integrative developmental model for supervising counselors and therapists* (3rd ed.). Jossey-Bass.

Strauss, J. L., Hayes, A, M., Johnson, S. L., Newman, C. F., Brown, G. K., Barber, J. P., … & Beck, A. T. (2006). Early alliance, alliance ruptures, and symptom change in a nonrandomized trial of cognitive therapy for avoidant and obsessive-compulsive personality disorders. *Journal of Consulting and Clinical Psychology, 74*, 337-345.

Swift, J. K., Callahan, J. L., Rousmaniere, T. G., Whipple, J. L., Dexter, K., & Wrape, E. R. (2015). Using client outcome monitoring as a tool for supervision. *Psychotherapy, 52,* 180-184.

Szecsödy, I. (1991). The learning process in psychotherapy supervision. *Thw British Journal of Psychiatry, 159*(6). 903.

Szecsödy, I. (2013). Supervision should be a mutual learning experience. *The Scandinavian Psychoanalytic Review, 36*(2), 126-129.

Thomas, J. T. (2010). *The ethics of supervision and consultation: Practical guidance for mental healt professionals.* American Psychological Association.

Vespia, K. M., Heckman-Stone, C., & Delworth, U. (2002). Describing and facilitating effective supervision behavior in counseling trainees. *Psychotherapy: Theory, Research, Practice, Training, 39,* 56-65.

Walker, J. A., Ladany, N., & Pate-Carolan, L. M. (2007). Gender-related events in psychotherapy supervision: Female trainee perspectives. *Counselling and Psychotherapy Research, 7*(1), 12-18.

Wampold, B. E. (2008). Existential-integrative psychotherapy: Coming of age [Review of the book Existential-Integrative psychotherapy: Guideposts to the core of practice, by K. J. Schneider, Eds.]. *PsycCRITIQUES, 53*(6).

Warwar, S., & Greenberg, L. S. (2000). Advances in theories of change and counseling. In S. D. Brown & R. W. Lent (Eds.), *Handbook of counseling psychology* (3rd ed., pp. 571-600). John Wiley & Song.

Watkins Jr, C. E. (2016). Psychoanalytic supervision in the new millennium: On pressing needs and impressing possibilities. *In International Forum of Psychoanalysis, 25*(1), 50-67. Routledge.

Watkins Jr, C. E., & Milne, D. L. (Eds.). (2014). *The Wiley international handbook of clinical supervision*. John Wiley & Sons.

Watkins Jr, C. E. (1995). Psychotherapy supervisor and supervisee: Developmental models and research nine years later. *Clinical Psychology Review, 15*(7), 647-680.

Weisstein, N. (1968). *Kinder, kuche, kirche as scientific law: Psychology constructs the female* (pp. 228-245). New England Free Press.

Wiley, M. O., & Ray, P. B. (1986). Counseling supervision by developmental level. *Journal of counseling psychology, 33*(4), 439-445.

Worell, J., & Jonson, N. (Eds.). (1997). *Shaping the future of feminist psychology: Education, research, and practice*. American Psychological Association.

Worell, J., & Remer, P. (2003). *Feminist perspectives in therapy: Empowering diverse women* (2nd ed.). John Wiley & Sons, Inc.

Worthen, V., & McNeill, B. W. (1996). A phenomenological investigation of "good" supervision events. *Journal of Counseling Psychology, 43*(1), 25-34.

Worthington, E. L. (1984). Empirical investigation of supervision of counselors as they gainexperience. *Journal of Counseling Psychology, 31*(1), 63-75.

Worthington, E. L. (1987). Changes in supervision as counselors and supervisors gain experience: A review. *Professional Psychology: Research and Practice, 18*(3), 189.

Worthington, E. L., & Stern, A. (1985). Effects of supervisor and supervisee degree level and gender on the supervisory relationship. *Journal of Counseling Psychology, 32*(2), 252-262.

Yalom, I. (1989). *Love's executioner*. Harper Collins. Harpercollins.

Yalom, I. (2003). Dar terapii: List otwarty do pacjentów i ich terapeutów [The gift of therapy: An open letter to a new generation of therapists and their patients](A. Tanalska-Dulęba, Trans.). Instytut Psychologii Zdrowia. (Original work published in 2002).

Young, J., & Beck, A. T. (1980). *The cognitive therapy rating scale manual*. Unpublished manuscript. University of Pennsylvania.

찾아보기

인명

ㄱ

권석만 58, 61

ㅇ

유영권 77

ㅊ

최영희 58

A

Alford, B. A. 51, 52

B

Beck, A. T. 50, 51, 52, 54, 60, 62, 66

Bennett-Levy, J. 55

Bergmann, M. S. 24

Blackburn, I. M, 68

Bradley, L. 52, 53

Brendel, D. H. 194

Brown, L. S. 202

Bugental, J. F. 113

Burns, D. D. 62

C

Chesler, P. 200

Cliffe T. 78

Clinton, B. K. 194

Cooper, M. 206

Corey, G. 283, 284

Corrie, S. 55

Crowe, T. P. 53

D

DeRubeis, R. J. 62

DiClemente, C. C. 285
Diver, A. 57
Doehrman, M. J. 25
Duba, Dr. J. D. 52

E

Eells, T. D. 54
Enns, C. Z. 202
Epstein, R. M. 174
Espin, O. M. 203

F

Falender, C. A. 76, 173
Ferenczi, S. 19
Fleming, I. 57
Forrest, L. 156
Fouad, N. A. 179
Fowler, B. 57
Frawley-O'Dea, M. G. 20
Freud, S. 17
Friedlander, M. L. 142, 143

G

Gentile, L. 203
Gone, R. 57
Gonsalvez, C. J. 53, 180
Goodyear, R. 180
Gottlied, M. C. 193
Gould, L. 52, 53
Granello, D. H. 52
Greenberg, L. S. 84

H

Hatcher, R. L. 179
Henderson, P. 28
Holloway, E. L. 28, 229
Hundert, E. M. 174

I

Iwamasa, G. Y. 76

J

James, I. A. 68
Jung, C. G. 17

K

Kagan, J. 23
Kaplan, D. A. 49
Kaslow, N. J. 75
Kindsvatter, A. 52, 66
Krug, O. R. 114
Kuyken, W. 54

L

Ladany, N. 53, 142, 143
Lane, R. 55
Lerner, G. 201
Levenson, H. 294
Livni, D. 53

M

May, R. R. 113
Millar, A. 28
Miller, J. B 202
Milne, D. 52, 78
Mindell, A. 289
Muran, J. C. 74
Murphy, M. J. 75

N

Nagell, W. 26
Nelson, M. L. 144
Newman, C. F. 49, 55, 63
Norcross, J. C. 285

P

Pai, S. M. 76
Parr, G. 52, 53
Popple, L. M. 286
Porter, N. 204, 210
Prochaska, J. O. 285

R

Raine, R. 78
Reichelt, F. K. 68
Reiser, R. P. 78
Robinson, K. 193
Rosewater, L. B. 200

S

Safran, J. D. 74
Sarnat, J. E. 17, 23

Schneider, K. J. 114
Shafranske, E. P. 76, 173
Silverman, B. C. 194
Sorocco, K. H. 76
Strauss, J. L. 74
Swift, J. K. 53
Szecsödy, I. 26, 35

T

Tomescu, L. R. 84
Tsivrikos, D. 54

V

Vasquez, M. 210

W

Wachtel, P. L. 285
Walker, J. A. 200
Ward, L. G. 142
Wright, D. W. 75

Y

Younggren, J. N. 193

내용

1단계 사회화 단계 49
2단계 초점 맞추기 단계 49, 66
3단계 수정 단계 49, 66
8가지 영역의 임상 실제 258

E-H 수련의 다섯 가지 핵심 목표 115
E-H 접근의 슈퍼비전 핵심 원리 117
SIC 267

Item 1: 의제를 정하고 집중하기 67
Item 10: 개념을 통합하기 70
Item 11: 변화 방법의 적용 71
Item 12: 과제 부여 71
Item 6: 적절한 정서적 표현 68
Item 7: 주요 인지를 이끌어 내기 69
Item 8: 행동을 이끌어 내기 69
Item 9: 안내된 발견 70

ㄱ

갈등 분열 98
강한 슈퍼비전 동맹 149
개념적 개입 267
개념적 기술 153
개인 슈퍼비전 65
개인적 요인 184
개인차 265
개입 기술 역량 264
경험적 반영 119
경험적으로 함께하는 반응 90
계획 187
공감적 탐색 89
공감적 탐색 반응 86
공동의 목표를 정하기 53
과정 모델 156
과정 안내 90
과정 접근 158
과정 진단 86
과정-경험적 슈퍼비전 81
과정지향 모델 153
과제 분석 모델 146
과제원리 86
관계원리 86
관계의 발달 단계 232
관계형 슈퍼비전 20
권력 강화 199
권력과 평가 75
권력의 역동 분석 205
그림자 30
기법적 기술 153
기본적 가정 58
기술 177
기초 기능적 역량 63

ㄴ

내담자 개념화, 혹은 사례개념화 264
내담자 중심 슈퍼비전 21
내담자의 경험 수준 96
내담자의 성과 평가 295
내담자의 정서 생산성 96
내담자의 정서적 각성 표현 96
내용 지시적(비경험적) 반응 90

ㄷ

다문화와 다양성 183

다문화와 다양성 문제 76
다중관계 193
대립 표식 99
대인관계 사정 264
대인관계적 기술 153
대처 유형 291
동기 261
따라가기 85

ㅁ

마스터 심리상담사의 특징 260
맥락 267
메타역량 179
모델링 65, 300
모의실험 66
목소리 질 95
무소식이 희소식 57
문제 표식 89
문화적 정체성 246
미해결 과제 98
민감성 187

ㅂ

반응성 187, 291
반응성 다루기 187
발달 단계(수준 1, 수준 2, 수준 3, 수준 3i) 257
발달수준의 일반적인 지표 265
법적 · 윤리적 문제 76
병렬과정 20
불안 72
비대칭의 맥락에서 상호성 24
비중립성 207

ㅅ

사건-기반 접근 81
사고 기록지 62
사례개념화 59, 60
사례회의 38
사정 기법 264
사정을 위한 추가자료 266
사회정의 윤리 221
삼각관계 244
상호평가 65
생산적으로 정서를 처리 86

성역할 분석 208
소집단 슈퍼비전 65
소크라테스식 59
소크라테스식 질문 61
슈퍼바이저 매트릭스 중심 슈퍼비전 22
슈퍼바이저 평가 296
슈퍼바이저의 권위 24
슈퍼바이지 정보 문서 271
슈퍼바이지 중심 슈퍼비전 21
슈퍼바이지 평가 296
슈퍼바이지의 성찰 능력 261
슈퍼바이지의 손상이나 기술 부족 75
슈퍼바이지의 평가 57
슈퍼비전 259
슈퍼비전 개입 기술 267
슈퍼비전 계약 182
슈퍼비전 관계 263
슈퍼비전 관계의 중요성 52
슈퍼비전 동맹 32, 91, 099
슈퍼비전 동맹의 3가지 구성요소 149
슈퍼비전 평가 296
슈퍼비전에 대한 평가 77
슈퍼비전을 위한 기대 설정 263
슈퍼비전의 구조 257
실재감 구축 117
실존 · 인간중심 111
실존주의 인간 중심 연구소 123
심리상담 계획 및 목표 265
심리상담사 발달 프로파일 266
심리상담사 발달수준의 사정 및 평가 264

ㅇ

안내된 발견 54, 59, 61
약한 슈퍼비전 동맹 149
역기능적 사고 57, 67
역량 172
역량기반 접근 171, 172
역할극 65, 66
원격심리학 193
이끌어 가기 85
이론적 지향 265
인지 모델 57, 58
인지 이론 50
인지재구성 기술 66, 73
인지치료 50
인지행동 심리상담 평가 매뉴얼 65, 67

인지행동 접근의 슈퍼비전 핵심 원리 52
인지행동치료 49, 50
임상 실제 8가지 영역 264

ㅈ

자기/타인 알아차림 261
자기-간섭 분열 98
자기교습 50
자동적 사고 49, 58, 66
자율성 261
작업환경 87
저항 73
저항 패턴(보호 패턴) 120
전이 29
정서 유형 95
정서 처리 미세과정 표식 94
정서 처리 유형 95
정서를 처리 86
정서중심 심리상담 81
정신분석 50
종합 평가 57
주요 슈퍼비전 구조 261
주요사건 142
중간 신념 49, 58, 59, 66
지식 177
직면적 개입 267
직업적 윤리 265
직접적인 표식 161

ㅊ

처방적 개입 267
철수 표식 99
체계적 접근 모델 235
촉매적 개입 268
촉진적 개입 267
취약성 98
친절함의 횡포 57

ㅌ

태도 및 가치 176
통합 공식 71
통합발달 접근 257
통합발달 접근의 기본 목표 260
통합적 접근의 슈퍼비전 286
통합적 접근의 슈퍼비전 특징 284

ㅍ

평가자 간 상호 신뢰 65
평등주의 관계 205
평등주의 사업 실천 207
표식 87, 161
표식 확인하기 187

ㅎ

하향 화살표 기법 62
핫 시트 152
핵심 신념 49, 58, 59, 66
핵심적 태도 92
행동주의 50
협력적 경험주의 59, 61
형성적 평가 57
혼합 경험 129
환경 267
힘과 개입 231

저자 소개

양명숙(Yang, Myong Suk)

독일 Heinrich-Heine Duesseldorf Universitaet 심리학과 졸업, 철학 박사(Dr. phil.)

현 한남대학교 일반대학원 상담학과 교수, 아동복지학과 교수

황임란(Hwang, Im Ran)

한국교원대학교 대학원 교육학과(교육심리 및 상담전공) 졸업, 교육학 박사

현 순천향대학교 창의라이프대학원 상담및임상심리학과 대우교수

순천향대학교 창의라이프심리상담센터 센터장

김춘희(Kim, Chun Hee)

충남대학교 일반대학원 교육학과 졸업, 교육학 박사

현 충남대학교 교육대학원 강사

한남대학교 미래인재대학원 상담심리학과 강사

김미영(Kim, Mi Young)

충남대학교 일반대학원 교육학과 졸업, 교육학 박사

전 충남대학고 기술교육과 겸임교수

현 대전평생교육진흥원 시민학습부장

김윤희(Kim, Yun Hee)

한남대학교 일반대학원 상담학과 졸업, 상담학 박사

현 전주교육대학교 인권·상담센터 전문경력관

김현지(Kim, Hyun Ji)
한남대학교 일반대학원 상담학과 졸업, 상담학 박사
현 우송대학교 사회복지학과 및 학생상담센터 교수

김현진(Kim, Hyun Jin)
계명대학교 일반대학원 교육학과 졸업, 교육학 박사
현 한남대학교 교육대학원 상담교육전공 교수

이현우(Lee, Hyun Woo)
한남대학교 일반대학원 상담학과 졸업, 상담학 박사
현 한남대학교 미래인재대학원 상담심리학과 겸임교수

전지경(Jeon, Ji Kyung)
한남대학교 일반대학원 상담학과 졸업, 상담학 박사
현 한밭대학교 학생상담센터 전문경력관

천세영(Cheon, Se Young)
한남대학교 일반대학원 상담학과 졸업, 상담학 박사
전 한남대학교 사회문화행정복지대학원 상담심리학과 강의전담교수/겸임교수
현 한국청소년정책연구원 부연구위원

최연화(Choi, Yeun Hwa)
한남대학교 일반대학원 아동복지학과 졸업, 문학 박사
현 중부대학교 학생성장교양학부 조교수

슈퍼바이저를 위한
슈퍼비전의 이론과 실제
Supervision Theory and Practice

2024년 5월 25일 1판 1쇄 인쇄
2024년 5월 30일 1판 1쇄 발행

지은이 • 양명숙 · 황임란 · 김춘희 · 김미영 · 김윤희 · 김현지
김현진 · 이현우 · 전지경 · 천세영 · 최연화

펴낸이 • 김진환
펴낸곳 • ㈜학지사
04031 서울특별시 마포구 양화로 15길 20 마인드월드빌딩
대표전화 • 02-330-5114 팩스 • 02-324-2345
등록번호 • 제313-2006-000265호

홈페이지 • http://www.hakjisa.co.kr
인스타그램 • https://www.instagram.com/hakjisabook

ISBN 978-89-997-3127-3 93180

정가 25,000원